Rhein
ca
5
53
GAE
Germanen
Sarmaten
Bastarnen
Donau
Räter
Taurisker
neva
113
Noreia
DAKER-
REICH
Daker
lum
GALLIA
CISALPINA
ILLYRICUM
43
Vercellae
Mutina
101
Ravenna
Rubico
Luca
Ariminum
Skordisker
Geten
Donau
41/40
Ancona
Perusia
Elba
Asculum
SICA
ITALIA
Thraker
Roma
Corfinium
ADRIA
Praeneste
42
Dyrrhachium
Byzantium
Misenum
Capua
MACEDONIA
Philippi
Brundisium
RDINIA
Thessalonike
Tarent
Apollonia
TYRRHENISCHES
MEER
48
Pergamum
Pharsalus
31
Actium
ÄGÄIS
36
Naulochos
Athenae
Ephesus
Utica
Korinth
Milet
SICILIA
Carthago
Syrakus
IONISCHES
MEER
Sparta
AFRICA
Rhodo
46
Thapsus
CRETA
66
MITTELMEER
Leptis
magna
Ptolemais
Cyrene
CYRENAICA
74
ON 105 BIS 30
0
100
200
300 km

Markus Schauer

TRIUMVIRAT

Markus Schauer

TRIUMVIRAT

Der Kampf um das Imperium Romanum

Caesar · Crassus · Pompeius

C.H.Beck

Mit 7 Abbildungen und 2 Karten

www.chbeck.de
Umschlaggestaltung: Rothfos und Gabler, Hamburg
Umschlagabbildung: Römische Parademasken, 3. Jahrhundert; Straubing, Gäubodenmuseum. © akg-images/Heiner Heine
Satz: Janß GmbH, Pfungstadt
Druck und Bindung: CPI – Ebner & Spiegel, Ulm
Gedruckt auf säurefreiem und alterungsbeständigem Papier
Printed in Germany
ISBN 978 3 406 80645 2

myclimate

klimaneutral produziert
www.chbeck.de/nachhaltig

Für Tom und Erika

Inhalt

Die römische Republik zwischen Reform und Ruin · 73

133 bis 78 v. Chr.

Jugend im Bürgerkrieg · 121

bis 78 v. Chr.

Im Schatten des Großen · 163

78 bis 60 v. Chr.

Zweikampf der Giganten · 325
52 bis 46 v. Chr.

Anhang

Geschichte ist ein Besitz für immer.
Thukydides

Vorwort

Der Schauplatz unserer Geschichte – Rom und das Imperium Romanum im ersten Jahrhundert vor unserer Zeit – liegt beruhigend weit zurück, und doch weisen die Ereignisse, die damals stattfanden, beunruhigend viele Parallelen zu den Entwicklungen der Gegenwart auf: Mächtige Männer kämpfen um mehr Macht und gegen den Rest der Welt, und danach ist die Welt eine andere! – Wiederholt sich Geschichte?

Der griechische Geschichtsschreiber Thukydides ist davon überzeugt. Denn nach seiner Auffassung bleibt die menschliche Natur immer die gleiche, und Geschichte wird für ihn damit «ein Besitz für immer». Folgt man Thukydides, so werden Machthaber und Welterschütterer wie Caesar und Co. nicht aussterben. Was in einer modernen globalisierten Welt wie ein überholt geglaubter Archaismus erscheint, wäre demnach eine anthropologische Konstante, die so lange fortwirkt, wie es Menschen gibt; in der Antike hätte man ein wenig anders formuliert: Mächtige Männer gestalten eben die Geschichte. – Doch liegt es wirklich in der Hand einzelner historischer Persönlichkeiten, Geschichte zu machen, oder werden diese nicht vielmehr von der Geschichte erst hervorgebracht und geprägt? – Nicht zuletzt um Fragen dieser Art wird es in dem vorliegenden Buch gehen; und die Mechanismen der Macht, so wird sich zeigen, waren damals wie heute vielschichtig und steckten voller Überraschungen.

Es war Dr. Stefan von der Lahr, Lektor im Verlag C.H.Beck, der mit der Idee an mich herantrat, an einem berühmten Beispiel diesen Mechanismen der Macht nachzuspüren. Wie kam es dazu, dass Caesar, Pompeius und Crassus in der Form des sogenannten Ersten Triumvirats ein Machtkartell schaffen konnten, mit dem sie die Ordnung des Staates aufhoben und eine Entwicklung in Gang setzten, die zum Untergang der römischen Republik und zur Entstehung des römischen Kaisertums führte?

Die Buch-Idee stellte sich rasch auch als große Herausforderung dar: Ich hatte drei politische Karrieren zu erzählen, und das vor dem Hintergrund ihrer Zeitgeschichte. War mir doch wichtig, nicht nur die Biographien der drei Männer nachzuzeichnen, die sich in fataler Weise überschnitten, sondern auch deutlich zu machen, dass Caesar, Pompeius und Crassus ganz und gar Geschöpfe ihrer Zeit waren. Hinzu kam, dass die eigentliche Erklärung dafür, dass die Triumvirn übermächtig wurden, in Vorgängen lag, die eine Generation zuvor stattfanden. So wird in diesem Buch römische Geschichte gleich aus vier Blickwinkeln betrachtet: aus der biographischen Perspektive des jeweiligen Triumvirn und zudem aus der Vogelperspektive des Historikers. Die Aufgabe reizte mich, und ich versuchte mich an der Quadratur des Kreises.

Diese Multiperspektivität entfaltet sich auch im Aufbau des Buches:

Das erste Großkapitel führt sogleich mitten in die Geschehnisse des Jahres 60 v. Chr. – das Schicksalsjahr der römischen Republik, in dem Caesar das Triumvirat aus der Taufe hebt. In diesem Zusammenhang werden die Triumvirn vorgestellt: ihre Beweggründe, Gedanken und Sorgen, die sie um- und antreiben. Schnell werden ihre unterschiedlichen Sichtweisen, aber auch ihre gemeinsamen Interessen deutlich – und zugleich auch, wie verzweigt und voraussetzungsreich ihre Welt ist. Es sollte mich freuen, wenn der Leser oder die Leserin am Ende der Lektüre nochmals zu diesem Kapitel zurückkehrt, um beim zweiten Lesen festzustellen, dass ihm oder ihr nun die Gedankenwelt der Triumvirn nicht nur verständlicher, sondern vielleicht sogar vertraut geworden ist.

Das zweite Großkapitel ist Fragen der Geschichtstheorie gewidmet und richtet sich – möglicherweise – eher an jene, die sich professionell mit Geschichte auseinandersetzen. Doch wollte ich auch interessierten Laien nicht vorenthalten, was die moderne Forschung bewegt, und habe versucht, auf den betreffenden Seiten einen Überblick über die Vielzahl theoretischer Ansätze für mein Thema zu bieten. Freilich konnte und wollte ich in diesem Buch nicht durchgängig die sperrige Terminologie verwenden, welche moderne Geschichtstheorien bereithalten. Vielleicht ist es mir in diesem Kapitel aber gelungen, meine Leserinnen und Leser so auszustatten, dass sie die hier dargestellte Geschichte, wenn sie mögen, auch mit den Augen des Theoretikers lesen können. Sie müssen es aber nicht und dürfen dieses Kapitel auch gern überspringen.

Im dritten Großkapitel wird die Vorgeschichte erzählt, also die Zeit der Elterngeneration der Triumvirn, in der die eigentlichen Rahmenbedingungen für den steilen Aufstieg der drei Machthaber geschaffen wurden. Der Einfluss der Gracchen und Sullas auf die Umstände, unter denen Caesar, Pompeius und Crassus ihre Karrieren durchliefen, kann kaum überschätzt werden. Daher wird in dieser Darstellung der Vorgeschichte, ohne die man die Triumvirn nicht verstünde, besondere Aufmerksamkeit geschenkt.

Die Großkapitel vier bis sieben beschreiben die entscheidenden Stationen im Leben der Triumvirn. In ihnen wird zunächst ein Überblick über den zu behandelten Zeitabschnitt gegeben, dann wird dieser Zeitraum jeweils aus der Perspektive der einzelnen Triumvirn dargestellt. In diesen Abschnitten zeigen Vignetten mit den Konterfeis der Triumvirn, welcher der drei Männer gerade im Fokus steht. Den Abschluss des Buches widme ich der Frage, ob Caesar trotz seiner Siege letztlich gescheitert ist.

Das Glossar der Fachbegriffe, das sich am Ende des Buches findet, soll Laien und Kennern gleichermaßen bei der Lektüre helfen und die Darstellung selbst von allzu vielen Erklärungen entlasten.

Es war mir ein besonderes Anliegen, auch und gerade antike Stimmen zu Wort kommen zu lassen. Die antiken Autoren standen dem Diskurs der Zeit der Triumvirn näher, und ihre klugen Gedanken und scharfen Analysen sind es wert, im wörtlichen (übersetzten) Zitat zu Gehör gebracht zu werden. Ihrer Bedeutung trägt auch das Layout der Quellentexte in geeigneter Weise Rechnung.

Natürlich war es unmöglich, die gesamte wissenschaftliche Literatur zu diesem großen Thema explizit einzuarbeiten. Implizit hat allerdings durchaus mehr an Forschung in das Buch Eingang gefunden, als es auf den ersten Blick den Anschein haben mag. Die wichtigsten Quellen sind im Anhang – auch aufgeschlüsselt nach Großkapiteln – bereitgestellt.

An dieser Stelle ist es mir ein großes Bedürfnis, jenen zu danken, die mir mit großer Geduld und unermüdlichem Engagement geholfen haben, dieses Buch zu schreiben. Mein erster Dank geht an Herrn Dr. von der Lahr für die Idee zu diesem Buch und für seine gründliche Lektüre. Für ihre Geduld möchte ich mich auch bei Andrea Morgan (Lektorat) und Christa Schauer (Herstellung) bedanken. Zu größtem Dank bin ich darüber hinaus meinem Bamberger Kollegen Herrn Prof. Dr. Hartwin Brandt verpflichtet, der das Manuskript gelesen und mich vor manchem Irrtum bewahrt hat. Nicht weniger dankbar bin ich den Mitgliedern meines Lehrstuhlteams, die das Manuskript durchgesehen und Korrektur gelesen haben: Meinen beiden Assistentinnen Annette Hillgruber und Sarah Weichlein, meinen studentischen Mitarbeitern Dominik Herrmann, Leon Oberst und Georg Stumpf. Annette Hillgruber hat zudem die Supervision des umfangreichen Anhangs übernommen. Dank schulde ich ferner Frau Dr. Caroline Kreutzer, die das Glossar geprüft hat. Schließlich danke ich vielmals Frau Dr. Silke Anzinger, deren kritische Lektüre als Latein-Lektorin (eines anderen Verlags) dem Buch sehr gut getan hat.

Mag dieses Buch nicht nur dazu beitragen, die Machtkämpfe in Rom besser zu verstehen, sondern auch ganz allgemein zum Nachdenken über das Wesen von Macht anregen: Woher kommt sie, was macht sie aus, und warum lassen wir ihren Missbrauch zu?

Schloß Eurasburg, im Frühsommer 2023
Markus Schauer

Vom Zorn singe, Muse ...
Homer, Ilias

Dreifacher Zorn

Drei mächtige Männer von höchstem Stand machen gemeinsame Sache, verbinden ihre Interessen und bringen den ganzen Staat ins Wanken. Und da der Staat groß ist und sich sein Einflussbereich über drei Erdteile erstreckt, steht die gesamte Weltordnung auf dem Spiel.

So geschehen vor über 2000 Jahren in Rom, als sich im Jahre 60 v. Chr. Caesar, Pompeius und Crassus zum sogenannten ersten Triumvirat (was man mit Dreimännerbund übersetzen mag) zusammentaten, «damit nichts im Staat geschehen könne, was einem von ihnen dreien nicht gefiele» (Suet. Iul. 19). Die Folgen dieses Bündnisses waren weitreichend: Sie führten zu großen Bürgerkriegen, etwa 30 Jahre später zum Untergang der freien römischen Republik, wie sie fast ein halbes Jahrtausend bestanden hatte, und schließlich zum Aufstieg des römischen Kaisertums.

Drei Männer gegen den Rest der Welt und danach ist nichts mehr so, wie es war? – Was es damit auf sich hat und warum eine Antwort auf diese Frage gar nicht so einfach ist, davon handelt dieses Buch.

Der Kampf um die Macht, den Roms führende Männer untereinander ausfochten, wurde zugleich zur Geburtsstunde des Imperium Romanum. So könnte man den Ausbruch des Bürgerkrieges zwischen Caesar und Pompeius oder des Folge-Bürgerkrieges zwischen Octavian und Antonius an den Anfang des römischen Kaisertums stellen. Doch das griffe zu kurz. Das ganze letzte Jahrhundert der römischen

Republik war ein Jahrhundert der Bürgerkriege. Denn schon länger kämpften viele Männer um viel Macht – die Gracchen, Sulla, Marius, Sertorius, Catilina, um nur einige von ihnen zu nennen. Solange die Republik funktionierte, waren es viele, die um ihre Vorrangstellung im Staat kämpften, und es gab auch viele Sieger: Ihr Preis war das Konsulat für ein Jahr. Je kleiner aber die Zahl derer wurde, die um die Macht kämpften, desto größer wurde der Machtzuwachs der Sieger, bis schließlich vor allem drei Männer übrigblieben, die über die Ressourcen verfügten, um sich an die Spitze Roms zu stellen: Crassus, Pompeius und Caesar. Crassus hatte Geld, Pompeius Soldaten und Caesar Ideen und den Mut, sie umzusetzen, und alle drei erfreuten sich größter Beliebtheit beim römischen Volk. Sie betrieben – Caesar und Crassus immer, Pompeius manchmal – eine populare Politik, das heißt, dass sie sich nicht scheuten, ihre politischen Vorstellungen über die Volksversammlung durchzusetzen, wenn sie im Senat scheiterten.

Die sogenannten Popularen, zu denen auch Gestalten gehörten wie Catilina, der 63 v. Chr. eine Verschwörung gegen den Staat anzettelte, und Clodius, der ein notorischer Unruhestifter war und als Volkstribun 58 v. Chr. Cicero in die Verbannung trieb, brachten seit einigen Jahrzehnten neue Dynamik ins politische Geschehen. Die populare Vorgehensweise, den Senat zu übergehen und ihn über die Volksversammlung auszuhebeln, führte zu einem fatalen Dualismus: Der Senat war nicht mehr alleiniger Mittel- und Ausgangspunkt der staatlichen Macht, sondern hatte mit der Volksversammlung als zweitem Machtzentrum Konkurrenz bekommen. Das missfiel konservativeren Politikern, den sogenannten Optimaten, die den Senat als primäre Instanz der politischen Willensbildung verteidigten. Männer wie Cicero, der als Konsul des Jahres 63 v. Chr. die Catilinarische Verschwörung niederschlug, der ehrwürdige Catulus, der mit dem Wiederaufbau des Jupitertempels beauftragt war, oder Cato der Jüngere, der als Urenkel des alten Cato jeder Neuerung ablehnend gegenüberstand, bekämpften die populare Politik, wo sie nur konnten. Dabei unterschieden sich die Popularen von den Optimaten vor allem formal dadurch, in welchem Gremium sie ihre Politik durchsetzten –

also entweder im Senat oder aber in der Volksversammlung. Doch es gab auch inhaltliche Unterschiede: Die Popularen brachten volksfreundliche Gesetze ein, die Optimaten hielten dagegen und versuchten Senat und Nobilität zu stärken. Man kann sagen, dass der strukturelle Antagonismus zwischen Optimaten und Popularen erheblich dazu beitrug, dass die römische Republik zerbrach und anschließend in die Form der kaiserlichen Monarchie überging. Dass dieser Konflikt in der ausgehenden Republik so eskalierte, daran haben die sogenannten Triumvirn Caesar, Pompeius und Crassus gleichermaßen Anteil, obwohl sie unterschiedlicher kaum sein konnten.

Pompeius, dem seine militärischen Erfolge schon in früher Jugend den stolzen Beinamen Magnus, der Große, eintrugen, und Crassus, der reichste Mann in Rom, erreichten zwar 70 v. Chr. gemeinsam das Konsulat, zerstritten sich aber während ihrer Amtsführung – die genauen Gründe liegen im Dunkeln – und waren einander fortan feindlich gesinnt. Caesar, der taktisch kluge Politiker und hochtalentierte Redner, hatte sich, um das Volk zu beeindrucken, während seiner Ämterlaufbahn besonders hoch verschuldet und strebte nun nach dem Konsulat. So war die Lage, als die drei 60 v. Chr. in Rom wieder aufeinandertrafen: Im Jahr zuvor waren Pompeius aus Asien, Crassus aus Griechenland zurückgekehrt und Caesar soeben aus Spanien. Obwohl es keine besondere Verbindung zwischen ihnen gab und niemand sie als Trio wahrgenommen hätte, schlossen sie dennoch eine folgenschwere Vereinbarung, die den ganzen Staat erschüttern und das Ende der römischen Republik heraufbeschwören sollte. Caesar gelang es mit seinem sicheren Instinkt für das politisch Mögliche, die Rivalen Pompeius und Crassus zu versöhnen und sie zu einem Bündnis unter seiner Ägide zu gewinnen: das sogenannte erste Triumvirat. Man versicherte einander mit feierlichen Eiden politische Treue.

Dieser Dreibund war ein informeller Pakt und blieb zunächst geheim; man könnte ihn gut und gern eine Verschwörung nennen. Sein Bestehen drang erst im Laufe des nächsten Jahres nach und nach an die Öffentlichkeit, in der Politik war man auf das Höchste alarmiert: Cato, Mittelpunkt der Optimaten, fürchtete um die Macht des Senats, der den Optimaten nahestehende Cicero um das Bestehen der Republik und seine eigene Existenz, und beide sollten Recht behalten.

Wie kam es zu dieser politischen Konstellation, die den Senat machtlos und die Optimaten ratlos zurückließ? Was trieb die Triumvirn zu ihrem Zusammenschluss? Was war im schicksalsträchtigen Jahr 60 v. Chr. in den innersten Machtzirkeln der römischen Politik geschehen? – Ein Blick auf die politischen Wirren, die in Rom herrschten, und auf die persönlichen Verwicklungen, in denen sich die drei damals befanden, kann erste Hinweise geben. Was mag damals in den Köpfen der Triumvirn vorgegangen sein? Wir wollen ihnen ein wenig beim Nachdenken zuhören …

Crassus, der Finanzmagnat

Frühsommer, 60 v. Chr.

Marcus Licinius Crassus, Konsular, Anhänger der Popularen und der reichste Mann Roms, war übel gelaunt: Wieder einmal hatte ihm Cato einen Strich durch die Rechnung gemacht – ausgerechnet Cato, der Optimat und Wortführer der Senatspartei. Es ging um einen Nachlass für die Steuerpächter der Provinz Asia, die sich verspekuliert hatten und nicht auf ihre übliche Rendite kamen. Die Rendite der Steuerpächter interessierte einen Mann wie Cato natürlich nicht, und zwar aus Prinzip nicht. Doch selbst Cicero – obwohl auch er ein Anhänger der Senatspartei – hatte sich für die Steuerpächter ausgesprochen. Aber wenn der starrsinnige Cato sich etwas in den Kopf gesetzt hatte, zog er es durch – koste es, was es wolle. Der Senat war Cato gefolgt, und nun stand er, Crassus, düpiert da und konnte als Patron der reichen Ritter, zu denen auch die Steuerpächter gehörten, für diese seine so wichtige Klientelgruppe in dieser Sache nichts mehr tun.

Aber auch auf Cicero war Crassus alles andere als gut zu sprechen. Unvergessen blieb die peinliche Situation, in die ihn Cicero in einer Senatssitzung vor drei Jahren gebracht hatte. Es wurde gerade die vereitelte Verschwörung verhandelt, die Catilina gegen den Staat angezettelt hatte, als Cicero einen gewissen Tarquinius als Zeugen auftreten ließ. Dieser behauptete dann vor dem versammelten Senat, dass Crassus ihn mit der Aufforderung zu Catilina gesandt hätte, seine Fluchtpläne aufzugeben und bewaffnet gegen Rom zu marschieren. Als ob er, Crassus, Interesse an einem derartigen Umsturz gehabt hätte. Gewiss, er hatte Catilina bei der Bewerbung um das Konsulat mit viel Geld unterstützt, aber Catilina fiel durch, weil die Senatspartei alles getan hatte, um mit Cicero einen Garanten der optimatischen Politik ins Konsulat zu hieven – Cicero, einen Emporkömmling, einen *homo novus*, dessen Familie nicht einmal der Nobilität angehörte! Damit war auch klar, dass aus den Ackergesetzen, die Crassus mit Caesar plante, nichts werden würde und populare Politik unter einem Konsul Cicero keine Chance im Senat hatte.

Doch mit dem gescheiterten Bewerber und Putschisten Catilina wollte Crassus nichts mehr zu schaffen haben und hatte sich im Senat auf das Schärfste gegen den Vorwurf verwahrt, an dessen Verschwörung beteiligt gewesen zu sein. Hatte er nicht im Gegenteil zu deren Aufdeckung maßgeblich beigetragen? Er war sich sicher, dass Cicero mit Absicht Tarquinius zu dieser verleumderischen Aussage angestiftet hatte, um ihn in Verlegenheit zu bringen. Immerhin schenkte man Tarquinius keinen Glauben, aber gemunkelt wurde dann doch darüber, ob er und auch Caesar nicht doch mehr mit Catilina in Verbindung standen, als sie zugeben wollten.

Natürlich hatten er und Caesar versucht, die verkrustete Politik der Optimaten im Senat aufzubrechen und mit popularen Aktionen frischen Wind in den Staat zu tragen. Der Senat blockierte alle Reformen, so dass neue Politik nur über die Volksversammlung zu machen war. Freilich brauchte man dafür erstens eine gute Machtposition und zweitens hartgesottene Politiker vom Schlage eines Catilina oder auch Clodius, eben Männer für das Grobe, die notfalls auch Wege jenseits der Gesetze beschreiten würden. Und konnte man überhaupt von einem Staatsstreich reden, wenn man das römische Volk hinter sich wusste?

Wütend dachte Crassus an die vielen Fehlschläge, die er in den letzten Jahren im Senat trotz seiner massiven Bestechungsversuche hatte hinnehmen müssen. Wenn nicht der eiserne Cato ihm das Leben schwermachte, dann der alte Catulus. Vor fünf Jahren war dieser Erzoptimat sogar sein Kollege im Zensorenamt. Und was hatte er als solcher getan? Nichts weniger, als dass er den ehrgeizigen Plan der Popularen vereitelte, Ägypten zur römischen Provinz zu erheben. Es wäre eine einmalige Chance gewesen, denn am ägyptischen Königshof herrschte eine Krise, die er und andere Popularen hatten nutzen wollen, um Rom neue Ressourcen zu verschaffen, vor allem aber um ihre Klientelgruppen zu versorgen. Aber nein, Catulus musste alles verderben. Und auch das ging auf das Konto des lieben Amtskollegen, dass sein, Crassus', Antrag, den Bürgern in Oberitalien das römische Bürgerrecht zu verleihen, vom Senat in Bausch und Bogen verworfen wurde. Die Sippschaft der Optimaten kannte offenbar nur eine Angst: dass die Popularen ihre Macht durch volksfreundliche Politik noch mehr ausbauen könnten. Deshalb blockierten sie, so sehr sie nur konnten, einen Antrag nach dem anderen, der aus ihren Reihen kam – ganz egal, ob sinnvoll oder nicht. Und er, Crassus, war ihnen mit seinem riesigen Vermögen besonders verdächtig. Derweil war er für den Staat schon so oft in die Bresche gesprungen, hatte auch militärische Siege errungen und sich in vielfältiger Hinsicht um das römische Volk verdient gemacht. Aber Ansehen und Ruhm flogen einem anderen zu: Pompeius, dem Großen, wie man ihn nannte, Pompeius Magnus, als wäre er ein zweiter Alexander der Große!

Crassus' Miene wurde noch finsterer, wenn er an seinen politischen Weggenossen dachte, dem alles gelang, dem alles in den Schoß fiel und der ein Meister darin war, Erfolge anderer für sich zu verbuchen. Davon konnte auch er selbst ein Lied singen. War nicht er, Crassus, es gewesen, der den Sklavenaufstand unter Spartacus niedergeschlagen hatte? Zwei Jahre war das Sklavenheer plündernd durch Italien gezogen, bis er es in einer letzten Schlacht, in der Spartacus den Tod fand, vernichtend geschlagen hatte. – Nur weil Pompeius das Glück hatte, dass ihm später noch ein versprengter

Haufen, der flüchten konnte, in die Arme lief und er diesem kleinen Rest den Garaus machen konnte, beanspruchte er den Gesamtsieg für sich! Er erinnerte sich wortwörtlich daran, was Pompeius damals dem Senat schrieb: Crassus habe die Sklaven in der Schlacht besiegt, er aber den Krieg «mit der Wurzel ausgerissen». Auf so eine Formulierung musste man erst einmal kommen! Missmutig dachte Crassus an den glänzenden Triumph, den sein Widersacher bald darauf für seine Siege in Spanien feierte, während er nur mit einem kleineren Triumph abgespeist wurde, dem «Triumph zu Fuß», wie die Leute spöttisch sagen. Ja, er wurde danach auch Konsul, aber als ob ihm die Götter nichts ersparen wollten, blieb ihm keine andere Wahl, als ausgerechnet mit Pompeius als Kollegen das Konsulat anzutreten. Wieder stand er im Schatten dieses Lieblings der Massen, und obwohl die populare Wende, die sie mit ihrer Politik in diesem Amtsjahr eingeleitet hatten, ihr gemeinsames Werk war, wurde allein Pompeius die Wiederherstellung des Volkstribunats zugeschrieben. Das ganze Konsulat hindurch stahl ihm dieser Hansdampf in allen Gassen die Show und leitete alles Wasser nur auf seine Mühlen. Auch die folgenden Jahre blieb es so: Ob es um das Sonderkommando gegen die Seeräuber oder um das gegen Mithridates, den König von Pontos, ging – immer bekam Pompeius, dieser berufsmäßige Retter des Staates, als den man ihn offenbar betrachtete, den Zuschlag, vergrößerte sein Ansehen und baute seine Macht aus, während er, Crassus, trotz seiner vielen Verbindungen und seines großen Vermögens das Nachsehen hatte. Und nun, im September des letzten Jahres, zog Pompeius zum dritten Mal im Triumph durch Rom – auch Mithridates hatte er besiegt. Crassus seufzte, als er an den nicht enden wollenden Triumphzug dachte, in dem, wie es schien, alle Schätze des gesamten Orients mitgeführt wurden.

So konnte es nicht weitergehen.

Immerhin sahen das auch andere Senatoren so, vielleicht auch Caesar, vor allem aber Vertreter der Optimaten. Manchmal konnte Cato auch nützlich sein. Mit grimmiger Genugtuung erinnerte sich Crassus, wie Cato und die Optimaten seit einigen Monaten Pompeius auflaufen ließen und seine politischen Forderungen abschmetterten. Pompeius Magnus war eben zu groß geworden, und nun begann man ihn zu fürchten. Das war eine neue Entwicklung, zu der vielleicht auch er, Crassus, mit seiner demonstrativen Reise nach Griechenland vor zwei Jahren beigetragen hatte. Er, so hatte er verbreiten lassen, fühle sich in Rom nicht mehr sicher, wenn Pompeius mit seinen Legionen aus Asien zurückkehren werde. Dieser hatte zwar nach seiner Rückkehr seine Legionen, wie es üblich war, unverzüglich entlassen, aber die Stimmung im Senat blieb verhalten und Pompeius musste um seine Anerkennung kämpfen – zum ersten Mal in seinem politischen Leben.

Viel änderte dieser erfreuliche Gedanke aber nicht an der schlechten Laune des Crassus. Bei all seinem Einsatz für den Staat und all seinem Geld, das seinen Beinamen Dives, der Reiche, mehr als rechtfertigte und mit dem er unzählige Karrieren – auch die Caesars – schon finanziert hatte, war er ein Mann der zweiten Reihe geblieben. Der erste Mann im Staat war leider immer noch Pompeius – zumindest vorläufig.

Und so blieb der reichste Mann Roms bis auf Weiteres übelgelaunt.

Pompeius, der Feldherr

Frühsommer, 60 v. Chr.

Gnaeus Pompeius Magnus, Konsular, politisch über den Parteien stehend und zu dieser Zeit der größte Feldherr Roms, war außer sich: Wider alle Billigkeit und auch gegen jede Vernunft hatte der Senat seinen Antrag für das neue Ackergesetz abgelehnt. Es hatte sogar deswegen einen Eklat gegeben, der darin gipfelte, dass der amtierende Konsul Metellus Celer lieber zeitweilig ins Gefängnis ging als dem Antrag zuzustimmen. Diese Ablehnung war ein ungeheurer Affront gegen ihn. Und gegen seine Soldaten. Mit dem Ackergesetz sollten seine Veteranen mit Land versorgt werden. Immerhin hatten sie gerade Mithridates, den König von Pontos, besiegt und so für

Rom einen halben Erdteil erobert. Von der Krim bis zum Roten Meer waren nun alle Völker, Königreiche und Fürstentümer Rom untertan!

Dabei war sein Ackergesetz tadellos: Alle Ländereien sollten ganz legal nach den aktuellen Preisen vom römischen Staat aufgekauft werden, und zwar mit den Steuereinnahmen der neuen Provinzen. Gleichzeitig sollten alle Besitzrechte gewahrt bleiben. Auch Cicero, der es sich auf keinen Fall mit den Optimaten verscherzen wollte, war dafür gewesen. Aber nein, die Mehrheit der Optimaten befürchtete hinter dem Ackergesetz offenbar eine populare Aktion, vielleicht auch deswegen, weil außer den Veteranen auch die Besitzlosen der römischen Plebs mit Bauernhöfen ausgestattet werden sollten. Aber wozu waren die Steuereinnahmen denn gut, wenn damit nicht Soldaten, wie sie es wahrlich verdient hatten, versorgt und die Not römischer Bürger gelindert werden sollten? Er spürte, dass die Abfuhr allein seiner Person galt, und es war bitter, dass der Senat, dem er sich immer verpflichtet gefühlt hatte, gerade ihn dermaßen vor seinen Soldaten und dem römischen Volk demütigte.

Aber die Ablehnung des Ackergesetzes war nicht die einzige Kränkung, die ihm die optimatische Mehrheit des Senats angetan hatte. Sie wollte auch die von ihm geschaffene Neuordnung des Ostens nicht anerkennen, die er nach seinen Siegen über Mithridates und andere Fürsten vor Ort in zähen Beratungen und mit zahllosen Erlassen geschaffen hatte. Dass Lucullus für diese Blockade im Senat den Anstoß gab, wunderte ihn nicht. Lucullus war sein Feind, seit er den Oberbefehl im Krieg gegen Mithridates an ihn, Pompeius, hatte abgeben müssen. Aber hatte der Senat damals nicht richtig gehandelt, als er ihm, dem bewährten Feldherrn in schwierigen Lagen, diesen wichtigen Krieg überantwortete? Auch Cicero war für ihn eingetreten und hatte mit einer großen Rede dafür gesorgt, dass er den Oberbefehl erhielt. Und bewiesen nicht seine glänzenden Siege, mit denen er nicht nur das Reich des Mithridates der römischen Herrschaft unterwarf, sondern praktisch ganz Asien ein neues Gesicht gab, dass er, Pompeius Magnus, zu Recht zum Oberbefehlshaber für diesen Krieg ernannt worden war? Nun aber rächte sich dieser Lucullus auf kleinliche Weise: Er hatte beantragt, dass jede Anordnung, die er vor seiner schmachvollen Abberufung in Asien getroffen hatte und die später von ihm, Pompeius, im Zuge der Neuordnung des gesamten Ostens aufgehoben wurde, nochmals einzeln im Senat verhandelt werden müsse. Das konnte eine Ewigkeit dauern und gefährdete den großen Wurf seiner Ostpolitik. Ihm, Pompeius, war es gelungen, die neuen Provinzgrenzen so zu ziehen, dass sie die meisten unterworfenen Fürsten und Vasallen einigermaßen akzeptierten und ihm sogar dafür dankbar waren. Die größte Kunst eines Feldherrn besteht eben nicht im Siegen, sondern im Friedenschließen, und zwar *mit* den Besiegten und nicht *gegen* sie. Das wusste Pompeius, und er wusste auch um das kostbare politische Kapital, das ein mit den Lokalfürsten abgestimmter Friedensschluss für ihn einbrachte: Könige als dankbare Klienten, für die er Garant ihrer regionalen Machtstellung war! Und nun kam dieser gescheiterte Lucullus aus der Versenkung und machte ihm diesen Erfolg streitig.

Mit ihm allein würde er, Pompeius, aber leicht fertig werden. Doch leider gab es andere namhafte Optimaten, die er in ihrer Eitelkeit verletzt hatte und die sich deswegen oder nur aus Neid dem Antrag des Lucullus anschlossen. Allen voran Crassus, der ewige Neider, der ihm nichts gönnte und ihm, wo es nur ging, das Leben schwermachte. So hatte er mit allen Mitteln zu verhindern versucht, dass Afranius, ehemaliger Offizier und Anhänger des Pompeius, zum Konsul gewählt würde. Und natürlich hatte er auch in Metellus Creticus einen Widersacher. Dieser hatte auf Kreta lange gegen die Seeräuber gekämpft, die aber erst, als er ihm zu Hilfe eilte, bezwungen werden konnten. Danach überschüttete Creticus ihn, seinen Helfer in höchster Not, mit Vorwürfen, dass er den Siegesruhm für sich beanspruchte. Aber der Ruhm gebührt eben nicht dem, der Krieg führt, sondern dem, der siegt, und das war eben wieder einmal er, Pompeius.

Dass auch der amtierende Konsul Metellus Celer für Lucullus gestimmt hatte, hatte private Gründe. Eigentlich war Celer sein Mann und hatte ihm als Legat im Krieg gegen Mithridates gedient. Er war auch der Halbbruder seiner langjährigen Frau Mucia, jetzt Ex-Frau. Denn als ihr ein Verhältnis mit Caesar nachgesagt wurde, musste sich er, Pompeius, natürlich von ihr trennen – ein Verhältnis ausgerechnet mit diesem aufstrebenden und mit allen Wassern gewaschenen Politiker, der schon oft als der hellste Kopf der Popularen von sich reden gemacht hatte! Doch Celer hatte ihm die Trennung von Mucia arg verübelt und versucht, ihn mit seinem inszenierten Auftritt im Gefängnis vor dem Volk lächerlich zu machen.

Die politische Landschaft in Rom schien sich während seiner Abwesenheit verändert zu haben, und das nicht zu seinen Gunsten. Er war den Optimaten suspekt geworden, allen voran Cato.

Diese Entwicklung hatte sich schon länger angebahnt. Er konnte sich gut daran erinnern, wie ihm vor zwei Jahren sein Gefolgsmann Metellus Nepos ganz aufgebracht eröffnet hatte, dass im Senat eine Verschwörung gegen ihn im Gange sei. Nepos hatte sich damals zum Volkstribun wählen lassen, um in dieser starken Funktion die Interessen des Pompeius, der sich damals gerade auf seiner Rückreise aus Asien befunden hatte, im Senat durchzusetzen. Doch sofort hatte sich auch Cato zum Volkstribun wählen lassen, um so gegen seinen Amtskollegen Nepos Einspruch einlegen zu können. Genau das tat er auch, als Nepos – wie vereinbart – Anträge stellte: Pompeius sollte sogleich nach seiner Rückkehr zum Konsul gewählt werden können. Außerdem solle er ein Militärkommando gegen Catilina erhalten – der unberechenbare Putschist war noch nicht ganz geschlagen und stand in jenen Tagen mit einer Armee vor den Toren Roms. Der Senat folgte aber nach einer misslungenen Abstimmung der Meinung Catos, lehnte die Anträge ab und verbot Nepos die weitere Amtsführung. Cato war einfach nicht beizukommen. Gerade um ihn, der die Optimaten gegen ihn aufhetzte, hatte er sich immer wieder bemüht, ja er hatte ihm sogar angeboten, nach dem Ende seiner Ehe mit Mucia in Catos Familie einzuheiraten. Doch dieses Ansinnen hatte Cato höhnisch ausgeschlagen.

Pompeius schüttelte den Kopf. Offenbar fürchteten die Optimaten um Cato immer noch, dass er nach seinem siegreichen Asienfeldzug zu mächtig werden, dass er gar mit seinen Legionen wie einst

Sulla gegen Rom ziehen und die Alleinherrschaft übernehmen könnte. Dabei hatte er doch alles getan, um dieser Sorge den Boden zu entziehen. Hatte er nicht dem Senat schon vor seiner Rückkehr aus dem Osten einen langen Brief geschrieben, in dem er seinem innigen Wunsch nach politischem Frieden in Rom Ausdruck verlieh? Hatte Cicero ihm damals nicht geantwortet, dass sein Brief im Senat mit großer Erleichterung und Freude aufgenommen wurde? Und hatte er seinen Worten nicht Taten folgen lassen und sogleich bei seiner Ankunft in Italien seine Armee entlassen? Seit er in Rom war, signalisierte er doch nach allen Seiten, dass er nichts anderes wünsche, als was recht und billig war: die Versorgung seiner Veteranen, die Ratifizierung seiner Neuordnung im Osten und – nach dem großen Sieg über Mithridates – seinen dritten Triumph. Letzterer wurde ihm zumindest gewährt – zu groß waren seine Erfolge im Osten und seine Beliebtheit beim Volk.

Beim Gedanken an seinen Triumph hellte sich seine Stimmung für einen Moment auf. Die Feierlichkeiten, in die auch sein Geburtstag fiel, hatten alles bisher Dagewesene in den Schatten gestellt. So etwas hatte Rom noch nie gesehen. Die erlesenen Beutestücke und die edlen Gefangenen, die im Triumphzug mitgeführt wurden, waren so zahlreich, dass ein Tag nicht ausreichte, um sie zur Schau zu stellen. Er selbst fuhr im Zug hoch auf dem Wagen, um die Schultern gelegt einen Prachtmantel, den ehemals kein Geringerer getragen hatte als Alexander der Große! Dieses geschichtsträchtige Kleidungsstück hatte er im Krieg gegen Mithridates erbeutet. So musste er dem römischen Volk, das ihm zujubelte, wirklich wie ein zweiter Alexander erscheinen: Pompeius der Große!

Doch im Getriebe der Tagespolitik war der Glanz der Feierlichkeiten schnell verblasst; kleinkariertes Gezänk bestimmte die Politik. Er, der erfolgreichste Feldherr seiner Zeit, wurde im Senat von allen Seiten ständig mit Banalitäten behelligt und sollte zu jeder Bagatelle Stellung nehmen. Da ging es um einen Nachlass für die Steuerpächter, die sich in der Provinz Asia verspekuliert hatten, für den sich natürlich Crassus, der reiche Patron der Reichen, einsetzte. Oder um die Einrichtung eines Sondergerichtshofes, den die Optimaten gegen Clodius wegen eines Religionsfrevels eingesetzt hatten. Dieser skrupellose Handlanger der Popularen und unaufhörliche Unruhestifter hatte sich das Fest zu Ehren der Göttin Bona Dea zunutze gemacht, um sich ausgerechnet mit der Gattin Caesars einzulassen. So war denn auch Caesar, der Pompeius mit Mucia betrogen haben soll, selbst ein gehörnter Gatte und seine Frau los.

Aus Caesar wurde Pompeius nicht schlau. Zu raffiniert und undurchsichtig agierte er – und oft genug nur im Hintergrund. Klar war einzig, dass er populare Politik betrieb und wie besessen war von Ehrgeiz. Um seine Karriere voranzutreiben, schien er zu allem bereit. Ob er auch etwas mit Catilinas versuchtem Staatsstreich zu tun hatte? Zuzutrauen wäre es ihm, aber er war dann klug genug, sich rechtzeitig von Catilina und seinen Leuten abzusetzen, und jetzt erst recht, nachdem Cicero den Putschversuch aufgedeckt hatte und nicht müde wurde, sich als Retter des Staates aufzuspielen. Pompeius musste ein wenig lächeln, als er an den Brief dachte, den ihm Cicero geschrieben und in dem dieser seine innenpolitischen Verdienste mit den außenpolitischen Erfolgen des Pompeius verglichen und sogar gleichgesetzt hatte. Aber in gewisser Weise hatte Cicero auch recht und sein Anliegen, den Senat mit den Popularen auszusöhnen, kam auch den Vorstellungen des Pompeius entgegen. Ja, auf Cicero, der ihn immer umworben hatte, konnte er sich verlassen, Cicero stand über dem kleinlichen Parteiengezänk, ihm ging es um das Große und Ganze – und um den inneren Frieden. Und das sah Pompeius genauso wie Cicero: Der innere Frieden war die Voraussetzung dafür, dass Feldherren wie er für Rom Länder erobern und befrieden konnten. Cicero musste freilich aufpassen, dass er mit seinem überparteilichen Versöhnungsprogramm politisch nicht zwischen alle Fronten geriet.

Da war Caesar geschickter und einfallsreicher oder auch einfach: skrupelloser. Der wusste, mit wem er sich verbünden musste, um politisch zu profitieren – oder finanziell (daher auch seine Kontakte zum reichen Crassus, der ihn seinerseits für sich gewinnen wollte). Ohne Crassus hätten Caesars Gläubiger ihn vorletztes Jahr gar nicht nach Spanien abreisen lassen, fürchteten sie doch, ihr Geld nie wiederzusehen. Aber der steinreiche Crassus hatte mit einer Unsumme für seinen popularen Freund gebürgt, und Caesar konnte seine Finanzen während seiner spanischen Statthalterschaft sanieren. Kaum zu glauben, welche Schulden Caesar aufgenommen hatte, um seine politische Laufbahn sicherzustellen und ebenso seine Beliebtheit beim römischen Volk. Die öffentlichen Spiele, die er als Ädil ausgerichtet hatte, waren noch heute in aller Munde. Aber sein bisher größter Coup war wohl, wie er den altehrwürdigen Catulus bei der Wahl zum Oberpriester ausgestochen hatte. Caesar, noch nicht einmal Prätor, bekam überraschend mehr Stimmen als Catulus, der als älterer, angesehener Konsular eigentlich für das Amt vorgesehen war. Das nie versiegende Geld des unvermeidlichen Crassus hatte die nötigen Bestechungen möglich und Caesar zum Pontifex Maximus gemacht.

Nun war dieser Caesar aus Spanien zurückgekehrt, wo er zumindest die erforderlichen Siege zusammengebracht hatte, um von seinen Soldaten zum Imperator ausgerufen zu werden. Pompeius schnaubte spöttisch. Für das Niedermachen von versprengten Räuberbanden und das Abbrennen von Provinzdörfern erwartete Caesar einen Triumph und hatte dafür schon Vorbereitungen getroffen. Lächerlich war das im Vergleich zu dem, was er, Pompeius, im Osten erreicht hatte! Aber für seinen Triumph hatte Caesar zumindest eine bittere Pille schlucken müssen: Er würde sich für das kommende Jahr nicht um das Konsulat bewerben können. Denn dazu musste er ja in Rom persönlich erscheinen und das durfte er als ein in Waffen stehender Imperator nicht, sondern musste vor den Toren Roms bis zum Tag seines Triumphs ausharren. Oder würde Caesar einen Gesetzesbruch wagen und sich in Abwesenheit um das Konsulat bewerben? Populare Freunde, die ihm dabei behilflich sein konnten, hatte er genug, und am Ende konnten ihm die Bestechungskünste des verhassten Crassus womöglich auch diese Tür öffnen – und damit wäre Caesar endgültig ein Mann des Crassus.

Es schien Pompeius, als hätten sich alle gegen ihn verschworen: die Popularen, die sich skrupellos um Crassus und dessen Geld scharten, und die Optimaten, die blind Cato und seinem Misstrauen folgten. Und er, der eigentlich erste Mann Roms, wurde in allen Belangen hingehalten und seine großen militärischen und außenpolitischen Verdienste im Kleinklein der römischen Tagespolitik zerrieben, noch schlimmer: vergessen. Er musste sich wieder Gehör verschaffen, das war er sich und seinen Soldaten schuldig. Das Ackergesetz musste kommen und die Ratifizierung seiner Provinzordnung im Osten auch!

Wütend stampfte der größte Feldherr seiner Zeit mit dem Fuß auf, als wollte er, wie von den Optimaten befürchtet, seine Legionen gegen Rom zu den Waffen rufen.

Caesar, der Politiker

Frühsommer, 60 v. Chr.

Gaius Iulius Caesar, Oberpriester, fähigster Politiker der Popularen und eben aus der spanischen Provinz als Imperator zurückgekehrt, zögerte nur kurz, dann überschritt er grimmig das *pomerium*, die heilige Stadtgrenze Roms, um, wie vorgeschrieben, persönlich seine Kandidatur für die Konsulatswahl einzureichen. Caesar war sehr erzürnt, dass der Senat – allen voran Cato – ihm nicht entgegengekommen war und eine Bewerbung durch Vertreter nicht zuließ, sondern er sich dafür persönlich auf das Forum begeben musste. So hatte er sich entscheiden müssen: Triumph oder Konsulat. Es tat ihm in der Seele weh, auf den Triumph zu verzichten, gerade wenn er an den glänzenden Triumph des Pompeius dachte, aber die Sache war klar: Nur als Konsul würde er etwas bewegen können – und ihm lag daran, etwas zu bewegen! Cato hatte es sich vorgenommen, ihn als Konsul unbedingt zu verhindern, und hoffte wohl darauf, dass er den Triumph wählte und das Konsulat aufschob. Aber indem er den Fuß über diese heilige, mit weißen Steinen markierte Linie setzte, die die kultische Stadtgrenze Roms bezeichnete, hatte er das Recht zu triumphieren verloren. Bitter, aber unvermeidlich. So glanzvoll ein Triumph auch sein mochte, er stärkte nicht zwangsläufig den politischen Einfluss, das konnte Caesar nur allzu gut am despektierlichen Umgang des Senats mit Pompeius beobachten. Obwohl Pompeius den Optimaten alles andere als feindlich gesinnt war, ertrug der harte Kern um Cato nicht die Sonderstellung, die er seit ehedem innehatte, und tat alles, um jede Initiative des verdienten, aber jetzt amtslosen Feldherrn ins Leere laufen zu lassen. Wollte Caesar nicht wie Pompeius in einer politischen Sackgasse enden, brauchte er das Konsulat jetzt, um handlungsfähig zu bleiben, und das blieb er nur, wenn er endlich an der Spitze des Staates stand. Siege würde es dann noch viele für ihn geben. Dann würde er den verpassten Triumph nachholen – und zwar doppelt und dreifach, dessen war er gewiss!

Wie waren ihm diese Optimaten ein Verdruss, die jede Reform blockierten, jedes ehrgeizige Projekt hintertrieben, immer ängstlich darauf bedacht, dass niemand ihr bescheidenes Mittelmaß übertreffen und ihre blinde Obstruktionspolitik durchbrechen würde. Wer in Rom heute Großes nur plante, war schon verdächtig, wer Großes gar tat, wurde sogleich zum Feind des Senats deklariert. Engstirnigkeit, Prinzipienreiterei und Neid – das zeichnete den Senat mittlerweile aus und nicht mehr jener Wettstreit um Ehre, bei dem die Besten siegten und Geschichte schreiben durften. Aber ihn würde kein Cato, kein Catulus und auch kein Cicero mehr aufhalten können, wenn er erst das Konsulat erreicht hatte. Das befürchteten auch seine Gegner, die für diesen Fall wenigstens sicherstellen wollten, dass nicht auch noch der von ihm favorisierte Lucceius sein Kollege würde, sondern wenigstens der verhasste Bibulus. Verächtlich dachte Caesar an den ewigen Bibulus, mit dem er schon Ädilität und Prätur durchzustehen hatte. Bei der Vorstellung, mit ihm auch das Konsulat antreten zu müssen, wurde ihm übel. Aber noch war Lucceius nicht aus dem Rennen. Er war ein reicher Mann und konnte große Geldgeschenke in Aussicht stellen. Und Crassus gab es ja auch noch. Am Geld sollte es also nicht liegen. Das müsste für die Wahl des Lucceius genügen, auch wenn die Optimaten für Bibulus ihr Geld zusammenlegten, um ihn durch die Wahl zu bringen. Selbst der unbestechliche Cato hatte diese Aktion gegen Lucceius unterstützt – diese Wahlbestechungsaktion, um ganz genau zu sein. Wie musste

Cato ihn, Caesar, fürchten, dass er ihm unter allen Umständen einen wadenbeißenden Aufpasser an die Seite stellen wollte, der seinen Handlungsspielraum einschränken sollte. Aber im Grunde war das nicht so wichtig. Diesen Bibulus würde er, wie bisher auch, einfach an die Wand spielen, wenn er erst einmal Konsul war.

Die Optimaten waren unglaublich einfallsreich, wenn es darum ging, ihm einen Stein nach dem anderen in den Weg zu legen. Sie hatten für den Fall, dass er Konsul würde, auch eine weitere Maßnahme getroffen, die ihn schwächen sollte: Sie hatten tatsächlich festgelegt, dass die Konsuln des nächsten Jahres nach ihrer Amtszeit nicht, wie üblich, eine stattliche Provinz zur Verwaltung zugeteilt bekämen. Dort könnte Caesar ja wieder, wie schon in Spanien, große Schlachten schlagen und Siege einfahren. Diese Kleingeister ließen sich wirklich nur von ihrer Angst vor Größe treiben! Caesars Zorn loderte auf, als er daran dachte, welche unwürdige Aufgabe man für ihn (und seinen Kollegen) im Falle seiner Wahl statt einer Provinz vorgesehen hatte: die Verwaltung der staatlichen Forsten und Weidewege! Das war eine Kränkung sondergleichen! Er, Caesar, als Wegewart für Kuhtriften! – Die einzige Herde, der er den Weg weisen würde, wäre die Herde der Optimaten, und zwar den schnellsten Weg aus dem Senat hinaus!

Finster ließ er die vielen Anfeindungen vor seinem inneren Auge vorbeiziehen, die er in den letzten Jahren von Seiten der Optimaten hinnehmen musste, und dabei war meist Cato die treibende Kraft. In jener Sitzung, als über die verhafteten Catilinarier verhandelt wurde, hatte Cato ihn doch tatsächlich auf eine Stufe mit dem Putschisten Catilina gestellt und ihm in einer wüsten Rede staatsfeindliches Verhalten vorgeworfen, nur weil er für die Verschwörer statt der Todesstrafe lebenslange Haft beantragt hatte. Dabei verstieß die Todesstrafe für römische Bürger nun einmal gegen das Gesetz. Natürlich hatte auch der alte Catulus gegen seinen Antrag gestimmt, und auch er hatte ihm unterstellt, selbst an Catilinas Verschwörung beteiligt gewesen zu sein, und zwar gemeinsam mit Crassus. Lebhaft stand Caesar vor Augen, wie Catulus und Piso, als sie beim Konsul Cicero mit ihren Verleumdungen gegen ihn nicht durchdrangen, nun persönlich im Senat gegen ihn Stimmung machten, bis er am Ende tätlich angegriffen wurde und nur unter Gefahr für Leib und Leben die Versammlung verlassen konnte. Kein Wunder, dass sich angesichts der optimatischen Diffamierungen weitere Denunzianten ermutigt sahen, ihn mit Schmutz zu bewerfen: Vettius und Curius hatten ihn, den Obermagistrat, beim Richter Novius angezeigt – zwei Nullen bei einer dritten! Auch wenn er kraft seiner Amtsgewalt als Prätor alle drei mit brachialer Gewalt in ihre Schranken gewiesen hatte, zeigte doch auch dieser Skandal bereits deutlich, dass die Optimaten nicht ruhen würden, bis sein Ruf ruiniert und er politisch ausgeschaltet wäre.

Ja, er brauchte das Konsulat. Und danach eine vielversprechende Provinz, um nochmals als siegreicher Imperator nach Rom zurückzukehren: Und dann würde er sich den Triumph nicht mehr nehmen lassen!

Doch auch wenn er zum Konsul gewählt würde, bliebe die politische Lage für ihn kompliziert. Er konnte und wollte nicht wie Pompeius zwischen den Parteien lavieren (was diesem, wie man jetzt sah, auch nicht weiterhalf), zu sehr hatte er sich den Optimaten verhasst gemacht, zu eindeutig gehörte er den Popularen an. Im Hass gegen ihn vereinten sich die zersplitterten Gruppen im Senat, wie sie es in ähnlicher Weise aus Angst vor Pompeius taten. Crassus unterstützte ihn zwar zuverlässig, aber um seinem Intimfeind Pompeius zu schaden, stand er in einzelnen Aktionen auf Seiten der Optimaten. Wie kurzsichtig von ihm und albern! Crassus ließ sich in seinem Hass auf Pompeius auch von Cato instrumentalisieren, Pompeius, dessen Beliebtheit beim Volk ihn eigentlich einer popularen Politik empfahl, hatte sich mit seiner überparteilichen Positionierung auch im Senat isoliert. Kurz und gut: Während Cato und sein Zirkel in der Lage waren, die Optimaten zusammenzuhalten, standen sich die Popularen gegenseitig im Wege. Dazu kam, dass Cicero das Scheitern des Catilina nutzte, um die populare Politik als Ganzes in Misskredit zu bringen und dem gesamten Senat eine optimatische Stimme zu geben. Solange es keinen popularen Gegen-Cato gab, hatten die Optimaten leichtes Spiel und konnten ihn, Caesar, ein ums andere Mal ausbremsen und zur Erfolglosigkeit verdammen!

Er musste also einen Ausweg finden, eine Lösung des Dilemmas, dass ein Cato Crassus gegen Pompeius ausspielen konnte – und Pompeius gegen ihn, Caesar. Ja, er musste zugeben, dass er selbst sich bisweilen von Crassus zu Aktionen gegen Pompeius hatte hinreißen lassen, um diesem zweiten Alexander eins auszuwischen. Sollte Pompeius ruhig seinen Alexander nachahmen – er, Caesar, brauchte keine griechischen Vorbilder! Trotzdem: Er erinnerte sich, wie er in Spanien auf eine Statue Alexanders gestoßen war und kaum seine Tränen hatte zurückhalten können: Alexander hatte in seinem kurzen Leben mehr geleistet, als er es wohl in einem langen je zustande bringen würde. Und dieser Pompeius, dem Siege in den Schoß fielen wie Crassus Geld, führte seit seiner Jugend den anmaßenden Alexander-Beinamen ‹der Große›, Pompeius Magnus. Und er hatte auch noch das unglaubliche Glück, dass ihm bei seinen Beutezügen in Asien der Prachtmantel Alexanders in die Hände gefallen war. Oder war der eine Fälschung? – Einerlei! Das Volk hatte ihm die Geschichte abgenommen und ihm, als er in diesem Gewand auf dem Triumphwagen durch Rom zog, frenetisch zugejubelt, als wäre er der auferstandene Alexander höchstpersönlich. Gut, dass ihm dieser Anblick erspart geblieben war. Zu dieser Zeit hatte er ja in Spanien gekämpft und gesiegt.

Aber ihm blieb nun der Triumph versagt. Dieser Gedanke versetzte Caesar wieder einen Stich. Und dennoch, wenn er gegen Pompeius arbeitete, spielte das nur wieder Cato in die Hände. Er brauchte Pompeius, und Pompeius ihn. Er musste ihn, der immer nur auf den Senat schielte und die Anerkennung durch die Optimaten erhoffte, für die Popularen gewinnen. Nur dann würde Pompeius seine Ziele erreichen. Afranius, sein ehemaliger Offizier, den Pompeius für seine Zwecke ins Konsulat gehievt hatte, erwies sich als Versager, der sich mehr, wie erzählt wurde, um die Tanz- als um die Staatskunst kümmerte. Aber ein Caesar als Konsul würde Pompeius die notwendigen Mehrheiten beschaffen können, damit dieser seine Veteranen versorgen konnte und seine Provinzordnung in Asien vom Senat bestätigt bekommen würde. Im Gegenzug müsste Pompeius ihm dazu verhelfen, dass er nach dem Konsulat eine wirklich angemessene Provinz erhielte, eine, mit der er etwas anfangen könnte, womöglich sogar mehrere. Nur dürfte ihnen Crassus mit seinem giftigen Geld nicht einen Strich durch die Rechnung machen. Caesar seufzte, wenn er daran dachte, mit welcher Verbissenheit Crassus alles tat, um die Anträge des Pompeius im Senat zu torpedieren. Und Cato sah zu und rieb sich die Hände! Caesar ballte die Faust, dann wurde er plötzlich ruhig. Er musste taktisch vorgehen und klüger sein als der verbohrte Cato, der immer so stolz auf seine kompromisslose Unversöhnlichkeit war – das war es! Versöhnung war die Lösung, und wenn schon keine Versöhnung, dann eine Vereinbarung. Wenn er Pompeius und Crassus überzeugen könnte, über ihren Schatten zu springen und mit ihm gemeinsame Sache zu machen, dann wäre Cato ein Niemand und der Senat nur noch ein Name!

Gelassen schritt Caesar nun auf das Forum zu und beim Anblick der vielen überraschten Gesichter in der Menge, die den Imperator nicht innerhalb der Mauern Roms erwartete, musste er lächeln: Er würde ihnen bald noch mehr Überraschungen bieten ...

So oder so ähnlich könnten die Gedanken gewesen sein, die im Frühsommer 60 v. Chr. den künftigen Triumvirn durch die Köpfe gingen, ehe das verhängnisvolle Triumvirat zustande kam. Der Dichter Horaz hat, dem Historiker Pollio folgend, eben jenes Jahr, in dem die Triumvirn sich zusammentaten, als den Anfang des entscheidenden Bürgerkriegs gesehen, dessen Folgen die Republik in ihrer alten Form nicht überleben sollte (Hor. carm 2,1). Demnach lag es vor allem an diesen drei Männern, dass es zu diesem und weiteren Bürgerkriegen kam, an deren Ende der Untergang der Republik und der Beginn des Prinzipats stand. Alle drei waren im Jahr 60 v. Chr. höchst unzufrieden und alle drei hatten Anlass, um Cato, den Optimaten und dem Senat zu zürnen – aus verletzter Eitelkeit, aus gekränktem Stolz, aus maßlosem Ehrgeiz. So steht im Mittelpunkt unserer Erzählung vom Triumvirat – wie schon in Homers *Ilias* – der Zorn, in diesem Fall gar ein dreifacher.

*

Wir wollen in diesem Buch die Triumvirn auf ihren Lebenswegen begleiten und die Zeit beschreiben, in der sie gelebt haben: die letzten Jahrzehnte der römischen Republik. Diese drei Männer bilden mit ihren Positionen und Perspektiven zwar nur einen Teil der Geschichte – davon wird gleich noch die Rede sein –, aber immerhin einen entscheidenden. Hätte es sie nicht gegeben, oder hätten sie nicht zum Dreibund zusammengefunden, dann wäre manche Weiche anders gestellt worden und vielleicht alles ganz anders gekommen ...

Und jeder spielt entsprechend der Höhe seiner Chips.
Pierre Bourdieu

Auf dem ‹Spielfeld› der Geschichte

Man kann – etwa in Anlehnung an Pierre Bourdieus Kulturtheorie – Geschichte als Spiel betrachten, mit Spielfiguren, die nach festgelegten Spielregeln auf einem Spielbrett, das weitere Bedingungen vorgibt, agieren. Und Geschichtsschreibung kann man als einen Versuch verstehen, das Spiel der Geschichte in seinen Zusammenhängen und Hintergründen darzustellen und zu deuten.

Das Spielfeld der Geschichte ist ein weites Feld. Auf ihm tummeln sich etliche Spielfiguren, die nach ihrem jeweiligen Standpunkt handeln. Sie handeln aber nicht isoliert voneinander, sondern stehen in vielfältigen Beziehungen zueinander, gelenkt von Spielregeln, die bewirken, dass bestimmte Konstellationen entstehen und bestehen – nämlich Gesellschaften.

Diese Gesellschaften sind nach innen in Gruppen eingeteilt und nach außen zu anderen Gesellschaften und Gemeinschaften abgegrenzt, doch sind ihre Grenzen durchlässig, unscharf und können durch viele Interaktionen relativiert werden. Die Interaktionen sind nicht beliebig, sondern folgen dabei ihrerseits Regeln. Aber auch diese Regeln können sich ändern und mit ihnen auch die Gesellschaften und es entsteht Neues. Geschichte vollzieht sich demnach als ein komplexes Spiel der Kräfte, dem der Einzelne, aber auch Gruppen und ganze Gesellschaften unterworfen sind. Und doch kann der Anstoß eines Einzelnen oder einiger Weniger zu einem völligen Wandel der Verhältnisse führen.

Auf Rom übertragen heißt das: Der Wandel der Republik zum Prinzipat, dem Beginn der Kaiserzeit, war das Ergebnis eines komplexen Zusammenspiels vielfältiger Faktoren und eines gruppendynamischen Prozesses, in dem die Eliten – und innerhalb dieser die Triumvirn – vielleicht eine weniger aktive Rolle spielten als man gemeinhin, und auch sie selbst, glaubten. Auch ihre Rollen wurden von Regeln bestimmt, die sie nicht in der Hand hatten, und wenn sie selbst Regeln änderten oder brachen, dann konnten sie das nur, weil die Umstände es erlaubten oder gar erforderlich machten, dass Regeln geändert oder gebrochen wurden.

Dieser Überlegung trägt die moderne Forschung Rechnung und entwirft von den historischen Protagonisten ein differenzierteres Bild: Die Treiber der Geschichte sind selbst Getriebene, die ‹Macher› werden von ihr gemacht. Ein Caesar kann nur in einer Zeit, Kultur, Gesellschaft zum Caesar werden, die nach einem Caesar verlangt.

Heutige Geschichtsforscher versuchen diesem Wechselspiel auf die Spur zu kommen. Wie sie das anstellen, davon handelt dieses Kapitel. Wen aber die Geschichte selbst mehr interessiert als theoretische Reflexionen über sie, der darf dieses Kapitel getrost überspringen und (ab S. 73) sogleich in die Antike eintauchen.

Die Spielfiguren: Darsteller oder Dargestellte?

Sind die Spielfiguren der Geschichte Akteure im eigentlichen Sinne des Wortes oder sind sie vielmehr Ausführende von Regeln? Oder sind sie nur dann Akteure, wenn sie zu solchen gemacht werden – entweder von den Zeitgenossen oder von denen, die ihre Aktionen darstellen und deuten, den Geschichtsschreibern? Und was bedeutet es, wenn die Akteure ihre Geschichte selbst schreiben wie etwa Caesar in seinen *Kommentarien über den Gallischen Krieg*? Oder die Geschichtsschreibung in Auftrag geben wie etwa Pompeius, der seinen Haushistoriker auf seine Feldzüge mitnahm?

Antike Geschichtsschreibung – zwischen Dichtung und Wahrheit

Die Komplexität der geschichtlichen Prozesse macht auch ihre Beschreibung und Deutung komplex. Aus welcher Perspektive Geschichte beschrieben, welche Schwerpunkte dabei gesetzt und welche Zusammenhänge, Beziehungen und Wechselwirkungen angenommen werden, hat Einfluss darauf, wie ihre Beschreibung und Deutung ausfällt.

Diese Überlegungen führen zu einer Frage, die in der Geschichtsschreibung umstritten ist: der Frage nach der sogenannten historischen Wahrheit. Und diese ist alles andere als einfach zu beantworten – ist doch beides, Beschreibung und Deutung, abhängig von der jeweiligen Perspektive, aus der historisches Geschehen gesehen und erlebt beziehungsweise beschrieben und bewertet wird. Crassus, Pompeius, Caesar haben alle drei, wie es im letzten Kapitel vorgeführt wurde, ihre eigene Sicht auf die Dinge, bedingt durch ihre jeweiligen Erfahrungen und Ziele. Welche Sichtweise ist nun die historisch richtige? Man könnte sagen: keine, denn alle drei sind subjektiv. Oder: alle, denn jede hat existiert und ist damit Teil der Geschichte.

Die moderne Geschichtswissenschaft hat mittlerweile erkannt, dass es in der Geschichte nicht die *eine*, absolute Wahrheit gibt, sondern sie geht von zahlreichen Perspektiven aus. Dabei sucht sie nach Wahrscheinlichkeiten und befindet sich in einem ständigen Prozess der Interpretation von Geschichtsquellen. Zentral für sie sind daher methodische Fragen, also wie man mit der (oft lückenhaften) Quellenlage umgehen soll. Doch wer entscheidet, dass der gewählte Weg der richtige ist und belastbare Ergebnisse bringt? Und gilt nicht trotz aller Wissenschaft auch heute noch der Grundsatz, dass es immer darauf ankommt, wessen Geschichte erzählt wird und von wem? Wird diese nicht meist von den Siegern erzählt … Aber was heißt «erzählt»? Kann eine Geschichte, die ‹erzählt› wird, überhaupt heutigen Ansprüchen entsprechen?

Die römischen Historiker und ihre Leser waren in diesem Punkt pragmatischer und vielleicht auch ehrlicher. Geschichtsschreibung galt nicht als Wissenschaft, gehörte also nicht zur Fachschriftstellerei, sondern zur ‹schönen Literatur›. Geschichtsschreibung wurde als Erzählung im eigentlichen Sinne des Wortes begriffen. Den antiken Historikern – die moderne Geschichtswissenschaft würde diesen Begriff heute wohl in Anführungszeichen setzen – ging es nicht in erster Linie darum, historische Einzelheiten im Detail zu recherchieren, sondern sie spürten – ähnlich wie die Dichter – einer tieferen ‹Wahrheit› nach, die sie in ansprechender Form erzählten. Ihr Stil war ausgefeilt, manchmal wurde der Stoff sogar wie ein Drama inszeniert. Reden historischer Persönlichkeiten waren den Vorlagen nachempfunden oder frei erfunden und orientierten sich dann an dem, wovon ein Historiker erwartete, dass es gesagt worden sein könnte. Solche Reden boten deshalb eine gute Möglichkeit, historische Situationen zu reflektieren, ein Für und Wider herauszuarbeiten oder den tieferen Beweggründen der historischen Protagonisten Ausdruck zu verleihen. Gerade herausragende Persönlichkeiten empfand man nicht (nur) wegen ihrer Einzigartigkeit als faszinierend, sondern betrachtete sie als *exempla*, also als einprägsame Beispiele für typisch menschliches Verhalten. Obwohl bei dieser Form von Geschichtsschreibung literarische Fiktion und historische Faktizität nicht immer klar voneinander zu trennen waren, stand der Vorwurf, es fehle an Daten und Fakten, nicht so im Vordergrund wie heute. Die Faktenrecherche, die in der modernen Geschichtswissenschaft zentral ist, spielte in der Antike ohnehin eine eher untergeordnete Rolle. Vielmehr wurde von den historischen Schriftstellern erwartet, dass sie *ihre* Version der Geschichte erzählten und *ihre* Sicht auf die Dinge präsentierten. Deutung von Geschichte ist immer eine Frage der Perspektive und damit subjektiv – daraus machte man in der Antike keinen Hehl. So rechnete der antike Leser, wenn er Geschichtswerke in die Hand nahm, ganz selbstverständlich mit persönlichen Sichtweisen der Geschichtsschreiber und war neugierig auf die dargelegten Deutungen.

Diejenigen Geschichtsschreiber, die auf ihre Unabhängigkeit Wert legten, betonten jedoch, dass sie in ihrer Darstellung und Deutung von Geschichte niemandem außer sich selbst gegenüber verpflichtet seien, während abhängige Geschichtsschreiber, die sich natürlich nicht als solche zu erkennen gaben, sich in den Dienst von Personen, Familien oder Parteien stellten und diesen jeweils in ihrer Version von Geschichte eine herausragende Rolle gaben. Das galt auch und insbesondere dann, wenn Politiker sich und ihr Familiengeschlecht (*gens*) in historischen Werken entweder selbst inszenierten, oder, was die elegantere Methode war, sich von Historikern oder Biographen inszenieren *ließen*. Pompeius etwa beschäftigte Theophanes von Mytilene als Haushistoriker, Sulla erbat sich von Lucullus, Cicero von Poseidonius historische Monographien, die sie würdigen sollten. Caesar wiederum beschrieb seinen Krieg in Gallien gleich selbst, aber nicht in der Ich-, sondern in der Er-Form – die Objektivität suggerieren sollte –, um seine Taten ins rechte Licht zu rücken.

Auch autobiographische Werke gab es. So verfasste der gleichnamige Vater des bereits erwähnten Catulus ein autobiographisches Werk und gab es dem befreundeten Dichter Aulus Furius, damit dieser ihn auch in Versen verewigte. Sulla schrieb im letzten Lebensjahr eine ausführliche Autobiographie, die leider nicht erhalten ist. Cicero fertigte, nachdem mehrere Historiker, die er anfragte, diese Aufgabe dankend abgelehnt hatten, selbst einen griechischen und einen lateinischen Kommentar über sein Konsulat an und darüber hinaus ein Gedicht, das mit den selbstbewussten Worten begann: «Oh glückliches Rom, wiedergeboren, als ich Konsul war!» (vgl. Cic. Att. 1,19; Iuv. sat. 10,122). Natürlich zog ein Historiker, der beim Rühmen allzu dick auftrug, Misstrauen und Spott auf sich. Dennoch, derartige Inszenierungen wurden im aristokratischen Rom nicht nur akzeptiert, sondern als bewährte Mittel aristokratischer Selbstpräsentation geradezu erwartet und auch als solche verstanden.

Ernsthafte Geschichtsschreiber hingegen, die nach einer tieferen Wahrheit von Geschichte suchten – wie Sallust, Livius und Tacitus – strichen stolz die Unabhängigkeit ihrer Beurteilung historischer Vorgänge heraus. Oft waren sie Senatoren und brachten damit auch die politische Erfahrung und Kompetenz mit, um das Handeln der historischen Personen, über die sie schrieben, angemessen beurteilen zu können. Ihr senatorischer Status verbürgte dann die gesellschaftliche Akzeptanz ihrer Geschichtsdeutung, ihre politische Unabhängigkeit den Wahrheitsanspruch. Vor allem in ihren Vorworten setzten sie sich mit dem Aspekt der Neutralität auseinander. Das berühmte Diktum des Tacitus, dass er «ohne Ressentiments und Protektion» (*sine ira et studio*; ann. 1,1) schreibe, meint seine Unparteilichkeit und schließt keineswegs aus, dass er bei seiner Darstellung nicht dennoch klare Wertungen vornimmt, aber eben ohne dabei unter dem Einfluss einer Partei oder eines Patrons zu stehen – schon gar nicht unter dem des Kaisers. Mit Tadel waren Geschichtsschreiber daher freigebig, mit Lob sparsam, denn Lob erregte leicht den Verdacht, ‹bestellt› zu sein. Nach antiker Auffassung sicherte vor allem die Unabhängigkeit des Historikers die Glaubwürdigkeit seiner Darstellung, während Methodik und Quellenkritik, die für die moderne Forschung zentral sind, von den römischen Geschichtsschreibern bis auf wenige Ausnahmen kaum thematisiert wurden. Nicht Detailgenauigkeit war ihnen in erster Linie wichtig, sondern Gerechtigkeit gegenüber den historischen Gestalten. Sallust etwa, um es an einem Beispiel zu illustrieren, brachte die entgegengesetzten Ansichten, die Caesar und Cato über den Umgang mit den inhaftierten Catilinariern vertraten, in einem Rede-Paar zum Ausdruck, das so ausgewogen angelegt ist, dass sich die Interpreten bis heute nicht einig sind, ob Sallust eher für Caesars oder für Catos Sache werben wollte – oder beiden Standpunkten etwas abgewinnen konnte. Ein moderner Historiker hingegen würde versuchen, den Ablauf der Sitzung zu rekonstruieren, er würde herausfinden wollen, was Cato und Caesar wirklich gesagt haben und wer sonst noch gesprochen hat. Sallust jedoch und die antiken Historiker sahen ihre Pflicht darin, den Leistungen und Verfehlungen berühmter Männer und Familien gerecht zu werden und ihnen den gebührenden Platz in der Geschichte zu verschaffen. Sie verstanden sich als Herrscher und Hüter über jenen Nachruhm, um den die Eliten so rangen.

Ob parteilich oder parteilos, die römischen Geschichtsschreiber nutzten alle rhetorischen und literarischen Mittel, um ihre Deutung von Geschichte möglichst effektiv in Szene zu setzen, und sie scheuten sich nicht, die nackten Fakten in ihrem Sinne auszudeuten und zu einem stimmigen Gesamtbild zusammenzufügen. Was die moderne Historiographie als Geschichtsklitterung oder gar als Geschichtsfälschung verurteilen würde, wurde in der Antike als Ausschmückung und Verdichtung einer historischen Wahrheit verstanden, die aus dem Geschehenen erst herausgelesen werden muss. Und was heute als unzulässige Einseitigkeit oder gar Willkür zurückzuweisen wäre, wurde damals als die nicht nur hingenommene, sondern sogar eingeforderte Positionierung des jeweiligen Historikers aufgenommen. Ihm wurde diese Gestaltungs- und Deutungsfreiheit von Geschichte nicht nur zugestanden, sondern sogar abverlangt – sei es aufgrund seiner eigenen gesellschaftlichen Autorität, sei es aufgrund seiner Autorisierung durch gesellschaftliche Autoritäten. Man könnte daher sagen, dass sich die verschiedenen Arten von Geschichtsschreibung – von der historischen Monographie über die Biographie bis zu Lobgedichten – im antiken Rom durchaus zwischen Dichtung und Wahrheit bewegten. Ihnen gemeinsam war das Ziel, die Erinnerung an die Taten großer Männer zu bewahren und damit für das, was aus ihrer Sicht den Staat ausmachte, eine moralische Basis zu legen. In dieser Tradition steht auch Tacitus, der seine Biographie über seinen Schwiegervater Agricola mit der Feststellung beginnt: «Die Taten (*facta*) und den Charakter (*mores*) berühmter Männer (*clari viri*) der Nachwelt zu überliefern, ist seit alters fester Brauch.» (Tac. Agr. 1,1)

Männer machen Geschichte – das antike Geschichtsbild

Das eben angeführte Tacitus-Zitat macht also einmal mehr deutlich, dass antike Geschichtsschreibung ganz auf die Taten großer Männer abhebt und in diesen die treibende Kraft geschichtlicher Vorgänge sieht – eine Vorstellung, die ganz zum aristokratischen Weltbild passt, in dem der Adel die Geschicke des Staates lenkt, im Guten wie im Schlechten. Ob im Staat Ordnung herrscht oder Chaos, dafür tragen die Männer an der Macht Verantwortung. Daher führen die antiken Geschichtsschreiber die Eskalation der Ereignisse im Jahrhundert der Bürgerkriege auf das Handeln einzelner Männer, etwa der Triumvirn, zurück und sehen in deren Taten die Ursachen für den Untergang der römischen Republik. Und so schreiben sie es gar einem einzigen Mann zu, nämlich Octavian, der ab 27 v. Chr. Augustus genannt wurde, dass er mit der Etablierung des Prinzipats den inneren Machtkämpfen ein Ende bereitete.

Nach antiker Auffassung sind es Männer mit adliger Herkunft (*nobiles*) gewesen, die – nach Maßgabe ihres Ehrenkodexes – Politik betrieben, den Gang der Geschichte gestalteten und dadurch in die römische Geschichte eingingen. Die althergebrachten Sitten, der sogenannte *mos maiorum*, gaben die eigentliche Richtschnur im römischen Staat vor, die das Handeln der Nobilität bestimmte. Eine geschriebene Verfassung gab es nicht, weshalb sich auch die laufend von den *nobiles* eingebrachten Gesetze im Rahmen dieses *mos maiorum* bewegten. Ennius, der Dichter der hohen Republik und Freund des Scipio, des Siegers über Hannibal, bringt diese Auffassung in einem Vers auf den Punkt: «Auf Tradition (*mores*) beruht Roms Wesen und auf Männern.» (Enn. ann. frg. 500 Vahlen). Cicero stimmt in seiner Schrift *Über den Staat* dem Vers überschwänglich zu, «den mir Ennius in seiner Kürze wie in seinem Wahrheitsgehalt gleichsam aus einem Orakel verkündet zu haben scheint.» (Cic. rep. 5,1)

Dieses Selbstverständnis, das Ennius so zugespitzt formuliert hat, wurde zumindest der ‹guten alten Zeit› zugeschrieben, zu der die hohe Republik später in den Zeiten der Bürgerkriege – unter anderem von Cicero und Sallust – stilisiert wurde. Insofern kann man in der römischen Geschichtsvorstellung ein rudimentäres Epochenverständnis ausmachen: die Königszeit, die mit der Vertreibung des grausamen Königs Tarquinius Superbus endete (der legendenhaften Überlieferung zufolge im Jahr 509 v. Chr.) und diese Regierungsform in Rom für immer in Misskredit brachte; die Zeit der Republik, in deren Ausgang die Ära der Scipionen (2. Jahrhundert v. Chr.) als Hochblüte empfunden und im Rückblick verklärt wurde; und der

Prinzipat, der das Ende der senatorischen Freiheit, aber auch den Anfang einer langen Periode innerer Stabilität bezeichnete. Eng verbunden mit diesem Epochenverständnis war auch die Vorstellung davon, was einzelne Männer in ihrer Zeit jeweils überhaupt leisten konnten. Solange die Republik – so die retrospektive Konstruktion – noch funktionierte und freie politische Tätigkeit zuließ, galt sie als die ideale Staatsform, in der Männer von Adel ihre Tugenden (*virtutes*) ungehindert verwirklichen und im ehrenvollen Dienst am Staat ihren Ruhm und den ihrer Familie (*gens*) sichern konnten.

Ziel allen politischen Handelns war es damals, durch Übernahme politischer Ämter Ansehen (*dignitas*) für sich und die eigene Familie zu gewinnen, und da der Staat in den Händen der großen Familien lag, kam das, was dem Staate zugute kam, auch den Familien zugute. Und je größer Rom wurde und je mehr Provinzen es verwaltete, desto reicher wurde es und desto mehr konnten die *nobiles* bei der inneren und äußeren Verwaltung des wachsenden römischen Herrschaftsgebietes (*imperium Romanum*) an Ruhm und Reichtümern anhäufen – für sich und die eigene Familie. Im Laufe der Zeit entstand die Vorstellung, dass Roms Bestimmung darin läge, ein Weltreich zu regieren, dessen Herrschaft weder räumlich noch zeitlich eine Grenze gesetzt sei. Der Dichter Vergil, der in augusteischer Zeit den Römern mit seiner *Aeneis* ein neues ‹Nationalepos› schuf, liefert dazu – gleichsam als Reaktion auf die historische Entwicklung – die mythische Begründung nach, die zugleich eine ideologische ist. An prominenter Stelle lässt er Jupiter verkünden: «Den Römern habe ich eine Herrschaft (*imperium*) ohne Ende zugeteilt.» (Verg. Aen. 1,279)

Schon diese wenigen Hinweise zeigen, in welchem Rahmen römische Historiker und ihre Zeitgenossen dachten: Geschichte machen Männer, der Staat ist Sache des Adels, Rom ist für die Weltherrschaft auserkoren. Es ist das Geschichtsbild, das die römische Elite von sich hatte und für sich pflegte. Durch Wahlen und Voten der Volksversammlungen hatte auch das römische Volk, wenn auch in Grenzen, an der Senatsregierung Anteil und ließ sich von der Nobilität lenken, die, wie es schien, in seinem Namen agierte. Beschworen wurde diese Einheit von Senat und Volksversammlung durch die Hoheitsformel SPQR: *Senatus Populusque Romanus* – Senat und Volk von Rom.

Rom verdanke seine Größe laut Ennius also großen Männern, und um drei solcher Männer geht es in diesem Buch, in dem ich in Form einer Dreifach-Biographie die Positionen und Perspektiven der Triumvirn Caesar, Pompeius und Crassus skizzieren will. Damit würden sich auf den ersten Blick Thema und Form ganz mit den eben dargelegten antiken Vorstellungen von Geschichte und Geschichtsschreibung decken: Geschichte als ein Aufeinanderfolgen von Taten bedeutender Männer, die die geschichtliche Ereigniskette auslösen und ins kollektive Gedächtnis eingehen. Der erste Satz dieses Buches könnte demnach auch von einem antiken Historiker wie Tacitus stammen: «Drei mächtige Männer von höchstem Stand machen gemeinsame Sache, verbinden ihre Interessen und bringen den ganzen Staat ins Wanken.»

Doch wir müssen zurückhaltender sein und uns Fragen stellen, die sich die antiken Historiker noch nicht gestellt haben und auch nicht haben stellen können. Denn in der Gesellschaft, in der sie lebten und für die sie schrieben, wurde eines sicher nicht hinterfragt: Dass es große Männer sind, die ‹die Geschichte machen›.

Geschichte macht Männer – moderne Geschichtsbilder

Die heutige Forschung entwirft von den historischen Protagonisten ein differenzierteres Bild: Sicherlich sind sie Akteure, die den Gang der Geschichte vorantreiben, aber sie sind auch Getriebene, die auf Ereignisse reagieren. Vor allem aber sind sie Geschöpfe ihrer Zeit, also bedingt und bestimmt von der Gesellschaft, die sie an die Spitze des Staates gebracht hat. Warum haben in der ausgehenden Republik die Triumvirn das Heft in der Hand und nicht ein Cicero, Cato oder Catilina? Warum konnten sich die Optimaten nicht gegen diese populare Trias durchsetzen? Warum liebte das Volk einen Caesar oder Pompeius? Und warum wurde ein Crassus gebraucht?

Anders gefragt: Wer bestimmt, wer zur Elite gehört? Wie entstehen Eliten und wie verändern sie sich? Für diese Fragen findet die antike Geschichtsschreibung eigentlich keine wirklichen Antworten. Ihre verschiedenen Konzepte, gerade hinsichtlich der Elitenbildung, greifen aus heutiger Sicht zu kurz. Die Annahme etwa, dass die persönliche *virtus*, also Tatkraft, einem Mann zum Erfolg verhelfe, befriedigt ebenso wenig als Erklärung wie dessen Herkunft aus hohem Adel.

Auch wenn wir auf antike Historiker angewiesen sind, weist ihre Auffassung von Geschichte konzeptionelle und methodische Defizite auf, die uns – abgesehen vom literarischen Charakter ihrer Darstellung von Geschichte – heute auffallen, überraschen und manchmal auch befremden. Abgesehen von der unzureichenden Faktenrecherche zugunsten fiktiver Elemente und der starken Fokussierung auf eine – auch noch standesgebundene, also vor allem senatorische – Personengeschichte, werden infolgedessen auch zeitbedingte Gesellschaftsstrukturen zu wenig in den Blick genommen. Für unser Thema führen diese Lücken in der historischen Betrachtung zu einer höchst unbefriedigenden Tatsache: Die antike Geschichtsschreibung tut sich – trotz aszendenter und deszendenter Geschichtsmodelle, die Aufstiege, Blütezeiten und Niedergänge beschreiben – schwer damit, strukturelle Ursachen für Epochenwandel und Systemwechsel in der nötigen Schärfe zu erfassen. Ihre Vertreter denken nicht in Diskursen. Für den Umbruch, den das erste Triumvirat bezeichnet, bietet die antike Historiographie letztlich keine Erklärung. Die Triumvirn strebten nach Macht, Reichtum und Geltung – so lautet die klassische Begründung des Sallust. Doch dies taten Menschen – vorzugsweise Männer – zu allen Zeiten.

Die moderne Geschichtstheorie hat die Defizite der sogenannten Staats- und Personengeschichte (oder auch Politischen Geschichte), die von der Antike bis ins 19. Jahrhundert gängig war, längst erkannt und liefert stattdessen umfassendere Erklärungsmodelle. Diese sollen hier kurz skizziert werden.

Zunächst einmal unterscheidet sie mit größerer Trennschärfe

zwischen Eliten und anderen Schichten. Und: Historische Personen handeln danach bei weitem nicht so souverän, wie es auf den ersten Blick – auch ihnen selbst – erscheinen mag, und auch die Institution ‹Staat› und seine Organe existieren keineswegs absolut und für sich. Die Eliten sind in ihrem Handlungsspielraum den gesellschaftlichen Strukturen ebenso unterworfen wie die vermeintlich festen Institutionen des Staates. Die Strukturgeschichte, wie sie seit den 1950er Jahren genannt wird, räumt diesen im Hintergrund wirksamen Strukturen größere Bedeutung ein als den bestehenden Institutionen und handelnden Personen auf der Bühne der Geschichte. Sie versucht die Komplexität und die damit verbundenen Auswirkungen auf geschichtliche Ereignisse sichtbar zu machen. Nach dieser Geschichtsauffassung sind es Strukturen und nicht die anthropologischen Konstanten der menschlichen Natur – wie es der griechische Historiker Thukydides postulierte –, die eine Ableitung historischer Gesetzmäßigkeiten erlauben. Damit steht sie in einem gewissen Gegensatz zur klassischen Politik- und Personengeschichte. Für sie sind somit Teildisziplinen wie Wirtschafts- oder Sozialgeschichte aussagekräftiger als Charaktere oder Motive einzelner Akteure.

Aber auch dieser strukturalistische Ansatz bleibt in vieler Hinsicht unbefriedigend: Solche abstrahierten und generalisierten Strukturen sind nämlich keineswegs so klar und fest, wie es die Strukturgeschichte postuliert. Diese Erkenntnis führte gegen Ende des 20. Jahrhunderts zum *cultural turn* (kulturelle Wende) und es entstand die sogenannte Neue Kulturgeschichte (*New Cultural History*) als eine ambitionierte Richtung der modernen Historiographie. Diese betrachtet die gesellschaftlichen Strukturen ihrerseits als ein Konstrukt, das von gesellschaftlichen Faktoren bestimmt wird und das sich damit ebenso im Fluss befindet wie die Gesellschaft selbst. Strukturen sind also nicht starr, sondern spiegeln die Veränderungen in der Gesellschaft wider. Es war der bedeutende Soziologe Niklas Luhmann, der in seiner Systemtheorie den grundlegenden Gedanken entwickelte, dass Gesellschaft als das umfassendste soziale System vor allem auf Kommunikation beruhe beziehungsweise nichts anders sei als Kommunikation. Das Entscheidende dabei ist die Eigendynamik des Systembegriffs, mit anderen Worten: Ein soziales System erzeugt sich selbst und erhält sich am Leben – und zwar qua systemimmanenter Kommunikation. Die kommunikativen Mechanismen sind dabei so stark, dass sich menschliches Handeln ihnen nicht entziehen kann. Überspitzt ausgedrückt, verschwindet bei diesem Ansatz der handelnde Mensch fast ganz aus der Geschichte, er ist die Negation des zuvor erwähnten Ennius-Verses, nach dem «auf Männern der Staat beruhe». Luhmann hingegen formuliert es so: «Soziale Systeme bestehen demnach nicht aus Menschen, auch nicht aus Handlungen, sondern aus Kommunikationen.» (Luhmann, 1986, 269). Und: «Der Mensch kann nicht kommunizieren; nur die Kommunikation kann kommunizieren.» (Luhmann, 1990, 31)

Vom Konzept der Luhmannschen sozialen Systeme hat die Neue Kulturgeschichte, die ohnehin stark von der Sozialgeschichte beeinflusst ist, in besonderem Maße profitiert. Die Analyse von Kommunikationsformen und -wegen hatte daher auch ein verstärktes Interesse an linguistischen Modellen zur Folge. So kam es in der Neuen Kulturgeschichte zu einem *linguistic turn* (sprachkritische Wende), der zu der Auffassung führte, dass alle sozialen Interaktionen von Sprache bestimmt, ja dass das soziale System selbst Sprache sei und deshalb auch wie Sprache behandelt werden müsse. Gesellschaftliche Vorgänge werden als eine Form der Zeichensprache interpretiert, deren Zeichen, Symbole, Metaphern, Rituale oder Zeremonien die eigentliche und vor allem sinnhafte Realität darstellten.

Für die römische Antike wäre dafür der feierliche Leichenzug (*pompa funebris*) ein gutes Beispiel, bei dem die aristokratische Elite sich in Szene setzte. Zu diesem Zweck wurden Bilder bedeutender Ahnen im Leichenzug mitgeführt und damit die ruhmreiche Geschichte der Familie vor den Augen aller wieder lebendig. Der griechische Geschichtsschreiber Polybios bemerkte dazu, dass ihn in Rom kaum etwas so beeindruckt habe, wie eine feierliche *pompa funebris*.

Dieser knappe Einblick in die modernen Theorien der Geschichtswissenschaften hat also schon jetzt deutlich gemacht, dass eine reine Personengeschichte allein nicht ausreicht, um die Vielschichtigkeit dessen, was Geschichte ausmacht, zu erfassen.

Moderne Gesellschaftstheorie – Seiltanz der Eliten

Eine gute Balance zwischen klassischer Personengeschichte und moderner Systemtheorie findet die aktuelle historische Elitenforschung. Sie nimmt wieder stärker die einzelnen Akteure in den Blick, allerdings als Mitglieder einer stark untereinander und mit den übrigen Schichten interagierenden Gruppe.

Doch was versteht man überhaupt unter Elite? Wir haben bis jetzt vor allem von Adel, Nobilität, Eliten und Aristokraten oder konkret von Männern an der Spitze des Staates gesprochen, als wäre klar, worum es sich handelt. Doch besteht eine nicht unerhebliche Problematik in der Begrifflichkeit. Der Begriff ‹Aristokratie› etwa «steht [...] im Verdacht, eine ideologisch aufgeladene Selbstbezeichnung zu sein» (Hölkeskamp, 2018, 32) – er bedeutet wörtlich «Herrschaft der Besten». Doch auch Begriffe wie ‹Adel›, ‹Oligarchie› oder eben auch ‹Elite› transportieren soziale Konzepte, die nicht unbedingt überall und so auch nicht auf die Antike passen, und werden daher oft durch eine neutrale(re) Terminologie ersetzt. Für die römische Antike hat sich in den Geschichtswissenschaften der Begriff ‹Nobilität› in Anlehnung an den lateinischen Begriff *nobilitas* (Adel) eingebürgert und im Allgemeinen auch bewährt. Um die Strukturen der römischen Nobilität genauer zu analysieren, empfehlen sich dennoch Methoden der strukturalistischen Soziologie, so die Althistoriker Elke Stein-Hölkeskamp und Karl-Joachim Hölkeskamp. Denn die moderne Elitenforschung hat mittlerweile längst den Paradigmenwechsel von einer politischen Personengeschichte hin zu einer komplex gedachten Sozialgeschichte vollzogen und ihre Fragestellung entsprechend modifiziert: Es geht nicht mehr nur darum, wie sich ein «Ich» innerhalb einer Gesellschaft oder einer Elite durchsetzt und ob dabei Kooperation oder Wettbewerb wichtiger ist, sondern auch um «die Frage nach der individuellen Zugehörigkeit, nach Status und Statuskriterien, die Rang und Vorrang des einzelnen Mitglieds einer Elite bestimmen» (Hölkeskamp, 2018, 32).

In der Soziologie wird die soziale Rolle eines Akteurs von drei sogenannten soziologischen Tatsachen bestimmt: den Normen seines Umfeldes, den fremden und eigenen Erwartungen sowie den positiven und negativen Sanktionen, die er aufgrund seines Handelns erfährt. Wichtig ist, dass ein Akteur je nach Umfeld mehrere soziale Rollen übernehmen und sie auch je nach Situation wechseln kann. «Brauchbar» für die Elitenforschung ist hier besonders der Begriff der ‹Prominenzrolle›, der ebenfalls von Niklas Luhmann stammt (vgl. Hölkeskamp, 2018, 32).

Neben der ‹Rolle› ist auch der Begriff des ‹Sozialtypen› von Bedeutung (vgl. Hölkeskamp, 2018, 41). Dieser weist im Verhältnis zur Rolle festere Umrisse auf und zeigt sich in verschiedenen Umfeldern als konstant: Ein Akteur vereint in sich zwar mehrere soziale Rollen, die er aber immer entsprechend dem Sozialtyp, den er vertritt, ausfüllt. Caesar etwa repräsentiert den Sozialtyp des *nobilis*, also eines römischen Adeligen, und nimmt als solcher in der Gesellschaft einen festen, aber verschiedene Felder übergreifenden Platz ein. Dabei bedient er verschiedene soziale Rollen, zum Beispiel die des Redners und Anwalts, die des Familienvaters, Villenbesitzers, Kreditgebers, Liebhabers, und er tut das jeweils in einer seinem Sozialtyp entsprechenden und angemessenen Weise – oder eben auch nicht. Im Hinblick auf seine Vorrangstellung in der Gesellschaft kombiniert er also verschiedene Prominenzrollen, die ihm im Zusammenwirken den Sozialtyp eines Adeligen verleihen. Da soziale Rollen gesellschaftlichen Entwicklungen unterworfen sind, können in ihnen früher gesellschaftliche Änderungen wahrgenommen werden, die zur Erklärung beitragen, weshalb bestimmte Formen politischen Agierens erfolgreicher werden und Machtstrukturen sich wandeln.

Einige weitere Beispiele mögen dies illustrieren: Pompeius hatte nicht die in Rom vorgesehene Ämterlaufbahn absolviert – was bis dahin Voraussetzung für eine politische Karriere war – und wurde in den 60er Jahren v. Chr. trotzdem als erster Mann im Senat angesehen. Pompeius war in dieser Hinsicht eine Ausnahme, aber er war auch ein Präzedenzfall, durch den sich der Zuschnitt der Prominenzrollen grundsätzlich veränderte, so dass auch seine Mitbewerber, ob sie nun wollten oder nicht, es in der Folge mit einem anderen Rollenzuschnitt zu tun hatten. Oder: Der junge Caesar düpierte 63 v. Chr. bei seiner Wahl zum Oberpriester den altehrwürdigen Konsular Catulus. Damit verstieß er gegen den römischen Verhaltenskodex – und stärkte damit dennoch (oder gerade deshalb?) innerhalb der römischen Elite seine gesellschaftliche Position. Doch der Wandel geht noch weiter: In beiden Fällen hat sich ein neuer Habitus des Adeligen herausgebildet, der sich in Veränderungen der einzelnen Prominenzrollen ankündigt.

Der Begriff des «Habitus» führt uns zu einem eng verwandten Konzept, das das des Sozialtyps noch verfeinern hilft: Pierre Bourdieus Thesen zu ‹Habitus› und ‹Feld›, die das strukturelle Verhältnis von sozialer Rolle und sozialem Umfeld genauer beschreiben. Mit ‹Habitus› ist das «System verinnerlichter Muster» gemeint, also das komplexe Regelsystem, das das Verhalten jedes Individuums in seinem sozialen Umfeld steuert und strukturiert und dabei gleichzeitig durch das Verhalten der Individuen auch ständig seinerseits strukturiert und korrigiert wird. Dabei bewegt sich der Akteur in nicht nur einem Umfeld, sondern in mehreren ‹Feldern›, die nach Bourdieu jeweils einen «autonomen Mikrokosmos innerhalb des sozialen Makrokosmos» bilden. Bourdieu geht sogar so weit, das Feld als ein «Universum mit eigenen Bewertungskriterien, die in einem anderen Mikrokosmos keine Gültigkeit haben», zu bezeichnen. (Hölkeskamp 2018, 35 f.)

Bourdieus Modell beschreibt gerade jene strukturelle gegenseitige Abhängigkeit zwischen Individuum und Gesellschaft, die den Ansatz der Politischen Geschichte mit ihrem Fokus auf souverän handelnden Personen als obsolet erscheinen lässt. Vielmehr stehen ‹Habitus› und ‹Feld› in einem engen Verhältnis, das die Akteure und ihr Handeln bestimmt. Ziel allen Handelns sei die Stärkung der eigenen gesellschaftlichen Stellung, da ja jedes gesellschaftliche Feld eine

Art «Kampffeld zur Veränderung der Kräfteverhältnisse» vorstelle. Dies gelte vor allem für das exklusive politische Feld als einen «Ort, an dem eine bestimmte Zahl von Personen, die die Zugangsvoraussetzungen erfüllen, ein besonderes Spiel spielen, von dem die anderen ausgeschlossen sind» (Bourdieu 2001, 41 f. 22). Das politische Feld weist dabei eine zusätzliche Eigenart auf, denn es stehe in einem besonderen Verhältnis zu einer dritten Instanz, die nicht Teil des Feldes sei:

> **«Diejenigen, die in diesem Spiel mitspielen, könnten dies nicht tun, ohne sich auf diejenigen zu beziehen, in deren Namen sie sprechen und vor denen sie von Zeit zu Zeit [...] Rechenschaft ablegen müssen.» Das hat wiederum mit einer «Eigenheit» der politischen Macht [...] zu tun. Es handelt sich nämlich um «ein Prestigekapital, das an den Bekanntheitsgrad gebunden ist, daran, bekannt und anerkannt, *notabel* zu sein» – oder eben, lateinisch gesprochen, *gnobilis*. (Hölkeskamp 2018, 38, mit Zitaten aus Bourdieu 2001, 42. 51 f. 54 f.)**

Da der Wettstreit um Macht im «Kampffeld» der Politik nicht nur im ‹inner circle› der Eliten, sondern auch vor den Augen der Öffentlichkeit stattfindet, ist er zugleich eine Werbung um «Konsens und Akzeptanz». Eine große Akzeptanz in möglichst vielen sozialen Gruppen zu haben ist eine wesentliche Voraussetzung dafür, dass sich ein Machthaber in seiner Position halten kann. Nach der Machttheorie des Historikers Egon Flaig ist der gesamte römische Prinzipat auf einem solchen «Akzeptanzsystem» aufgebaut, das in gewisser Weise an die Stelle der dynastischen Legitimität tritt (Flaig 1992). Fehlen sowohl Akzeptanz als auch Legitimität, kann das für den Machthaber tödlich enden. Der Historiker Hartwin Brandt hat diesen Zusammenhang pointiert so formuliert:

> **Wer die Notwendigkeit von Konsens und Akzeptanz ignorierte (wie der Diktator C. Iulius Caesar), verlor in der Regel nicht nur seine Position, sondern auch sein Leben; wem die (zumindest partielle und die wichtigsten gesellschaftlichen Gruppen berücksichtigende) Herstellung**

> **von Konsens und Akzeptanz gelang, durfte seine Position behalten und womöglich eines natürlichen Todes sterben (wie der erste ‹princeps› Augustus). (Brandt 2021, 8 f.)**

Freilich darf man diese Aussage nicht wörtlich nehmen, im Sinne von: Wer ermordet wird, hat etwas falsch gemacht, wer überlebt, hat recht. Doch ein wichtiger Punkt wird mit dieser Beschreibung der Mechanismen der Macht doch getroffen. Wie dem auch sei, unter den Aspekten von Akzeptanz und Konsens wäre das sogenannte erste Triumvirat, das Caesar mit Pompeius und Crassus einging, eine defizitäre Konstruktion, denn es war ausschließlich auf die Bündelung von Machtressourcen angelegt und ohne jede Rücksicht auf die Außenwirkung, die es, als es publik wurde, auf Senat und Volk von Rom hatte.

Macht wird also nicht einseitig ausgeübt, sondern besteht, wie bereits Michel Foucault (1926–1984) betont hat, in einem reziproken Verhältnis zwischen Beherrschenden und Beherrschten (2005). Diese Strukturen sind keineswegs starr, sondern in ständiger Bewegung, und zwar auf mikroskopischer wie auf makroskopischer Ebene. Jede Veränderung kann neue Prominenzrollen hervorbringen, neue beziehungsweise sich neu formierende Machtbasen und -quellen erschließen und so lange unmerklich die Spielregeln der sozialen Felder verändern, bis das gesamte System merklich außer Balance gerät.

Die ‹Machtbalance› ist auch bereits bei Norbert Elias (1897–1990) zentraler Bestandteil seiner Soziologie. Neben der Fluktuation von Machtverhältnissen betont auch er das wechselseitige Aufeinanderangewiesensein derer, die Macht ausüben, und derer, die von ihr abhängig sind:

> **Grob gesagt, die Machtchancen einer Spezialistengruppe hängen aufs engste mit der Dringlichkeit der sozialen Bedürfnisse zusammen, deren Befriedigung die soziale Funktion der betreffenden Spezialistengruppe ist. Genauer gesagt, sie hängen mit der Relation zwischen dem Ausmaß der Angewiesenheit einer Gruppe sozialer Funktionsträger auf**

andere und dem Ausmaß der Angewiesenheit von anderen auf diese Gruppe von Funktionsträgern zusammen. [...] Es ist dieser Strukturwandel der Abhängigkeitsbalancen, der sich in dem des Sozialcharakters der jeweiligen Hauptestablishments widerspiegelt. (Elias 2006, 404)

Mit Elias' Modell lassen sich sowohl die Veränderungen in der römischen Gesellschaft gut beschreiben als auch die Verschiebungen in den Klientelverhältnissen während der ausgehenden Republik erklären, weshalb zum Beispiel populare Patrone wie Catilina, Pompeius und Caesar so großen Zulauf hatten. Es sind nicht Charisma und politisches Talent allein, die bestimmte Politiker bei den Massen beliebt machen, vielmehr sind bestimmte Politikertypen zu bestimmten Zeiten besonders gefragt, wenn sich die Nöte und Bedürfnisse der verschiedenen gesellschaftlichen Gruppen im Staat ändern und sich damit das Gleichgewicht zwischen den Machthabern und deren Anhängern neu einpendelt. Für die Eliten bedeutet das, dass sie auf einem dünnen Seil balancieren, von dem sie zu stürzen drohen, wenn sich die Verhältnisse der sozialen Kräfte ändern und das gespannte Seil in Schwingung gerät oder gar reißt.

Biographische Perspektiven – Zulässigkeit des Unzuverlässigen

Gerüstet mit den Erkenntnissen der modernen Gesellschaftstheorie wollen wir einen neuen Blick auf die Stellung der Triumvirn in der ausgehenden Republik werfen und darauf, wie ihr Handeln historisch adäquat zu beschreiben wäre.

Wir haben es mit drei mächtigen Männern zu tun, die zum Triumvirat zusammenfanden und den römischen Staat aus den Angeln hoben. Es ging ihnen um Einfluss und Macht, noch mehr Macht, als sie zu diesem Zeitpunkt ohnehin schon hatten: Pompeius war der erfolgreichste Feldherr seiner Zeit, Eroberer aller drei Erdteile (so jedenfalls Pompeius über Pompeius), Crassus der reichste Römer und Caesar hatte den unbedingten Willen, ganz an der Spitze des Staates zu stehen. Alle drei gehörten zur römischen Elite, der Senatsaristokratie, und doch waren ihre Karrieren, obwohl sich ihre Lebenswege immer wieder kreuzten, denkbar unterschiedlich verlaufen.

So liegt es – wie schon beschrieben – nahe, den Untergang der römischen Republik aus der wechselnden Perspektive eben jener drei Männer zu verfolgen, die ihn verursachten, verschuldeten oder, wenn man auf Caesar blickt, sogar bewusst in Kauf nahmen, also Geschichte so zu erzählen, als sei sie von großen Männern gemacht. Es wäre eine Geschichte ‹von oben›, eine – in moderner Terminologie – ‹politische› Personen-Geschichte, die die politisch handelnden Eliten an der Spitze des Staates in den Mittelpunkt der Betrachtung stellt.

Gewiss ist es nach wie vor zulässig, die Geschichte in dieser Weise zu erzählen. Nur muss klar sein, dass die biographische Perspektive nicht nur eine von vielen ist, sondern einen bestimmten und einseitigen Standpunkt ins Zentrum des Geschehens stellt. Der Historiker hat deshalb, wenn er drei Exponenten der damaligen Eliten ins Zentrum seiner Betrachtung stellt, darauf zu achten, nicht einfach nur die Selbstwahrnehmung der Eliten zu reproduzieren. Denn in der Selbstwahrnehmung liegt nicht nur die Gefahr der Einseitigkeit, sondern auch der Selbstüberschätzung. Dabei verlangt die historische Behandlung der persönlichen Perspektiven Fingerspitzengefühl. Die Selbsteinschätzung und -überschätzung eines historischen Akteurs sind zwar als solche zu entlarven, aber gleichzeitig ist auch ihre historische Relevanz zu erkennen und zu bewerten. Denn die jeweilige Selbsteinschätzung der historischen Person beeinflusst nicht nur ihre zeitgenössische Wahrnehmung, sondern auch ihr Handeln. Und die Folgen dieses Handelns können wiederum dazu führen, dass die ursprüngliche Selbsteinschätzung durch den Gang der Dinge, der durch sie angestoßen wurde, bestätigt wird. Das Problem lässt sich somit zuspitzen in der Frage, ob man überhaupt von Selbstüberschätzung sprechen sollte oder gar von Größenwahn, wenn gerade die Größenwahnsinnigen so erfolgreich sind, dass sie am Ende tatsächlich Herrscher eines Weltreiches sind. Wenn Männer, die keine zwanzig Jahre alt sind, meinen, sie könnten allein und als Privatmänner einfach ein Heer aufstellen und damit eine Karriere beginnen, die sie an die Spitze des Staates führt, dann erscheint dieses Ansinnen aus unserer Perspektive zunächst realitätsfern und größenwahnsinnig. Aber genau das haben Pompeius und später auch Octavian getan. Sie vertrauten auf ihre Fähigkeiten, ihren Stand und ihr Glück – und hatten Erfolg. Nach ihrem Selbstverständnis – und dem ihrer Zeitgenossen – war dieser Erfolg ein Ergebnis ihrer *virtus*, also ihrer eigenen persönlichen Leistungsfähigkeit. Ihre Perspektive war also eine, die ihr Handeln bestimmte, in ihrem Umfeld Zustimmung fand und einen Einfluss auf den Lauf der Geschichte hatte – und dennoch muss sie aus heutiger Sicht relativiert werden. Biographische Gegebenheiten und Ereignisse sind in größere Kontexte einzuordnen und zu einem ganzen Bündel an Aspekten – zu gesellschaftlichen, wirtschaftlichen, institutionellen, rechtlichen, religiösen oder kulturellen – in Bezug zu setzen, um auf diese Weise jene mannigfaltigen Wechselwirkungen zwischen Individuum und Gesellschaft zu verstehen, die die moderne Geschichtswissenschaft postuliert. Aber: Keine Form der Geschichtsschreibung wird darum herumkommen, Schwerpunkte zu setzen und bestimmte Perspektiven stärker zu vertreten – und jede somit Lücken aufweisen. Entscheidend dabei ist das stete Bewusstsein, dass Geschichte ein hochkomplexer Prozess ist, bei dessen Darstellung auch nur die wichtigsten Linien und Hinsichten zu berücksichtigen, ein frommer Wunsch bleiben muss.

Wenn aber im Folgenden – unter Beachtung der eben genannten Prämissen – eine Art ‹Dreifach-Biographie im historischen Kontext› versucht werden soll, so ergibt sich die schöne Konvergenz, dass dies dem Selbstverständnis der drei Akteure und ihrer Zeitgenossen entsprach: eben dass die Geschichte von einzelnen großen Männern ‹gemacht› wird.

Diese Auffassung herrschte in Rom allerdings nicht schon immer vor, zumindest nicht in dieser Zuspitzung. Die ganz auf eine einzelne Person abgestellte Biographie ist im Rom der frühen und mittleren Republik nämlich nicht belegt, da die übertriebene Herausstellung eines Individuums dem senatorischen Selbstverständnis entgegenstand, gemeinsam als führender Stand zu agieren. Cato der Ältere, ein bedeutender Politiker und Autor des 3. und 2. Jahrhunderts v. Chr., ging in seinem Geschichtswerk *Origines* sogar so weit, dass er die Namen der Amtsträger verschwieg, um deutlich zu machen, dass die Stärke des römischen Staates im generationsübergreifenden Zusammenwirken der senatorischen Elite liege. Die einzige sprachliche Form, in der damals das Leben herausragender Einzelpersonen gewürdigt wurde, war die ehrenvolle Leichenrede, die *laudatio funebris*. Von daher ist es nicht erstaunlich, dass das lateinische Verb *laudare* («loben») auch bedeutet: ein Leben beschreiben. Erst in der späten Republik kam dann die Gattung der Biographie auf und es erfreuten sich insbesondere jene parteibezogenen Richtungen von Historiographie wachsender Beliebtheit, die, wie oben beschrieben, auf das besondere Lob der historischen Akteure und ihrer Familien (*gentes*) abzielten. In diesen – man könnte sagen – gentilizischen Geschichtswerken und Biographien rückten Einzelpersonen just in einer Zeit ins Zentrum, in der starke Oligarchen in den Vordergrund drängten und Senat und Staat immer stärker dominierten. Biographien, Autobiographien, historische Monographien dieser Art und auch Lobgedichte dienten der politischen Selbstinszenierung und waren damit Teil des gesellschaftlichen Rituals. Diese neue Art von Geschichtsschreibung entsprach ganz dem neuen Selbstverständnis einer Elite, in der sich viele Protagonisten nicht mehr damit zufriedengaben, gleichberechtigte Mitglieder eines gemeinsam agierenden Senats zu sein, sondern alles daransetzten, die Nummer eins im Staate zu werden. An diesem *morbus Romanus*, den Livius statuierte und als deren Leitsymptom er die *regni cupido* – die Gier nach Macht – diagnostizierte, litten auch unsere Triumvirn.

So verbreitet diese Formen der politischen und sozialen (Selbst-)Darstellung unter den römischen Eliten in dieser Zeit auch waren und so legitim sie den Zeitgenossen erschienen, so sehr hat der Autor einer modernen Darstellung darauf zu achten, nicht jenen Personenkult fortzuschreiben, der in der römischen Gesellschaft Mittel zur und Ausdruck von Macht war. Vielmehr soll er eben diesen als soziales Konstrukt entlarven, an dessen Zustandekommen die damaligen politischen Akteure weniger Anteil hatten, als ihnen bewusst war und, hätten sie es gewusst, lieb gewesen wäre. Ihre Perspektiven zu dokumentieren, ist zulässig, doch als Perspektiven, deren Unzuverlässigkeit nicht übersehen werden darf.

Das Spielbrett in Bewegung – von der *Res publica* zum *Imperium Romanum*

Unsere bisherige Betrachtung der gesellschaftlichen Rolle der römischen Elite und deren herausragender Männer bleibt unvollständig, wenn nicht, wie bereits erwähnt, auch die Institutionen und eben der ganze Staat in den Blick genommen werden. Die Verfasstheit und der Zustand des römischen Staates gibt dabei den größten Rahmen vor, innerhalb dessen das sogenannte Jahrhundert der Bürgerkriege stattfand. So führten die tiefgreifenden Umwälzungen und Verwerfungen in der Gesellschaft Roms schließlich zu einer grundsätzlichen Änderung der Rahmenbedingungen, eben zu jenem strukturellen Wandel des Staates selbst, der als Untergang der römischen Republik in die Geschichte eingegangen ist.

Obwohl der Staat den *status* der Republik auch unter Augustus formell beibehielt und Augustus regelmäßig von der *res publica* sprach, wurde unter seinen Nachfolgern immer deutlicher, dass der Übergang von der Republik zum Prinzipat einen erheblichen Einschnitt markierte, der zunehmend als fundamentale Zeitenwende empfunden wurde. Ein kritischer Historiker wie Tacitus ging so weit, dass er die Bezeichnung des Staates als *res publica* nicht ohne Weiteres auf das sich neu etablierende System des *principatus* (Prinzipat) übertragen wollte. Damit traf er im folgenden Text eine begriffliche Unterscheidung und bezeichnete den Staat unter der Herrschaft von Caesar und Augustus als *imperium*, unter einer hypothetisch angenommenen Herrschaft des Brutus und Pompeius jedoch als *res publica*:

Man erinnerte sich wieder an die Bürgerkriege und sagte: Beinahe der ganze Erdkreis sei ins Wanken geraten, als unter tüchtigen Männern um die Vorherrschaft (*principatus*) gekämpft wurde, aber dennoch habe das Reich (*imperium*) beim Sieg des Gaius Iulius Caesar, beim Sieg des Caesar Augustus Bestand gehabt, und die Republik (*res publica*) hätte Bestand gehabt unter einer Herrschaft des Pompeius und des Brutus.» (Tac. hist. 1,50,3; übersetzt nach Vretska)

Tacitus zumindest betrachtete den Übergang von der Republik zum Kaisertum als große Zäsur, und es bürgerte sich im Laufe der Zeit ein, die vormalige *res publica* – mit dem Zusatz *libera* (frei) – vom *imperium Romanum* begrifflich abzugrenzen, sprich die freie Republik vom Römischen Reich.

Die zitierte Stelle zeigt außerdem, dass die Übersetzung politischer Begriffe stets große Probleme birgt, denn die lateinischen Ausdrücke sind mit den deutschen Übersetzungen keineswegs deckungsgleich. Für den Römer war etwa die *res publica* etwas anderes als für uns der ‹Staat› oder gar die ‹Republik›. Aus dem lateinischen Sprachgebrauch lässt sich die *res publica* (wörtlich: öffentliche Sache) am ehesten als Sammelbezeichnung aller Angelegenheiten, Interessen, Amtsgeschäfte und Finanzen jenes Personalverbandes ableiten, der sich aus dem Senat und Volk von Rom zusammensetzte und unter der Formel *Senatus Populusque Romanus* (*SPQR*) firmierte und agierte. Dann jedoch – in der Auseinandersetzung des Senats mit Caesar – erscheint der Name der *res publica* zunehmend als Gegenbegriff zur *dictatura* (Diktatur), zum *regnum* (Königsherrschaft) oder zum *principatus* (Prinzipat), ja, er stand für eine bestimmte politische Auffassung davon, wie ein Staat aussehen sollte und was ihn überhaupt zu einem Staat machte. Cicero definierte wenige Jahre vor dem Ausbruch des Krieges zwischen Caesar und Pompeius die *res publica* kurz und bündig so:

Das Gemeinwesen ist also die Sache des Volkes (*res publica res populi*), Volk aber ist nicht jede Vereinigung von Menschen, die auf jede nur denkbare Weise sich wie eine Herde zusammengeschart hat, sondern

> die Vereinigung einer größeren Menschenzahl, die auf der Grundlage einer Rechtsvereinbarung und einer Interessengemeinschaft erfolgt ist (*coetus multitudinis iuris consensu et utilitatis communione sociatus*). Der erste Anlass, einen solchen Zusammenschluß zu vollziehen, ist weniger das Gefühl der Schwäche, als vielmehr eine Art naturbedingten Triebes, gleichsam ein Herdentrieb. (Cic. rep. 1,39; übersetzt nach Sontheimer)

Die griffige Formel – im Lateinischen ein Wortspiel – *res publica res populi* betont die Bedeutung des Volkes von Rom für den Staat: Der Staat ist ‹Sache› des Volkes. An anderer Stelle folgert Cicero daraus, dass «man dort, wo ein Tyrann herrscht, nicht nur von einem mangelhaften Staat sprechen müsse, sondern davon, dass überhaupt kein Staat bestünde» (rep. 3,43). Damit steht Ciceros Urteil diametral im Gegensatz zu dem, was Caesar als Diktator über den Staat gesagt haben soll: «Ein Nichts sei der Staat (*res publica*), nur ein bloßer Name ohne Wesen und Gestalt» (Suet. Iul. 77,1). Mit dieser Aussage entspricht Caesar jenem oligarchischen Typus, der im Staat nur Machtverhältnisse sah, die die Nobilität unter sich ausmachte, oder wie es Ronald Syme – aus heutiger Perspektive vielleicht etwas zu einseitig – formulierte:

> Was auch immer die Form oder der Name der Regierung gewesen sein mag, ob Monarchie, Republik oder Demokratie – zu allen Zeiten lauert eine Oligarchie hinter der Fassade; und römische Geschichte, in der Republik wie in der Kaiserzeit, ist die Geschichte der herrschenden Klasse. (Syme 1939, 13)

Dabei achteten die Oligarchen genau darauf, keinen von ihnen zu mächtig werden zu lassen und für ein ausgewogenes Kräfteverhältnis zu sorgen. Dass das auch in den Zeiten, in denen die Republik angeblich noch in Ordnung war, nicht immer ganz einfach war, bezeugt eine Anekdote, nach der Scipio der Ältere, der Sieger über Hannibal, als selbstbewusster *nobilis* (Adeliger) auftritt und sich jede Gleichbehandlung mit anderen verbittet. Als er nämlich im

Senat aufgefordert wurde, über den genauen Verbleib von Beutegeldern Rechenschaft abzulegen, erhob er sich und zerriss seine ordnungsgemäß geführten Rechnungsbücher vor aller Augen, «empört darüber, dass man von dem Mann, auf dessen Konto die Rettung des Reiches und des Staates gesetzt werden müsse, Rechenschaft über Beutegelder fordere» (Gell. 1,18,8; vgl. Polyb. 23,14,7 ff.). Das Selbstverständnis des großen Feldherrn, über dem Staat und dem Gesetz zu stehen, führte zu Konflikten mit dem Senat, und schließlich begab sich Scipio, den die Nobilität nicht mehr integrieren konnte, freiwillig in Verbannung, wo er auf seinem Landgut in Kampanien starb. In diesem Fall aus der Zeit der mittleren Republik endete die Rivalität zwischen der herausragenden Einzelpersönlichkeit und der übrigen Führungselite friedlich, da Scipio sich zurückzog und sein Machtpotential nicht ausreizte. In der späten Republik jedoch beharrten Männer wie Tiberius Gracchus, Sulla, Cinna, Caesar, Pompeius oder Octavian auf ihrer Spitzenposition und opferten dafür in Bürgerkriegen die Republik.

Cicero erkannte wie kaum ein anderer das Problem der Machtkonzentration auf Einzelpersonen und sann auf Ausgleich der politischen Kräfte. Mit Sorge blickte er auf die Männer seiner Zeit, die allein mehr Macht auf sich vereinten als der gesamte Staat:

> **Ich denke an einen Cinna; ich sah Sulla; eben noch Caesar: Diese Drei nämlich haben seit der Befreiung der Bürgerschaft durch Lucius Brutus mehr vermocht als der gesamte Staat (*res publica*). (Cic. Phil. 5,17; übersetzt nach Fuhrmann)**

Machthaber wie diese bereiteten der Kaiserzeit den Weg. Es begann mit einem zunehmenden Wandel der Gesellschaft, der mit einem Wandel der Rollen der führenden Persönlichkeiten einherging. Dieser Wandel lässt sich unter anderem ganz konkret am veränderten Umgang der Machthaber mit dem an sich traditionellen Konzept des *imperium* festmachen. Bezeichnete ein *imperium* vormals die zeitlich und räumlich begrenzte Amtsgewalt von römischen Obermagistraten (Oberbeamte), wurden in der ausgehenden Republik die Einschränkungen auf verschiedene Weise ausgehebelt und umgangen. Eine der Ursachen dafür lieferte ausgerechnet der konservative Sulla, der Ende der 80er Jahre v. Chr. mit brachialer Gewalt die Reformen der Gracchen revidierte und – in seinen Augen – die alte Republik restituierte. Er hatte, ohne es zu wollen, mit seiner Neuordnung des *cursus honorum* (Ämterlaufbahn) dazu beigetragen, dass dieser Missbrauch der *imperium*-Gewalt nicht nur möglich, sondern in gewisser Weise nötig geworden war, damit Rom regierungsfähig blieb. Er legte nämlich fest, dass die römischen Obermagistrate, deren Zahl er teilweise erhöhte, unmittelbar nach ihrer einjährigen Amtszeit als Promagistrate die Verwaltung einer Provinz übernehmen sollten. Dabei billigte er nur den Promagistraten in den Provinzen ein militärisches *imperium* zu. Auf den ersten Blick schien das sinnvoll, denn damit wurde eine Entmilitarisierung der Magistrate in Rom erreicht, die Promagistrate hingegen durch befristete militärische Kommandos in Stand gesetzt, die Provinzgrenzen gegen äußere Feinde zu sichern. Auf den zweiten Blick jedoch führten Sullas Maßnahmen, die eigentlich auf einen innenpolitischen Ausgleich der Machtbefugnisse zielten, außenpolitisch zu einer Aufsplitterung der römischen Militärmacht in zahlreiche Einzel-Kommandos der jeweiligen Provinzstatthalter. Die Koordination überregionaler Aktivitäten – wie etwa großer Feldzüge oder der Sicherung der Handelswege – lag somit nicht in einer Hand. Das führte dazu, dass sich der Senat schon sehr bald nach Sullas Reformen dazu gezwungen sah, umfangreiche Sonderkommandos (*imperia extraordinaria*) an Einzelpersonen, auch an Privatleute ohne Amt, zu vergeben, damit Rom als wachsende Großmacht außenpolitisch überhaupt handlungsfähig blieb. Die Karriere des Pompeius beruhte unter anderem auf der Ausübung solcher *imperia extraordinaria*, und Pompeius war kein Einzelfall, wenn auch der prominenteste.

Interessant ist auch der veränderte Gebrauch des an sich befristeten Titels *imperator*. Im allgemeinen Sinne bezeichnete er den Feldherrn, und zwar beschränkt auf die Zeit, in der dieser das militärische Kommando innehatte. Im engeren Sinne fungierte der Titel als zeitlich begrenzter Ehrentitel, den nur ein erfolgreicher Träger eines militärischen *imperium* erhalten konnte, und zwar per Akklamation durch seine Soldaten, und den er mit dem Ende seines Amtes – im Idealfall nach einem triumphalen Einzug in Rom – wieder abzulegen hatte. Pompeius aber führte diesen Ehrentitel mitunter auch dann, wenn er nicht besonders legitimiert war. Außerdem nahm er schon früh zum Ausgleich für fehlende Amtstitel den ehrenvollen Beinamen Magnus an, den, wie Livius bemerkt, seine engere Umgebung schmeichelhaft für ihn in Umlauf gebracht hatte (Liv. 30,45). Caesar wiederum legte sich den prestigeträchtigen Imperator-Titel schließlich dauerhaft bei, und zwar zusätzlich zum Diktator-Titel. «Wie Pompeius der *magnus* an sich war, wollte Caesar der *imperator* an sich sein, der eine dauernde, stets siegreiche Träger der obersten Feldherrngewalt.» (Rosenberg 1920, 1143) Caesar brach also die Konvention, wenn er den Ehrentitel *imperator* zum festen Bestandteil seines Namens machte und ihn sogar, wenn man Cassius Dio (34,44,3) Glauben schenkt, vererben wollte. Statthalter traten im Übrigen in den Provinzen häufig als *imperatores* und zum Teil auch sonst recht unbekümmert monarchisch auf, aber nur den Provinzialen gegenüber, die ohnehin der imperialen Gewalt unterworfen waren. Die offiziellen Amtsbezeichnungen mit ihren feinen Abstufungen hatten dort nicht dieselbe Aussagekraft wie in Rom. Auch das Amt des *dictator*, das in der römischen Republik eigentlich nur für Kriegszeiten gedacht und streng auf ein halbes Jahr beschränkt war, wurde in zwei eklatanten Fällen dauerhaft ausgeübt. Sulla ließ sich dieses Amt auf unbestimmte, Caesar auf Lebenszeit übertragen.

Die Aus- und Überdehnung von an sich republikanischen Amts-, Titel- und *imperia*-Konzepten durch einzelne Potentaten haben die kaiserlichen Herrschaftsbefugnisse vorbereitet. Die Macht des Augustus und der späteren römischen Kaiser basierte auf dem republikanischen *imperium*-Konzept. Dabei bezeichnete man mit *imperium* nicht mehr nur die zeitlich und räumlich begrenzte Befehlsgewalt eines Statthalters in einem bestimmten Gebiet, sondern den Herrschaftsbereich Roms schlechthin: Der Name *imperium Roma-*

num war geboren und er passte bestens zur neuen Herrschaftsform des Prinzipats (*principatus*), an deren Spitze der erste Mann im Staat (*princeps*) stand, ausgestattet mit einem umfassenden *imperium* und dem dauerhaften Imperator-Titel. Von jenem wollten natürlich auch die meisten Nachfolger des Augustus nicht lassen, so dass er sich schließlich von einer Art Namensbestandteil zum Kaisertitel schlechthin entwickelte.

Für römische Ohren klang der Name *imperium Romanum* anders als die geläufige Übersetzung «Römisches Reich» für deutsche Ohren. Mit *imperium* verband der Römer Bedeutungen wie ‹Oberbefehl›, ‹Befehlsgewalt›, ‹militärisches Kommando›, Gerichtsbarkeit› und auch ‹Macht über Leben und Tod›, und zwar vor allem in Bezug auf die Herrschaft in den Provinzen. Außerdem verstand er darunter das *imperium populi Romani,* also im untechnischen Sinne allgemein die Herrschaft des römischen Volkes, das, wie es auch Cicero sah, der eigentliche Souverän war. Das römische Volk war stolz darauf, dass ihm andere Völker und Könige unterworfen waren. Im Prinzipat vereinten die Kaiser diesen Stolz auf sich und vereinnahmten das *imperium populi Romani,* in dem sie sich selbst als diejenigen inszenierten, die die Herrschaft und den Herrschaftsbereich des römischen Volkes sicherten und vergrößerten. So wurde das *imperium consulare,* also die Befehlsgewalt eines Konsuls der Republik, zur rechtlichen Basis für das kaiserliche *imperium,* das aber in der politischen Repräsentation als das auf den Kaiser übertragene *imperium populi Romani* ausgegeben wurde. Dementsprechend heißt es im Vortext des *Tatenberichts* des Augustus: «Er unterwarf den Erdkreis der Herrschaft des römischen Volkes» (*orbem terrarum imperio populi Romani subiecit;* RG 1). In der glücklichen Bezeichnung *imperium Romanum* werden Volk und Prinzeps eins.

Mit *res publica* hingegen assoziierte der Römer alles, was in der Öffentlichkeit Roms stattfand: die freie Rede auf dem Forum, die Volksversammlungen, die über Senatsbeschlüsse und Gesetzesvorlagen abstimmten, die Staatskulte, die öffentlichen Spiele und Festtage. Der feierliche Name *res publica* war daher (ähnlich wie *patria,* Vaterland) aufgeladen mit patriotischen Emotionen. So ruft Cicero in einer Rede aus, dass es nichts «Heiligeres» (*sanctius*; Sest. 147) gäbe als die *res publica,* die für politische Wertvorstellungen stand: für Gesetzlichkeit, Gemeinschaft und vor allem für Freiheit (*libertas*).

Man könnte also sagen, dass im alltäglichen Sprachgebrauch mit dem Begriff der *res publica* insbesondere das verbunden wurde, was sich politisch unter aller Augen im römischen Stadtgebiet abspielte, mit dem Begriff des *imperium Romanum* das, was darüber hinaus im römischen Herrschaftsgebiet, also in Italien und den Provinzen, machtpolitisch ins Werk gesetzt wurde. Die Vorstellung vom römischen Staat wandelte sich in dem Maß, wie dieser wuchs und sich dadurch zu einem größeren und andersartigen Machtgebilde formierte: vom Wirkungsbereich einer Amtsgewalt zum territorialen Flächenstaat. Bei diesem Prozess spielten auch die Triumvirn und ihr Umgang mit Ämtern, Titeln und politischen Optionen eine maßgebliche Rolle. Ihr Kampf ging ums Ganze, ein Ganzes, das in ihren Augen nicht mehr nur Rom und Italien repräsentierte, sondern alle Regionen des Erdkreises, zu denen Rom in Beziehung stand. Rom und die Welt verschmolzen schließlich zu einem neuen Machtgebiet, dem Imperium Romanum.

Die Spielregeln im Wandel – Machtkämpfe zwischen Regelbruch und ungeschriebenem Gesetz

Die gehäufte Vergabe großer *imperia extraordinaria* (Sonderkommandos), die erst eine konzertierte Außenpolitik Roms möglich machte, und auch der immer laxer werdende Gebrauch des Titels *imperator* bezeichnen auf anschauliche Weise zunächst punktuelle Veränderungen im Bereich der machtpolitischen Konventionen innerhalb der römischen Republik, bereiten aber großen Verschiebungen im Machtgefüge der römischen Eliten den Weg. Die alten republikanischen Begriffe – *imperator* und *imperium* – bleiben bestehen, doch sie werden zunehmend anders gebraucht und mit neuen Inhalten gefüllt. Die *res publica*, die ‹öffentliche Sache› des Volkes und des Senats, tritt in den Hintergrund, die *imperia* Einzelner in den Vordergrund des staatlichen Geschehens. Das Sonderkommando ist in der ausgehenden Republik das Mittel der Wahl, den Staat handlungsfähig zu halten, es hat aber auch den Nebeneffekt, dass damit Einzelnen neue und bisher ungeahnte Möglichkeiten in die Hand gegeben werden, auf dem ‹Kampffeld› der Macht zu reüssieren. Die Spielregeln haben sich geändert und damit auch Zuschnitt und Aktionsraum der Prominenzrollen – um es in Bourdieus Terminologie auszudrücken. Geändert haben diese Spielregeln kein Pompeius oder Caesar, ihre Änderung beruht vielmehr auf einer veränderten Gesamtlage des sozialen Raumes, die einen neuen Typus von Machthaber hervorbringt. Pompeius und Caesar verkörperten diesen neuen Typus besonders erfolgreich, waren aber doch ganz Geschöpfe ihrer Zeit, so dass ihr Erfolg beziehungsweise Misserfolg mindestens ebenso den Umständen dieser Zeit geschuldet ist wie ihrer eigenen Tatkraft. Wenn Caesar Erfolg hatte, weil er Regeln brach, dann hatte er deshalb Erfolg, weil es an der Zeit war, Regeln zu brechen. Anders gesagt: Die Zeit war reif für neue Regeln – womit noch kein Urteil darüber gefällt ist, ob diese gut waren.

Der Kampf der Eliten um die Macht war in Rom – und das gilt auch anderswo – niemals nur ein äußerlicher Machtkampf, bei dem der politisch, finanziell und militärisch Stärkere siegte, sondern er fand unter genauer Beachtung von Regeln statt. Auch ein formaler Regelbruch, sollte er die gewünschte Wirkung entfalten, geschah also vor dem Hintergrund sozialer Grundregeln, die von den Instanzen, vor denen der Machtkampf notwendigerweise stattfand, also vor der elitären ‹peer group› *und* dem römischen Volk, angelegt und eingefordert wurden. Der *mos maiorum*, also der Verhaltenskodex der (adeligen) Ahnen, und deren historische *exempla*, also vorbildhafte Taten, gaben einen Handlungsrahmen vor, der auch im Machtkampf nicht ignoriert werden durfte – und der, obwohl er von aristokratischer Provenienz war, auch beim römischen Volk als gültiger Maßstab grundsätzlich Akzeptanz und Konsens fand. Freilich waren die Normen dieses ‹Kodex› dehnbar und sogar in sich widersprüchlich, und so war es immer auch eine Frage der Interpretation, ob ein Vorgehen als noch in Einklang mit der Tradition empfunden wurde oder nicht. Daher ging es bei innenpolitischen Machtkämpfen immer – wie auch heute noch – um die Deutungshoheit. Wer in deren Besitz war, bestimmte auch weitere Faktoren, die nicht immer auf den ersten Blick mit Macht verbunden werden. Bourdieu hat in diesem Zusammenhang eine Reihe von «Kapitalsorten» ausgemacht, auf denen Macht beruhen kann, etwa das ökonomische, soziale (z. B. alter Adel), kulturelle (z. B. historische Bildung, gepflegte Ausdrucksweise und herausragender Lebensstil) und symbolische (z. B. würdevolle Selbstinszenierung – oder im Gegenteil ein Auftreten als ‹Revoluzzer›) Kapital. Gerade in den Bürgerkriegen siegte nicht etwa der, der allein auf militärische Ressourcen setzte, sondern der, der mehrere Ressourcen oder «Kapitalsorten» auf sich vereinen konnte. Es ging um das Gesamtbild, das die elitären Konkurrenten abgaben, um öffentliches Prestige, um Charisma und um Verlässlichkeit – also das, was in Rom von Angehörigen der *nobilitas* erwartet wurde. Dass dabei, wie immer im Krieg, auch der Zufall seinen Part spielt, ist eine andere Frage.

Die römische Nobilität war sich dieser ungeschriebenen Regeln sehr bewusst und bezog sich in ihren Konkurrenzkämpfen stets auf sie. Der *mos maiorum* ging aus dem politischen Handeln ihrer Vorfahren hervor und legitimierte und definierte die Führungsrolle, die sie beanspruchten. So gesehen war der *mos maiorum* das eigentliche Reglement, das die Spielregeln des Adels und damit die Machtverhältnisse im Staat bestimmte. Und das galt auch für die Institutionen des Staates, deren Existenz und Namen – vom Königtum über die Republik bis zum Prinzipat – weitgehend fortexistierten und für Kontinuität und Identität standen. Die äußerliche Fassade der Institutionen schien weitgehend unverändert, auch wenn sie selbst mit neuen Funktionen versehen wurden.

Dies gilt auch für die bereits genannten Beispiele: Wenn Pompeius gegen alle Konventionen ein *imperium extraordinarium* nach dem anderen zugeteilt wurde, so wurde seine umfassende Machtfülle dennoch durch ein Konzept eingebunden, das der alten Republik entstammt. Wenn Caesar den Titel *imperator* dauerhaft führte, konnte er auf eine Praxis verweisen, die bereits Sulla und Pompeius gepflegt hatten. Wenn Caesar im Bürgerkrieg in Rom einmarschierte, dann hatte er in Sulla einen Vorgänger. Wenn er sich schließlich nach seinem Sieg über Pompeius zum *dictator* auf Lebenszeit ernennen ließ, dann überbot er Sulla, der nach der Durchsetzung seiner Reformen die Diktatur niederlegte. Die Diktatur selbst war ein uraltes republikanisches Amt, das Sulla mit neuen Inhalten und Funktionen gefüllt hatte. Obwohl Caesar Sullas Abdankung als fundamentalen Fehler kritisierte und darüber spottete, «dass Sulla ein politischer Analphabet gewesen sei, als er die Diktatur niederlegte» (Suet. Caes. 77,1), setzte er sich dennoch in einen deutlichen Bezug zu ihm. Wenn Augustus seine Rolle als *primus inter pares* (der erste unter seinesgleichen) beschrieb, dann griff er auf eine republikanische Begrifflichkeit zurück: Der angesehenste Konsular im Senat hieß jeweils *princeps senatus* (der erste Mann im Senat), ein Ehrentitel, der keine Amtsbefugnis beinhaltete, sondern allenfalls für die Reihenfolge der Meinungsäußerung im Senat eine Rolle spielte. Anfang des 2. Jahrhunderts v. Chr. war das viele Jahre lang Publius Cornelius Scipio Africanus der Ältere, nach der Ermordung Caesars im Jahr 44 v. Chr. hatte Cicero wohl diese Stellung inne. Auf der anderen Seite verwies der künstliche Vorname *imperator*, den Augustus zugleich mit dem Namen Caesars übernahm, auf die umfassende Befehlsgewalt, die der Prinzeps für sich beanspruchte: «Der Charakter des Prinzipats als Militärherrschaft versteckt sich nunmehr im Namen des Kaisers, und der Imperatorenname wird in gewissem Sinne Gegenstück zu der Benennung des Kaisers als Princeps, die den Staat als Fortsetzung der Senatsherrschaft charakterisieren soll.» (Bleicken, 1975, 1379).

«Caesar riss den Staat mit militärischer Gewalt an sich.» – Solche Sätze liest man häufig in Geschichtswerken und wird ähnliche auch in diesem Buch finden. Sie haben ihre Rechtfertigung allein schon dadurch, dass sie dem Verständnis Caesars wie auch der damals Betroffenen entsprachen. Nach den bisherigen Ausführungen sollte aber nun klarer sein, dass ein solcher Vorgang wesentlich komplexer vonstattengeht, als es dieser einfache Satz suggeriert: Caesar verdankt seinen Machtzuwachs nicht allein seinem Willen, Können und Durchsetzungsvermögen, sondern den zeitlichen und gesellschaftlichen Umständen. Außer militärischen Möglichkeiten vereinigte Caesar auch weiteres ‹Kapital› auf sich – darunter auch symbolisches und insbesondere finanzielles –, das ihn vor seinen Konkurrenten, aber auch vor dem römischen Volk in seiner Führungsrolle stärkte. Und schließlich beachtete er trotz vieler Verstöße die grundsätzlichen Regeln des sozialen Raums, in dem er sich bewegte. Er bezog sich vielfach auf Traditionen und wurde – zunächst – in einem ganz grundsätzlichen Sinne den Spielregeln gerecht, die in Rom beim Kampf um die Macht einzuhalten waren. Sein Mut und seine Fähigkeiten im Spiel der Macht verbunden mit seinem hohen Ansehen (*dignitas*) und großem Einfluss (*auctoritas*) beim Volk und Heer mögen zu seinem Sieg beigetragen haben, aber ebenso die Bedingungen seiner Zeit und der nicht zu unterschätzende Zufall, der sich aller Regel und Vorhersehbarkeit entzieht. Die republikanischen Konzepte von *imperium* und *dictatura* sind nur zwei, wenn auch zentrale Instrumentarien, die er nutzte, umfunktionierte und denen er neue Dimensionen verlieh, was er aber nur konnte, weil es ihm die Zeitumstände erlaubten.

Ob sich, um mit Bourdieu zu sprechen, der «Wechselkurs» der «Kapitalsorten» (1998, 51) geändert hat, oder ob sich, um auf Elias zu rekurrieren, die «sozialen Bedürfnisse» und damit die Anforderungen an die «Gruppe von Funktionsträgern» (2006, 404) gewandelt haben, sei dahingestellt. Jedenfalls geriet die Balance der Macht ins Wanken und begann sich neu auszurichten. Die Eigendynamik des Machtgefüges hat in seiner Stärke so manchen Akteur überrascht, vielleicht sogar Caesar selbst. Wie dem auch sei – in der ausgehenden Republik hat der Kampf um Machtpositionen dazu geführt, dass immer weniger Konkurrenten immer mehr Macht auf sich vereinten, bis schließlich alle Macht in den Händen eines Mannes lag. Caesar war im eigentlichen Sinne des Wortes ein Monarch geworden, infolgedessen sein Name als Titel der (meisten) römischen

Kaiser fungierte. Dass er am Ende dennoch scheiterte und einem politischen Attentat zum Opfer fiel, wird man darauf zurückführen müssen, dass er offenbar auf dem Spielfeld der Macht einen fundamentalen Fehler begangen hat. Mögen Mächtige Regeln der gewöhnlichen Gemeinschaft brechen, so haben sie dennoch die Regeln des Machterhalts zu beachten. Keine Macht ist absolut und kein Machthaber vom sozialen Gefüge, in dem er wirkt, unabhängig.

Es war Octavian, der spätere Augustus, der es verstand, auf dem ‹Spielfeld der Geschichte› für die Machtkonzentration, die Caesar auf sich vereinigte, ein geeignetes Modell zu schaffen, das den nötigen Konsens erzeugte und die nötige Akzeptanz in Senat und Volk erhielt, um dauerhaft bestehen zu können. Den Kampf der römischen Eliten um Machtanteile gewann Caesar nur vorübergehend. Am Ende stand das kaiserliche *imperium*, eine Herrschaftsgewalt, die gleichbedeutend wurde für den Bereich, den sie kontrollierte: das Imperium Romanum.

Rom selbst stürzt durch die eigenen Kräfte.
Horaz, Epoden

Die römische Republik zwischen Reform und Ruin
133 bis 78 v. Chr.

Historische Akteure sind also, das ist das Fazit des vorhergehenden Kapitels, Produkte ihrer Zeit und als solche den Gesellschafts- und Machtstrukturen unterworfen. Daher genügt es nicht, mit der Situation des Jahres 60 v. Chr. zu beginnen, als das Triumvirat seinen Anfang nahm, oder mit der Geburt der Triumvirn. Es gilt, die gesellschaftlichen Entwicklungen der ausgehenden Republik zu verstehen und einen Eindruck davon zu bekommen, welche gewaltigen Umbrüche bereits eine Generation vor den Triumvirn den Staat erschüttert haben.

In diesem Kapitel werden die politischen und gesellschaftlichen Ereignisse dargestellt, die zu jenem Zustand im Staat führten, den Caesar, Pompeius und Crassus bei ihrem Eintritt in die Politik vorfanden. Als Auslöser des sogenannten Jahrhunderts der Bürgerkriege gelten die Reformvorstöße, die die Brüder Tiberius und Gaius Gracchus in den Jahren 133 bis 121 v. Chr. unternahmen. Die Folgen dieser Reformen veränderten für immer die Voraussetzungen für politisches Handeln, auch wenn der Diktator Sulla in den Jahren 82–79 v. Chr. versuchte, die alte Republik mit aller Gewalt wiederherzustellen.

In der Zeit zwischen den Gracchen und Sulla entstehen also jene neuen Regeln auf dem Spielfeld der Macht, die den Aufstieg der Triumvirn an die Spitze des Staates ermöglichten. Um noch einmal im

Bild zu bleiben: Das Spielfeld vergrößert sich immens, es treten neue Spielfiguren hinzu und – ebenfalls ein Novum – die Figuren folgen nicht mehr den alten Spielregeln, sondern streiten darüber, wie das Spiel als Ganzes weitergehen soll. Erschwerend kommt hinzu, dass das gesamte Spielbrett auf wackeligem Untergrund steht …

Caesar, im Jahr 100 v. Chr. geboren, war der jüngste der Triumvirn, Pompeius sechs Jahre und Crassus vierzehn Jahre älter. Allen dreien gemeinsam war trotz des Altersunterschieds, dass sie in einer Zeit aufwuchsen, in der die Ordnung des römischen Staates brüchig geworden war und jahrhundertalte Traditionen ihre Gültigkeit verloren hatten. Es schien, als sei in Rom und Italien alles aus den Fugen geraten: Die halbe Welt war erobert, phantastischer Reichtum floss nach Rom, doch auf dem Land lebten die Bauern in bitterer Armut und die *proletarii* in Rom bangten um den Getreidepreis. In den Volksversammlungen wurde Stimmung gegen die Regierung und Politik gegen den Senat gemacht. Politische Gewalt auf den Straßen gehörte fast zum Alltag. Nur allzu oft hatte sie sich in regelrechten Bürgerkriegen entladen.

Der Historiker und Politiker Sallust führt im Rückblick den innenpolitischen Verfall des Staates ausgerechnet auf den außenpolitischen Erfolg zurück, den Rom mit der Zerstörung Karthagos im Jahr 146 v. Chr. errungen hatte. Solange mit Karthago ein äußerer Feind Rom bedrängt habe, sei der gesellschaftliche Zusammenhalt intakt gewesen und der Wettstreit um Ruhm und Macht habe sich auf sinnvolle Ziele gerichtet. Mit dem Frieden aber seien Maßlosigkeit und Übermut aufgekommen und hätten den Staat zerrüttet:

> **Denn die Nobilität begann ihre Stellung, das Volk hingegen die Freiheit in Willkür ausarten zu lassen; jeder machte Beute, raffte und raubte zu seinem eigenen Vorteil. So ist alles in zwei Parteien auseinandergerissen worden, der Staat aber, der in der Mitte gewesen war, wurde zerfleischt. […] So drang zusammen mit der Macht Habgier ohne Maß und Ziel ein: Sie beschmutzte und verwüstete alles, nichts war ihr unantastbar und heilig, bis sie sich selber in den Abgrund stürzte. Denn sobald**

sich erst einmal Adelige gefunden hatten, die wahren Ruhm ungerechter Macht vorzogen, begann der Staat in Unruhe zu geraten, und es entwickelte sich allmählich eine politische Auseinandersetzung wie ein Erdbeben. […] Diese Haltung hat sehr häufig große Staaten zugrunde gerichtet, wenn nämlich die Parteien einander um jeden Preis besiegen und sich an den Besiegten mitleidlos rächen wollen. (Sall. Iug. 41,5–10; 42,4; übersetzt nach Burkard)

Sallust, der im Bürgerkrieg übrigens Anhänger Caesars war, sieht also zwei grundsätzliche Ursachen für die Schieflage, in die der römische Staat geriet, eine politische und eine gesamtgesellschaftliche: zum einen die Entstehung zweier sich bekämpfender ‹Parteien› – gemeint sind die Popularen und Optimaten –, zum anderen eine generelle Disziplinlosigkeit, die alle Bevölkerungsgruppen erfasste und sich in Gier nach Ruhm und Macht, Habsucht, Maßlosigkeit und Willkür ausdrückte. Und auch wenn man diese Entwicklungen heute differenzierter sieht, wird man Sallusts Diagnose im Grundsatz kaum widersprechen können: Im Ergebnis war die Gesellschaft gespalten, der gesamte Staat in Unordnung.

Die Zerstörung des Konsenses: Tiberius und Gaius Gracchus

Wie konnte es so weit kommen? Um die politische Zerrissenheit der Zeit, in der die Triumvirn hineingeboren wurden, zu verstehen, muss man eine Generation zurückgehen. Mitte der 30er Jahre des 2. Jahrhunderts v. Chr. unternahm Tiberius Gracchus eine Überlandfahrt durch Italien, die – so die antike Überlieferung – ihm den Anstoß zu einer Politik gab, die den römischen Staat an den Rand einer Katastrophe und ihm selbst den Tod brachte. Danach war auch in Rom nichts mehr so wie zuvor. Der Historiker Plutarch weiß über diese politische Initialzündung Details zu berichten:

Sein Bruder Gaius aber schreibt in einer Schrift: «Als Tiberius auf seiner Reise nach Numantia durch Etrurien kam und die Öde des Landes sah, als er beobachtete, dass alle Feldarbeiter und Hirten fremde, kriegsgefangene Sklaven waren, da tauchte zuerst jener Reformplan in ihm auf, der ihm und seinem Bruder tausend Leiden bringen sollte.» (Plut. Gracch. 8,9; übersetzt nach Ziegler)

Was Tiberius Gracchus bei seiner Fahrt durch Etrurien so erschütterte, waren die augenfälligen Folgen, die Roms Eroberungen in aller Welt für die italische Landbevölkerung hatten. Viele italischen Gemeinden waren als sogenannte Bundesgenossen (*socii*) an Rom gebunden: Die Römer ließen ihnen ihre politische Autonomie, verpflichteten sie aber im Gegenzug dazu, im Kriegsfall Truppen zu stellen. Roms Expansion in den Mittelmeerraum wurde militärisch insbesondere durch Kontingente ermöglicht, die neben den einfachen Bürgern Roms vorwiegend aus italischen Bauern bestanden. Durch den langen Militärdienst und die weit entfernt gelegenen Operationsgebiete konnten die italischen Bauern ihre Höfe nicht mehr bewirtschaften, so dass sie diese verwahrlosen lassen oder an reiche Grundbesitzer verkaufen mussten. Letztere ließen das Land immer häufiger durch Sklaven bestellen, da diese vom Kriegsdienst ausgenommen waren. Die vormaligen Kleinbauern hatten das Nachsehen und zogen vermehrt in die Hauptstadt. Tiberius Gracchus fand bei seiner Reise daher nicht wenig Ödland vor, und wo Land bestellt wurde, taten dies Sklaven aus aller Welt. Ihm wurde, so die Darstellung seines jüngeren Bruders, eines schmerzlich bewusst: Roms ruhmvolle Kriege wurden auf dem Rücken der römischen und italischen Landbevölkerung ausgetragen, deren Unzufriedenheit in solchem Maße wuchs, dass die soziale und politische Sprengkraft, die von dieser Bevölkerungsgruppe ausging, nur durch große Reformen einzudämmen war.

In der modernen Forschung ist diese idealisierende Zeichnung des älteren Gracchus-Bruders, Tiberius, umstritten. Man geht heute davon aus, dass Tiberius Gracchus seine Reformpläne auch aus machtpolitischen Überlegungen heraus in Angriff nahm, und er war auch nicht der alleinige Initiator, sondern agierte als Exponent einer kleinen, aber hochrangig besetzten Gruppe von Reformern. Jedenfalls schritt er, wieder zurück in Rom, im Jahr 133 v. Chr. als Volkstribun äußerst zügig und entschlossen zur Tat. Er brachte ein umfassendes Ackergesetz ein, um landlose Italiker und Römer – und damit auch viele Veteranen – mit Bauernhöfen zu versorgen. Die für diese ‹Flurbereinigung› erforderlichen Flächen wollte er aus dem römischen Staatsland, dem *ager publicus*, entnehmen, und hierin lag der eigentlich heikle Punkt. Formal gehörte das Land dem römischen Staat, in der Praxis hingegen wurden – was bis zu einer bestimmten Größe durchaus erlaubt war – viele dieser öffentlichen Flächen von reichen römischen Rittern bewirtschaftet. Diese beriefen sich nun auf das Gewohnheitsrecht und verwiesen auf jahrzehntelange Arbeit und Investitionen, die sie in die Ländereien gesteckt hätten. Tiberius Gracchus sah daher in seinem Gesetz vor, dass die Großgrundbesitzer nur den Anteil an Land abgeben müssten, der über das bisher erlaubte Maß hinausging, und da dies immerhin in einer Größenordnung von 125 Hektar lag, kann man seinen Vorschlag durchaus als moderat bezeichnen. Dennoch ging Gracchus davon aus, dass er und seine Unterstützer im Senat für diese Gesetzesinitiative keine Mehrheit erhalten würden. Die meisten Senatoren waren grundsätzlich skeptisch gegen alle Neuerungen, und in diesem Fall befürchteten sie auch, dass Tiberius Gracchus beim Volk, den Bundesgenossen und, was besonders gefährlich war, bei den Veteranen eine große Anhängerschaft gewinnen und sich mit dieser Klientel eine enorme Machtstellung im Staat aufbauen würde. Außerdem handelten viele Senatoren im Interesse der reichen römischen Landbesitzer, auf deren Kosten das Ackergesetz ging. Als Patrone standen sie mit ihnen in einem Klientelverhältnis: Die Senatoren gewährten politischen Schutz, im Gegenzug finanzierten die Ritter die senatorischen Karrieren und die üblichen Bestechungen bei Wahlen und Gerichtsverfahren. Angesichts dieser geschlossenen Mauer aus Interessengemeinschaft und fehlender Bereitschaft für Reformen beschritt Tiberius Gracchus einen neuen, für römische Verhältnisse unerhörten Weg, um sein Vorhaben durchzusetzen. Er brachte seinen Gesetzesantrag vor die Volksversammlung, ohne ihn, wie es eigentlich der Konvention entsprach, vorher im Senat diskutieren zu lassen. Üblicherweise sprach der Senat eine Empfehlung aus, der das Volk bei der anschließenden Volksversammlung in aller Regel zustimmte. Die Autorität der Senatoren, das Ansehen der alten Familien, aus der sie stammten, und eine Politik, die das römische Volk geschickt in den Staat integrierte, sicherten den grundsätzlichen Konsens zwischen Volk und Nobilität, der in der feierlichen Formel SPQR – *Senatus Populusque Romanus* – beschworen und hochgehalten wurde. Wahlgeschenke und die verzweigten Klientelverhältnisse, die die römische Gesellschaft durchzogen, taten ein übriges, um den Zusammenhalt des Gemeinwesens zu gewährleisten. Gracchus überging jedoch den Senat und setzte allein auf die Volksversammlung, deren Zustimmung angesichts seiner volksfreundlichen Reformen sicher war. Damit gab er den Anstoß für eine völlig neue Art von Politik, in deren Zentrum nicht mehr der Senat, sondern die Volksversammlung stand. Korrespondierten bisher die beiden Gremien, wobei der Senat die aktive Rolle spielte, gab Tiberius Gracchus der Volksversammlung den aktiven Part und machte das Gremium zu einem Gegenspieler des Senats. Diese neue Politik machte Schule, und diejenigen Politiker, die sich ihrer bedienten, nannte man in Rom – im Gegensatz zu den Optimaten (*optimates*) – die Popularen (*populares*).

Neben diesem Traditionsbruch (nicht Gesetzesbruch, denn Tiberius Gracchus verstieß mit seinem Vorgehen nicht gegen ein Gesetz, sondern gegen die Konvention) musste auch der aggressive Ton, den Gracchus in seinen Reden vor dem Volk anschlug, Furore machen und die Senatoren vor den Kopf stoßen. Grundsätzlich und global griff der Volkstribun die Elite Roms an, wie folgender Redeausschnitt, den uns Plutarch überliefert hat, zeigt:

> **Die wilden Tiere, die in Italien hausen, haben ihre Höhle, jedes weiß, wo es sich schlafenlegen, wo es sich verkriechen kann, die Männer aber, die für Italien kämpfen und sterben, sie haben nichts außer Luft und Licht. Heimatlos, gehetzt irren sie stattdessen mit Frau und Kind**

durch das Land. Die Feldherren lügen, wenn sie in der Schlacht die Soldaten aufrufen, für ihre Gräber und Heiligtümer sich zu wehren gegen den Feind, denn von all diesen Römern besitzt keiner einen Altar, den er vom Vater vererbt, keiner ein Grab, in dem seine Vorfahren ruhen, vielmehr kämpfen und sterben sie für den Wohlstand und Reichtum anderer. Herren der Welt werden sie genannt und haben nicht eine Scholle Landes zu eigen. (Plut. Gracch. 9,5 f.; übersetzt nach Ziegler)

Indem Tiberius Gracchus die römischen Feldherren pauschal der Lüge bezichtigt, zieht er die höchsten Repräsentanten der römischen Aristokratie in den Schmutz. Siegreiche Feldherren – so die bisherige Sichtweise –, die den Staat verteidigt und vergrößert, die Rom über die Grenzen Italiens hinaus zu einer Hegemonialmacht gemacht hatten und die im Triumph auf das Kapitol gezogen waren – sie hätten ihre Soldaten getäuscht und ihre Veteranen im Stich gelassen!

Hier greift Tiberius Gracchus nichts Geringeres als den Ehrenkodex der römischen Aristokratie an, die ja die Feldherren stellte und im gewährten Triumph die höchstmögliche Auszeichnung sah: Werte wie Ruhm (*gloria*) und Pflichtbewusstsein (*fides*) und damit die Autorität des gesamten Senats werden in Frage gestellt – ein beispielloser Affront.

Neu ist auch, für welche Gruppen sich Tiberius Gracchus einsetzt: Mit seinem Ackergesetz hat er nicht nur besitzlose Bürger, sondern vor allem die Veteranen im Blick, die sich aus Römern und italischen Bundesgenossen zusammensetzten. Es sind die Bauernsöhne, die zum Kriegsdienst eingezogen wurden und daher ihre Höfe im Stich lassen mussten, die sie – wie es Tiberius Gracchus in seiner Rede auf den Punkt bringt – nach ihrer Rückkehr verwaist und verwahrlost, verschuldet oder schon verkauft vorfinden. Das gesellschaftliche Gefüge, innerhalb dessen sich die römische Politik abspielt, gewinnt mit den Veteranen eine Komponente dazu, die für den weiteren Verlauf der Geschichte eine ausschlaggebende Rolle spielen sollte. Der soziale Raum erweitert sich, der gesellschaftliche Konsens ist empfindlich gestört.

Der Angriff des Volkstribunen, der auch noch vom amtierenden Konsul und zwei weiteren bedeutenden Senatoren unterstützt wurde, traf die Senatoren unvorbereitet und zwang sie, ihrerseits scharf zu reagieren. Sie setzten einen weiteren Volkstribun massiv unter Druck und brachten ihn dazu, gegen den Gesetzesvorschlag von Tiberius Gracchus ein Veto einzulegen. Daraufhin ließ dieser – wiederum in der Volksversammlung – seinen interzedierenden Kollegen absetzen und setzte sein Ackergesetz am Senat vorbei durch, ein unerhörter Vorgang, der gegen alle Konvention und zudem gegen die kultische Unverletzbarkeit (*sacrosanctitas*) verstieß, die Volkstribunen im Amt genießen. Es kümmerte ihn nicht, dass er damit auch an seinem eigenen Ast sägte.

Mit dem Sieg in der Volksversammlung hatte Tiberius Gracchus aber noch nicht gewonnen. Der Senat blockierte nun die Ackerreform, indem er der eingesetzten Kommission, die die juristisch und logistisch komplexe Landverteilung umsetzen sollte, keine Gelder bewilligte. Ein Gesetz, dessen Agenda nicht finanziert wird, kann nicht umgesetzt werden. Da kam ihm ein Zufall zu Hilfe: König Attalos III. von Pergamon starb und vererbte angesichts einer desolaten Nachfolgesituation und der römischen Übermacht sein Königreich in Kleinasien überraschend an Rom. Gracchus ergriff die Chance und brachte – wieder am Senat vorbei – ein Gesetz in der Volksversammlung ein, das für die Finanzierung der Reformen Gelder aus dem Erbe des Königs Attalos vorsah.

Auch wer den Anliegen des Tiberius Gracchus prinzipiell wohlwollend gegenüberstand, musste allerdings spätestens an diesem Punkt zu der Ansicht gelangen, dass er zu weit ging. Gracchus missbrauchte seine Immunität als Volkstribun, um über die Volksversammlungen Politik gegen den Senat zu betreiben. Und im Falle des Finanzierungsgesetzes war der Bruch mit politischen Konventionen besonders eklatant, da hier der Senat in einer seiner Kernkompetenzen übergangen wurde, der Entscheidungshoheit über die römische Außenpolitik. Die alten Regeln für das Zusammenspiel zwischen Senat und Volksversammlung waren außer Kraft gesetzt, Senat und Volk waren, wie es schien, einander feind geworden.

Tiberius Gracchus aber konnte nicht mehr zurück, wollte er nicht nur seine politischen Pläne, sondern überhaupt seine politische Existenz retten, und setzte weiter auf Konfrontation. Er kündigte an, auch im folgenden Jahr als Volkstribun zu kandidieren, und verstieß damit gegen das gesetzliche Verbot, Ämter in unmittelbarer Folge hintereinander zu bekleiden. Als zugleich Gerüchte die Runde machten, dass er von einem Gesandten des Pergamenischen Reiches ein Diadem erhalten habe und er sich tatsächlich bei der soeben stattfindenden Wahlversammlung zum König wählen lassen wolle, kam es zur Eskalation. Aufgebrachte Senatoren stürmten mit bewaffneten Gefolgsleuten die Volksversammlung, in der Tiberius Gracchus seine Wiederwahl inszenieren wollte, und erschlugen den non-konformen Volkstribun zusammen mit 200 seiner Anhänger.

Es war eine Zäsur in der Politik Roms. Dass politischer Streit mit den Waffen des Wortes, nicht mit Gewalt ausgefochten wird, ist die Grundlage jeder Republik. Doch an die Stelle politischer Auseinandersetzung und Kommunikation waren nun Regelverletzung und Gewalt getreten. Der Historiker Bernhard Linke urteilt daher völlig zutreffend:

> **Der Tod des Tiberius Gracchus war ein Fanal dafür, dass die bemerkenswerte Fähigkeit der römischen Gesellschaft, politische Konflikte durch komplizierte Kommunikationsprozesse friedlich beizulegen, grundlegend gefährdet war. Das Ende der Kommunikation war ein entscheidendes Symptom für eine Krise des politischen Systems. (Linke, 2005, 37)**

Die Folgen zeigten sich nicht sofort. Nach dem Tod des Tiberius Gracchus blieb zwar das Ackergesetz in Kraft, seine Umsetzung aber verlief im Sand. Der Senat wähnte seine Souveränität wiederhergestellt. Doch die Ruhe war trügerisch. Genau zehn Jahre später trat Gaius Gracchus in die Fußstapfen seines älteren Bruders Tiberius. Er setzte dessen Werk fort und rächte ihn zugleich, daher war sein Agieren von Anfang an radikaler und wurde auch als radikaler wahrgenommen.

Trotz heftiger Bekämpfung durch die Optimaten wurde er 123 v. Chr. zum Volkstribun gewählt und brachte eine ganze Reihe von Gesetzen ein. Wie sein Bruder agierte er ausschließlich über die Volksversammlung. Drei Gesetze, die er erfolgreich durchbrachte, stachen durch ihre große politische Sprengkraft heraus: Gaius Gracchus flößte dem Ackergesetz seines Bruders neues Leben ein und stattete die Ackerkommission mit weitreichenden Kompetenzen aus, vor allem aber beschritt er zur Landbeschaffung einen völlig neuen Weg. Er legte ein Gesetz zur Gründung von Kolonien vor, wobei eine davon auf dem Gebiet des zerstörten Karthago liegen sollte (noch nie hatte es in der römischen Geschichte eine Kolonie für römische oder italische Siedler in einer Provinz außerhalb Italiens gegeben). Der Senat war alarmiert, denn wieder wurde an ihm vorbei Außenpolitik betrieben, und zwar mit einer Stoßrichtung, die nicht den Senat und Rom, sondern eine Einzelperson und die Provinz stärken würde. Gaius Gracchus würde auf diese Weise zum Patron einer ganzen Kolonie aufsteigen und neuartige Machtbasen außerhalb der römischen Hauptstadt schaffen. Die politische Landschaft würde sich für immer verändern und zwar zum Nachteil des Senats.

Gaius Gracchus berücksichtigte aber nicht nur die Landbevölkerung, sondern sicherte sich mit einem weiteren Gesetz die Gunst des stadtrömischen Volkes: einem Getreidegesetz, das den Getreidepreis in Rom auf einem erträglichen Niveau hielt. Dieses Gesetz hatte es in sich. Es enthielt eine Klausel, dass es nie wieder rückgängig gemacht oder gelockert werden dürfe, und stellte damit eine fortdauernde erhebliche Belastung für die – vom Senat verwaltete – Staatskasse dar. Der Getreidepreis blieb seitdem eine gefährliche Stellschraube popularer Politik, deren Tücke darin lag, dass Einzelpersonen wie Gaius Gracchus sich auf Kosten des Staates profilieren konnten, ohne dass der Senat eingreifen konnte, wollte er nicht das römische Volk gegen sich aufbringen. Die rivalisierenden Machthaber überboten sich fortan beim Verteilen von Wohltaten an das Volk, das damit zu einem noch stärkeren Machtfaktor in Rom wurde.

Noch größer waren die Folgen des dritten Gesetzes, mit dem Gracchus die Grundstrukturen der römischen Gesellschaft angriff, ja geradezu auf den Kopf stellte. Bisher war das Richteramt den Senatoren vorbehalten, was insbesondere bei den sogenannten Repetundenprozessen von größter Bedeutung war. In diesen Prozessen ging es um Provinzstatthalter, die ihre Provinz unverhältnismäßig ausgebeutet hatten und nun auf Rückerstattung (*res repetundae*) verklagt wurden. Bei diesen Statthaltern handelte es sich aber um Senatoren, die nach ihrem Amtsjahr eine Provinzverwaltung erhielten und in dieser Position ihre Finanzen zu konsolidieren suchten. Kam es zum Prozess, war es hilfreich, wenn auf den Geschworenenbänken Senatoren saßen, die leicht in dieselbe Lage geraten konnten wie die wegen Ausbeutung angeklagten Standesgenossen.

Die Ämterlaufbahn (*cursus honorum*) der Senatoren in Rom verschlang in den aufwendigen Wahlkämpfen Unmengen an Geld, wohingegen die Amtsführung unvergütet und ohne Aufwandsentschädigung blieb. Die staatlichen Ämter waren im buchstäblichen Sinne Ehrenämter und setzten bei den Bewerbern erhebliche finanzielle Ressourcen voraus, die aus dem privaten Vermögen oder aus Krediten stammten. In diesem Zusammenhang spielten die Ritter, der zweite Stand nach den Senatoren, eine wichtige Rolle, waren doch gerade sie im Bank- und Handelswesen tätig und finanzierten häufig die Karrieren der Senatoren, denen übrigens der gewerbsmäßige Großhandel verboten war, und sahen im Gegenzug ihre politischen Interessen gut vertreten.

Gegen dieses fest etablierte Gefüge von Macht und Geld ging Gaius Gracchus mit einem bis dahin undenkbaren Gesetz vor und setzte über die Volksversammlung durch, dass die Gerichtshöfe von nun an nicht mehr mit Senatoren zu besetzen seien, sondern allein mit Rittern. Er versprach sich dabei wohl die Unterstützung dieses wichtigen Standes, insbesondere derjenigen, die in der Finanzbranche als Kreditgeber oder Steuerpächter tätig waren.

Die Brisanz dieser Neuerung ist nicht zu überschätzen, stellt doch das Gracchische Richtergesetz die Ritter über die Senatoren, also den zweiten über den ersten Stand – aus der Sicht der Senatoren eine verkehrte Welt. In den zahlreichen Repetundenprozessen würden nun Senatoren vor Richtern Rechenschaft über ihre Provinzverwaltung geben müssen, die nicht mehr ihrem eigenen Stand angehörten und andere Interessen verfolgten. Hatte Tiberius Gracchus mit seiner popularen Politik Volk und Senat einander entfremdet, nahm sein Bruder nun eine Entzweiung der führenden Stände im Staat bewusst in Kauf und machte Ritter und Senatoren, die bisher eine politische und finanzielle Interessengemeinschaft verbunden hatte, zu Gegnern. Er gab dies auch offen zu, wie Cicero empört überliefert:

> **Hat das Volkstribunat des Gaius Gracchus nicht den Zustand des ganzen Staates mit jenen Dolchen in Unordnung gebracht, von denen er selbst sagte, dass er sie auf das Forum geworfen hat, damit sich die Bürger mit ihnen gegenseitig niedermetzeln? (Cic. leg. 3,20; übersetzt nach Nickel)**

Die Ziele des Gaius Gracchus sind aus seiner eigenen Sicht nachvollziehbar. Wollte er seinen Reformen eine Chance geben, dann musste er das Machtgefüge der Führungseliten schwächen und ihre Interessen gegeneinander ausspielen. Solange Ritter und Senatoren gemeinsame Sache machten und Geld sich mit Adel verbündete, würde jeder Reformversuch der Popularen an der konservativen Blockadehaltung der Optimaten scheitern. Cicero sah jedoch gerade in dieser Verwerfung der Stände den Anfang vom Untergang der Republik und kämpfte zeitlebens darum, die alte «Einheit der Stände» (*concordia ordinum*) wiederherzustellen.

Der Senat musste reagieren und er tat es auf originelle Weise, indem er Gaius Gracchus mit denselben Mitteln angriff wie dieser den Senat: mit popularer Politik. So konnte der Senat den Volkstribun Marcus Livius Drusus für sich gewinnen, der in seinem Auftrag die Versammlung mit volksfreundlichen Gesetzesanträgen geradezu überschüttete, ja die Gesetze seines Gegners Gaius Gracchus an Großzügigkeit eins ums andere überbot. Plutarch berichtet über die senatorische Gegenkampagne:

So lieh also Livius Drusus sein Amt dem Senat für diesen Zweck aus und brachte ein Gesetz nach dem anderen ein, ohne Rücksicht auf Ehre oder Vorteil des Staates. Wie sich in der Komödie die Leute um die Wette abhetzen, hatte er nur das einzige Ziel, Gaius Gracchus mit Gefälligkeiten bei der Volksmenge auszustechen. (Plut. Gracch. 30,1; übersetzt nach Ziegler)

Tatsächlich gelang es dem Senat, dem Volk mit dieser Politposse Sand in die Augen zu streuen und es Gaius Gracchus abspenstig zu machen. Der Erfolg des Livius Drusus wurde auch dadurch begünstigt, dass Gracchus viele Wochen in Nordafrika weilte, um dort auf dem ehemaligen Gebiet Karthagos die Gründung seiner Kolonie voranzutreiben. Während dieser Zeit konnte er der Demagogie seines Amtskollegen nichts entgegensetzen. Als er zurückkehrte, hatte sich die politische Stimmung gegen ihn gewandt: Bei der dritten Bewerbung um das Volkstribunat für das Jahr 121 v. Chr. verlor er die Gunst des Volkes und fiel durch. Und es kam noch schlimmer: Der Senat ging zur Gegenoffensive über und brachte ein Gesetz vor das Volk, das die Gründung der afrikanischen Kolonie rückgängig machen sollte. Die Abstimmung geriet zum Tumult und wurde abgesagt. Der Senat fasste einen in dieser Form noch nie dagewesenen Notstandsbeschluss, stattete den Konsul Lucius Opimius, einen erklärten Gegner der Gracchen, mit der außerordentlichen Vollmacht aus, nach seinem Dafürhalten alle nötigen Maßnahmen treffen zu können, um den Staat zu retten. Das war die Geburtsstunde eines neuartigen und in der ausgehenden Republik heftig umstrittenen politischen Instruments, das der optimatische Senat für den Kampf gegen die populare Politik in der Volksversammlung erfand: das *senatus consultum ultimum* – «den äußersten Senatsbeschluss».

Opimius bewaffnete die Senatoren, Gaius Gracchus verschanzte sich mit seinen verbliebenen Anhängern auf dem Aventin, wurde aber bald überrannt und beging schließlich Selbstmord. Mit diesem Waffengang beging Opimius einen Tabubruch, denn innerhalb der Stadt Rom herrschte seit jeher das strikte Verbot, Waffen zu tragen. Dass der Konsul beim Sturm gegen Gaius Gracchus und seine Anhänger sogar Bogenschützen aus Kreta – also Nichtrömer gegen Römer – einsetzte, machte diesen Tabubruch noch augenfälliger. Mit dem Instrument des *senatus consultum ultimum* wurde militärische Gewalt innerhalb der Stadtmauern Roms möglich gemacht und war seitdem ein – wenn auch von den Popularen heftig kritisiertes – Mittel der Wahl. Die Entstehung des Notstandsbeschlusses dieser Art ist bezeichnend dafür, wie in Rom Traditionen entstanden: Es handelte sich zunächst um eine improvisierte, aus dem Augenblick geborene Formulierung, mit der die Konsuln aufgefordert wurden, «sie sollen zusehen, dass der Staat keinen Schaden nimmt.» Doch einmal erfolgreich eingesetzt und wirksam, wurde die Neuerung selbst zur Regel. Fortan gab es dieses Instrument, und es war nicht mehr aus der politischen Welt zu schaffen.

Die Optimaten fanden jedenfalls auf die Reformen der Gracchen in beiden Fällen nur eine Antwort: brutale Gewalt ‹von Staats wegen› – und verschafften sich damit für ein gutes Jahrzehnt Ruhe im Staat, die allerdings eine trügerische war.

Die Politik der Gracchen war zugleich Reaktion auf alte und Ursache für neue Missstände im Staat. Die Expansion Roms mit all ihren Begleiterscheinungen erzeugte einen Reformdruck, den die Optimaten zurückwiesen und die Popularen missbrauchten. Beide ‹Parteien› verfolgten dabei immer stärker ihre jeweiligen Machtinteressen, die zu jener Spaltung der Bürger führte, in der Sallust, wie oben zitiert, eine zentrale Ursache für den Niedergang des Staates gesehen hatte. Und er hatte recht: Die politischen Kämpfe führten zu völlig veränderten Verhältnissen in Staat und Gesellschaft, das Jahrzehnt der Gracchen markiert eine Zeitenwende. Es war der Anfang vom Ende der römischen Republik.

Wer wie Caesar, Pompeius und Crassus in den Jahren nach der Gracchischen Zeitenwende geboren wurde, fand eine Politik vor, die neuen Bedingungen unterworfen war, und die Triumvirn verdankten ihren späteren Aufstieg den neugeschaffenen Bedingungen, die dem Spiel um die Macht eine neue Dimension gaben. Welches Potential und welche Sprengkraft die neuen Regeln der Politik entfalteten, konnten sie an den steilen Karrieren des Marius und Sulla beobachten, deren Konkurrenzkampf um Macht schließlich in einem offenen Bürgerkrieg endete.

Die Eskalation der Eskalation: Marius und Sulla

Mit der Zerstörung Karthagos und der Einrichtung von Provinzen in Nordafrika, Spanien, Griechenland und Kleinasien war Rom in wenigen Jahrzehnten eine gewaltige Expansion gelungen. Der Zuwachs von Macht und Reichtum hatte aber auch innenpolitische Auswirkungen und förderte den von Sallust angeprangerten Verfall des gesellschaftlichen Zusammenhalts.

Diese verhängnisvolle Entwicklung wurde durch militärische Misserfolge verstärkt. Römische Feldherren erlitten gegen keltische und germanische Stämme eine Reihe schwerer Niederlagen, deren größte im Jahr 105 v. Chr. in der Schlacht bei Arausio (heute Orange in Frankreich) zu beklagen war. Für einen Moment schien Rom den Germanen ausgeliefert, die jedoch ihren überragenden Sieg nicht ausnutzten und in nördliche Regionen abzogen. Insbesondere der verstörende Umstand, dass diese wie so manch andere Schlacht vor allem deshalb verloren wurde, weil die Feldherren ihre Strategie danach ausrichteten, wie sie selbst am besten zur Geltung – oder noch schlimmer – zu Geld kämen, stieß in Rom auf große Empörung. Schon in den Jahren davor, im Jugurthinischen Krieg, hatten immer wieder Gerüchte über dunkle Geschäfte in den Reihen der Führungselite das Volk verunsichert, dessen Misstrauen wuchs und sich in einer gegen den Senat gerichteten Gesetzgebung niederschlug. Als dann in diesem gegen den numidischen Prinzen Jugurtha geführten Krieg der Verdacht aufkam, dass sich Politiker und Offiziere vom Feind bestechen ließen, setzte der Volkstribun Limetanus mit großer Zustimmung des Volkes ein Sondergericht ein, das die Verdachtsfälle untersuchte. Das Ergebnis war, dass mehrere hochangesehene Senatoren in die Verbannung gehen mussten. Sallust berichtet über die aufgewühlte Stimmung im Volk:

Es ist aber unglaublich, wie leidenschaftlich die Anteilnahme der Plebs war und mit welch großem Nachdruck sie den Antrag des Limetanus bewilligte – eher aus Hass auf die Nobilität, gegen die diese Maßnahmen gerichtet waren, als aus politischem Verantwortungsbewusstsein: So groß war die Parteienleidenschaft. (Sall. Iug. 40,3; übersetzt nach Burkard)

Auch dem Verlierer der Schlacht bei Arausio, Quintus Servilius Caepio, wurden verbrecherische Machenschaften nachgesagt. So soll er das «Gold von Tolosa» unterschlagen haben. Schließlich wurde ihm durch die Volksversammlung der konsularische Oberbefehl entzogen – und der Ausdruck *aurum Tolosanum* sprichwörtlich für unglückbringendes Geld (Cic. nat. deor. 3,74). Das Gold stammte ursprünglich aus Delphi und war von den Kelten bei Toulouse in einem Teich versteckt worden. Nach der Hebung des Schatzes durch Caepios Männer verlieren sich seine Spuren. Durch solche Skandale – und deren Anprangerung – büßte die Senatsregierung beim Volk immer mehr an Ansehen und Zustimmung ein und das Volk gewann in den Volksversammlungen zusehends an Macht.

In dieser Situation betrat ein junger Ritter, Gaius Marius, der nicht der Nobilität angehörte, die politische Bühne Roms. Zunächst tat er sich als Volkstribun durch ein Gesetz hervor, mit dem durch eine technische Veränderung des Wahlvorgangs die Kontrolle des Wählers – etwa durch den Patron – erschwert werden sollte: Die sogenannten Stimmbrücken, also Passagen, die beim Gang zur Urne durchschritten werden mussten, wurden so verengt, dass kein Wächter mehr dem Wähler über die Schulter schauen konnte. Das Gesetz des Marius ist im Zusammenhang mehrerer Abstimmungsgesetze zu sehen, die von 139 bis 107 v. Chr. die mündliche (und damit nicht geheime) Abstimmung durch eine schriftliche ersetzten. Dieser Wandel der Abstimmungspraxis kann als Stärkung der Eigenständigkeit der Volksversammlung gewertet werden und passt zur Politik der Popularen.

Im Krieg gegen Jugurtha diente Marius dann als Legat des ehrwürdigen Konsuls Quintus Caecilius Metellus (Numidicus) und gewann das Vertrauen der Soldaten, aber auch der reichen römischen Ritter, die in Afrika Geschäfte machten. Als Marius sich schließlich auch die Unzufriedenheit des Volks von Rom zunutze zu machen wusste, gelang ihm 107 v. Chr. auf der Basis seiner geschickt kombinierten Wählergruppen der Sprung in das Konsulat. Doch nicht genug damit: Gegen den Beschluss des Senats, das afrikanische Kommando des Metellus Numidicus zu verlängern, setzte er, der *homo novus* und Neuling in der Nobilität, über die Volksversammlung durch, dass der Oberbefehl für den Krieg gegen Jugurtha seinem ehemaligen Vorgesetzten entzogen und auf ihn selbst übertragen wurde. Diese Verleihung eines außerordentlichen Kommandos durch das Volk war ein frontaler Angriff auf die Kompetenzen des Senats: Militärische Entscheidungen von höchstem staatlichem Interesse konnten jetzt, wie dieser beängstigende Fall zeigt, nicht nur am Senat vorbei, sondern sogar gegen ihn getroffen und umgesetzt werden. Der Autoritätsverlust des über Jahrhunderte in seiner Führungsrolle unangefochtenen höchsten römischen Gremiums hatte nach dieser Farce einen neuen, aber noch lange nicht letzten traurigen Höhepunkt erreicht.

Marius schlug Jugurtha in mehreren Schlachten, der aber zu seinem Schwiegervater, König Bocchus von Mauretanien, floh. Es war schließlich sein Unterfeldherr Lucius Cornelius Sulla, sein späterer Gegner im Bürgerkrieg, dem das diplomatische Kunststück gelang, dass Bocchus seinen Schwiegersohn im Jahr 105 v. Chr. an Rom auslieferte. Ein Jahr später feierte Marius in Rom seinen ersten Triumph. Der ehrgeizige Sulla machte ihm allerdings bald den Kriegsruhm streitig: Auf dem Kapitol wurde eine Statuengruppe errichtet, die Jugurthas Auslieferung an Sulla darstellte, und Sulla selbst verwendete einen Siegelring, auf dem dieser entscheidende Moment verewigt war. Dieses Motiv findet sich auch auf einer Münze, die Sullas Sohn Faustus Jahrzehnte später prägen ließ.

Die kommenden Jahre nutzte Marius – er bekleidete von 104 bis 100 v. Chr. gegen das Gesetz, das nach jedem Amtsjahr eine Pause vorsah, durchgehend das Konsulat –, um nun verstärkt das Heerwesen umzubauen und durch kleinere Einheiten wendiger zu

Abb. 1 · Bocchus (mit Olivenzweig) liefert Iugurtha (gefesselt) an Sulla (sitzend) aus. (Münzbild; 56 v. Chr.)

machen. Die Niederlage bei Arausio hatte hier erheblichen Handlungsbedarf gezeigt. Die für die römische Gesellschaft folgenreichste Maßnahme war jedoch, dass er auch völlig mittellose Bürger als Legionäre zuließ. Mit dieser Reform gewann er gleich zwei Bevölkerungsgruppen auf einen Streich für sich: die Besitzlosen, die als Freiwillige im Heer Versorgung suchten, und die Landbesitzer, die sich als Wehrpflichtige Entlastung versprachen, wenn sie seltener eingezogen wurden. Den Erfolg seiner Heeresreform konnte Marius eindrucksvoll durch zwei glänzende Siege über die Kimbern und Teutonen belegen. 102 v. Chr. vernichtete er bei Aquae Sextiae (Aix-en-Provence) die Teutonen und Ambronen, im Folgejahr zusammen mit Quintus Lutatius Catulus bei Vercellae (Vercelli) die Kimbern. Nach der katastrophalen Niederlage des Servilius Caepio bei Arausio schien die Tatsache, dass mit Marius ein *homo novus* Rom vor den Barbaren gerettet hatte, wie eine neue Bestätigung dafür, dass der alte Adel nicht mehr fähig oder willens war, seiner Führungsrolle gerecht zu werden. So konnte Marius den zweiten Triumph feiern und seine Beliebtheit beim Volk nochmals steigern. Er galt jetzt – nach Romulus und Camillus, der 387 v. Chr. die Gallier nach ihrem schockierenden Einfall aus Rom vertrieben hatte – als «der dritte Gründer Roms» und stand im Zenit seiner Macht.

Doch seinen Aufstieg zur innenpolitischen Macht verdankte

Marius nicht dem Senat, sondern in erster Linie der Volksversammlung – und der Unterstützung des umtriebigen Volkstribunen Lucius Appuleius Saturninus, der sich mit popularer Politik zu profilieren suchte. Nachdem der Volkstribun Lucius Cassius Longinus 104 v. Chr. ein Gesetz durchgebracht hatte, dass jeder, der durch das Volk in einem Prozess verurteilt wurde oder seine Befehlsgewalt verlor, aus dem Senat verstoßen werden sollte, setzte Saturninus im folgenden Jahr die senatsfeindliche Gesetzgebung fort: Er ließ ein Gesetz verabschieden, das jede Verletzung der «Hoheit» (*maiestas*) des römischen Volkes mit empfindlichen Strafen ahndete. Diese *lex de maiestate* war offenbar sehr allgemein gehalten, um in möglichst vielen Fällen eine wirksame Waffe gegen eklatantes, aber sonst kaum justiziables Fehlverhalten von Feldherren in der Hand zu haben. Zu den ersten Opfern dieses Gesetzes gehörten die beiden Feldherren, die die Schlacht bei Arausio verloren hatten.

Die Allianz zwischen Marius und Saturninus bot sich an, denn beide hatten keinen Rückhalt in der Nobilität, weil sie ihre Politik am Senat vorbei in der Volksversammlung durchsetzten. Zwar suchte Marius durchaus die Anerkennung der Senatoren, doch seine zunehmende Beliebtheit beim Volk machte die Senatsaristokratie noch misstrauischer gegen den *homo novus*. Es fehlte Marius an *auctoritas* (Einfluss), also an der Fähigkeit, auch ohne Amtsgewalt seinen Willen geltend zu machen. So blieb ihm nichts anderes übrig, als die fehlende gesellschaftliche Anerkennung durch eine fortgeführte Bekleidung des Konsulats zu kompensieren, und zu diesem Zwecke konnte ihm Saturninus gute Dienste leisten. Der machte sich sogleich nützlich und legte 103 v. Chr. ein neues Ackergesetz vor, das den Veteranen des Marius die Versorgung mit Land versprach. Nun zeigte sich zum ersten Mal der verhängnisvolle Nebeneffekt der Heeresreform des Marius: Seit Besitzlose zur Armee zugelassen waren, lag deren Versorgung nach dem Dienst ganz in den Händen ihres Feldherrn, weshalb sie ihm noch tiefer verpflichtet waren als ohnehin schon. Dies sollte in den späteren Auseinandersetzungen noch eine große Rolle spielen. Die Veteranen des Marius waren von da an nicht nur ihrem Feldherrn ergeben, sondern gerade auch Saturninus, der sich für sie eingesetzt hatte. Mit Hilfe der Veteranen wurden drei Jahre später zwei neue Ackergesetze des Saturninus in Straßenkämpfen gewaltsam durchgesetzt, mit denen die Ansiedelung der Veteranen in der Poebene und die Gründung von Kolonien wohl für Bundesgenossen beschlossen wurde. Dass populare Politiker Schlägertrupps einsetzen konnten, die sich aus ehemaligen Soldaten zusammensetzten, führte dem Senat, der der Professionalität dieser Kämpfer nichts entgegensetzen konnte, schmerzlich vor Augen, dass er in Rom das Gewaltmonopol nicht mehr innehatte. Der beunruhigende Umstand, dass die Veteranen nun in der Poebene, also in greifbarer Nähe zu Rom, siedeln würden, machte die Sache nicht besser. Da Saturninus mit einer Revision der Ackergesetze rechnete, zwang er die Senatoren dazu, sich unter Eid zur Einhaltung der Gesetze zu verpflichten. Diese Demütigung verzieh ihm der Senat nicht, und auch Marius ging nun zu seinem Bündnispartner auf Distanz. Als Saturninus für das kommende Jahr auch noch die Kandidatur seines engen Vertrauten Servilius Glaucia für die anstehende Konsulatswahl ankündigte und Marius intervenierte, kam es zu einem neuerlichen Gewaltausbruch: Saturninus und Glaucia ließen einen Mitbewerber erschlagen, um Glaucia in einer Volksversammlung zum Konsul zu wählen. Daraufhin rief der Senat mittels eines *senatus consultum ultimum* den Notstand aus und verlieh Marius entsprechende Vollmachten. Marius musste sich entscheiden, falls er es nicht schon getan hatte: zwischen seinen außer Kontrolle geratenen Gefolgsleuten und dem Senat. Er belagerte Saturninus und Glaucia samt ihren Anhängern und löste die Versammlung blutig auf. Obwohl er den beiden Rädelsführern freies Geleit zugesichert hatte, wurden sie von einer aufgebrachten Menge gesteinigt – zynischerweise mit Ziegeln aus dem Dach der Kurie, des Tagungsgebäudes des Senats. Wieder waren zwei Reformer, die Ackergesetze eingebracht hatten, tot – und es sollte nicht das letzte Mal sein.

In diesem Jahr, es war das Jahr 100 v. Chr., erblickte Caesar das Licht der Welt. Die Väter der drei künftigen Machthaber, unmittelbare Zeitzeugen der blutigen Wirren seit den Reformen der Gracchen, hatten die politische Laufbahn eingeschlagen und brachten es in den kommenden Jahren zu hohen Positionen im Staat: die Väter des Crassus und Pompeius bis zum Konsulat (97 bzw. 89 v. Chr.), Caesars Vater bis zur Prätur (92 v. Chr.), wobei die Väter des Crassus und des Caesar aus altem Adel stammten, der Vater des Pompeius aber als Erster seines Familienzweiges das Konsulat bekleidete und als *homo novus* galt.

Angesichts der rohen Gewalt, die seit 30 Jahren mitten in Rom herrschte und der zahlreiche Politiker höchsten Standes zum Opfer gefallen waren, stellt sich durchaus die Frage, was den Adel antrieb, unter solchen Verhältnissen überhaupt noch eine politische Laufbahn einzuschlagen oder sich gar durch Reformvorschläge zu exponieren. Vermutlich wirkten zwei Hauptmotive zusammen: Eines war Ehrgeiz. Diesen erforderte schon das römische Verständnis von Adel, der nicht einfach ererbt wurde, indem man in eine adelige Familie hineingeboren wurde, sondern dessen Anerkennung in der Gesellschaft von jeder Generation immer wieder aufs Neue durch herausragende Leistungen erworben werden musste. Stellte eine Familie (*gens*) mehrere Generationen lang keinen Konsul, erfolgreichen Feldherrn und Triumphator, so konnte ihr Adelsstatus verblassen und in Vergessenheit geraten. Es war wichtig, in der Öffentlichkeit durch Ämter, Bauwerke, Spiele und Wohltaten beim Volk präsent zu bleiben, um über entsprechende Klientelgruppen zu verfügen, die ihrerseits den Patron politisch und finanziell unterstützten. Für einen jungen Adeligen bedeutete ein Verzicht auf Politik ein ruhmloses Dasein als Privatier, womit er den Untergang seines Familiengeschlechts riskierte. Politik hingegen umfasste zahlreiche Tätigkeiten in allen Bereichen des öffentlichen Lebens. Ein Vertreter der Nobilität war Redner, Anwalt, Patron, Richter, Priester, Feldherr und Senator in Personalunion, eben ein Sachwalter und Repräsentant des gesamten Gemeinwesens, der *res publica*. Alle diese Tätigkeiten waren ehrenamtlich, einige kosteten sogar sehr viel Geld, während andere – die Provinzialämter – Möglichkeiten zur Bereicherung boten. Ansehen (*dignitas*) und Einfluss (*auctoritas*) innerhalb der Nobilität und beim Volk waren sowohl der Lohn als auch die Voraussetzung für die privilegierte Zugehörigkeit zur Nobilität.

Außer aristokratischem Ehrgeiz käme auch ein zweites Motiv, die Mühen der Politik auch in gefährlichen Zeiten auf sich zu nehmen, in Betracht: der Wunsch, dem Staat zu dienen, ihn groß zu machen und für das Volk zu sorgen. Gerade für die Gracchen könnte man eine idealistische Motivation annehmen, und der jüngere der beiden Brüder hat, wie Plutarch berichtet, eben einen solchen Idealismus für seinen älteren Bruder propagiert. Kein Zweifel, Reformen waren angesichts der Expansion Roms nötig, um die sozialen Folgeerscheinungen abzumildern. Doch Reformen sind auch ein sehr effektives politisches Instrument, um ganze Bevölkerungsgruppen – das Volk von Rom, die Ritter, die Steuerpächter, die Italiker oder die Veteranen – als Klientelen zu gewinnen und auf dieser Basis schnell an die Macht zu kommen. Gerade in Zeiten, in denen durch die vielfältigen außenpolitischen Herausforderungen der Konkurrenzdruck innerhalb der Nobilität zunahm, waren die neuen politischen Möglichkeiten, die die Gracchen schufen, eine verlockende Option, um Rivalen auszustechen und sich Macht zu sichern. In diesem Zusammenhang wurde besonders das Amt des Volkstribunats immer häufiger auch von ehrgeizigen Adeligen als vielseitiges Instrument zur Beförderung der eigenen Karriere wahrgenommen. Man darf dabei nicht vergessen, dass populare Politik vor allem von Angehörigen des alteingesessenen Adels betrieben wurde. Die beiden Gracchen und auch Glaucia stammten aus sehr angesehenen Adelsfamilien und verweigerten dennoch ihren Standesgenossen die Loyalität. Dadurch ergab sich ein grundsätzliches soziologisches Dilemma. Die fehlende Standesloyalität der Popularen mit der Senatsaristokratie führte nicht nur zu einer Entfremdung von den Standesgenossen, sondern auch zu einer Konfrontation mit jener Gesellschaftsschicht, die vor allem für die Anerkennung der Nobilität zuständig ist. Ein *nobilis*, der auf popularen Wegen zur Macht kommt, läuft Gefahr, gerade diejenige Instanz infrage zu stellen, die über das gesellschaftliche Ansehen des *nobilis* entscheidet. Die Kehrtwende des Marius weg von einer Politik über die Volksversammlung hin zur Unterstützung des Senats erklärt sich genau aus diesem Dilemma, das der Emporkömmling Marius im letzten Moment zugunsten des Senats löste. Gerade als *homo novus* brauchte er die Nobilität, um in dieselbe endgültig aufsteigen zu können. Der hochadelige Caesar wird sich später gegen seine Standesgenossen entscheiden und damit den Referenzrahmen seiner eigenen Stellung (*dignitas*) sprengen. – Ob Ehrgeiz oder Idealismus Politiker jener unruhigen Zeiten anspornte oder eine Mischung von beidem, ist heute umstritten und wohl auch nicht abschließend zu beurteilen. Auch bei den Triumvirn wird man nicht nur verschiedene Interessenlagen differenzieren, sondern auch von einer Gemengelage ihrer politischen Motive ausgehen müssen. Dass sie aber über ein beachtliches Maß an Resilienz gegenüber Gewalt verfügen mussten, ist nicht von der Hand zu weisen, und auch nicht ihre grundsätzliche Bereitschaft, ihre politischen Ziele mit Gewalt durchzusetzen. Sicher spielte dabei auch eine Rolle, dass sie von frühester Jugend an politische Gewalt als alltägliche Normalität erlebten. Jedenfalls konnten sie die weitere Zuspitzung des Konflikts zwischen Popularen und Optimaten hautnah mitverfolgen und wurden Zeugen, wie aus diesem Konflikt ein blutiger Bürgerkrieg wurde, dessen Schlachtfeld Rom und Italien war.

Nach dem gewaltsamen Tod der beiden Reformer Saturninus und Glaucia kehrte im Staat zwar äußerlich Ruhe ein, der Reformstau aber wurde von der Führungsschicht ignoriert, die Probleme blieben ungelöst. Vielmehr beschäftigte sich die Elite mit sich selbst und trug ihre Konkurrenzkämpfe in zahlreichen politisch motivierten Gerichtsprozessen aus. Da die Richter seit Gaius Gracchus von den Rittern gestellt wurden, entfalteten die Prozesse eine Dynamik, die verschiedene Interessengruppen erfasste. Wollte ein Senator einem anderen durch eine Anklage politisch schaden, musste er sich zugleich das Wohlwollen der ritterlichen Richter sichern. Diese Konstellation führte zu grotesken Auswüchsen, die in der Anklage des Publius Rutilius Rufus einen traurigen Höhepunkt erreichten. Rutilius Rufus, ein angesehener Konsular, unterstützte als Legat den ebenfalls hochangesehenen Quintus Mucius Scaevola, der 94 v. Chr. in der Provinz Asia Statthalter war, bei der Verwaltung der Provinz. Beide zeichneten sich durch eine außerordentlich korrekte Amtsführung aus und verhinderten, dass die Provinz, die für Roms Steuerkasse besonders attraktiv war, von den Steuereinnehmern ausgeplündert wurde. Ausgerechnet Rutilius Rufus, der über die Amtszeit des Scaevola hinaus dafür sorgte, dass die Eintreibung der Steuer ordnungsgemäß verlief, wurde nach seiner Rückkehr wegen Amtsmissbrauch angeklagt.

Diese auch für Roms Verhältnisse hanebüchene Justizposse wird schnell vor dem Hintergrund verständlich, dass die Steuererhebung in Rom von privaten Unternehmern, den sogenannten *publicani* (Steuerpächter), durchgeführt wurde, die auf Gewinn spekulierten. Diese Steuerpächter streckten der Staatskasse einen mit dem Senat ausgehandelten Betrag vor, den sie anschließend auf eigene Faust in der Provinz wieder eintrieben. Dabei versuchten sie, erheblich mehr einzutreiben, als sie dem Staat vorgestreckt hatten, und machten damit die Steuerpacht zu einer äußerst lukrativen Einnahmequelle für sich selbst. Da nur sehr vermögende Geschäftsleute die Steuerlast einer Provinz Jahr für Jahr dem Staat im Voraus zur Verfügung stellen konnten, stammten die *publicani* aus dem reichen Ritterstand, dem sonst noch Großhändler, Bankiers und Finanzmagnate angehörten. Kurz und gut: Mit seiner korrekten Amtsführung hatte Rutilius Rufus den ritterlichen Steuerpächtern und Händlern einen Strich durch die Rechnung gemacht und es fand sich ein senatorischer Ankläger, der gut Wetter bei den ritterlichen Richtern machen wollte. Er bot ihnen die Gelegenheit, ein Exempel zu statuieren, indem sie durch eine Verurteilung des Rutilius Rufus künftigen Statthaltern unmissverständlich nahelegten, sich bei der Provinzverwaltung den Rittern gegenüber ‹kooperativer› zu zeigen. Rutilius Rufus goss seinerseits noch mehr Öl in das Feuer, indem er demonstrativ vor dem Ende des Prozesses freiwillig nach Asien in die Verbannung ging und damit allen das Versagen der Eliten vor Augen führte.

Der Fall zeigt, dass die Repetundenprozesse keineswegs dadurch gerechter wurden, dass die Senatoren nun von Richtern aus dem Ritterstand beurteilt wurden – eher im Gegenteil. Gerade Magistrate, die ihre Schutzbefohlenen in den Provinzen vor Ausplünderung schützten und auch die *publicani* an die Kandare nahmen, hatten mit Anklagen zu rechnen.

Die Botschaft kam an und einige führende Senatoren erkannten, dass kein Weg mehr an Reformen vorbeiführte. Zu sehr hatte sich die römische Gesellschaft seit den Gracchen verändert. Bestand vormals die Stärke des römischen Staates im sozialen Konsens, der durch institutionelle Vernetzung der innerrömischen Gesellschaftsschichten und durch die klientelbedingte persönliche Anbindung aller an die Repräsentanten der Elite zustande kam, traten nun – bedingt durch die römische Expansion – neue Interessengruppen auf den Plan, die einen beachtlichen Machtfaktor darstellten und deren konträre Forderungen die Gesellschaft zu spalten drohten. Es galt einen Ausgleich dieser Interessengruppen zu finden, deren Zahl stetig wuchs. Zu den Senatoren, Rittern und dem Volk von Rom, deren Einigkeit in der allgegenwärtigen Formel SPQR von alters her propagiert und imaginiert wurde, waren nun neue Bevölkerungsgruppen und deren Vertreter in die römische Gesellschaft zu integrieren: die Veteranen, die italischen Bundesgenossen und die latinischen Gemeinden, aber auch die in den römischen Provinzen und Kolonien lebende Bevölkerung. Rom war von dem einstigen ‹Stadtstaat› zu einer – kulturell und rechtlich sehr heterogenen – Hegemonialmacht aufgestiegen, deren innere Struktur dementsprechend umzugestalten war.

Wie mittlerweile üblich gingen die reformbereiten Senatoren nicht den optimatischen Weg über den Senat, sondern bedienten sich der popularen Allzweckwaffe des Volkstribunats, um einen neuerlichen Versuch zu unternehmen, den Reformstau anzugehen. Der Grund war vermutlich die weit verbreitete Blockadehaltung in den eigenen Reihen, keinerlei Zugeständnisse an die veränderten gesellschaftlichen und staatlichen Herausforderungen zu machen, wodurch sie, ohne es zu wollen, das ohnehin beschädigte Ansehen der Nobilität untergruben. Außerdem war es seit den Tagen der Gracchen kaum mehr möglich, Politik gegen die Volksversammlung zu machen, und das Volk von Rom ließ, getragen von erstarktem Selbstvertrauen gegenüber den Eliten, immer öfter die Muskeln spielen: «So war aus Anwesenheit Macht geworden» (Linke, 2005, 95), eine Macht, an der die Nobilität fortan nicht mehr vorbeikam.

Ende der 90er Jahre v. Chr. setzte eine kleine, aber hochrangige Gruppe von *nobiles*, darunter die vom jungen Cicero hochverehrten Redner Marcus Antonius Orator und Lucius Licinius Crassus, beide ehemalige Konsuln und Zensoren, auf die Volksversammlung und gewann mit Marcus Livius Drusus einen durchsetzungsfähigen und rhetorisch gewieften Volkstribun für ihre Reformvorhaben. Er war der Sohn des gleichnamigen Vaters, der 30 Jahre zuvor ebenfalls im Dienste des Senats erfolgreich gegen Gaius Gracchus agiert hatte. Ziel dieser neuen Initiative war eine strukturelle Stärkung des Senats, aber so, dass sie auf Zustimmung aller Interessengruppen stieß. Für diese Quadratur des Kreises versuchte Livius Drusus Kompromisse zu finden, bei denen er allen beteiligten Gruppen verlockende Angebote machte, ihnen aber zugleich Zugeständnisse abnötigte. Letztlich ging es um eine Neuverteilung von Einfluss und Prestige – und diese bedeutete nicht weniger als eine Neuausrichtung der römischen Gesellschaftsordnung.

Kaum hatte Livius Drusus das Amt des Volkstribunen angetreten, brachte er 91 v. Chr. ein umfangreiches Reformprogramm auf den Weg, dessen eigentliches Ziel darin lag, dem Senat wieder zu seinem früheren Einfluss zu verhelfen. Um sich dafür eine breite Zustimmung zu sichern, kam er den wichtigsten Interessengruppen entgegen: Für die arme Stadt- und Landbevölkerung, aber auch für die Veteranen brachte er – wieder einmal – ein umfangreiches Ackergesetz ein, das eine möglichst vollständige Verteilung des verbliebenen *ager publicus* vorsah; den Bundesgenossen bot er das römische Bürgerrecht an; den Rittern wollte er gar den Zugang zum Senat eröffnen, indem er die Entsendung der 300 angesehensten Ritter in die Kurie vorschlug und dafür die Zahl der Senatoren auf 600 verdoppelte. Im Gegenzug sollten die Ritter die Gerichtshöfe wieder ganz den Senatoren überlassen. Obwohl Livius Drusus es darauf anlegte, wieder einen gesellschaftlichen Konsens herzustellen, waren die beteiligten Parteien unzufrieden: Den Bundesgenossen ging es wohl mehr um ein gleichberechtigtes Mitspracherecht in Rom als um eine rechtliche Assimilierung mit drohendem Verlust ihrer Identität; die Ritter befürchteten eine Schwächung ihres Standes, wenn gerade ihre Spitzenvertreter in den Senat wechselten; die Großgrundbesitzer unter ihnen bangten um ihre Güter und die römische Stadtbevölkerung sorgte sich bei der massenhaften Vergabe des Bürgerrechts an Italiker um ihren privilegierten Status; viele Senatoren sahen in der Aufstockung des Senats ihre Exklusivität in Gefahr und bangten um eingespielte Loyalitätsverhältnisse, die sie ererbt oder für sich im Laufe ihrer Karriere aufgebaut hatten. So wurde das Ackergesetz zwar zunächst angenommen, aber bald darauf aus formalen Gründen wieder aufgehoben, und Livius Drusus kam wohl noch am selben Tag unter ungeklärten Umständen gewaltsam zu Tode. Der Verdacht fiel auf optimatische Kreise. Damit war, wie sich im Rückblick zeigt, die letzte Chance für eine friedliche Rettung der römischen Republik vertan.

Nach dem Scheitern des Livius Drusus verloren die italischen Bundesgenossen – ein ums andere Mal von Rom hingehalten und düpiert – endgültig die Geduld. Es bedurfte nur eines winzigen Funkens, um einen Flächenbrand auszulösen, und er wurde entfacht, als in der italischen Stadt Asculum ein römischer Prätor mit seinem arroganten Auftreten die Einwohner erzürnte und erschlagen wurde. Dass sich daraufhin auch an vielen anderen Orten Italiens die Bundesgenossen erhoben, zeigte, welche Wut sich unter den Italikern gegen Rom aufgestaut hatte. Ihr Aufbegehren in dem folgenden, länger als drei Jahre währenden Krieg mit Rom (91 bis 88 v. Chr.) war verständlich. Sie waren es, die bis zu einem Drittel die Legionen stellten, mit denen Rom die Welt eroberte, und sie waren es, deren Land verödete, wenn die Männer in fernen Ländern Kriegsdienst leisteten. Dennoch hatten sie im Vergleich zu den römischen Soldaten weniger Rechte, erhielten einen geringeren Anteil an der Kriegsbeute und ihr Militärdienst dauerte länger. Auf ihren Rücken, so die verbreitete Meinung, baute Rom seine Hegemonialmacht auf, betrachtete sie aber weniger als ebenbürtige Bundesgenossen denn als bessere Untertanen. Die sich ausweitende Erhebung der Italiker stellte Rom und seine gesamte Politik in Frage. Mehr noch: Sie formierte sich zu einer Gegenbewegung, die ein Gegenmodell zu Rom formulierte. Corfinium in Mittelitalien wurde als Hauptstadt von *Italia* ausgerufen, das hier erstmals als politischer Begriff auftritt; und es wurde ein 500-köpfiger Senat, in dem die italischen Stämme und Regionen föderalistisch vertreten waren, eingerichtet, dem zwei Konsuln vorstanden. Sogar eine eigene antirömische Münzprägung ist belegt, die ikonographisch der römischen Wölfin den italischen Stier entgegensetzt – das lateinische Wort *Italia* bedeutet eigentlich ‹Land der Stiere› (von [*v*]*itulus* – Jungstier). Hier entstand eine fundamentale Alternative zur römischen Herrschaft. Entsprechend verbissen wurde auf beiden Seiten der Krieg geführt. Für Rom ging es um alles – umso beängstigender war daher der Umstand, dass sich der Kampf gegen Soldaten richtete, die als Bundesgenossen eine römische Militärausbildung genossen hatten, römische Waffen trugen und wie römische Legionäre aussahen. Die Auseinandersetzung glich äußerlich einem Bürgerkrieg und die Verwerfungen, die der Bundesgenossenkrieg zwischen Rom und den aufständischen Italikern nochmals verstärkt hatte, wirkten noch lange nach. Man kann sagen, dass erst unter Augustus, der vor seinem Sieg über Antonius und Kleopatra 31 v. Chr. mit dem Schlagwort *tota Italia* die Einheit von Rom und Italien beschworen hatte, der italisch-römische Antagonismus allmählich überwunden wurde. Gestärkt wurde die Idee von der territorialen Einheit der Apennin-Halbinsel von Roms ‹National›-Dichter Vergil, der in seinen *Georgica*, einem Lehrgedicht über den Landbau, dezidiert Italien als fruchtbares Land lobt und alle seine Stämme als ein einiges, starkes Heldengeschlecht (*genus acre virum*) verherrlicht (Verg. georg. 2,136–176). Explizit schließt er dabei die Marser, Volsker und Samniten ein, just jene italischen Völker, die sich in der römischen Geschichte und gerade auch im Bundesgenossenkrieg als besonders erbitterte Gegner Roms hervorgetan hatten.

50 Jahre vor Vergil war man von einem geeinten Italien weiter entfernt als je zuvor. Die Italiker kämpften auch nicht in erster Linie um das Bürgerrecht, sondern um respektvolle Gleichbehandlung. Erst als die Römer immer stärker unter Druck gerieten, versuchte

Lucius Iulius Caesar, ein entfernter Verwandter des späteren Triumvirn und Diktators, die Bundesgenossen zu entzweien, indem er den italischen Gemeinden, die sich nicht am Aufstand beteiligten, das römische Bürgerrecht anbot. Der blutige Krieg, der die Kulturlandschaften Italiens weithin verwüstete, zog sich, obwohl Rom alle seine Kräfte aufbot und auch den kriegserfahrenen Marius ins Feld schickte, in die Länge. Am Ende gelangen Lucius Cornelius Sulla, der einst als Unterfeldherr des Marius die Auslieferung des Jugurtha erreicht hatte, und Gnaeus Pompeius Strabo, dem Vater des späteren Triumvirn, die entscheidenden Siege. Es dauerte jedoch noch bis 88 v. Chr., bis der Aufstand niedergekämpft war. Alle Italiker südlich des Po erhielten das römische Bürgerrecht, ob sie wollten oder nicht. Ob es sich dabei um ein Zugeständnis oder sogar um eine Bestrafung im Sinne einer Zwangsintegration handelte, ist nicht leicht zu entscheiden. Die Befriedung war jedenfalls gewaltsam und wurde auch von den abtrünnigen Italikern noch lange so empfunden.

Doch mit der Verleihung des Bürgerrechts an die Italiker wurden die innenpolitischen Verwerfungen nochmals verschärft. Da die Italiker nun als römische Bürger in Rom wählen durften – zumindest theoretisch, praktisch hatten nur wenige die Möglichkeit, dafür nach Rom zu reisen, vor allem, wenn die Wahlen in der Erntezeit stattfanden – stellte sich die Frage, in welcher Weise die zahlreichen Neubürger auf die Stimmbezirke Roms zu verteilen seien. Auf den ersten Blick scheint es hier nur um ein verwaltungstechnisches Detail zu gehen, doch tatsächlich hing von dieser Frage ab, welchen Einfluss die Italiker als neue starke Interessengruppe auf die römische Politik hatten. Der Historiker Bernhard Linke verweist auf die tieferliegende Problematik:

> **Seitdem die konsensualistische Struktur der römischen Politik nach der Ermordung der Gracchen zunehmend durch die konfrontative Gegenüberstellung von Gruppeninteressen ersetzt worden war, musste eine Veränderung der Zusammensetzung der Bürgerschaft empfindliche Folgen für das Gleichgewicht der Kräfte innerhalb der politischen**

Institutionen besitzen. So musste die Verdoppelung der Bürgerzahl intensive Strukturdiskussionen hervorrufen, bei denen die Beteiligten kaum mehr konsensfähige Kompromissvorschläge machen konnten. Zuviel stand auf dem Spiel. (Linke 2005, 107)

Wieder war das hergebrachte System gesellschaftlicher Kommunikation, das auf persönlichen Beziehungen zwischen Klientelen und Patronen beruhte, durch Verschiebungen und Umschichtungen von Kräfteverhältnissen bedroht, und der konservative Adel sah sein über Generationen etabliertes ‹Netzwerk› in Gefahr. So nimmt es nicht wunder, wenn 88 v. Chr. der weitreichende Antrag des Volkstribunen Publius Sulpicius Rufus, die Neubürger gleichmäßig auf alle Stimmbezirke zu verteilen und damit ihren Stimmen größtmögliches Gewicht zu geben, in der optimatischen Nobilität einen Sturm der Entrüstung auslöste. Sulla, der inzwischen Konsul war, und sein Amtskollege und Schwippschwager Quintus Pompeius Rufus verhinderten jedoch die Abstimmung des Gesetzesantrages in der Volksversammlung. Doch Sulpicius war nicht allein und hatte Hunderte junger Ritter um sich versammelt, deren politische Bedeutung er herausstrich, indem er sie, halb im Ernst, halb im Scherz, als ‹Gegen-Senat› bezeichnete. Zudem unterstützten und schützten ihn zahllose weitere Anhänger. Und zu allem Überfluss wusste er auch den alten Konsular Marius für seine Sache und sich zu gewinnen. Dessen Veteranen waren nach wie vor in Rom präsent. Vor dieser Drohkulisse und unter Einsatz realer Gewalt, bei der der gleichnamige Sohn des Konsuls und Schwiegersohn Sullas, Quintus Pompeius Rufus, umkam, setzte der Volkstribun sein Gesetz durch. Sulla musste sich politisch geschlagen geben – vorerst. Die Entfremdung zwischen Marius und seinem früheren Unterfeldherrn Sulla, dem Popularen und dem Optimaten, war aber nicht mehr zu übersehen und sollte bald zu einem endgültigen Bruch führen, der den Staat in zwei Lager spalten sollte: die popularen Marianer und die optimatischen Sullaner.

So war Rom in den Jahren 91 bis 88 v. Chr. sowohl innen- wie außenpolitisch über die Maßen in Anspruch genommen und die daraus resultierende Schwäche weckte Begehrlichkeiten.

Im fernen Osten der römischen Welt nutzte der ehrgeizige König von Pontos am Schwarzen Meer die Gunst der Stunde, um sein Reich auf Kosten der römischen Hegemonialmacht zu erweitern. Mithridates VI., der die vielen von ihm beherrschten Völker jeweils in deren Sprache regiert haben soll, hatte seinen Herrschaftsbereich bereits auf Gebiete entlang der Küsten des Schwarzen Meeres ausgedehnt, einige römische Feldherren besiegt und wandte sich nun gegen Westen, um sich die römische Provinz Asia einzuverleiben. Dabei spielte ihm in die Hände, dass die dort ansässige, vor allem griechische Bevölkerung mittlerweile unter der rücksichtslosen Ausbeutung durch die römischen Steuereintreiber litt und ihn zunächst als Befreier begrüßte. Mithridates, Abkömmling einer persischen Dynastie, zugleich auch in der hellenistischen Kultur zu Hause, inszenierte sich vor der griechischen Bevölkerung als neuer Alexander der Große und rief zu einem Aufstand neuer Art und Größenordnung auf: An einem heimlich verabredeten Tag, vermutlich im Frühjahr 88 v. Chr., sollten alle römischen und italischen Siedler, Händler und Verwaltungsbeamte in verschiedenen Städten Kleinasiens ermordet werden. Dieser sogenannten Vesper von Ephesos fielen angeblich 80 000 Menschen zum Opfer. Das Ausmaß der Gewalt lässt jedenfalls auf einen großen Hass der Provinzbevölkerung auf Rom schließen und zeigt, wie gut Quintus Mucius Scaevola und Publius Rutilius Rufus daran getan hatten, in ihrer Statthalterschaft moderat aufzutreten.

Die Bluttat schreckte Rom, noch immer mit seinen inneren Wirren beschäftigt, auf. Der Senat reagierte endlich auf die Vorgänge im Osten und betraute den amtierenden Konsul Sulla mit dem Oberkommando für einen Feldzug gegen Mithridates. Aber die politische Atmosphäre war so vergiftet, dass ein Kommando wie dieses sofort zum Gegenstand innenpolitischen Gezänks wurde – die Frage, wer es übernehmen durfte, schien wesentlich wichtiger zu sein als die Aufgabe selbst. Dass der prestigeträchtige Auftrag an den optimatischen Sulla ging, der im Jugurthinischen Krieg sein Unterfeldherr und mittlerweile sein Gegner war, mochte Marius nicht hinnehmen. Wieder einmal wurde der Weg über das Volkstribunat beschritten.

Der Tribun Sulpicius Rufus setzte in der Volksversammlung durch, dass Sulla das Oberkommando gegen den pontischen König entzogen und Marius übergeben werde. Der unerhörte Vorgang war eine neuerliche Düpierung des Senats und löste eine Eskalation der Gewalt aus, die zum ersten Bürgerkrieg der römischen Geschichte führte.

Sulla war mit seinen Truppen schon im Aufbruch nach Asien begriffen und stand in Kampanien, als eine Delegation des Senats die Nachricht vom Kommandowechsel überbrachte. Aber Sulla dachte nicht daran, dies hinzunehmen. Die Situation geriet außer Kontrolle und die Gesandten wurden von aufgebrachten Soldaten kurzerhand erschlagen. Sullas Soldaten erhofften sich im Osten reiche Beute und befürchteten, dass der neue Oberbefehlshaber Marius statt mit ihnen mit seinen Veteranen in den Krieg gegen Mithridates ziehen würde. Hier rächte sich wieder einmal, dass die Soldaten nicht mehr dem Senat, sondern nur noch ihrem jeweiligen Feldherrn die Sicherstellung ihrer Versorgung zutrauten. So wagte Sulla mit ihnen das Äußerste: Er entschloss sich zum Marsch auf Rom, und seine Soldaten folgten ihm gern. Damit stellte er als Erster sein ganz persönliches Prestige über das Wohl des Staates und sollte in diesem Punkt ein düsteres Vorbild für Caesar werden. Noch nie zuvor hatte ein römischer Feldherr (und Konsul) die eigenen Soldaten gegen Rom zum Angriff geführt. Innerhalb der heiligen Stadtgrenze war es seit Urzeiten verboten, auch nur Waffen zu tragen. Sulla eroberte, unterstützt von seinem Amtsgenossen Pompeius Rufus, indes mit blutiger Waffengewalt die Stadt, die nicht nur von Bürgern, sondern auch von Veteranen des Marius erbittert verteidigt wurde, und ließ seine Soldaten wahllos Brandpfeile auf Bürgerhäuser schießen. Nachdem die Stadt eingenommen war, erklärte er Marius und Sulpicius und zehn weitere prominente Marianer für vogelfrei. Sulpicius Rufus wurde getötet, Marius entkam mit knapper Not nach Africa. Vorher hatte er sich in den Sümpfen in der Nähe der latinischen Stadt Minturnae schmählich versteckt und war dort von den Einwohnern aufgegriffen, aber am Leben gelassen worden.

Doch Sulla hatte keine Zeit zu verlieren, denn sein Konsulatsjahr lief ab, und es drängte ihn zum Aufbruch in den ruhm- und beuteverheißenden Osten, wo Mithridates auf dem Vormarsch war. In aller Eile stellte er notdürftig die Ordnung im Staat wieder her, hob die Gesetze des Sulpicius auf und organisierte die Wahlen der Magistrate des nächsten Jahres. Notgedrungen nahm er auch hin, dass mit Lucius Cornelius Cinna einer seiner Gegner ins Konsulat gewählt wurde, und nötigte ihm und dessen Kollegen nur einen Eid ab, sich an seine Anordnungen zu halten. Anfang 87 v. Chr. zog er schließlich mit seinen Legionen ab.

Sulla ließ Rom als gespaltene Stadt zurück: Mit seiner beispiellosen Militärintervention hatten sich die Optimaten, also die Sullaner, gegen die Popularen, also die Marianer, fürs Erste zwar durchgesetzt. Doch mit Cinna war neben dem Sullaner Gnaeus Octavius ein popularer Konsul im Amt, und Friede oder Versöhnung waren bei einer solchen Besetzung des Konsulats nicht in Sicht. Kurz vor Sullas Aufbruch hatte noch eine weitere Gewalttat die Öffentlichkeit erschüttert. Als Pompeius Rufus ordnungsgemäß das Kommando über die Truppen des Gnaeus Pompeius Strabo übernehmen wollte und sich in dessen Lager begab – noch waren letzte Widerstandsnester des italischen Aufstandes zu bekämpfen –, wurde er von Strabos Soldaten erschlagen, möglicherweise, wie man munkelte, unter Billigung ihres bisherigen Feldherrn Pompeius Strabo, der sogleich wieder die Befehlsgewalt übernahm. Immer mehr Vorfälle zeigten also die fatale Entwicklung an, dass die römischen Legionäre nicht einheitlich Rom und dem Senat dienten, sondern ihren Feldherrn, die sie aus eigenem Interesse physisch schützten und politisch stützten. Diese hochbrisante Entwicklung hatte sich seit der Heeresreform des Marius verstärkt, da nun auch völlig mittellose Bürger dienten, die ganz auf die Fürsorge ihres Feldherrn setzten. Das hatte zur Folge, dass in der ausgehenden Republik schließlich kein Politiker eine Machtposition erreichen konnte, ohne über eine Armee oder Veteranen zu verfügen.

So dauerte es nicht lange, bis sich auch in Rom die enormen Spannungen gewaltsam entluden und es zu Straßenkämpfen kam. Cinna wurde von seinem Amtskollegen Gnaeus Octavius vorübergehend vertrieben, kämpfte sich aber mit einer Legion, die Sulla zurückgelassen hatte, noch 87 v. Chr. nach Rom zurück. Dabei schloss er sich auch mit dem alten Marius, der seinerseits aus Africa wieder zurückgekehrt war, samt dessen Veteranen zusammen. Sie eroberten Rom und installierten für die Zeit, in der Sulla in Asien kämpfte, ein populares Schreckensregiment. Eine Anzahl politischer Gegner wurde sogleich umgebracht. Das erste Opfer war der amtierende Konsul Gnaeus Octavius. Der Historiker Appian schildert seine Ermordung, die einen neuen Grad an Grausamkeit erreichte:

> **Censorinus aber schlug Octavius das Haupt ab und überbrachte es Cinna, worauf es auf dem Forum vor der Rednerbühne aufgehängt wurde – dies war das erste Haupt eines Konsuls. Nach ihm hängte man dort auch die Köpfe der anderen Ermordeten auf, und diese scheußliche Sitte, die mit Octavius ihren Anfang nahm, fand kein Ende mehr, sondern pflanzte sich in den späteren Bluttaten der Gegner fort. (App. civ. 1,328 f.; übersetzt nach Veh)**

Zu den weiteren Opfern dieser Säuberungsaktionen zählen prominente Optimaten wie der Konsular und berühmte Redner und Lehrer Ciceros, Marcus Antonius Orator: Er wurde getötet und auch sein Kopf vor der Rednerbühne in Rom ausgestellt – 44 Jahre später sollte seinem Schüler dasselbe Schicksal widerfahren. Lucius Iulius Caesar, der Konsul des Jahres 90 v. Chr. und ein Verwandter des späteren Triumvirn, kam gleichfalls bei den Straßenschlachten ums Leben und auch sein Kopf wurde vor der Rednerbühne präsentiert. Der populare Militärtribun Gaius Flavius Fimbria verübte sogar auf den hochangesehenen Konsular und Oberpriester Quintus Mucius Scaevola einen Mordanschlag, jenen Statthalter, der die Provinz Asia vorbildlich verwaltet hatte. Auch Publius Licinius Crassus, der Vater des späteren Triumvirn, und seine Söhne gerieten mit Fimbria aneinander. Danach waren der Vater und einer seiner Söhne tot, während Crassus, der spätere Triumvir, sich retten konnte. Durch das Morden wurde schließlich Ruhe im Staat erzwungen. So konnte in den Jahren 87–84 v. Chr. Cinna vier Mal hintereinander das Konsulat bekleiden und mehrfach nach seinem Gutdünken weitere Magistrate einsetzen. Dass die Optimaten wenig Widerstand zeigten und zum Teil sogar Cinnas Maßnahmen – etwa einen allgemeinen Schuldenerlass und die Verteilung der Neubürger auf alle Stimmbezirke – mittrugen, mag, neben der Einschüchterung durch den Terror, seinen Grund auch darin haben, dass man in Rom nach den vielen Gewaltorgien für jeden Ansatz von Normalität – und mochte sie auch nur vorläufig sein – dankbar war. Denn eines war klar: Wenn Sulla, womöglich auch noch siegreich, aus Asien zurückkehrte, würde es zwischen den Popularen und Optimaten zum ultimativen Machtkampf kommen: «Der Bürgerkrieg war nur aufgeschoben, nicht aufgehoben.» (Bringmann, 2003, 63)

So blickte Rom zugleich sorgenvoll nach Osten, wo Sulla Mithridates bekämpfte und zurückdrängte. Auch Cinna wusste, dass sein freies Schalten und Walten ein Ende haben würde, sobald Sulla – mit seinen kampferprobten Soldaten – in Italien eintreffen würde. In diesem Zusammenhang ist vielleicht die etwas mysteriöse Mission zu sehen, mit der Cinna seinen zweimaligen Amtskollegen, den Konsul Lucius Valerius Flaccus, beauftragte. Er entsandte Flaccus im Jahr 85 v. Chr. mit zwei Legionen nach Osten, wohl zunächst in der Absicht, mit Sulla in ein Verhältnis zu kommen; vielleicht sollte Flaccus an Sullas Seite am Krieg teilnehmen und diesem dabei das Wasser abgraben. Falls das der Plan war, scheiterte er. Sulla lehnte jede Verhandlung ab, und der ehrgeizige Unterfeldherr des Flaccus, Gaius Flavius Fimbria – derselbe, der sich zu Beginn der Herrschaft Cinnas als Mörder von Optimaten hervorgetan hatte – nutzte die schlechte Stimmung, um die Legionäre des Flaccus zu einer Meuterei aufzustacheln. Der Konsul wurde von seinen eigenen Soldaten erschlagen, Fimbria übernahm das Kommando und führte nun auf eigene Faust und mit großer Brutalität Krieg gegen Mithridates. Sulla und seine Unterfeldherren kümmerten sich indessen nicht um Fimbrias Tun, nicht einmal, als es diesem tatsächlich gelang, Mithridates zu stellen und einzukesseln. Mithridates blieb daher nur der Seeweg, um sich dem Zugriff zu entziehen. Deshalb bat Fimbria einen in der Nähe stationierten Flottenkommandanten des Sulla,

Lucius Licinius Lucullus, mit seinen Schiffen die Flucht des Mithridates zu verhindern. Mit einem vollständigen Sieg der Römer hätte der Krieg hier beendet werden können. Doch Lucullus weigerte sich – und Mithridates entkam.

Plutarchs Mutmaßungen darüber, was Lucullus zu seinem destruktiven Verhalten bewogen haben könnte, geben auch allgemein einen Einblick in die möglichen Motive römischer Feldherren:

> **Es ist vollkommen klar, dass, wenn Lucullus damals auf Fimbria gehört [...] hätte, der Krieg ein Ende gehabt hätte und allesamt vor unzähligen Leiden bewahrt geblieben wären. Aber sei es, dass er die Pflicht gegen Sulla höher achtete als jeglichen eigenen und sogar allgemeinen Nutzen, sei es, dass er Fimbria als einen verruchten Menschen, der vor kurzem durch Herrschsucht zum Mörder an einem ihm befreundeten Mann, seinem Oberfeldherrn Flaccus, geworden war, verabscheute, sei es, dass er [...] Fimbria als Gegner für sich aufbewahrte: Er schenkte Fimbria kein Gehör, sondern gestattete Mithridates, zur See zu entkommen und der Überlegenheit des Fimbria zu spotten. (Plut. Lucull. 3,7 f.; übersetzt nach Ziegler)**

Es war nicht das erste Mal, dass Befindlichkeiten zwischen römischen Feldherren mehr zählten als der Krieg gegen den äußeren Feind – zum Beispiel jene Eifersüchtelei, die 105 v. Chr. zur verheerenden Niederlage bei Arausio gegen die Germanen geführt hatte. Damals weigerte sich Quintus Servilius Caepio, sein Heer mit dem des ‹Neulings› Gnaeus Mallius Maximus zu vereinigen, und beide kämpften und verloren getrennt. Doch zwischen Fimbria und den Sullanern stand mehr. Fimbria hatte jedes Gesetz gebrochen – selbst nach den Maßstäben jener gewalttätigen Epoche – und Sulla konnte nicht über dessen Morde und Meuterei hinwegsehen, nicht einmal, wenn Fimbria ihm den Kopf des Mithridates persönlich überbracht hätte.

Der Rest der Episode ist schnell erzählt: Angesichts des beherzten Vorgehens der Römer – nicht zuletzt des Fimbria – ließ sich Mithridates auf Friedensverhandlungen ein. Und so schloss er im

Jahr 85 v. Chr. mit Sulla, den es seinerseits zurück nach Rom zog, einen Friedensvertrag, in dem der Kernbereich des Pontischen Reiches wieder auf den Osten von Kleinasien eingeschränkt wurde. Es war allerdings ein sehr moderater Frieden, mit dem den Expansionsbestrebungen des Königs noch lange nicht Einhalt geboten sein sollte.

Ehe er Asien verließ, rechnete Sulla noch mit Fimbria ab. Dieser konnte sich in seiner Stellung, in der er sich verschanzt hatte, nicht behaupten und beging Selbstmord, als seine beiden Legionen zu Sulla überliefen. Über zwanzig Jahre sollte es noch dauern, bis der Krieg endgültig sein Ende fand und die Soldaten entlassen wurden.

Die Episode ist ein Lehrstück für die Zustände in dieser Zeit: Sei es, dass Lucullus aus Loyalität (gegenüber einem politisch Mächtigen), aus (aristokratischem) Prinzip (man ermordet keinen Konsul und Feldherrn) oder aus (militärischem) Ehrgeiz gehandelt hatte, in keinem Falle ist eine auf das Ganze blickende Staatsräson erkennbar. Partikularinteressen und Egoismus beeinflussten militärische Entscheidungen selbst dann, wenn dem römischen Staat größter Schaden daraus entstand. Und das Wohl der Menschen, seien es Soldaten oder Zivilisten, ganz zu schweigen von den Provinzbewohnern, blieb ohnehin auf der Strecke.

Als Sulla 84 v. Chr. in Richtung Italien aufbrach, eilte ihm Cinna entgegen. Nachdem Gaius Marius – kurz nach Antritt seines siebten Konsulats – etwa 70-jährig verstorben war, lag die Abwehrschlacht ganz in den Händen Cinnas. Er wollte um jeden Preis verhindern, dass Italien oder gar Rom nochmals zum Schauplatz eines Bürgerkriegs würde, und suchte die Entscheidungsschlacht noch außerhalb Italiens. Doch Sulla kam ihm zuvor, so dass nicht einmal die Verschiffung von Cinnas Truppen planmäßig stattfinden konnte. In der Hafenstadt Ancona kam es zu Unruhen, bei denen Cinna von den eigenen Soldaten erschlagen wurde. Wieder wurde deutlich, wie schnell Stimmungen in einem Heer umschlagen konnten, und so wenig sich Machthaber in dieser Zeit ohne Armee halten konnten, so viel lag auch an ihrem Geschick, eine Armee bei der Stange zu halten. Es galt, wie Sulla es tat, Vertrauen zu gewinnen und zu bewahren, siegreich zu sein, dabei regelmäßig Beutezüge zu ermöglichen – Sulla hatte seine Soldaten ganz bewusst überreichlich bedacht (natürlich auf Kosten der Provinzialen), ehe er sie nach Italien und in den Bürgerkrieg führte – und nach dem Militärdienst eine angemessene Versorgung sicherzustellen. Auch der persönliche Umgang des Feldherrn mit seinen Soldaten musste stimmen und die richtige Balance zwischen Disziplin und Freiheit gefunden werden. Schließlich waren es meist Politiker, die als militärische Laien am Ende ihrer Ämterlaufbahn Kommandos übernahmen, und so bestimmten vor allem Politiker, die sich zugleich als charismatische Oberbefehlshaber erwiesen, den großen Gang der Dinge: früher die Scipionen, später Marius, jetzt Sulla, bald Pompeius, dann Caesar.

Nach Cinnas gewaltsamem Tod fiel vor allem Gnaeus Papirius Carbo, dem zweimaligen Amtskollegen des Cinna, die Rolle zu, zusammen mit den amtierenden Konsuln gegen Sulla in den Bürgerkrieg zu ziehen. Carbo konnte sich auf die Veteranen des Marius stützen, aber auch auf die Italiker, deren Stimme durch die Gesetzgebung des Cinna nun ein starkes Gewicht in der römischen Volksversammlung besaß. Insbesondere die Samniten, die auch im Bundesgenossenkrieg für ihre Rechte entschlossen gekämpft hatten, galten als gute Soldaten. Und sie hatten von Sulla nichts zu erwarten.

Carbo hatte für sein drittes Konsulat im Jahr 82 v. Chr. den erst 27-jährigen gleichnamigen Sohn des Marius zum Amtskollegen wählen lassen, eine Wahl, die vielleicht symbolisieren sollte, dass die Sache der Marianer auch nach dem Tod des alten Marius weiterlebte. Auf der anderen Seite verfügte der siegreiche Sulla über kriegserfahrene Legaten und Legionäre, und da man ihm deshalb militärisch die besseren Chancen einräumte, ist es verständlich, dass nicht wenige Soldaten, die Carbo in Rom und Italien ausgehoben hatte, zu ihm überliefen. Auch für die Nobilität hieß es nun, Partei zu ergreifen und Farbe zu bekennen. Der Adel war in Rom immer öffentlich sichtbar und sein auf Präsenz und Sichtbarkeit beruhendes Ansehen ließ es für den, der zu ihm gehören wollte, nicht zu, neutral zu bleiben oder sich bedeckt zu halten. In Zeiten des Bürgerkriegs konnte dies ebenso mörderisch wie selbstmörderisch sein.

Und Sulla duldete keine Neutralität: Er würde jeden Neutralen als Feind behandeln.

Sullas Persönlichkeit und Politik hatte die Gesellschaft polarisiert, und nach der Grabesruhe des Cinna-Regimes zerriss Sullas Rückkehr sie nun vollends in zwei unversöhnliche Lager. Wichtige Persönlichkeiten positionierten sich, manchmal überraschend deutlich. So zog der blutjunge Pompeius, der spätere Triumvir, dessen Vater Strabo 87 v. Chr. verstorben war, in seiner Heimat Picenum Soldaten zusammen und bekämpfte erfolgreich Stellungen der Marianer, um sich dann siegreich Sulla zu präsentieren und als Offizier zur Verfügung zu stellen. Sulla nahm das Angebot des verwegenen jungen Mannes an und betraute ihn ebenso mit wichtigen Missionen wie Crassus, der später ebenfalls zum Triumvirat gehören sollte. Auch Crassus, dessen Bruder und Vater Cinnas Säuberungen zum Opfer gefallen waren, schloss sich Sulla sofort an. Viele andere junge Aristokraten setzten gleichfalls auf ihn, hofften sie doch, mit diesem Schritt ihren politischen Aufstieg zu befördern. So manch bekannter Name findet sich unter den Sullanern: Gaius Verres, den Cicero als Anwalt gut zehn Jahre später erfolgreich anklagen und ihn mit seinen Gerichtsreden, den bis heute erhaltenen *Reden gegen Verres*, ins Exil treiben sollte; oder Sergius Catilina, den der Konsul Cicero fast zwanzig Jahre später der Verschwörung überführte. Tatsächlich stand für einen beträchtlichen Teil der römischen Jeunesse dorée Sullas Bürgerkrieg am Beginn ihrer Karriere.

Im Frühjahr 83 v. Chr. landete Sulla in Italien. Nach ersten Auseinandersetzungen in Mittelitalien weitete sich der Bürgerkrieg schnell auf ganz Italien aus und zog sich bis ins nächste Jahr in die Länge. Roms Konsuln bauten an vielen Orten Italiens Verteidigungsbastionen auf, doch Sulla und seine Verbündeten, unter denen Crassus und Pompeius zu den erfolgreichsten gehörten, gewannen Schlacht um Schlacht, bis der Widerstand zusammenbrach und Sullas zweitem Marsch auf Rom nichts mehr im Wege zu stehen schien. Auch der junge Marius wurde geschlagen und musste sich in Praeneste verschanzen, wo er von dem Sullaner Quintus Lucretius Ofella belagert wurde. In dieser Situation brach ein starker Verband der italischen Samniten und Lukaner auf, um Rom direkt vor seinen Stadtmauern zu verteidigen. Denn sie ahnten, dass sie bei einem Sieg Sullas nicht nur ihre neuen Rechte verlieren würden, die ihnen die Popularen eingeräumt hatten, sondern, wenn Sulla gnadenlos an ihnen Vergeltung üben würde, vielleicht ihre gesamte Existenz. Im November 82 v. Chr. kam es am Collinischen Tor, einem alten Stadttor Roms, schließlich zur Entscheidungsschlacht. Nach erbittertem Kampf ging der Gesamtsieg an die Sullaner, aber der Sieg war denkbar knapp und vor allem Crassus zu verdanken.

Von den besiegten Konsuln war Carbo in Richtung Sizilien geflohen, während der junge Marius sich in Praeneste das Leben nahm, nachdem sich die Stadt ihrem Belagerer Lucretius Ofella ergeben hatte. Dieser ließ dem toten Marius das Haupt abschlagen und schickte es nach Rom zu Sulla, der es, wie es nun Brauch war, vor der Rednerbühne ausstellte und dabei, wie Appian überliefert, spottend über den jungen Konsul bemerkte: «Man muss zuerst Ruderknecht werden, bevor man zum Steuerruder greift.» (App. civ. 1,434).

Nun war Sulla faktisch alleiniger Herr in Rom, und das ließ er seine Gegner auch spüren. Seine Devise war nicht Versöhnung, sondern Vernichtung. Während einer ersten Senatssitzung ließ er Tausende von gefangenen Samniten auf dem Marsfeld zusammentreiben und mit Speerwürfen töten – und zwar so, dass Sullas Rede von den Schreien der Sterbenden untermalt wurde. Auf diese Weise demonstrierte Sulla, wie er mit seinen Widersachern umzugehen gedachte. Und damit ihm niemand entging, beauftragte er Pompeius, die aus Rom geflohenen politischen Gegner zu verfolgen, darunter auch Carbo.

Sullas Machtposition war nun gesichert, basierte aber bis jetzt ausschließlich «auf den Schwertern seiner Legionäre» (Blösel, 2015, 200). Um seine Herrschaft zu legitimieren, ließ er sich per Gesetz zum *dictator* ernennen. Dieses Amt existierte zwar schon seit alter Zeit und war, befristet für sechs Monate, ein Instrument in militärischen Notsituationen gegen einen äußeren Feind. Sulla aber setzte es gegen die innenpolitischen Gegner ein und funktionierte seine *dictatura* zu einem Amt noch nie dagewesener Machtfülle um: Als *dictator legibus scribundis et rei publicae constituendae* – «Diktator zur Abfassung von Gesetzen und zur Ordnung des Staates» –, zudem auf unbestimmte Zeit ermächtigt, konnte er in Senat und Volksversammlung Gesetze erlassen und auf diese Weise den Staat ganz nach seinem Gutdünken gestalten, und das tat er auch. Doch zuvor schaltete er die Opposition aus. Seit den Gracchen waren alle Reformversuche mehr oder weniger gescheitert und endeten meist mit dem Tod der Initiatoren. Diesmal sollte es anders sein, und Sulla war jedes Mittel recht, um sein Reformprogramm abzusichern. Noch 82 v. Chr. ächtete er per Gesetz seine Gegner und ließ ihre Namen auf Listen veröffentlichen, d. h. proskribieren. Für die Geächteten bedeutete dies, dass sie vogelfrei waren, also jeder sie ermorden konnte. Die Mörder wurden mit einem Kopfgeld (und Sullas Gunst) belohnt und das Vermögen der Ermordeten fiel an den Staat, stand also Sulla zur Verfügung. Außerdem verloren die Kinder und Enkel der Geächteten nicht nur ihr Erbe, sondern durften keine Ämter mehr übernehmen. Das bedeutete nicht weniger als die politische Auslöschung ganzer Adelshäuser – und anderer Familien, aber darüber weiß man weniger. Wer Proskribierten half, dem drohte die Todesstrafe. Die eingezogenen Güter der Geächteten gingen an den Staat und wurden zu Schleuderpreisen versteigert. Dabei gelangten vor allem die Anhänger und Günstlinge Sullas zu beträchtlichem Vermögen, und auch Crassus legte als Profiteur der Proskriptionen die Basis seines späteren Reichtums. Die Umverteilung des Vermögens war gewaltig und entsprach den gesellschaftlichen Umwälzungen, die Sullas Bürgerkrieg auslöste.

So setzte eine beispiellose Verfolgung der Popularen ein, die 40 Senatoren und an die 1600 Ritter das Leben kostete und jeden Marianer, wo nicht vernichtete, so doch aus Rom und Italien vertrieb. Auch viele Menschen niedrigen Standes wurden getötet. Insgesamt forderten die Proskriptionen nach antiken Quellen 4700 Todesopfer. Die Gewalt machte vor niemandem Halt und die Grausamkeit, mit der Sullas Pogrom umgesetzt wurde, überstieg alles, was Rom bisher gesehen hatte. Dabei legte ein gewisser Catilina, der spätere Verschwörer, besondere Brutalität an den Tag. Seneca überliefert, dass er den beim Volk beliebten Marcus Marius Gratidianus, den Neffen des Gaius Marius, mit dem auch Cicero verwandt war, vor dem Grabmal des Quintus Lutatius Catulus, der einst mit Marius die Kimbern besiegt hatte, zu Tode folterte, indem er ihn buchstäblich zerstückelte (Sen. de ira 3,18,1–2 und dial. 5,18,1 f.) und danach den abgeschlagenen Kopf Sulla persönlich überbrachte.

Als besonders belastend wurde in dieser Schreckenszeit außerdem die Willkür empfunden. Denn auf Sullas Proskriptionslisten fanden sich immer mehr Namen, die ohne jede Kontrolle nachträglich hinzugefügt wurden, immer häufiger auch aus unpolitischen Gründen, wie Plutarch anmerkt:

> **Und die aus Hass und Feindschaft umgebracht wurden, waren nur ein verschwindend geringer Teil, verglichen mit denen, die wegen ihres Geldes ermordet wurden. Ja, die Mörder bekannten ganz offen, dem einen habe sein großes Haus den Tod bereitet, dem sein Garten, wieder einem anderen seine Thermen. (Plut. Sull. 31,10; übersetzt nach Ziegler)**

Sulla ließ seine Anhänger monatelang frei gewähren und erklärte erst im Juni 81 v. Chr. die Proskriptionen für beendet, was aber nicht bedeutete, dass nicht weiterhin der eine oder andere Mord unter Berufung auf Ächtung geschah. Der junge Cicero deckte in seinem ersten Strafprozess, in dem er Sextus Roscius verteidigte, einen haarsträubenden Fall von nachträglicher Ächtung auf und geißelte mit scharfen Worten diese neuartige Mode des Mordens.

Die Erfindung der Proskriptionen war die letzte Eskalation einer unheilvollen politischen Entwicklung, die, seitdem der Senat die Reformen der Gracchen mit Gewalt quittiert hatte, nicht mehr auf gesellschaftlichen Konsens ausgelegt war und an deren Ende das Ziel der völligen physischen und sozialen Vernichtung des politischen Gegners stand. Sulla ließ keinen Raum für Reintegration nach der Krise, sondern suchte die Spaltung von Elite und Gesellschaft dadurch zu überwinden, dass er die gegnerische Hälfte auslöschte. Dafür nahm er einen außerordentlichen Blutzoll in Kauf, einen Aderlass des Adels, der dem zusammengeschmolzenen Senat nur als Institution die Kontinuität beließ, tatsächlich aber zur größten personellen Umwälzung führte, zu der es in diesem Gremium jemals gekommen war. Sulla verdoppelte nämlich die Anzahl der Senatoren auf 600 und besetzte die vakanten Stellen in zwei Etappen zunächst aus dem Kreis seiner Anhänger und Veteranen, sodann, wie es schon vor ihm der jüngere Livius Drusus geplant hatte, mit Rittern, während die Gerichtshöfe, deren Zahl er auch erhöhte, wieder den Senatoren vorbehalten blieben. Im Ergebnis bestand der Senat zu drei Vierteln aus Neulingen, die politisch unerfahren waren und deren Familien nicht dem angestammten Adel angehörten.

Der Diktator erreichte mit dieser Maßnahme mehrere Ziele. Zum einen wurde die Institution des Senats quantitativ gestärkt und der Ritterstand geschwächt. Der Antagonismus zwischen Rittern und Senatoren sollte so zugunsten der Senatoren an Schärfe verlieren. Zum anderen konnte sich Sulla sicher sein, dass die Neusenatoren sein Reformwerk befürworten würden. Der staatliche Neuanfang sollte mit neuem Personal vonstatten gehen, eine neue Elite die alte, verlorengegangene Autorität des Senats wiederherstellen. Seinen Einfluss in der Volksversammlung wusste Sulla ebenfalls zu stärken: Indem er die Söhne und Enkel der Geächteten enterbte, wurden zahllose Sklaven herrenlos. Ihnen schenkte Sulla die Freiheit und machte sie damit nicht nur zu Bürgern, sondern auch zu treuen Anhängern, die seine Maßnahmen in der Volksversammlung unterstützten. Es sollen an die 10 000 Freigelassene gewesen sein, die nun in Lucius Cornelius Sulla ihren Patron sahen und sich aus Dankbarkeit alle Cornelius nannten. Mit ihnen würde – so die Überlegung Sullas – auch in Zukunft keine populare Politik gegen den Senat zu machen sein. Blieben noch die Bevölkerungsgruppen der Italiker und Veteranen, die sich teilweise auch überschnitten, zu bedenken. Sulla war klug genug, an dem von Cinna verfügten Stimmrecht der Italiker nichts mehr zu ändern. Zudem kümmerte er sich um die Versorgung seiner Veteranen, und dafür traf es sich bestens, dass nach dem mörderischen Rachefeldzug gegen die Proskribierten deren Landgüter in erklecklicher Zahl zur Verfügung standen. Dazu kamen Ländereien der niedergemachten Samniten und anderer italischer Gemeinden, die gegen Sulla Widerstand geleistet hatten. So konnte der Diktator ein üppiges Ackergesetz erlassen, um seine Veteranen auf italischem Boden anzusiedeln.

Mit diesem Maßnahmenkatalog wollte Sulla Vorsorge dafür treffen, dass seine fundamentale Reform des römischen Staates von den verschiedenen Interessengruppen in Rom und Italien auch getragen werden würde. Sein Reformwerk sollte kein Flickwerk werden, sondern in einem großen Wurf die alte Republik restituieren, stabilisieren und zukunftstauglich machen. Eine umfassende Gesetzgebung sollte den beschädigten Staat in Ordnung bringen, und mit Ordnung verband er eine grundsätzliche Orientierung an der alten Ordnung der Republik. So knüpfte Sulla mehrfach an die ältere Gesetzgebung und auch an die konservativen Reformvorstöße des jüngeren Livius Drusus an. Letztlich ging es ihm darum, dem Senat wieder seine alte Stärke zurückzugeben und als das zentrale Organ des Staates mit entsprechender Macht auszustatten. Dazu musste die Volksversammlung, die seit den Gracchen zum Ort nicht nur der Opposition, sondern vielmehr der Initiative einer eigenen Gegenpolitik geworden war, wieder ihre traditionelle Funktion übernehmen: die Bestätigung (und gegebenenfalls Ablehnung) der Anträge, die ihr die senatorischen Magistrate zur Abstimmung vorlegten. Um der Volksversammlung diese passive Rolle zurückzugeben, beschnitt Sulla die Macht der Volkstribunen ganz erheblich, beschränkte ihr Vetorecht und verbot ihnen, ohne ausdrückliches Einverständnis des Senats Gesetze einzubringen. Um dem Missbrauch des Volkstribunats durch populare Politiker für eine senatsfeindliche Politik ein für alle Mal einen Riegel vorzuschieben, machte Sulla das bislang begehrte Amt zu einer «Karrieresackgasse» (Blösel, 2015, 203), indem er verfügte, dass ehemalige Volkstribunen kein weiteres Amt mehr bekleiden durften. Gerade für umtriebige und ehrgeizige Politiker, die im Senat keine Mehrheit fanden, sollte das Volkstribunat unattraktiv werden und ihnen keine Möglichkeit zu einer alternativen und gegen die Optimaten gerichteten Politik bieten.

Generell gab Sulla durch seine Gesetze der Organisation des Staates eine klarere Struktur und mehr Beamtenstellen, da mit der

Expansion die organisatorischen Aufgaben gewachsen waren. Er bestimmte in Anlehnung an die *lex Villia annalis* aus dem Jahr 180 v. Chr. die Abfolge der Ämter im *cursus honorum* und das Mindestalter für den jeweiligen Amtsantritt; der ‹klassische› *cursus honorum*, wie ihn etwa Cicero und Caesar durchliefen, geht im Wesentlichen auf diese Neuregelung zurück. Sulla vergrößerte die Anzahl der Quästoren auf zwanzig, die der Prätoren auf acht und legte fest, dass jeder, der die Quästur erreichte, automatisch – und nicht mehr durch den Censor – in den Senat aufgenommen war. Das Volkstribunat gehörte nicht mehr zum *cursus honorum*, die für den Amtsinhaber kostspielige Ädilität war fakultativ. Überdies durfte jedes Amt erst nach zehn Jahren wieder angestrebt werden. Schließlich definierte er die Zuständigkeitsbereiche der zivilen und militärischen Amtsgewalt (*imperium*) der Obermagistrate genauer: Prätur und Konsulat wurden de facto zu einem jeweils zweijährigen Amt mit zwei getrennten Amtsbereichen. Die Oberbeamten wirkten nun in ihrem ersten und eigentlichen Amtsjahr in Rom vor allem mit ihrem zivilen *imperium*-Anteil, im Folgejahr dann als Promagistrate in der ihnen zugelosten Provinz ausschließlich mit ihrem militärischen *imperium*-Anteil. Hinter dieser Regelung stand offenbar die Absicht, Rom und Italien zu entmilitarisieren. Außerdem war es den Promagistraten in den Provinzen verboten, ohne Zustimmung des Senats Kriege zu führen. Es war dieses Verbot, über das Caesar sich am Beginn des Gallischen Krieges faktisch hinwegsetzte.

Mit seinem umfangreichen Gesetzeswerk, den *leges Corneliae*, zielte Sulla also auf eine Restauration der alten Republik mit einem starken Senat. Er tat das aber in einer Weise, die mit den republikanischen Prinzipien nicht vereinbar war: mit äußerster Gewalt und als absoluter Alleinherrscher, der über dem Staat stand. Wie unduldsam Sulla gegen jeden Verstoß seiner Gesetze war, belegt etwa der öffentliche Mord an Quintus Lucretius Ofella, jenem Ritter, der auf Seiten Sullas gekämpft hatte und dem er sogar den Sieg über den jungen Marius verdankte. Dieser strebte vorzeitig das Konsulat an, woraufhin Sulla ihn, der sich gerade auf dem Forum für das Amt bewarb, kurzerhand von einem Zenturio töten ließ. Bei seiner Rechtfertigung dieser Tat sprach der Diktator in Anspielung auf seinen zweifachen Marsch auf Rom eine finstere Drohung gegen jeden aus, der es Ofella gleichtun wollte:

> **«Wisset, ihr Männer, und hört es von mir: Ich habe Lucretius hinrichten lassen, weil er mir den Gehorsam verweigerte!» Und anschließend erzählte Sulla eine Fabel: «Flöhe bissen einen Bauern beim Pflügen. Zweimal ließ er seinen Pflug ruhen», sagte Sulla, «und versuchte sie aus seinem Hemd zu schütteln. Als sie ihn jedoch wieder bissen, verbrannte er sein Hemd, um nicht wiederholt in seiner Arbeit gestört zu werden. Und ich warne diejenigen, die zweimal unterlegen sind, dass nicht das dritte Mal Feuer nötig wird.» (App. civ. 1,472; übersetzt nach Veh)**

So sehr Sulla einerseits darauf auch bedacht war, durch Berücksichtigung der verschiedenen Interessengruppen seinem Reformwerk Zustimmung und Bestand zu verschaffen, so sehr stand andererseits sein eigenes politisches Vorgehen einer allgemeinen Akzeptanz im Weg: «Ein Dictator auf Lebenszeit taugte nicht als Retter der Republik.» (Linke, 2005, 135).

Sulla war sich dieses Widerspruchs durchaus bewusst und zog daraus für sich eine beachtliche Konsequenz, die seine Zeitgenossen überraschte und beeindruckte, Caesar allerdings zum Spott veranlasste: Nach Vollendung seines Reformwerkes trat Sulla Anfang 79 v. Chr. als Diktator zurück und gab sich fortan als Privatmann, ohne Leibwache und Privilegien. Er vertraute ganz darauf, dass sein ‹verordneter› Staat angenommen und auch ohne ihn funktionieren und fortbestehen würde. Über diese Mischung von Anmaßung, Furchtlosigkeit und souveräner Geste staunten schon die antiken Historiker. Plutarch deutete Sullas Verhalten als Ausdruck großen Vertrauens in sein Glück – Sulla hatte sich seit 81 v. Chr. den Beinamen Felix, der Glückliche, zugelegt. Der antike Geschichtsschreiber Appian bleibt angesichts von Sullas Rücktritt ratlos und vermutet an dessen Lebensende umfassenden Überdruss:

Auch das scheint mir an Sulla unbegreiflich, dass er als erster von allen Menschen [...] – ohne gezwungen zu sein – eine solche Macht niedergelegt hat, nicht zugunsten von Söhnen [...] nein zugunsten der Männer, die er als Tyrann beherrscht hatte. [...] Er zog sich auf seine Landgüter nach Cumae in Italien zurück, und dort in der Einsamkeit waren das Fischen und die Jagd seine Beschäftigung. [...] Aber es will mir scheinen, dass ihn am Ende Überdruss erfasste, Überdruss an Kriegen, Überdruss an der Macht und Überdruss an der Stadt. (App. civ. 1,481. 488. 490; übersetzt nach Veh)

Auch die moderne Forschung tut sich mit Sullas Persönlichkeit schwer, aber in einem Punkt ist sie sich weitgehend einig: Sulla ist als Reformer gescheitert, nicht nur, weil schon bald nach seinem Tod, der ihn auf seinem Landgut 78 v. Chr. ereilte, Kritik an seiner rigorosen Optimatenrepublik aufflammte und zu massiven Korrekturen seiner staatlichen Ordnung führte, sondern weil das Konstruktive seiner Reformpolitik vom destruktiven Terror seiner Herrschaft zunichte gemacht wurde: So «korrespondierte bei Sulla die Systematisierung der staatlichen Ordnung mit einer Systematisierung des Verbrechens gegen die römischen Bürger.» (Linke, 2005, 136). Sein Beispiel, sein *exemplum*, war unwiederruflich in der Welt und fand immer wieder Nachahmer, allen voran Caesar, der aber Sulla in einem Punkt nicht folgte: Caesar trat *nicht* von seiner Diktatur auf Lebenszeit zurück ...

Sullas verordneter Staat war die radikale Antwort auf einen in Unordnung geratenen Staat. Sein Optimatenstaat war revisionistisch an der alten Republik orientiert und um einen starken Senat gebaut. Dabei reformierte er das machtpolitische Reglement so, als hätte es die Gracchen und ihre Nachfolger nie gegeben. Alles Populare wurde verfolgt, verbannt, vernichtet und die Gesellschaft durch maßloses Morden zum restaurierten Staat ‹passend› gemacht. Doch das konnte nicht gut gehen: Die gesellschaftlichen Verwerfungen waren nicht ausgeräumt, sondern hatten sich im Gegenteil sogar noch verschärft, und die zahlreichen Toten des Bürgerkriegs waren nicht vergessen – zumindest nicht von den Söhnen und Enkeln der

Opfer. So trugen seine Reformen weniger zur Rettung als zum Ruin der römischen Republik bei.

Trotz Sullas erzwungener Ordnung: Die innen- und außenpolitische Realität hatte sich seit der Zeit der Gracchen von Grund auf gewandelt. Die Auseinandersetzung zwischen Popularen und Optimaten, zwischen Rittern und Senatoren, zwischen Bundesgenossen und Römern haben die Spielregeln der Macht verändert: Mit der römischen Expansion hat sich das Spielfeld vergrößert, mit den Bundesgenossen, den Veteranen, den Provinzialen sind neue Spielfiguren hinzugekommen, die alten Figuren, die Volkstribunen, Ritter und Feldherren, begehren auf und streiten um neue Rollen. Und das gesamte Spielfeld wird nicht nur von innen bedroht – was wäre gewesen, wenn Rom den Bundesgenossenkrieg nicht knapp gewonnen hätte? –, sondern auch von außen: im Osten vom pontischen König, im Norden von den Kelten und Germanen. Was wäre aus Rom geworden, wenn nach der Katastrophe von Arausio die Germanen nach Italien gezogen wären und nicht ins Innere des heutigen Frankreich?

Das politische Spielfeld ist zu einem Kampffeld der Macht verroht, dessen Regeln durch beständigen Regelbruch unklar geworden sind. Zur neuen Regel wird, was zunächst bei einer mächtigen Gruppe Akzeptanz findet. Doch eine neue Regel kann nur von Dauer sein, wenn sie bei allen einflussreichen Gruppen Konsens findet. Der anhaltende Interessenkonflikt der gesellschaftlichen Gruppen führt aber zu einer Dynamik der Machtpolitik, die schließlich das römische Kaisertum hervorbringt. Den Triumvirn sollte bei diesem Prozess die Rolle der Wegbereiter zufallen.

Denn wenn wir jede Stunde erleben,
dass sich etwas Abscheuliches ereignet,
verlieren wir durch die Beständigkeit der Bedrängnisse
allen Sinn für Menschlichkeit aus dem Herzen.

Cicero

Jugend im Bürgerkrieg

bis 78 v. Chr.

Unser Parforceritt durch eines der blutigsten Kapitel der römischen Geschichte mag uns heute erschaudern lassen. Eine nicht enden wollende Kaskade der Gewalt hatte Staat und Gesellschaft immer wieder bis ins Mark erschüttert und Mord und Totschlag als Mittel der Politik geradezu salonfähig gemacht. In jeder erdenklichen Situation und in allen Bereichen waren tödliche Angriffe an der Tagesordnung. Sie betrafen Einzelne ebenso wie ganze Bevölkerungsgruppen, einfache Bürger wie den Adel.

Die Zahl der Opfer, die die ‹Politik› während der Zeitspanne von den Gracchen bis zu Sulla forderte, zeigt ein bisher ungekanntes Ausmaß an Gewalt: Nahezu alle Volkstribunen, die als große Reformer aufgetreten waren, fanden einen gewaltsamen Tod, vor allem, wenn sie es gewagt hatten, Ackergesetze oder andere Reformgesetze einzubringen. Die Brüder Tiberius und Gaius Gracchus, Saturninus und Glaucia, der jüngere Livius Drusus und Sulpicius Rufus sind Beispiele für sie.

Unliebsame Mitbewerber um politische Ämter wiederum werden skrupellos beseitigt, etwa der designierte Volkstribun A. Nonius, der die Wiederwahl des Saturninus verhindern wollte, oder Gaius Memmius, der Mitbewerber des Glaucia um das Konsulat. Den Ritter Lucretius Ofella trifft mitten auf dem Forum das Schwert eines Centurio, weil er sich gegen Sullas Gesetz um das Konsulat bewarb – er war noch nicht einmal ein politischer Gegner. Feldherren fallen meuternden Soldaten zum Opfer. So wird der Konsul Pompeius Rufus von den Truppen Strabos getötet, als er regulär dessen Kommando übernehmen wollte – sein Sohn kam schon vorher bei Unruhen ums Leben. Der Suffektkonsul Valerius Flaccus wurde am Bosporus auf Anstiftung seines Legaten Fimbria von seinen eigenen Soldaten erschlagen wie auch der Konsul Cinna, als er in Ancona seine Truppen einschiffen wollte. Selbst Gesandte waren vor aufständischen Legionären nicht sicher, wie die Steinigung der senatorischen Delegation, die Marius in das Heerlager Sullas entsandt hatte, zeigte. Im Bürgerkrieg nahm die Gewalt dann geradezu apokalyptische Ausmaße an. Beim ersten Marsch auf Rom befahl Sulla seinen Soldaten, die Stadt mit Brandpfeilen zu beschießen und ächtete zwölf Anhänger des Marius, die allesamt angesehene Senatoren waren. Nach Sullas Abzug in die Provinz wiederum ließ Cinna hochrangige Anhänger Sullas, darunter etwa den amtierenden Konsul Gnaeus Octavius oder den ehemaligen Konsul Lucius Iulius Caesar, beseitigen. Ihren Höhepunkt erreicht die blutige Spirale wechselseitiger Vergeltung bei Sullas zweitem Marsch auf Rom und während der Zeit der Proskriptionen, denen Dutzende von Senatoren und Tausende von Rittern zum Opfer fielen. Dazu kam das Massaker an den 5000 gefangenen Samniten, das einem Genozid gleichkam. Indes begnügte sich der Diktator nicht damit, nur Rom von seinen Gegnern zu reinigen, sondern verfolgte sie auch in Italien und in den Provinzen. Auf sein Geheiß setzte der junge Pompeius den Konsular Papirius Carbo auf Sizilien fest und besiegte Gnaeus Domitius Ahenobarbus, einen Schwiegersohn Cinnas, in Africa, um dann beide ohne Gerichtsverfahren hinrichten zu lassen. Seitdem eilte ihm der Ruf eines *adulescentulus carnifex* voraus, «eines jugendlichen Henkers» (Val. Max. 6,2,8).

Dabei blieb seit den Gracchen die Ursache für solche Gewaltorgien im Prinzip immer die gleiche. Die popularen Reformer – welcher Couleur auch immer – provozierten und demütigten ohne jede

Kompromissbereitschaft die alte Senatsherrschaft. Die düpierten Optimaten fanden darauf keine andere Antwort mehr als blanke Gewalt. Damit verschlimmerten sie den Reformstau und desavouierten die Autorität der gesamten Senatsaristokratie. Der Staat schien sich in einer, wie es Christian Meier (1966) pointiert ausdrückte, «Krise ohne Alternative» festgefahren zu haben.

In dieser ausweglosen Lage mag es verwundern, dass sich überhaupt noch junge Aristokraten fanden, die bereit waren, sich den tödlichen Risiken einer ‹politischen› Laufbahn auszusetzen. Oder war gerade die Gefahr ein Anreiz, sich vor anderen hervorzutun und zu meistern, was anderen vor ihnen nicht nur nicht gelang, sondern sie auch oft ihr Leben kostete: an die Spitze des Staates aufzusteigen, um ihn zu reformieren und zu retten? Wir wissen es nicht.

Eines jedenfalls ist unbestritten: Sullas Diktatur stellte eine Zäsur dar, sie bedeutete das politische und oft auch physische Ende alter, aber ebenso auch den Aufstieg vieler neuer Familiengeschlechter. Durch den Ausfall vieler ‹marianischer› Familien wurde Platz für diejenigen, die sich Sulla angedient hatten, darunter auch alte Patriziergeschlechter, die in den Generationen davor aus dem Rennen gefallen waren – wie auch die Familie Sullas selbst. In jedem Fall bildet Sullas Herrschaft den Ausgangspunkt fast aller Karrieren, die in der ausgehenden Republik gemacht wurden: Catilina, Verres, Lucullus, Pompeius, Crassus und viele andere waren Anhänger Sullas, die von dessen Bürgerkrieg profitierten und in dieser Zeit die finanzielle und militärische Basis für ihre künftige Laufbahn legten. Und Caesar? – Er hatte mit 16 Jahren die Tochter des Cinna, des großen Gegenspielers Sullas, geheiratet, doch im Gegensatz zu vielen anderen, die sich ebenfalls zunächst auf die Seite der Marianer geschlagen hatten, weigerte er sich, die Partei zu wechseln. Doch er überlebte Sullas Häscher, die ihm auf den Fersen waren, und wurde schließlich von jenem begnadigt.

Sullas Krieg – man darf ihn getrost so nennen, denn er selbst war es, der den Entschluss fasste, sein kampferprobtes Heer gegen Rom zu führen – prägte eine ganze Generation. Und in dieser Bürgerkriegsgeneration wuchsen auch jene drei Männer auf, die als Triumvirn in die römische Geschichte eingehen sollten. Caesar, Pompeius und Crassus hatten ihre Jugend im Bürgerkrieg verbracht und waren Zeugen politischer Greueltaten geworden. Dennoch ließen sie sich nicht von der politischen Laufbahn abschrecken, sondern versuchten alle drei, die gegebenen Bedingungen für sich zu nutzen, um sich im Staat einen Namen zu machen – und jeder tat es auf seine Weise ...

Crassus

114–79 v. Chr.

... der älteste von den dreien, Marcus Licinius Crassus, wurde wohl 114 v. Chr. geboren und mochte bei Sullas erstem Marsch auf Rom Mitte zwanzig gewesen sein. Er stammte aus dem alten plebejischen Adelsgeschlecht der Licinier, die in zwei große Zweige zerfielen, die Licinii Luculli und die Licinii Crassi. Letztere betraten mit Publius Licinius Crassus Dives, der 205 v. Chr. zusammen mit dem älteren Scipio Africanus Konsul war, die politische Bühne und hatten im Verlauf des letzten Jahrhunderts mehrere Konsuln gestellt. Damit gehörten die Licinii Crassi zu den bedeutendsten Familien der plebejischen Nobilität.

Auch der Vater des Crassus, Publius Licinius Crassus, erreichte die höchsten Ämter: Er war 97 v. Chr. Konsul und 89 v. Chr. Zensor. Nach seinem Konsulat übernahm er für drei Jahre die Statthalterschaft in der Provinz Südspanien und kämpfte dort erfolgreich gegen die benachbarten Lusitaner, so dass ihm der Senat bei seiner Rückkehr 93 v. Chr. einen Triumph genehmigte. Ende der 90er Jahre gehörte er dann zu jener Gruppe von Senatoren, die über den Volkstribun Livius Drusus vergeblich senatsfreundliche Reformen durchsetzen wollten. Im darauf folgenden Bundesgenossenkrieg war er Legat und im Bürgerkrieg stand er auf der Seite Sullas, der später bei seiner großen Staatsreform einige Reformelemente des Livius Drusus aufgreifen sollte. Publius Licinius Crassus war Sullaner, und als Cinna mit Hilfe des Marius die Herrschaft an sich riss, schloss er sich dem gegnerischen Konsul und Sulla-Anhänger Gnaeus Octavius an, der jedoch noch im Amt von den Anhängern des Cinna erschlagen wurde. Bei einer Auseinandersetzung mit dem kaltblütigen Marius-Anhänger Gaius Flavius Fimbria fanden er und einer seiner Söhne schließlich 87 v. Chr. den Tod.

Bis zu dieser Zeit scheint der junge Crassus in einem aristokratischen, aber relativ bescheidenen Umfeld aufgewachsen zu sein. Plutarch berichtet in seiner Lebensbeschreibung des Crassus, dass dieser der jüngste von drei Brüdern gewesen sei, die alle drei, obwohl die älteren schon verheiratet waren, noch im Elternhaus des Vaters lebten. Als einer der Brüder, es ist unklar welcher, starb, heiratete Crassus – vielleicht auch auf Geheiß des Vaters – die Witwe des Bruders, Tertulla, die ihm zwei Söhne schenken sollte. Die Ehe soll glücklich gewesen sein – was immer das nach antiken Kriterien heißen mag – und war auch von Bestand. Noch 30 Jahre später spricht Cicero Crassus gegenüber von dessen Gattin als «der vortrefflichsten aller Frauen» (Cic. fam. 5,8,2), auch wenn es Gerüchte gab, die ihr außereheliche Liaisons unterstellten – unter anderem mit einem gewissen Caesar ...

Was uns aber die antiken Quellen über die Jugendzeit des Crassus im väterlichen Haus berichten, lässt den Eindruck entstehen, als habe hier der alte Crassus, ganz aristokratischer Patriarch, die Art des Zusammenlebens unwidersprochen bestimmt und Haus und Söhne streng geführt. Der Historiker Matthias Gelzer leitet daraus manchen späteren Wesenszug des Triumvirn Crassus ab: «Diese kärglichen Angaben über seine Jugendgeschichte deuten darauf hin, dass es nicht ganz von ungefähr kam, wenn ihm zeitlebens trotz seiner Herkunft aus der alten Nobilität die Eigenschaften des wahren Grandseigneurs abgingen und er immer der rechnende Bourgeois blieb, der auch die Politik als wirtschaftliche Unternehmung behandelte.» (Gelzer, 1927, 296). Worauf Gelzer hier anspielt, ist das eigenartige Selbstverständnis des römischen Adels: Ein *nobilis* ist kein Kaufmann, sondern erwirtschaftet sein Auskommen redlich als Gutsbesitzer. Gelderwerb durch Handel galt als unedel und Geldgeschäfte als bürgerlich beziehungsweise eine Sache des Ritterstandes. Ein altes Gesetz aus dem Jahr 218 v. Chr. erlaubte den Senatoren ausschließlich Handel mit Produkten aus ihren Landgütern. Da aber die Aufnahme in den Senatorenstand (und der Verbleib darin) ein Mindestvermögen voraussetze, über das der Zensor streng wachte, und alle staatlichen Ämter unbesoldete Ehrenämter waren, war die Senatsaristokratie oftmals gezwungen, sich über enge Beziehungen zur Finanzwelt, die in den Händen der Ritter lag, finanziell für den kostspieligen *cursus honorum* abzusichern – zumindest so lange, bis man eines der lukrativeren Ämter errungen hatte, die am Ende des *cursus* warteten. Crassus hingegen nutzte von Anfang an jede Gelegenheit, Geld zu machen, und stieg im Laufe seines Lebens zum reichsten Manne Roms auf. Sein Geld machte ihn dabei zu einem politischen Schwergewicht, das schließlich niemand mehr übergehen konnte.

Zunächst jedoch durchlief er eine militärische Ausbildung, indem er seinen Vater nach Spanien begleitete und an den Kämpfen gegen die Lusitaner teilnahm. Während dieser drei Jahre knüpfte er freundschaftliche Kontakte zu den spanischen Provinzialen und den dort ansässigen Römern, die ihm bald sehr nützlich sein sollten. Danach zog er mit seinem Vater in den Bundesgenossenkrieg, der – wie geschildert – von allen Beteiligten mit großer Härte geführt wurde. Man hat in diesem Krieg oft eine ‹Vorübung zum Bürgerkrieg› gesehen, denn wenn sich die Italiker auch sprachlich und kulturell (noch) von den Römern unterschieden, so hatten sie dieselben Waffen und dieselbe militärische Ausbildung. Für den jugendlichen Crassus muss der Anblick der gegeneinander kämpfenden Legionäre ungewohnt und durchaus verstörend gewesen sein.

Daneben erhielt er die für einen Senatorensohn übliche rhetorische und auch philosophische Ausbildung. Später galt Crassus als einer der besten Redner Roms, der sich durch seine unermüdliche Tätigkeit als Anwalt viele Mandanten, die er erfolgreich verteidigte, verpflichtete. Dabei war er sich nicht zu schade, auch in unbedeutenderen Prozessen aufzutreten und zweifelhafte Mandate zu übernehmen, die beispielsweise Cicero, Pompeius oder Caesar ablehnten, wenn es ihm für sein politisches und vor allem wirtschaftliches

Fortkommen zweckdienlich schien. Sallust spricht davon, dass Crassus gewohnheitsmäßig als Anwalt zwielichtiger Personen auftrat (Sall. Catil. 48,8).

Von den Turbulenzen seiner Zeit wurde Crassus wie bereits erwähnt im Jahr 87 v. Chr. persönlich getroffen. Nachdem Sulla mit seinem Heer nach Osten abgezogen war, kehrten Marius und Cinna zurück und machten Hatz auf Sullaner. Crassus musste erleben, wie sein Vater und der verbliebene Bruder (der dritte war ja bereits früher verstorben) bei einem Angriff des brutalen Marianers Flavius Fimbria ums Leben kamen. Er selbst blieb vorerst verschont, musste aber um Leben und Erbe fürchten. Daher flüchtete er – so berichtet Plutarch – mit drei Gefährten und zehn Sklaven nach Spanien, wo er bei Freunden unterzukommen hoffte. Doch die Kunde von Cinnas Schreckensregiment hatte sich auch auf der iberischen Halbinsel verbreitet, und Crassus ahnte, dass ihn, da er einem Geächteten glich, aus Furcht vor Cinnas langem Arm niemand aufnehmen würde. Doch dann erinnerte er sich an einen besonderen Zufluchtsort …

Im Höhlenversteck

Der junge Crassus suchte mit seinen Begleitern das Landgut des Vibius, eines befreundeten Römers, auf, das an der Küste lag. Er wusste, dass sich dort der Eingang zu einer geräumigen Höhle befand, die ihnen als sicheres Versteck dienen konnte. Dorthin zog er sich zurück, zunächst ohne dem Besitzer Bescheid zu sagen. Was dann geschah, hat Plutarch detailliert überliefert:

> **Zu Vibius schickte er einen Sklaven, um dessen Gesinnung zu erforschen, da sein Reiseproviant schon zur Neige ging. Als Vibius die Botschaft vernahm, freute er sich über seine Rettung und erkundigte sich nach der Zahl seiner Begleiter und nach dem Aufenthaltsort, trat selbst aber nicht in Erscheinung, sondern führte nur den Gutsverwalter in die Nähe der Höhle und befahl ihm, täglich ein fertig bereitetes Mahl dahin zu bringen, es bei den Felsen niederzulegen und sich schweigend**

zu entfernen. [...] Die Speisen waren reichlich und für den Genuss, nicht nur zur Grundversorgung zubereitet. Denn Vibius hatte sich vorgenommen, Crassus mit aller Zuvorkommenheit dienstbar zu sein. So kam er auch darauf, dessen Alter zu bedenken, dass er noch ganz jung wäre [...]. Er nahm also zwei schöne Sklavinnen und ging mit ihnen zum Meer. [...] Er zeigte ihnen den Weg zu der Höhle und hieß sie getrost hineingehen. Als die Begleiter des Crassus sie herankommen sahen, gerieten sie in Furcht, dass der Ort doch vielen Leuten wohlbekannt sei. Sie fragten sie also, was sie wollten und wer sie seien. Als sie weisungsgemäß antworteten, sie suchten ihren Herren, der hier verborgen wäre, da erkannte Crassus den Scherz und die freundliche Gesinnung des Vibius und nahm die Mädchen zu sich [...]. So lebte Crassus acht Monate in der Verborgenheit [...]. (Plut. Crass. 4,3 f.; 5,2–5; 6,1, übersetzt nach Ziegler)

Diese Anekdote aus der Jugend des Crassus ist in mehrfacher Hinsicht aufschlussreich. Sie zeigt zum einem, dass selbst in Südspanien bekannt war, was sich in Rom ereignete, und dass die römischen Machthaber auch in den entlegenen Provinzen gefürchtet wurden. Zum anderen wird deutlich, wie wichtig für die römischen Promagistrate die Verwaltung der Provinzen war. Es ging ihnen nicht nur darum, nach einer kostenintensiven politischen Karriere ihre Finanzen zu sanieren, sondern auch darum, Kontakte herzustellen, die politisch wie wirtschaftlich hilfreich und im Zweifel, wie der Fall des jungen Crassus zeigt, lebensrettend sein konnten. Die Kontakte betrafen einheimische Honoratioren ebenso wie römische Verwaltungsbeamte, Veteranen oder Kaufleute, die in der Provinz sesshaft geworden waren. Vibius war wohl ein solcher Händler – sein Name jedenfalls verweist auf eine Herkunft aus Kampanien –, der es zu Vermögen gebracht hatte, an der Südküste Spaniens sesshaft geworden war und sich nun von der Rettung des Senatorensohnes Crassus politische Verbindungen nach Rom versprach. Crassus, Pompeius und Caesar waren Meister darin, sich in den verschiedensten Provinzen vielfältige Klientelgruppen aufzubauen, um diese bei Bedarf für ihre politischen Zwecke zu mobilisieren. So entstand zwischen

Rom, Italien und den Provinzen ein Geflecht persönlicher Beziehungen, die auf einer Vielzahl von Einzelinteressen, nicht aber auf gesamtrömischen Interessen beruhten.

Rivalen

Kaum dass Crassus Kunde vom Tod Cinnas erhielt, verließ er sein Versteck und suchte den Anschluss an die Sullaner. Es gelang ihm – dank seiner Kontakte – noch in Spanien, der ehemaligen Provinz seines Vaters, ein kleines Heer um sich zu versammeln, mit dem er dem aus Asien zurückkehrenden Sulla entgegenzog und sich ihm zur Verfügung stellte. In ähnlicher Weise hob etwa auch Metellus Pius, der Sohn des Metellus Numidicus, in Africa, wo sein Vater einst gegen Jugurtha gekämpft hatte, Truppen für Sulla aus. Dasselbe tat auch Pompeius im italischen Picenum, der Heimat seiner Familie. Auch er rekrutierte dort Soldaten, von denen viele schon unter seinem Vater gedient hatten. All diese Männer, darunter auch Verres und Catilina, nutzten also ihre ererbten Beziehungen, um für Sulla Anhänger zu mobilisieren. Sulla wiederum war darauf angewiesen, dass Adelige ihn bei seinem Marsch auf Rom unterstützten und er deren Gefolgsleute für den Kampf gegen die nach Cinnas Tod von Carbo geführten Popularen gewinnen konnte. So erhielt Crassus den Auftrag, weitere Kontingente bei den italischen Marsern zusammenzuziehen, und setzte seine Mission eifrig und erfolgreich um. In den folgenden Kämpfen bewährte er sich als tapferer Offizier und kämpfte auch im Verbund mit Pompeius. Doch die Erfolge gegen den gemeinsamen Gegner schweißten die beiden keineswegs zusammen, sondern beförderten – besonders bei Crassus, wie Plutarch zu berichten weiß – eine hitzige Rivalität um die Gunst Sullas:

> **Bei jenen Kämpfen, so heißt es, entstand in ihm zuerst die Eifersucht gegen Pompeius und der Wettstreit mit ihm um Ruhm. Denn Pompeius, der jünger war als er [...], gewann bei jenen Begebenheiten so hohen Ruhm und wurde so groß, dass Sulla, was er selbst Älteren und**

ihm im Range Gleichstehenden nur höchst selten gewährte, aufstand, wenn er auf ihn zukam, das Haupt entblößte und ihn als Imperator anredete. Das wurmte und erbitterte den Crassus, der sich nicht ohne Grund zurückgesetzt sah. (Plut. Crass. 6,5 f.; übersetzt nach Ziegler/Wuhrmann)

Offenbar verfügte Pompeius neben seinen militärischen Fähigkeiten auch über ein besonderes Charisma, das andere um ihn herum Rang und Rangfolge vergessen ließ. Crassus litt unter der Verehrung, die Pompeius von allen Seiten entgegengebracht wurde, und als Sulla nicht viel später dessen Beinamen Magnus (der Große), den die Soldaten Pompeius gegeben hatten, auch noch öffentlich bestätigte, hatte er für diesen Ehrennamen nur bissigen Spott übrig. Als einmal jemand ausrief: «Pompeius der Große kommt!», lachte Crassus und fragte höhnisch: «Wie groß ist er denn?» (Plut. Crass. 7,1).

Seine Chance, Pompeius auszustechen, bekam Crassus bei Sullas zweitem Marsch auf Rom, in der finalen Schlacht am Collinischen Tor, und er nutzte sie. Sulla führte den linken Flügel des Heeres, Crassus den rechten, Sulla verlor, Crassus siegte und entschied damit die gesamte Schlacht. Sulla war nun der Herr in Rom und das verdankte er dem beherzten Einsatz des Crassus in dieser letzten Schlacht. Doch Crassus verscherzte sich alsbald die Gunst Sullas durch eine Charaktereigenschaft, die ihn zeitlebens begleitete: Habgier.

Reich durch Feuer und Krieg

Nach seinem Sieg am Collinischen Tor ließ sich Sulla zum Diktator ernennen und überzog Rom mit einem furchtbaren Strafgericht: Er ließ Tausende seiner Gegner ächten und ihr Vermögen einziehen. Hab und Gut der Proskribierten wurde versteigert und noch Jahrzehnte später konnte sich Cicero darüber echauffieren, dass Sulla die Güter von angesehenen Bürgern nicht nur «wie» Beute verteilte, sondern sie ganz offen auch als Beute bezeichnete: «Denn er [Sulla] wagte es, bei aufgerichteter Auktionslanze, als er auf dem Forum die Güter ehrenwerter, begüterter Männer, jedenfalls von römischen Bürgern, versteigern ließ, das Wort auszusprechen, er verkaufe seine Beute.» (Cic. off. 2,27) Das besonders Empörende war hierbei, abgesehen von der bestialischen Gewalt, dass Sulla römische Bürger wie Kriegsfeinde behandelte und ihren Besitz plündern ließ, als wären sie auswärtige Feinde.

Beim ‹Verkauf der Beute› belohnte der Diktator seine Unterstützer, indem er ihnen die eingezogenen Güter zu Schleuderpreisen anbot – und allen voran machte davon Crassus den größten Gebrauch. Doch damit nicht genug. Da die Proskriptionen nicht nur in Rom, sondern auch in ganz Italien stattfanden und die kursierenden Proskriptionslisten ständig von Sulla erweitert wurden, verlor man bald den Überblick. Außerdem nutzten viele von Sullas Anhängern ihre Position aus, um nach Gutdünken weitere Namen auf die Listen zu setzen, wenn ihnen ein Landgut oder eine Villa besonders zusagte. Genau das tat auch Crassus und bereicherte sich auf diese Weise vor allem in Kalabrien, und zwar so exzessiv, dass es sogar Sulla zuviel wurde. So dankbar ihm der Diktator aufgrund des geretteten Sieges war, so sehr missbilligte er Crassus' unverfrorene Anmaßung, und da er sich schon vorher Klagen über Crassus anhören musste, dass dieser im Bürgerkrieg bei der Einnahme einer Stadt die Beute größtenteils für sich behalten habe, verlor er die Geduld und entzog ihm sein Vertrauen. Crassus erhielt keine weiteren Aufträge und Ämter und Sulla beförderte statt seiner 80 v. Chr. Metellus Pius als Kollegen ins Konsulat. Dass Crassus bei Sulla in Ungnade gefallen war, sprach sich unter den Sullanern schnell herum. Crassus war trotz seines Ehrgeizes für Jahre politisch kaltgestellt.

Plutarch hat deshalb ganz recht, wenn er sagt: «Den Ruhm seiner Taten schmälerten die mit ihm geborenen, ihn stets begleitenden bösen Geister, Gewinnsucht und Knausrigkeit.» (Plut. Crass. 6,6).

Und so blieb es auch in Zukunft: Nachdem Crassus schon in jungen Jahren als Kriegsgewinnler ein Vermögen gemacht hatte, verlegte er sich, da ihm vorerst ruhmbringende Missionen in Politik und auf dem Schlachtfeld versagt blieben, erst recht darauf, seine

Stellung als Großfinanzier Roms weiter auszubauen. Auch hier machte er die Not anderer zu Geld, wie uns wiederum Plutarch erzählt:

> **Als Crassus die der Stadt Rom eigenen, sie stets heimsuchenden Unglücksfälle wahrnahm, nämlich Brandkatastrophen und Einstürze von Häusern, da sie so groß und schwer gebaut waren, kaufte er Sklaven, die sich auf alle Zweige des Bauhandwerkes verstanden. Und als er von diesen über fünfhundert zusammen hatte, kaufte er brennende Gebäude samt den benachbarten Gebäuden auf, welche die Eigentümer aus Sorge und aufgrund der unsicheren Zukunft billig hergaben, sodass der größte Teil Roms in seine Hand kam. Aber obwohl er so viele Handwerker besaß, baute er selbst nichts als sein eigenes Wohnhaus und pflegte zu sagen, dass die Baulustigen sich ohne Zutun ihrer Feinde selbst ruinierten. (Plut. Crass. 2,5 f.; übersetzt nach Ziegler)**

In Rom brannten oft ganze Viertel ab, und hier schlug Crassus zu, brachte die wertlos gewordenen Immobilien für einen Spottpreis in seinen Besitz und ließ sie von seinem Heer von Handwerkern wiederaufbauen, um sie dann teuer zu vermieten oder zu verkaufen. Dieses Geschäft mit dem Leid der Brandgeschädigten brachte zwar Geld ein, aber weder Ruhm noch Ehre. Denn hier verstieß Crassus gegen eine Regel der Aristokratie: Er betrieb das Anhäufen von Reichtum als Selbstzweck, während dem wahren Aristokraten Geld nur als Mittel zum Zweck diente: Der *nobilis* nutzte es für den kostspieligen *cursus honorum,* für öffentliche Spiele und Bauwerke und für Wohltaten gegenüber seinen Klienten und Wählern, immer mit dem Ziel, sich im Dienste am Staat einen Namen zu machen, bekannt und anerkannt zu sein – eben ein *nobilis,* denn das bedeutet dies lateinische Wort eigentlich: «kenntlich, wahrnehmbar». Wenn sich Crassus über die angebliche ruinöse Bauwut seiner Standesgenossen lustig macht – seine eigene Bautätigkeit bezog sich nur auf den gewinnbringenden Wohnungsbau und nicht aber auf kostspielige Prestigeprojekte –, hat er überhaupt nicht begriffen, welche enorme Wirkung die Errichtung öffentlicher Gebäude, Straßen, Wasserleitungen oder Sportanlagen, die auch den Namen der Bauherren trugen, auf die öffentliche Meinung hatte. Große Feldherren wie Pompeius, Caesar oder auch Augustus gestalteten ganze Stadtviertel neu und gaben dafür großzügig ihre Beutegelder aus. Augustus rühmte sich, Rom als Stadt aus Ziegeln vorgefunden und als eine aus Marmor hinterlassen zu haben. Öffentliche Präsenz brachte Prestige, und das wiederum war Voraussetzung für politisches Vorankommen. Die größte Ressource, deren Besitz in Rom zu Macht führte, war nun einmal nicht rein materieller, sondern vor allem ideeller Natur.

Über den legendären Reichtum des Crassus urteilte Plutarch ähnlich wie die Zeitgenossen des zwielichtigen Immobilienmoguls: «Den größten Teil davon hatte er, wenn man zu seiner Schande die Wahrheit sagen soll, durch Feuer und Krieg zusammengebracht, indem er das allgemeine Unglück zur ergiebigsten Einnahmequelle für sich machte.» (Plut. Crass. 2,4). Und so war sein Ruf ausgemacht und der seines Rivalen Pompeius auch. Nach dem Tod beider verband Cicero, und nicht nur er, mit Crassus Geld, mit Pompeius Ruhm: «Dass beispielsweise M. Crassus bedauernswert sei, weil er durch seinen Tod seinen berühmten Reichtum zurücklassen musste, dass aber Cn. Pompeius bedauernswert sei, weil er seinen so großen Ruhm verlor.» (Cic. Tusc. 1,12) Auch wenn man Crassus damit ein wenig Unrecht tut: Nicht sein stetes Streben nach Höherem blieb in Erinnerung, sondern seine niedere Habsucht.

Pompeius

106–79 v. Chr.

Gnaeus Pompeius Magnus, geboren 106 v. Chr., war gut acht Jahre jünger als Crassus und bei Sullas erstem Marsch auf Rom etwa 18 Jahre alt. Sein Vater Gnaeus Pompeius Strabo – seinen Beinamen «der Schielende» verdankte er wohl einer Fehlstellung seiner Augen – war der erste seines Familienzweigs, der es zum Konsul gebracht hatte, und damit ein *homo novus*. Pompeius Magnus konnte daher als erster seiner Familie den Rang eines plebejischen *nobilis* beanspruchen. Es existierten zwei weitere Familienzweige, die Pompeii Bithynici und Pompeii Rufi. Sie waren mit der Familie des Pompeius allenfalls nur entfernt verwandt und ebenso erst in jüngerer Zeit durch Konsulate in die Nobilität aufgestiegen, zuletzt Pompeius Rufus, der 88 v. Chr. Konsul wurde.

Die Familie des Pompeius war in Picenum ansässig, einer mittelitalischen Landschaft an der Adriaküste mit dem Hauptort Asculum. Der Vater, Pompeius Strabo, besaß in dieser Region ausgedehnte Güter und verfügte über zahlreiche Verbindungen. Er war dort ein mächtiger Mann, der zahlreiche Gefolgsleute um sich scharte und gleichsam wie ein Lokalfürst auftrat – ein echter *domi nobilis*, wie man in Rom sagen würde, «einer, der bei sich zu Hause von Adel ist». Strabos Gattin war eine Nichte des berühmten und mit dem jüngeren Scipio Africanus befreundeten Satirendichters Gaius Lucilius. Nach seiner Prätur übernahm Strabo – wie schon sein Vater – die Provinzverwaltung in Makedonien. Den entscheidenden Sprung in seiner weiteren Karriere brachten jedoch seine herausragenden Leistungen als ebenso brutaler wie erfolgreicher Feldherr im Bundesgenossenkrieg. Insbesondere bekämpfte er ab 90 v. Chr. die aufständischen Italiker in Asculum, das zu einem Zentrum des Widerstands gegen Rom geworden war. Angesichts der militärischen Erfolge wurde Pompeius Strabo zum Konsul des Jahres 89 v. Chr. gewählt und feierte, nachdem er Asculum besiegt und dessen Bevölkerung vernichtet hatte, noch Ende desselben Jahres einen Triumph in Rom. Ambitionen auf ein zweites Konsulat im Folgejahr wurden vereitelt und Strabo zog sich mit den Veteranen in sein Stammland Picenum zurück.

Von Anfang an nahm der junge Pompeius an den militärischen Unternehmungen seines Vaters teil und es ist sicher belegt, dass er schon mit 17 Jahren Mitglied des väterlichen Offiziersstabs war. So zog Pompeius, wie Cicero es formulierte (Manil. 28), gleichsam von der Schulbank in den Krieg, und er begann, wie andere Senatorensöhne auch, nur wesentlich jünger, seine Laufbahn als Offizier.

Sullas Marsch auf Rom erlebte er wohl von Picenum aus mit, immer noch im Dienst seines Vaters. In dieser Funktion wurde er sicherlich Zeuge eines unerhörten Vorgangs: Als der Konsul Pompeius Rufus, der, wie gesagt, aus einer völlig anderen Linie der Pompeier stammte, im Auftrag des Senats und ganz regulär das Kommando über Strabos Legionen, die im Bundesgenossenkrieg gegen die Italiker gekämpft hatten, übernehmen wollte und dazu ins Lager ihres bisherigen Feldherrn kam, protestierten die Soldaten und schlugen Pompeius Rufus spontan tot. Wie ‹spontan› so etwas wirklich geschehen kann, ist natürlich nie ganz klar; dass Soldaten ohne Befehl gehandelt hätten, bietet sich oft als bequeme Ausrede für den Befehlshaber an – so auch in diesem Fall. Es wurde kolportiert, dass diese Bluttat nicht ganz ohne Strabos Einverständnis geschah, der in seinen Veteranen wohl ein Machtmittel sah, das er ungern hergeben wollte. Für seinen Sohn war dieser Vorfall gewiss eine eindrückliche Lektion darüber, wie wichtig es war, als Befehlshaber ein gutes Verhältnis zu seinen Soldaten zu pflegen: Diese konnten für ihren Feldherrn Schutz, politischen Einfluss, aber auch den Tod bedeuten.

Trotz des skandalösen Mordes an Pompeius Rufus und obwohl man es Strabo in Rom übelgenommen hatte, dass er ein zweites Mal in Folge Konsul werden wollte, riefen ihn die Optimaten gegen Cinna zu Hilfe. Strabo schlug sein Lager vor den Mauern Roms auf, aber statt Cinna zu bekämpfen, begann er mit ihm zu verhandeln (gewiss auch in der Absicht, auf diesem Weg doch noch zu seinem zweiten Konsulat zu gelangen). Als aber Marius mit starken Verbänden Cinna zu Hilfe eilte, verteidigte Strabo zwar zunächst die Stadt, versuchte sich aber wenig später mit Cinna ins Benehmen zu setzen, da er auf die anstehende Konsulatswahl schielte. In dieser verworrenen Situation soll Cinna auf Strabo und seinen Sohn sogar einen Attentäter angesetzt haben, den der junge Pompeius ebenso entlarvte wie er eine Meuterei gegen seinen Vater vereitelte, die aus dem Mordversuch und der daraus entstehenden Unruhe im Lager erwuchs. Wie dem auch sei, Strabo lavierte und seine weiteren Pläne blieben unklar, denn er fiel bald einer im Lager grassierenden Seuche zum Opfer und fand – fast schon bemerkenswert für diese Zeit – kein gewaltsames Ende.

Strabos unerwarteter Tod im Jahr 87 v. Chr. offenbarte, wie groß in Rom mittlerweile die Wut auf ihn war: Pompeius musste mitansehen, wie beim Trauerzug der Leichnam seines Vaters von der Bahre gerissen und durch die Straßen Roms geschleift wurde. Schließlich schritten die Magistrate ein. Über die Hintergründe kann man nur spekulieren: Laut Plutarchs Lebensbeschreibung des Pompeius war der Vater vor allem wegen seiner Habgier in Verruf geraten. Er hatte nach der Einnahme von Asculum die Beute seinem eigenen Vermögen zugeschlagen und nichts davon an die Staatskasse abgeführt. Dass er, der *homo novus*, sich darüber hinaus nicht mit dem erreichten Konsulat und dem gewährten Triumph zufrieden gab, sondern mit einem weiteren Amtsjahr liebäugelte, musste Teile der Nobilität ebenso vor den Kopf stoßen wie sein politischer Schlingerkurs bei der Belagerung Roms. Sein Einsatz für die Neubürger in der Stadt mochte zudem den Unmut der römischen Plebs erregt haben. Jedenfalls war Strabo, der in Rom den großen Politiker und vielleicht auch Vermittler geben wollte, zwischen alle Fronten geraten.

Wie schon bei der jüngst abgewendeten Meuterei erfuhr Pompeius hier hautnah, wie schnell Stimmungen umschlagen konnten und wozu Massen fähig waren. Nun war es an ihm, das Heer des Vaters zu führen – und er entschied sich für den Rückzug. Willig fügten sich die Soldaten dem Kommando des jugendlichen Feldherrn und folgten ihm in seine Heimat nach Picenum.

Damit war Sullas Versuch, für die Zeit seiner Abwesenheit eine ihm genehme Ordnung in Rom herzustellen, endgültig gescheitert. Nach dem Abzug von Pompeius' Truppen siegten Cinna und Marius, vertrieben oder ermordeten ihre politischen Gegner in Rom und übernahmen das Konsulat des folgenden Jahres 86 v. Chr.

Vom Ritter zum Imperator

Nach dem Tod seines Vaters hatte der 19-jährige Pompeius in Rom keinen leichten Stand. Denn Strabo war, wie bereits dargelegt, bei Teilen der Nobilität in Misskredit geraten. Durch sein undurchsichtiges Verhalten hatte er sich den Hass so mancher Optimaten zugezogen, die ihn für den Sieg der Popularen verantwortlich machten. Vermutlich glaubten sie, mit dem jungen Sohn leichtes Spiel zu haben, wenn sie nun Anklage gegen ihn, Strabos Erben, erhoben. Grund oder Vorwand waren die alten Vorwürfe, dass Strabo sich bei der Eroberung von Asculum maßlos bereichert und von seiner Beute nichts an die römische Staatskasse abgegeben habe. Bemerkenswerterweise fanden sich aber einige vornehme Fürsprecher für den jungen Pompeius, die ihm als Anwälte zur Seite standen, darunter auch Papirius Carbo, der glühende Anhänger und nachmalige Amtskollege Cinnas. Auch der junge Adelige Quintus Hortensius Hortalus, der später einer der besten Redner Roms werden sollte, vertrat die Sache des Pompeius. Offenbar zahlten sich die guten Verbindungen aus, die die mächtige Familie der Pompeier nach Rom pflegte, und der Charme ihres jüngsten Repräsentanten tat sein Übriges. Pompeius gelang es, den vorsitzenden Richter Antistius für sich zu gewinnen, der ihm noch während des Verfahrens seine Tochter Antistia zur Frau versprach. Die Angelegenheit blieb nicht geheim, und als der Angeklagte freigesprochen wurde, stimmte das anwesende Volk voller Begeisterung ein altes Hochzeitslied an. Pompeius fand sich hier – trotz der allgemeinen Unbeliebtheit seines Vaters – zum ersten Mal in der Rolle des Lieblings der Massen. Plutarch zitiert in diesem Zusammenhang einen Vers des Dichters Aischylos und münzt ihn auf Pompeius: «Verhassten Vaters liebster Sprössling bist du mir!» (Plut. Pomp. 1,1).

So hatte sich Pompeius mit Cinnas Regiment in Rom arrangiert – zunächst. Denn jeder in Rom wusste, dass Sulla irgendwann aus Asien zurückkehren werde, und niemand zweifelte daran, dass er ein zweites Mal gegen Rom marschieren würde, um mit Cinna und den Marianern abzurechnen. Nachdem die Mission des Valerius Flaccus gescheitert war, rüsteten die Machthaber in Rom zum Krieg. Anfang des Jahres 84 v. Chr. zog Cinna dann mit einem Heer Sulla entgegen, der sich bereits auf dem Balkan befand, um den Rückkehrer noch außerhalb italischen Bodens zu schlagen. Pompeius folgte Cinna und traf in Ancona auf ihn – gerade noch rechtzeitig, um Zeuge zu werden, wie Cinna bei der Einschiffung seiner Truppen von meuternden Soldaten erschlagen wurde.

Der Anführer der Popularen war tot und die Lage höchst ungewiss. Pompeius verließ das Lager heimlich und zog sich zunächst in seine sichere Heimat Picenum zurück. Dann schwenkte er um und setzte auf die aussichtsreichere Partei der Sullaner – und zwar entschieden. Ehrgeizig wie er war, wollte er nicht wie andere Sulla mit leeren Händen begrüßen, der mittlerweile mit seinem Heer in Italien stand. Rasch stellte Pompeius noch in Picenum eine Armee auf, was ihm dank seines außergewöhnlichen Organisationstalents und dank der Veteranen und Gefolgsleute seines Vaters in kürzester Zeit gelang. Er, der eine gründliche Militärausbildung durchlaufen hatte, gliederte das Heer in Einheiten, ernannte Hauptleute und Offiziere und vergaß auch nicht, für Proviant, Lasttiere und Wagen zu sorgen. Dann setzte er sich, als wäre er nicht ein Privatmann, sondern gleichsam ein vom Senat befugter Befehlshaber, mit geordneten Legionen in Bewegung.

In Rom, wo Carbo und andere versuchten, die Partei Cinnas zusammenzuhalten, war man angesichts des verwegenen Unternehmens zuerst bass erstaunt, schließlich entsandte man staatliche Truppen, um dem Treiben des tollkühnen jungen Mannes ein Ende zu setzen. Doch Pompeius zeigte, dass er das Kriegshandwerk von seinem Vater gründlich gelernt hatte, und besiegte ohne Schwierigkeiten die gegen ihn aufgebotenen Kontingente. Die zahlreichen Überläufer gliederte Pompeius in seine Legionen ein, deren Zahl nun auf drei stieg. So konnte er Sulla als siegreicher Feldherr gegenübertreten. Über das feierlich inszenierte Zusammentreffen berichtet Plutarch:

> **Als Pompeius erfuhr, dass Sulla schon in der Nähe war, befahl er den Offizieren, die Truppen sich waffnen und ordnen zu lassen, um dem Oberbefehlshaber so stattlich und glänzend als möglich vor die Augen zu kommen. Denn er erhoffte sich große Ehren von ihm; aber größere noch wurden ihm zuteil. Denn als Sulla ihn herankommen und das Heer in Parade aufmarschiert sah, ausgezeichnet durch gute Männer, von Stolz geschwellt und frohgemut wegen seiner Siege, da sprang er vom Pferd, und da er, wie gewöhnlich, als Imperator angeredet wurde, begrüßte er auch seinerseits den Pompeius als Imperator, obwohl kein Mensch erwartet hätte, dass er einem jungen Manne, der noch nicht einmal dem Senat angehörte, diesen Titel zuteilwerden lassen würde, um den er mit Männern wie Scipio und den zwei Marius Krieg führte. (Plut. Pomp. 8,2 f.; übersetzt nach Ziegler)**

Pompeius hatte nicht nur sein Ziel, sondern weit mehr erreicht: Sulla hatte ihm, dem 22-jährigen Ritter, soeben mit einer einfachen Anrede den Imperator-Titel verliehen und ihn damit als gleichrangig behandelt. Während der etwa acht Jahre ältere Crassus und der schon etablierte Metellus Pius sich als Legaten, also Unterfeldherren, in den Dienst Sullas gestellt hatten, war Pompeius nun eine Sonderstellung beschieden, die außerhalb jeder römischen Rangordnung lag, und er war fest entschlossen, diese fortan zu wahren, und, wenn nötig, auch einzufordern. Der ritterliche Imperator – ‹ritterlich› im Sinne von ‹zum römischen Ritterstand gehörig› (*equester*) – war eine Rolle, die ihm auf den Leib geschrieben war, und er sollte sie noch lange nutzen, um auch als Patron der Ritter aufzutreten.

Vom Imperator zum Triumphator

Sulla setzte von nun an auf Pompeius, und der erwies sich als würdiger Imperator. Teils allein, teils zusammen mit Metellus Pius oder Crassus bekämpfte er mehrere populare Heere und erzielte beachtliche Siege. Zur Entscheidungsschlacht am Collinischen Tor kam er allerdings zu spät, dort rettete Crassus den Sieg der Sullaner.

Doch dies tat Sullas Sympathien für Pompeius keinen Abbruch. Er hatte Gefallen an dem jungen Mann gefunden und belohnte ihn mit einer besonderen Ehre: Er verheiratete ihn mit seiner Stieftochter Aemilia, der Tochter seiner Frau Metella Caecilia aus erster Ehe mit dem vornehmen Konsular Marcus Aemilius Scaurus. Metella Caecilia, die eine Cousine des Metellus Pius war, stimmte dieser Ehe zu. Und obwohl solche arrangierten Ehen innerhalb der römischen Nobilität gängige Praxis waren, um politische Bündnisse zu stärken, oft ohne Rücksicht auf die persönlichen Bedürfnisse der Ehepartner, ging Sulla im Fall des Pompeius besonders rigoros und gefühlskalt vor – waren doch sowohl Pompeius als auch Aemilia bereits verheiratet – Letztere sogar frisch vermählt und schwanger. Dennoch drängte der Diktator beide zur Scheidung und setzte die Ehe durch, der allerdings kein Glück beschieden war. Aemilia starb noch im selben Jahr im Kindbett. Auch Antistia, der ersten Frau des Pompeius, hatte ihre kurze Ehe mit ihm großes Leid eingebracht: Ihren Vater hatte man ermordet, weil er wegen seines Schwiegersohns für einen Sullaner gehalten worden war. Ihre Mutter nahm sich daraufhin das Leben. So hatten beide Frauen im selben Jahr ihre Ehemänner verloren, Antistia dazu noch ihre Eltern und Aemilia ihr Leben. Was aus Antistia, die nun verstoßen, kinderlos und verwaist zurückblieb, geworden ist, darüber schweigen die Quellen, und ihr Name und Schicksal wäre vergessen, wenn nicht Plutarch ihr unglückliches Los und das der Aemilia beklagt und das Vorgehen Sullas als tyrannisch gegeißelt hätte (vgl. Plut. Pomp. 9). Doch für Pompeius hatte sich die Sache gelohnt, er gehörte nun zu den ersten Kreisen Roms und zur Familie des Diktators. Dieser vermittelte ihm noch im selben Jahr, in dem Aemilia starb, die Ehe mit Mucia Tertia, der Tochter des angesehenen Quintus Mucius Scaevola Pontifex.

Sulla hielt sogleich weitere Missionen für den jungen Feldherrn bereit. Er sollte die vor den Proskriptionen geflohenen Feinde verfolgen und töten, die sich in Sizilien und Africa sammelten und zum Widerstand formierten. Marcus Perperna, Prätor der gestürzten Popularen-Regierung, agierte als Statthalter in Sizilien, Gnaeus Domitius Ahenobarbus, ein Schwiegersohn Cinnas, in Africa, und

Papirius Carbo, der dreimalige Konsul, befehligte in derselben Region eine Flotte. Und Pompeius machte sich an die Arbeit: Nachdem er Perperna freies Geleit zugesagt hatte, räumte dieser freiwillig Sizilien. Carbo, der ganz oben auf Sullas Liste der Geächteten stand, wurde gefangengesetzt, von Pompeius öffentlich verhört und hingerichtet. Möglicherweise hatte sich Carbo Hoffnungen auf einen Freispruch gemacht, da er Pompeius noch wenige Jahre zuvor als Anwalt vor Gericht verteidigt hatte. Doch Pompeius demonstrierte Härte und bekräftigte mit der Vollstreckung des Todesurteils, dass er kompromisslos auf Seiten Sullas stand. Üblicherweise wurden Sulla, um den Tod von hochrangigen Geächteten zu belegen, ihre abgeschlagenen Köpfe gesandt – und so geschah es auch mit dem Kopf des altehrwürdigen Konsulars.

Bald kam neue Weisung aus Rom, nach Africa überzusetzen und gegen den jungen Domitius Ahenobarbus vorzugehen, der dort ein starkes Heer zusammengezogen hatte. Die Lage war nicht ungefährlich, denn der aus hohem Adel stammende Ahenobarbus hatte sich zudem mit dem numidischen Thronprätendenten Hiarbas verbündet, der den amtierenden Numiderkönig Hiempsal stürzen wollte. Hiempsal war der vom römischen Senat anerkannte Herrscher und seine Absetzung wäre auch ein Angriff auf die Ordnungsmacht Rom gewesen, das die Gebiete hinter den Provinzgrenzen möglichst mit ergebenen Vasallenkönigen zu sichern suchte. Man kann an diesem Fall gut erkennen, wie Klientelpolitik in Bürgerkriegszeiten funktionierte: Die Vasallen und Provinzherrscher setzten auf bestimmte *nobiles*, die sie schützten, förderten und in Rom für ihre Interessen eintraten; zerbrach die Einigkeit Roms, mussten sie zwischen den Parteien lavieren, und Außenseiter konnten ihr Glück versuchen, indem sie kluge Bündnisse schlossen. Im Erfolgsfall hätte Hiarbas den numidischen Thron und die Dankbarkeit des Ahenobarbus, die Domitii vielleicht für Generationen ein verbündetes Königshaus in Afrika gewonnen.

Pompeius bereitete seinen afrikanischen Feldzug sorgfältig vor, führte seine Truppen gut gerüstet nach Africa und ließ sie gleichzeitig bei Utica und Karthago an Land gehen. Sofort liefen zahlreiche

Soldaten des gegnerischen Heeres zu ihm über. Dennoch bot ihm Ahenobarbus an einer für ihn günstigen Stelle in einem engen Tal die Schlacht an. Als aber ein gewaltiges Unwetter mit Windböen und Regengüssen niederging, glaubte er nicht mehr an einen Kampf und blies zum Rückzug. Genau diesen Moment der Unordnung nutzte Pompeius und überraschte das feindliche Heer mit einem Angriff. Zum Schluss verwüstete er sogar das Lager, in das sich die gegnerischen Soldaten geflüchtet hatten. Domitius Ahenobarbus ließ er, obgleich er um sein Leben flehte, töten.

Doch die vernichtende Niederlage der Marianer genügte Pompeius nicht. Er strebte nach höherem Ruhm als die zweifelhafte Ehre, in einem Bürgerkrieg Siege über Römer davongetragen zu haben: Wahren Ruhm versprach nur der Sieg über einen auswärtigen Feind. So nahm er sofort die Verfolgung des aufständischen Hiarbas auf, zog mit seinem Heer tief ins Innere Numidiens, bis ihm schließlich mit Unterstützung des Maurenkönigs Bogudes die Ergreifung des Hiarbas gelang. Hiarbas wurde hingerichtet, Hiempsal als König bestätigt, die Beziehungen zu Bogudes geordnet. Der ganze Feldzug hatte nur 40 Tage gedauert. Stolz auf den Erfolg, gönnte Pompeius sich und seinen Soldaten einige Tage Zeit für eine Großwildjagd auf Löwen und Elefanten, damit, wie er scherzend meinte, «auch die wilden Tiere, die Africa bewohnten, nicht in Unkenntnis über den Mut und das Glück der Römer gelassen würden.» (Plut. Pomp. 12,7).

Wieder einmal hatte Pompeius aller Welt gezeigt, dass er ein Feldherr mit Fortune war, und zwar einer, der nicht nur einen Sieg nach dem anderen erringen, sondern eine Provinz zur Ruhe bringen konnte. Selbstbewusst und hoffnungsfroh wartete er mit seinen Soldaten auf weitere Weisung aus Rom.

Da berief ihn Sulla ab, befahl ihm, alle Legionen bis auf eine zu entlassen und auf seinen Nachfolger zu warten. Das entsprach durchaus nicht den hochfliegenden Plänen des ehrgeizigen Feldherrn und auch nicht den Wünschen seiner Soldaten. Deren Unmut wusste er geschickt zu inszenieren, um Sulla unter Druck zu setzen, wie Plutarch ausführlich berichtet:

> **Pompeius selbst verhehlte den Ärger und die Entrüstung, die er über die Behandlung empfand; das Heer aber empörte sich ganz offen, und als Pompeius sie bat, den Rückmarsch anzutreten, schimpften sie auf Sulla, erklärten, sie würden ihn nicht im Stich lassen, und warnten ihn, dem Tyrannen zu trauen. Zuerst versuchte Pompeius, sie zu beruhigen und ihnen gut zuzureden. Als er sie aber nicht zu überreden vermochte, stieg er vom Tribunal herab und ging weinend in sein Zelt. Doch die Soldaten holten ihn zurück und stellten ihn wieder auf sein Tribunal, und so wurde ein großer Teil des Tages damit verbracht, dass sie ihn aufforderten zu bleiben und sein Kommando weiterzuführen, und er wiederum sie bat, zu gehorchen und nicht zu meutern, bis er, da sie heftig in ihn drangen und ihn niederschrien, schwor, er werde sich töten, wenn sie Zwang auf ihn ausübten, worauf sie dann endlich von ihm abließen. (Plut. Pomp. 13,2–4; übersetzt nach Ziegler)**

Die geschilderte Szene zeigt die enorme Dynamik, von der das Verhältnis zwischen Feldherrn und Soldaten bestimmt war: Beide sind aufeinander angewiesen, der Feldherr braucht die Soldaten für seinen Machterhalt, die Soldaten den Feldherrn für ihre Versorgung und beide eint die Aussicht auf Ruhm und der Traum vom großen Triumph in Rom. Mit dem Feldzug in Numidien war dieser in greifbare Nähe gerückt, doch nur, wenn Pompeius samt seinen Legionen nach Rom ziehen durfte. Da dem aber Sullas Entlassungsbefehl entgegenstand, hatte Pompeius sein Spiel inszeniert: Wie zuvor bei Strabo, ist kaum anzunehmen, dass eine solche theatralische Aufführung unter den Soldaten ganz spontan, ohne jeden Anstoß oder Wink von oben, zustande kam.

Jedenfalls verfehlte sie nicht ihre Wirkung in Rom. Doch zunächst wurden die Nachrichten aus der afrikanischen Provinz in Rom missverstanden. Sulla glaubte, Pompeius sei von ihm abgefallen, und er tat den unwilligen Ausspruch, dass es offenbar sein Schicksal sei, im hohen Alter immer Kämpfe mit Knaben ausfechten zu müssen, da nach dem Widerstand des jungen Marius ihm nun auch Pompeius die Stirn biete. (Plut. Pomp. 13,5) Als er aber genaue Kunde über den Hergang hatte, war ihm sofort klar, worauf Pompeius und seine Soldaten wirklich spekulierten: den Triumph! – Ein Ritter, der triumphiert? Das sprengte alles bisher in Rom Dagewesene. Aber genau deshalb wollte Pompeius diese einmalige Ehrung um jeden Preis durchsetzen. Für Sulla war die Forderung unannehmbar, drohte sie doch sämtliche Regeln, nach denen er den Staat mit Orientierung an den alten Traditionen reformiert hatte, zur Makulatur zu machen.

Der Triumphzug durch Rom hinauf zum Kapitol war ein öffentlicher sakraler Akt, bei dem der Triumphator sich und seine Soldaten vom Blut des Krieges kultisch reinigte und Jupiter opferte. Der Triumph war daher immer nur einem hohen Magistrat vorbehalten – doch der 24-jährige Pompeius hatte überhaupt kein Amt inne, er war noch nicht einmal Senator. So gedachte Sulla, ihm eine andere Ehre zukommen zu lassen. Er willigte ein, dass Pompeius mit seinen Soldaten vor Rom zog, ging ihm, wie auch das Volk von Rom, entgegen und hieß ihn willkommen. Dabei sprach er ihn mit dem Ehrennamen *Magnus* – «Der Große» an, wie ihn bereits die Soldaten in Africa genannt haben sollen. Mit der öffentlichen Anrede *Magne* verlieh er dem Beinamen volle Gültigkeit – in ähnlicher Weise war er schon beim Imperator-Titel verfahren – und er hoffte, dass Pompeius sich mit dieser außergewöhnlichen Ehrung zufriedengeben würde. Doch der blieb felsenfest bei seiner Forderung und mit einer unverblümten Anspielung auf das hohe Alter Sullas gab er ihm zu bedenken, dass sich die Menschen vor der aufgehenden Sonne mehr verneigten als vor der untergehenden. Als Sulla begriff, was Pompeius ihm mit diesem Bild zu verstehen geben wollte, nämlich dass die Macht des jungen Mannes im Steigen, seine eigene aber im Sinken begriffen sei, gab der Diktator sich geschlagen und rief bestürzt aus: «Soll er doch triumphieren! Soll er doch triumphieren!» (Plut. Pomp. 14,5). Und das tat Pompeius dann auch und legte mit seinem außerordentlichen Triumph als Ritter ein weiteres Mal die Grundlage für eine Karriere außerhalb jeder Konvention. Denn darin lag aller Ehrgeiz dieses *genious boy*. Noch viele Jahre später erinnerte Cicero in einer Rede an die beispiellosen Großtaten des jungen Pompeius:

Was war so neu, als dass ein ganz junger Mensch ohne Amt in schwieriger Lage des Staates ein Heer aufbrachte? Er tat es. Als es zu befehligen? Er tat es. Die Sache sehr gut unter seiner Führung auszuführen? Er tat es. Was war so jenseits aller Gewohnheit, als einem so jungen Mann, dessen Alter weit entfernt war vom Senatorenrang, Befehlsgewalt und ein Heer zu übertragen, ihm Sizilien anzuvertrauen und Afrika und den dort zu leitenden Krieg? Er zeigte sich in diesen Provinzen von einzigartiger Redlichkeit, Würde und Tapferkeit, beendete den bedeutenden Krieg in Afrika und führte das siegreiche Heer zurück. Was aber war so unerhört, als dass ein römischer Ritter den Triumph feierte? Doch das römische Volk bekam das nicht nur zu sehen, sondern es meinte, dass es mit Eifer zuschauen und mitfeiern müsse. (Cic. Manil. 61; übersetzt nach Gelzer ^{2}1959, Pompeius, 40 f.)

Cicero setzt hier – er plädiert in dieser Rede für die Übertragung eines Sonderkommandos an Pompeius – ganz selbstverständlich voraus, dass seine Anspielungen auf die etwa 15 Jahre zurückliegenden Leistungen des Pompeius von allen verstanden würden: dass nämlich Pompeius für Sulla ein Privatheer aufstellte und befehligte, dass er von Sulla nach Sizilien und Africa gesandt wurde, um die geflohenen Marianer zu verfolgen, dass er sich als geschickter Gouverneur dieser Provinzen erwies und dass er Sulla einen Triumph abtrotzte. Die Selbstverständlichkeit, mit der Cicero annehmen konnte, dass seine Zuhörer die politischen Anfänge des Pompeius lebendig vor Augen hatten, zeigt, wie einzigartig dessen Laufbahn begann, des ersten und einzigen Ritters, den Rom je als Triumphator gesehen hat.

Von klein auf der Große

Von Jugend an war Pompeius ein Phänomen, nicht nur aufgrund seines großen Erfolgs, sondern auch wegen seines eindrucksvollen Auftretens. Er war selbstbewusst, von gewinnendem Wesen und beredt. Geschickt wusste er die Massen ebenso zu packen wie wichtige

Persönlichkeiten: die Soldaten, das Volk von Rom, die Provinzialen und – wie wir gesehen haben – den Diktator Sulla. Dabei verband er Liebenswürdigkeit durchaus mit Unnachgiebigkeit, und wenn es nötig war, schreckte er auch nicht vor brachialer Gewalt zurück.

Die Soldaten waren ihm meist ergeben, und wo nicht, brachte er sie energisch zur Räson. Dabei baute er ganz auf die Beliebtheit und Wertschätzung seiner Person. Offenbar liebte Pompeius theatralische Selbstinszenierungen. Wie er etwa die aufgeladene Stimmung im Lager, als er in Africa von Sulla abberufen wurde, für seine Zwecke nutzte, davon war schon die Rede: Pompeius zieht sich weinend in sein Zelt zurück und droht mit Selbstmord, falls die Soldaten ihm nicht gehorchen. In ähnlicher Weise hatte er laut Plutarch schon Jahre zuvor die Meuterei der Soldaten seines Vaters Strabo abgewendet:

> **Der Feldherr, sein Vater Strabo, kam aus Angst vor Tumult nicht aus seinem Zelt heraus, Pompeius aber lief mitten unter den Soldaten herum, weinte, flehte, und schließlich warf er sich vor dem Tor des Lagers aufs Gesicht, lag da weinend im Wege und rief den Herauseilenden zu, sie sollten nur auf ihn treten, so dass jeder beschämt zurücktrat und am Ende alle, bis auf achthundert, wieder anderen Sinnes wurden und sich mit ihrem Feldherrn aussöhnten. (Plut. Pomp. 3,5; übersetzt nach Ziegler)**

Hier gibt der noch nicht einmal 20-jährige Pompeius ganz den treuen Sohn, der bereit ist, für seinen Vater zu sterben – und sein Beispiel vollendeter Vaterliebe, der römischen Tugend der *pietas*, verfehlt bei den Soldaten nicht seine Wirkung.

Uns mag die pathetische Pose übertrieben und befremdlich erscheinen, aber für römische Verhältnisse fiel sie nicht sonderlich aus dem Rahmen. Die antike Gesellschaft erlaubte tränenreiche Auftritte auch hochstehender Persönlichkeiten vor Gericht, im Senat oder vor dem Heer, wenn es einen triftigen Grund dafür gab. Um zwei weitere Beispiele zu geben: Quintus Caecilius Metellus Numidicus, der den Krieg gegen Jughurtha führte, brach öffentlich in Tränen aus, um seine Soldaten anzuspornen (Sall. Iug. 58,5), und Lucius Licinius Lucullus weinte öffentlich, um seine meuternden Soldaten wieder für sich zu gewinnen (Plut. Lucull. 35,3 f.).

Von Anfang an war Pompeius, der seine Jugend in den Militärlagern seines Vaters verbracht hatte, ein Meister in der Soldatenführung. Er wusste genau, wann er hart durchgreifen musste, wann er Nachsicht walten lassen sollte und wann Belohnungen und Ruhepausen fällig waren. Unser Gewährsmann Plutarch, der uns besonders viele Details aus dem alltäglichen Leben der Triumvirn überliefert hat, bringt immer wieder Beispiele dafür, wie Pompeius mit seinen Soldaten umgegangen ist. Als er auf seinem Africa-Feldzug gegen die Marianer davon hörte, dass sich seine Truppen auf den Märschen undiszipliniert verhielten, ließ er ihre Schwerter versiegeln und bestrafte diejenigen streng, die das Siegel brachen. Offenbar waren die Soldaten marodierend durch die Provinz gezogen, hatten auf den Wegen liegende Dörfer geplündert und deren Bewohner drangsaliert. Das war nicht im Sinne des Pompeius, der stets darauf achtete, die Bevölkerung der Provinzen für sich zu gewinnen. Auch als nach dem Sieg in Africa die Soldaten der Meinung waren, dass Pompeius von der Beute zu wenig für sie und zu viel für die römische Staatskasse bestimmt hatte – sein Vater hingegen hatte alles für sich behalten –, und offen gegen ihn aufbegehrten, da ließ er sie wissen, dass ihn ihre Meinung nicht kümmere und er lieber auf den Triumph verzichte, als ihnen nachzugeben. Mit dieser unbeirrbaren Haltung setzte er sich nicht nur bei seinen Soldaten durch, sondern erwarb sich auch in der römischen Nobilität Anerkennung. (Plut. Pomp. 14,7 f.) Mit sicherem Instinkt wusste er aber auch, wann es besser war, der Stimmung seiner Truppen nachzugeben und zumindest vorübergehend eine gewisse Disziplinlosigkeit hinzunehmen. Davon zeugt eine kuriose Episode, die sich nach der Landung bei Karthago, das etwa zwei Generationen zuvor von den Römern dem Erdboden gleichgemacht worden war, zugetragen haben soll:

Einige Soldaten stießen zufällig auf einen vergrabenen Schatz und kamen so zu viel Geld. Als die Sache ans Licht kam, entstand bei allen

anderen der Glaube, dass der Ort voll von Schätzen sei, die die Karthager dereinst in ihrer Notzeit vergraben hätten. So konnte Pompeius nichts mit seinen Soldaten anfangen, da sie viele Tage lang nach Schätzen suchten, sondern ging lachend herum und sah zu, wie so viele Zehntausende gruben und den Boden umwälzten, bis sie müde wurden und Pompeius baten, sie zu führen, wohin er wolle; denn sie hätten genug für ihre Torheit gebüßt. (Plut. Pomp. 11,4 f.; übersetzt nach Ziegler)

Den Goldrausch seiner Soldaten nahm er in diesem Fall mit Humor und ließ sie gewähren, bis sie ihre vergebliche Mühe selbst einsahen.

Wie glaubwürdig oder wie charakteristisch solche Anekdoten sind, ist immer schwer zu sagen, es gibt gerade über die bedeutenden und beliebten Feldherren zahllose Geschichten dieser Art. Eines aber steht fest: Nichts war für einen römischen Feldherrn wichtiger, als dass er mit den Wünschen, Bedürfnissen und Launen seiner Legionäre umgehen konnte. Er musste wissen, wann die jungen Männer nach großen Strapazen, langen Märschen und anstrengenden Schlachten eine Pause brauchten, wann sie eine Stadt auf der Suche nach Beute und Frauen plündern durften und wann wiederum äußerste Strenge angesagt war, um nicht die Kontrolle über sie zu verlieren. Pompeius jedenfalls hatte seine Soldaten mit der richtigen Mischung von Zuckerbrot und Peitsche bereits in jungen Jahren bestens im Griff.

Auch zu einer anderen gesellschaftlichen Gruppe konnte Pompeius gute Beziehungen aufbauen, indem er stets die richtige Balance zwischen Machtdemonstration und Milde fand: den Provinzialen. Als herausragender Verwalter und Organisator sorgte er in den vom Bürgerkrieg in Rom in Mitleidenschaft gezogenen Provinzen für geordnete Verhältnisse. In Sizilien baute er eine Straße, legte die Pachtabgaben fest und hielt, was auch zu den Aufgaben eines Statthalters gehörte, Gericht. Doch immer machte er unmissverständlich klar, wer der Herr im Lande war. Das bekamen auch die Einwohner von Messene zu spüren, als sie auf Sonderrechte verwiesen, die ihnen von Rom einst gewährt wurden. Kalt kanzelte er sie mit harten Worten ab: «Denn als sie ihm verwehren wollten, sein

Tribunal aufzuschlagen und Recht zu sprechen, weil das nach einem alten Gesetz der Römer nicht zulässig sei, sagte Pompeius: ‹Wenn wir mit dem Schwert umgürtet daherkommen, wollt ihr dann vielleicht aufhören, uns Gesetzestexte vorzulesen?›» (Plut. Pomp. 10,3) Man fühlt sich bei diesem Diktum an den berühmten sogenannten Melier-Dialog im Geschichtswerk des Thukydides erinnert. Dort berufen sich die militärisch weit überlegenen Athener gegenüber den Einwohnern des von ihnen gerade eroberten Melos unverblümt auf das Recht des Stärkeren und argumentieren folgendermaßen:

> **So wollen weder wir selbst mit wohlklingenden Phrasen – etwa dass unsere Herrschaft berechtigt sei, weil wir Perser zu Fall brachten oder dass wir uns lediglich gegen erlittene Übergriffe zur Wehr setzten – eine endlose Suada, der doch niemand Glauben schenkt, zum besten geben [...]. Nein, was angesichts unserer beiderseitigen wahren Absichten machbar ist, das muss in die Tat umgesetzt werden, da ihr doch ebenso gut wisst wie wir, dass das Gerechte in der Auseinandersetzung der Menschen miteinander nur dann entscheidend ist, wenn beide gleichmäßig in ihrer Handlungsfreiheit eingeschränkt sind, das Machbare jedoch die Überlegenen durchsetzen und die Schwachen hinnehmen. (Thuk. 5,89; übersetzt nach Weißenberger)**

Der thukydideische Melier-Dialog steht ganz in der Tradition der philosophischen Strömung der Sophistik, die etwa der Philosoph Thrasymachos vertritt: Er definiert Gerechtigkeit als das, was dem Stärkeren einen Vorteil bringt, denn der Stärkere definiere und diktiere eben, was er für recht und billig hält. Daher kann nach dieser antiken Machttheorie das, was man üblicherweise unter Gerechtigkeit versteht, nur dort herrschen, wo ein Gleichgewicht der Kräfte besteht. Dieser Vorstellung entspricht Pompeius und akzeptiert es nicht, dass sich die Messener in ihrer unterlegenen Position auf Gesetze berufen, und noch dazu auf römische. Er gibt ihnen zynisch zu verstehen, dass sie nicht in der Position seien, um Rechte einzufordern. In der Provinz entscheide allein er, was Recht und Ordnung ist.

Manchmal lässt Pompeius aber auch Milde walten, wenn es ihm angemessen erscheint, so etwa im sizilischen Himera:

> **Als Pompeius sich entschlossen hatte, die Stadt Himera, die auf Seiten der Feinde gestanden war, zu bestrafen, erbat der Volksredner Sthennis das Wort und sagt, Pompeius würde nicht gerecht verfahren, wenn er den Schuldigen laufen ließe und diejenigen, die nichts Böses getan hätten, vernichtete. Als Pompeius fragte, wem er die Schuld gebe, sagte Sthennis, sich selbst, denn er habe unter den Bürgern seine Anhänger überredet und seine Gegner aber genötigt. Voll Bewunderung für die Offenheit und den hohen Sinn des Mannes erließ Pompeius zuerst ihm die Strafe und dann auch allen anderen. (Plut. Pomp. 10,11–13; übersetzt nach Ziegler)**

Der *adulescentulus carnifex*, der jugendliche Henker, konnte also auch durchaus großherzig sein, wenn Milde ihm seinen Zielen förderlich schien. Wenn er ohne Gewalt mehr erreichen konnte, dann wählte er lieber diesen Weg, um bei der einheimischen Bevölkerung Akzeptanz und vielleicht sogar Zustimmung zu finden. Im Gegensatz zu Sulla, der gegnerische Anführer und Mitläufer gleichermaßen verfolgte, machte Pompeius starke Unterschiede. Gegen die einfachen Anhänger zeigte er oft Nachsicht, dafür ließ er erbarmungslos die Köpfe der Anführer rollen. Abschreckende Exempel statuierte er vor allem unter den gegnerischen Feldherren, die er nach seinen Siegen in aller Regel hinrichtete. Die erwähnten Tötungen des dreimaligen Konsuls Papirius Carbo in Sizilien, des jungen Patriziersohnes Domitius Ahenobarbus und des numidischen Prätendenten Hiarbas in Africa bezeugen eindrucksvoll, wie entschieden Pompeius schon in jungen Jahren als Herr über Leben und Tod auftrat und handelte – und auch in den folgenden Jahren schonte er gefangengenommene Befehlshaber gegnerischer Heere nicht.

Pompeius hatte ein gutes Gespür dafür, wann er Härte zeigen, wann er Milde walten lassen musste, um seine Ziele zu erreichen. Er fand den richtigen Ton und die richtige Geste, um die unterschiedlichsten Gruppen und Personen für sich einzunehmen oder für seine

Zwecke zu instrumentalisieren. Den Diktator überzeugte er mal mit forschem Auftreten, mal mit Ergebenheit, die Soldaten mal mit Drohungen, mal mit Tränen, die Provinzbewohner mal mit Güte, mal mit Gewalt – für den Gegner auf Augenhöhe hielt er den Tod bereit. Gleichzeitig hatte er ein überragendes Talent für Organisation und Logistik, sei es auf Feldzügen, sei es bei der Verwaltung von Provinzen. Mit dieser Mischung aus praktischem Verstand, Mut und Charisma hatte er sich gleich zu Beginn seiner Karriere den Ruf eines Außergewöhnlichen erworben. Sein Name stand seitdem für Ruhm und Größe.

Caesar
100–80 v. Chr.

Gaius Iulius Caesar, geboren 100 v. Chr., gut sechs Jahre jünger als Pompeius, war bei Sullas erstem Marsch auf Rom erst zwölf Jahre alt. Er gehörte einem der ältesten und angesehensten patrizischen Geschlechter an, den Juliern. Diese führten sich auf Julus zurück, den Sohn des trojanischen Prinzen Aeneas, der, wie es hieß, der Sohn der Göttin Venus war. Über die Großmutter stammte Caesar von den Marciern ab, einem Geschlecht, das sich auf den mythischen König Ancus Marcius zurückführte. In einer uns überlieferten Grabrede auf seine Tante Iulia konnte sich Caesar daher zu folgender selbstbewussten Aussage aufschwingen:

> **Mütterlicherseits stammt das Geschlecht meiner Tante Iulia von den Königen ab, vonseiten des Vaters ist es mit den unsterblichen Göttern verwandt. Denn von Ancus Marcius stammen die Marcischen Könige ab, das war der Name ihrer Mutter; von Venus stammen die Julier ab, unsere Familie gehört zu diesem Geschlecht. In der hohen Abkunft steckt also sowohl die Unantastbarkeit der Könige, die bei den Menschen das größte Ansehen haben, wie auch die Heiligkeit der Götter; unter ihrer Macht stehen selbst Könige. (Suet. Iul. 6,1; übersetzt nach Martinet)**

Caesars für heutige Verhältnisse bizarr anmutendes Familienlob bildet das patrizische Denken eines römischen *nobilis* ab: Die eigene Familie, deren Stammbaum möglichst weit in die halb historische, halb mythische Urzeit – mitunter recht phantasievoll – zurückverfolgt wird, ist der eigentliche Bezugspunkt seines Selbstverständnisses. Der Staat – sei er als Königtum, sei er als Republik konstituiert – spielt dabei eine der *gens*, der Adelsfamilie, untergeordnete Rolle.

Die Julier nahmen vor allem im 5. und 4. Jahrhundert v. Chr. eine herausragende Rolle in Rom ein. Der Familienzweig der Iulii Caesares hingegen ist erst ab dem 3. Jahrhundert fassbar, und wenngleich ihre Verbindung zu den frührömischen Juliern im Dunklen bleibt, präsentierten sich die Caesares ab dem 2. Jahrhundert stolz als Nachfahren des Aeneassohnes Julus und damit der Venus. Sie zählten damit nicht nur zu den Patriziern, also dem Hochadel, sondern zu einem noch exklusiveren Kreis innerhalb des Patriziats: den Familien aus Alba Longa. Die etruskische Stadt Alba Longa soll vom Aeneassohn Julus für die Einwanderer aus Troja gegründet worden sein, und als sie später zerstört wurde, siedelten der Legende nach deren Nachkommen nach Rom um. Die Julier gehörten – neben anderen, etwa den Serviliern und übrigens auch den Sergiern, der Familie Catilinas – zu den ganz wenigen ‹trojanischen Familien›, die einst den Hochadel in Alba Longa stellten. Caesar legte zeitlebens auf die trojanische Herkunft der Julier großen Wert und auf dem Höhepunkt seiner Macht, als er Diktator war, soll er, wie der Historiker Cassius Dio berichtet, seine königliche wie auch göttliche Abkunft auf verschiedene Weise öffentlich inszeniert haben:

> **So wählte er auch, um vor allen Leuten seinen Stolz erkennen zu lassen, ziemlich weite Gewänder und benützte später zuweilen hohes purpurrotes Schuhwerk, nach Art der einstigen Könige von Alba Longa, mit denen er, wie er behauptete, durch Iulus verwandt war. Im Allgemeinen huldigte er ganz und gar der Venus und wollte jedermann davon überzeugen, dass er von ihr sogar eine Art Blume besitze, die Jugend verleihe. Er trug auch ein Medaillon, dem das Bild der ‹Venus in**

Waffen› eingraviert war, und er benutzte den Namen der Venus als Losungswort fast immer in den größten Gefahren. (Cassius Dio, 43,43,2 f.; übersetzt nach Veh)

In diesem Licht ist auch die Weihung eines Tempels der Venus Genetrix – der «Stammmutter Venus» – zu sehen, die Caesar gegen Ende seines Lebens auf dem von ihm erbauten Forum Iulium vollzog.

Die glanzvolle Abkunft, die die Julier für sich beanspruchten, stand aber in einem gewissen Kontrast zur tatsächlichen politischen Bedeutung, die sie vor Caesars Aufstieg besaßen. Sie stellten im gesamten 2. Jahrhundert nur einen Konsul, nämlich im Jahr 157 v. Chr., und der gehörte nicht zu Caesars direkter Familienlinie. Caesars gleichnamiger Vater erhielt 92 v. Chr. die Prätur, ging im Jahr darauf in die Provinz Asia und starb 85 v. Chr., ehe er das Konsulat erreichte. Auch Caesars Großvater und Urgroßvater in väterlicher Linie blieb das Konsulat verwehrt. Immerhin waren Caesars Onkel und Großonkel beide kurz vor Ausbruch des Bundesgenossenkriegs Konsuln. Doch war ihnen bald ein gewaltsamer Tod beschieden: Sextus Iulius fiel noch im Bundesgenossenkrieg, und Lucius Iulius wurde als Sullaner 87 v. Chr. von den Anhängern des Marius ermordet. Allerdings war Marius durch Heirat ein Onkel Caesars, denn Marius hatte die Schwester seines Vaters, die schon erwähnte Tante Iulia, zur Ehefrau genommen. Caesars Familie war also im Bürgerkrieg politisch gespalten, und er, der Neffe, stand zwischen den Fronten.

Doch noch schützte ihn sein jugendliches Alter – und die Heiratspolitik seines Vaters. Dieser verlobte den erst 15-Jährigen mit einer gewissen Cossutia, der Tochter eines reichen Ritters, und sicherte den Sohn mit dieser politisch unauffälligen Verbindung finanziell ab, ohne ihn dabei politisch zu exponieren. Es war zur Zeit des Cinna-Regimes, als die Marianer mit eiserner Hand herrschten, aber die Rückkehr und Rache Sullas sich schon abzeichneten. Eine Heirat zwischen Hochadel und Geldadel war in diesen Zeiten außerdem eine durchaus häufige Erscheinung, denn dem alten Adel fehlte es nicht selten an liquiden Mitteln.

Caesars Mutter Aurelia stammte aus dem angesehenen und einflussreichen plebejischen Geschlecht der Aurelier, und sie erlebte, wie innerhalb weniger Jahrzehnte nicht weniger als fünf ihrer engeren Verwandten das Konsulat erreichten. Sowohl ihr Vater Lucius Aurelius Cotta als auch ihr gleichnamiger Großvater hatten das Konsulat bekleidet. Auch ihre drei Cousins erreichten das höchste Amt im Staat, darunter der bekannte Redner Gaius Aurelius Cotta. Er war ein politischer Weggefährte jenes Publius Sulpicius Rufus, der als Volkstribun Sulla den Oberbefehl aberkannt hatte. Cicero bezeichnet die beiden als die besten Redner ihrer Zeit und hat insbesondere Gaius Cotta in zweien seiner Werke ein literarisches Denkmal gesetzt. Es mag durchaus sein, dass ihn der junge Caesar auf dem Forum gehört und bewundert hat. Belegt ist jedenfalls der Einfluss des Großonkels Gaius Iulius Caesar Strabo auf Caesar. Caesar Strabo hatte es zwar nur zum Ädilen gebracht, war aber nebenbei auch als Tragödiendichter tätig und trotzdem (oder gerade deshalb) für seinen geistreichen Humor berühmt. Cicero hat ihn daher in seiner rhetorischen Schrift *Über den Redner* auftreten und eine Theorie des Witzes vortragen lassen. So traf Caesar in seiner verzweigten Verwandtschaft auf Literaten und große Redner, die ihn prägten und inspirierten. Einen wesentlichen Einfluss auf seine geistige Bildung hat aber seine Mutter Aurelia genommen. Ihr bescheinigt der Historiker Tacitus eine vorbildhafte Erziehung ihres Sohnes und stellte sie in eine Reihe mit der Mutter der Gracchen und der Mutter des Augustus, die als die idealen Mütter schlechthin galten: «So, heißt es, habe Cornelia der Erziehung der Gracchen, so Aurelia der Caesars, so Atia der des Augustus vorgestanden und ihre Kinder zu den ersten Männern des Staates vorangebracht.» (Tac. dial. 28,5)

Der verhinderte Jupiterpriester

Als Caesars Vater 85 v. Chr. – übrigens eines natürlichen Todes – starb, war sein Sohn kaum 16 Jahre alt. Dieser hatte erleben müssen, wie die Marianer den Konsular Lucius Iulius Caesar erschlugen und mit ihm auch dessen Bruder, den eben erwähnten Tragödiendichter und Redner Caesar Strabo, und wie der Konsular Sextus Iulius Caesar im Bundesgenossenkrieg fiel. Der junge Caesar und seine beiden älteren Schwestern wurden nun nicht mehr von einem männlichen Familienoberhaupt, dem *pater familias*, beschützt, und es ist anzunehmen, dass seine vornehme und gut vernetzte Mutter nun eine bedeutende Rolle auch in der Familienpolitik übernahm. Jedenfalls entstand der Plan, dass Caesar das ebenso prestigeträchtige wie altertümliche Amt des Flamen Dialis übernehmen sollte.

Die Priesterstelle war seit 87 v. Chr. vakant, da der letzte Jupiterpriester, als er von Cinna und den Marianern verfolgt und angeklagt wurde, dem zu erwartenden Todesurteil zuvorkam und sich im Jupitertempel das Leben nahm. Dass Cinna, wie man gemeinhin annimmt, den jungen Caesar als Nachfolger vorsah, mag seinen Grund darin gehabt haben, dass Caesar ein Neffe des mittlerweile verstorbenen Marius und den Popularen verbunden war. Gut vorstellbar ist aber auch, dass bei dieser Entscheidung Iulia, die Tante Caesars und Witwe des Marius, sowie Aurelia, Caesars Mutter, den Anstoß gaben. Überraschend an dem Vorschlag, Caesar zum Jupiterpriester zu machen, ist der Umstand, dass dieses Priesteramt aufgrund einer großen Zahl ritueller Auflagen eine politische Tätigkeit so gut wie ausschloss. So durfte der Flamen Dialis kein Pferd reiten, kein Heer in Waffen sehen und Rom nicht für längere Zeit verlassen. Überdies gab es erhebliche Einschränkungen, was das alltägliche Leben betraf. Er durfte, um nur wenige Beispiele aus einer langen Liste zu nennen, weder rohes Fleisch noch Efeu berühren noch Bohnen oder gesäuerte Brote verzehren, auch der Kontakt mit Hunden und Ziegen war verboten. Die Amtstracht war ebenfalls sonderbar. Sie bestand aus einem spitzen Hut, dem Apex, und einem schweren wollenen Mantel. Die gesamte Erscheinung wirkte archaisch und lässt auf einen vorrömischen, vielleicht etruskischen Ursprung dieses Amtes schließen. Nichtsdestoweniger war der Jupiterpriester hoch angesehen und verfügte auch über einige Privilegien, unter anderem hatte er das Recht auf einen Platz im Senat und auf eine Begleitung durch einen Amtsdiener, den Liktor. Das Amt des Flamen Dialis war allerdings auch bestens dafür geeignet, jemanden

Abb. 2 · Portrait eines Jupiterpriesters (Flamen Dialis)

politisch auszuschalten, und vielleicht war deshalb eben nicht, wie in der Forschung vermutet wird, Cinna die treibende Kraft hinter dieser Personalentscheidung, die gewissermaßen Caesar für die aktive populare Politik unbrauchbar gemacht hätte. Vielmehr ist es durchaus möglich, dass Tante Iulia und Mutter Aurelia dahintersteckten, die ihren Neffen und Sohn in dieser blutigen Zeit auf elegante Weise aus der Schusslinie nehmen wollten.

Eine weitere Bestimmung war, dass der Flamen Dialis mit einer Patrizierin verheiratet sein musste, und Caesars Verlobte erfüllte diese Bedingung nicht. So wurde die Verlobung mit Cossutia aufgelöst, und Caesar nahm Cornelia, eine Tochter Cinnas, zur Frau, die als *flaminica*, also als Gattin eines *flamen Dialis*, einen Teil der kultischen Aufgaben zu übernehmen hatte. Übrigens durfte eine Ehe zwischen einem *flamen Dialis* und seiner *flaminica* nicht geschieden werden. Danach überschlugen sich die Ereignisse, denn noch im selben Jahr, in dem Caesar Cornelia heiratete, wurde sein Schwiegervater bei einer Meuterei in Ancona erschlagen. Ob damit auch Caesars Ernennung zum Jupiterpriester ins Wasser fiel oder ob sie noch vollzogen wurde, ist in der Forschung umstritten. Auffällig ist jedenfalls, dass für die kommenden Jahrzehnte weder Taten noch Namen von Jupiterpriestern erwähnt werden. Vielleicht blieb das Amt vakant oder Caesar führte es inoffiziell, um seinen Sitz im Senat zu behalten – wir wissen es ebenso wenig wie die Antwort darauf, ob Caesar mit dem wunderlichen Leben eines Flamen Dialis einverstanden gewesen wäre.

Immerhin wurde Caesar gut zehn Jahre später ins Kollegium der Priester (*pontifices*) aufgenommen, übrigens als Nachfolger des Gaius Aurelius Cotta, des Vetters seiner Mutter. Und nochmals zehn Jahre später setzte er alles daran, um Oberpriester (Pontifex Maximus) zu werden – mit Erfolg. Beide Priesterämter waren aber keinem sonderlich strengen Reglement unterworfen, sondern erlaubten ihren Amtsinhabern öffentliche Tätigkeit, im Gegenteil, sie stärkten sogar deren politische Machtstellung erheblich. Dass Caesar besonderen Wert auf die Übernahme von Priesterämtern legte, lässt sich durchaus mit seinem Selbstverständnis als *nobilis* in Verbindung bringen. Die alten Kulte zelebrierten seit jeher würdige Vertreter des Adels und sie gaben ihnen aufgrund der zahlreichen Festtage die Möglichkeit, regelmäßig bei rituellen Handlungen in der Öffentlichkeit Präsenz zu zeigen und ihr Prestige zu steigern. Politiker waren auch Priester und Priester auch Politiker. Cicero lobte diese Personalunion einmal in einer Rede vor dem römischen Priesterkollegium:

> **Unsere Vorfahren haben vieles wie durch göttliche Eingebung erfunden und angeordnet, ihr Priester, darunter nichts Herrlicheres als den Grundsatz, denselben Männern sowohl den Kult der unsterblichen Götter als auch alle wichtigen politischen Entscheidungen in die Hand zu geben: Es sei Sache der bedeutendsten und angesehensten Bürger, durch eine gute Staatsführung den Kult und durch eine weise Handhabung des Kultes den Staat zu bewahren. (Cic. dom. 1; übersetzt nach Fuhrmann, 1978)**

Da es die Priester waren, die festlegten, an welchen Tagen welche Geschäfte, Gerichtsverhandlungen und Senatssitzungen stattfinden durften beziehungsweise verboten waren, hatten sie die Möglichkeit, anstehende Entscheidungen zu verhindern oder, wenn sie ungünstige Vorzeichen meldeten, getroffene Entscheidungen für ungültig zu erklären. So konnte Religion, wovor Cicero in der eben zitierten Rede eindringlich warnt, zu einer gefährlichen politischen Waffe werden (Cic. dom. 1–3). Kult und Politik waren in Rom jedenfalls eng und vielfältig miteinander verwoben, und daher ist es wenig überraschend, dass Caesar seine Karriere auch auf Priesterämter baute.

Krank und auf der Flucht

Mit der Heirat der Cornelia, der Tochter des Cinna, geriet Caesar in Opposition zu Sulla. An der Schlacht am Collinischen Tor 82 v. Chr. aber beteiligte sich der gerade erst 18-Jährige nicht. Auch den Proskriptionen entging er. Vielleicht schützte ihn sein jugendliches Alter oder die angestrebte oder auch vollzogene Inauguration zum Jupiterpriester. Auch seine engere Familie blieb verschont, obwohl Caesars Tante Iulia mit Marius verheiratet gewesen war. Marius war fast vier Jahre tot und sein Sohn hatte sich nach dem Fall von Praeneste das Leben genommen. Und Caesars Mutter Aurelia entstammte ohnehin einer optimatisch gesinnten Familie: Ihr Vater hatte sich bereits vor langer Zeit als Konsul mit Marius angelegt, als dieser noch Volkstribun war.

Zur Konfrontation mit Sulla kam es erst, als der Diktator von Caesar verlangte, sich von seiner Frau Cornelia zu trennen. Sullas gesellschaftlicher ‹Umbau› zielte darauf, nicht nur alle popularen Politiker zu vernichten, sondern auch deren Nachfahren aus der Politik auszuschließen, damit die Optimaten unter sich bleiben würden. Dass er Pompeius seine Stieftochter Aemilia zur Frau gab, entsprach dieser Ehepolitik. Die Vorstellung hingegen, dass Caesar, der aus patrizischem Adel abstammte, von Cornelia einen Sohn bekäme, der damit ein Enkel des Popularen Cinna wäre, musste Sulla unerträglich erscheinen, wollte er doch dem alten Adel im optimatischen Sinne wieder zu neuem Glanz verhelfen. Im Vergleich zum unglücklichen Schicksal der anderen war die Zumutung, die Sulla vom jungen Caesar einforderte, letztlich eine moderate, und Caesar hätte froh sein können, so glimpflich davonzukommen. Doch Caesar wäre nicht Caesar, wenn er klein beigegeben hätte. Er weigerte sich vehement, Cornelia zu verstoßen, und nahm dafür erhebliche Sanktionen in Kauf, wie uns der antike Biograph Sueton berichtet:

> **Er ließ sich auf keine Weise vom Diktator Sulla zur Scheidung von ihr bewegen. Dafür zur Strafe verlor er seine Priesterwürde, die Mitgift seiner Gattin und Erbansprüche gegenüber seiner Familie und wurde zum Anhänger der Gegenpartei erklärt, so dass er sich gezwungen sah, von Rom fortzugehen und trotz eines seine Lage verschlimmernden viertägigen Fiebers fast Nacht für Nacht seine Verstecke zu wechseln, auch wohl sich von den ausgesendeten Spürhunden mit Geld loszukaufen … (Suet. Iul. 1,1 f.; übersetzt nach Martinet; vgl. auch Plut. Caes. 1,3)**

Wie wenige Jahre zuvor der alte Marius nach Sullas erstem Marsch auf Rom fliehen und sich zeitweise in den Sümpfen nahe der latinischen Stadt Minturnae verstecken musste (vgl. Plut. Marius 37 f.) (vgl. Cic. p. red. ad Quir. 19–20), so floh nun der junge Caesar nach Sullas zweitem Marsch aus Rom und irrte krank – «viertägiges Fieber» meint wohl Malaria – durch das Sabinerland, ständig seinen Aufenthalt wechselnd. Als die Häscher Sullas, die auf die Marianer Jagd machten, ihn doch aufgriffen, kaufte er sich frei – Plutarch nennt einen aberwitzig hohen Betrag. Offenbar hatte er die nötigen Mittel und Unterstützung.

Es war auch dem Einfluss seiner Mutter Aurelia und ihrer mächtigen Familie zu verdanken, dass Caesars missliche Lage ein Ende fand, wie Sueton weiter berichtete:

> **… bis er endlich durch die Vermittlung der Vestalischen Jungfrauen und durch Mamercus Aemilius und Aurelius Cotta, seine Verwandten und Verschwägerten, Begnadigung erlangte. Hinreichend bekannt ist**

es, dass Sulla, der die Bitten befreundeter und angesehener Männer längere Zeit hindurch abgeschlagen hatte, endlich, von ihren anhaltenden Vorstellungen überwunden, in die Worte ausbrach – sei es in dämonischer Vorahnung oder in richtiger Würdigung des Charakters – nun, so möchten sie denn ihren Willen haben, aber auch zugleich wissen, dass der, dessen Rettung sie so sehr erwünschten, dereinst der von ihnen gemeinschaftlich verteidigten Aristokratie den Untergang bringen werde. Denn in Caesar stecke mehr als ein Marius. (Suet. Iul. 1,2 f.; übersetzt nach Martinet)

Neben Aurelius Cotta, dem Cousin Aurelias, führt Sueton unter den Helfern Caesars die Vestalinnen und einen gewissen Mamercus Aemilius auf. Er war wohl der jüngere Bruder des Volkstribunen Marcus Livius Drusus. Man fragt sich auf den ersten Blick, warum sich gerade die Vestalinnen für Caesar einsetzten und was sie mit den beiden anderen namentlich genannten Fürsprechern verbindet. Auf den zweiten Blick fällt die Tatsache auf, dass zu dieser Zeit sowohl Mamercus Aemilius als auch Aurelius Cotta das Amt eines Pontifex innehatten und damit außer Mitgliedern der Familie vor allem Vertreter der Priesterschaft sich für Caesar einsetzten. Vielleicht hat seine Bestimmung zum Flamen Dialis dazu beigetragen, dass gerade Priesterinnen und Priester ihn zu schützen versuchten, vielleicht veranlasste aber auch Aurelia diese Gruppe, bei Sulla vorstellig zu werden. Möglicherweise hoffte sie darauf, dass Sulla, der die altehrwürdigen Traditionen hochhielt, vor der Priesterwürde der Fürsprecher und der des Verfolgten Achtung haben würde. Jedenfalls gab Sulla – erstaunlich genug – nach, freilich nicht ohne auf die politische Gefahr hinzuweisen, die von einem derart kühnen Jüngling ausgehe: In Caesar werde ein popularer Politiker heranwachsen, dessen Macht bei weitem größer sein werde als die eines Marius. Diese Prophezeiung könnte allerdings der Legendenbildung angehören, die erst später aus der Rückschau Sulla in den Mund gelegt wurde.

Caesar sollte mit Cornelia, die ihm 76 v. Chr. die Tochter Iulia gebar, bis zu ihrem Tod verheiratet bleiben. Cornelia starb im Jahr 69/68 v. Chr. im Alter von erst etwa 25 Jahren. Zur selben Zeit starb auch Tante Iulia, und Caesar hielt auf Ehefrau und Tante die Leichenrede, eine Ehre, die in Rom für Frauen, vor allem für eine junge Frau wie Cornelia, eine ganz außerordentliche war.

Caesar hatte trotz seiner Jugend einen eigenen Kopf bewiesen, und obwohl er am Bürgerkrieg nicht beteiligt war, hatte er dessen Folgen zu spüren bekommen. Dabei hatte er Standhaftigkeit und Ausdauer gezeigt, aber auch Geschick und die Fähigkeit, sein Glück in die Hand zu nehmen. Er wusste um seinen Adel und zeigte dies auch. Erster Ruhm begann ihm voranzulaufen – oder war es der zukünftige Ruhm, der gleichsam in seine Jugendjahre zurückstrahlte, da man später diese nur allzu gern mit schönen Geschichten ausschmückte?

Am Ende des sullanischen Bürgerkrieges befanden sich die drei zukünftigen Triumvirn in einer ganz unterschiedlichen Lage. Der junge Caesar galt als Marianer und trug damit eine schwere politische Bürde auf seinen Schultern. Dafür war er ein Spross aus patrizischem Hochadel und gehörte mit seiner Mutter zu den ersten Kreisen Roms.

Der deutlich ältere Crassus stammte aus plebejischem Adel und stand als Sullaner auf der Seite der Sieger. Bei den Proskriptionen hatte er beachtliche Reichtümer angehäuft. Doch durch seine maßlose Gier war er bei Sulla in Ungnade gefallen und auch nach dessen Tod zeigte ihm Roms Nobilität die kalte Schulter.

Pompeius, der keinen alten Adel aufweisen konnte und aus dem ländlichen Picenum stammte, hatte sich unter Sulla glänzend bewährt. Überraschenderweise hatte ihn Sulla in seinem Testament nicht berücksichtigt. Pompeius wusste aber diese Zurücksetzung geschickt zu seinen Gunsten auszunutzen, indem er sich trotzdem für ein feierliches Staatsbegräbnis des Diktators stark machte. Auf der öffentlichen Leichenfeier trug er seine Verehrung gegenüber seinem großen Förderer zu Schau und erntete damit nicht nur den Beifall des alten Adels, sondern auch den der einfachen Bürger. Bei den Sullanern, die nun in Rom herrschten, blieb er ebenso beliebt wie beim Volk von Rom.

Militärisch hatten sich sowohl Crassus, der eigentliche Sieger in der Schlacht am Collinischen Tor, und noch mehr Pompeius, der jugendliche Triumphator, als fähige Feldherren erwiesen und für künftige Feldzüge empfohlen. Caesar hingegen hatte angesichts seines jugendlichen Alters nicht am Krieg teilgenommen.

Trotz aller Unterschiede war allen dreien eines gemeinsam: Sie gehörten einer Generation an, die ihre Jugend in einem grausamen Bürgerkrieg verbracht hatte. Nun galt es, nach vorne zu schauen, und es war völlig offen, wem von ihnen die Zukunft gehören sollte.

Denn es liegt nicht in der menschlichen Natur,
dass ein Mensch nach einer langen Amtszeit bereit ist,
an den überkommenen Sitten festzuhalten.

Cassius Dio, Römische Geschichte

Im Schatten des Großen

78 bis 60 v. Chr.

Sulla war tot. Sein Lebenswerk, die Optimatenrepublik, mit Gewalt erschaffen, stand nun nicht mehr unter dem Schutz ihres mächtigen Schöpfers und musste sich im politischen Alltag bewähren. Würde sie in der Form, wie sie Sulla hinterlassen hatte, überleben? Sulla selbst war davon überzeugt, dass er den Staat von den destabilisierenden Reformmaßnahmen der Gracchen befreit und die alte Republik, wie sie vor den Gracchen gewesen war, wieder ins Werk gesetzt hatte: Der Senat war gestärkt, der Einfluss des Volkstribunats enorm geschwächt, die Zahl der Magistrate erhöht und die Regeln für den *cursus honorum* und die Verwaltung der Provinzen ausgeschärft. Keiner sollte ‹seinen› Staat mehr gefährden, dafür hatte Sulla unter anderem mit seinen Proskriptionen gesorgt. Die Gegner der von ihm wiederbelebten Republik, die popularen Anhänger des Marius, waren großenteils physisch ausgeschaltet, der Rest außer Landes vertrieben.

Wie der römische Staat künftig aussehen sollte, war von zwei übermächtigen Männern bestimmt worden: Sulla und Marius, die jeder für sich eine große Zahl an Anhängern mobilisieren konnten. Ihre Macht basierte vor allem darauf, dass sie ihre politischen Ziele mit Hilfe von Armeen durchsetzten, die sich weniger dem Staat als ihren Feldherren verpflichtet fühlten: Diese Armeen erhielten dadurch den Status von Klientelen, auf die Machthaber wie Sulla und Marius auch in der Innenpolitik zurückgreifen konnten. Zugespitzt könnte man formulieren: Hochrangige Militärs maßen ihre Kräfte, indem sie sich mit wechselndem Erfolg an die Spitze des Staates putschten: zuerst Marius, dann Sulla, dann Cinna – am Ende siegte Sulla: Gleichsam als Preis der Machtkämpfe war der Staat selbst ausgelobt.

In diesem Zusammenhang stellt sich die Frage, woher die einseitige Verteilung militärischer Macht auf nur wenige Einzelpersonen rührt. Ein strukturelles Problem wurde bereits mehrfach erwähnt: Es gab in Rom keine staatlich garantierte Veteranenversorgung, sondern es oblag den Feldherren, die Versorgung ihrer Soldaten jedes Mal neu im Senat beziehungsweise in der Volksversammlung durchzusetzen. Das hatte zur Folge, dass die Veteranen ganz auf ihre Feldherren setzten und im Zweifelsfall für deren Sache kämpften – auch dann, wenn sie gegen den Staat gerichtet war.

Die Monopolisierung militärischer Macht wurde von einer verhängnisvollen Entwicklung begünstigt, die sich schon seit dem Ende des Dritten Punischen Krieges (149–146 v. Chr.) abzeichnete. Die römische Nobilität wurde ihrer militärischen Führungsrolle immer weniger gerecht, was sich in mehreren großen Niederlagen gegen auswärtige Feinde zeigte. Eine der schmachvollsten unter ihnen war der Untergang des Heeres in der Schlacht bei Arausio gegen die Kimbern und Teutonen im Jahr 105 v. Chr. So war man gezwungen, immer häufiger auf immer dieselben wenigen Feldherren zurückzugreifen, die großen militärischen Aufgaben gewachsen waren. Und so verdankte etwa Marius seinen kometenhaften Aufstieg dem Mangel an fähigen Feldherrn (dass er dann allerdings von der Volksversammlung das Sonderkommando erhielt, den Feldzug gegen Mithridates zu übernehmen, mit dem der Senat bereits Sulla beauftragt hatte, führte zum blutigsten Bürgerkrieg, den Rom bis dahin gesehen hatte).

Regulär waren militärische Aufgaben an das Amt eines sogenannten Promagistrats gekoppelt, das heißt an die Statthalterschaft in einer der Provinzen, die sich dem in Rom als Prätor oder Konsul ausgeübten Amtsjahr jeweils für ein weiteres Jahr anschloss. Diese Provinzen wurden über ein Losverfahren vergeben, seit Sulla sogar noch vor der Wahl der jeweiligen Magistrate. Das sollte dafür sorgen, dass auch unbeliebte und wenig einträgliche Provinzen Abnehmer fanden. Dagegen wurden Sonderkommandos, also außerordentliche Befehlsgewalten (*imperia extraordinaria*), namentlich an eine bestimmte Person übertragen, die ein Promagistrat, also Prokonsul oder Proprätor, oder aber auch ein amtsloser Privatmann (*privatus*) sein konnte. Dass die außerordentlichen *imperia* bisweilen mit recht umfangreichen Machtbefugnissen ausgestattet waren, tut, was ihre formale Definition betrifft, nichts zur Sache.

Die namentliche Erteilung von Sonderkommandos an geeignete Einzelpersonen blieb in den nächsten Jahrzehnten ein häufiges Verfahren, um der Vielzahl an militärischen Herausforderungen zu begegnen. Davon profitierten in der nachsullanischen Zeit vor allem ehrgeizige junge Männer wie Marcus Antonius Creticus, Lucius Licinius Lucullus oder allen voran der ebenso charismatische wie erfolgreiche Pompeius, der nicht umsonst von Jugend an bei seinem Vater die Schule des Krieges durchlaufen hatte. Ihm gehörten, nachdem er sich als ‹militärisches Wunderkind› unter Sulla größten Ruhm erworben hatte, die folgenden zwei Jahrzehnte römischer Außen- und Sicherheitspolitik.

In diesem Zusammenhang ist häufig davon die Rede, dass die Organisationsform des römischen Staates ursprünglich auf einen überschaubaren Stadtstaat ausgelegt gewesen sei – Theodor Mommsen bezeichnete das alte Rom als «Gemeindestaat» – und daher den neuen Herausforderungen eines expandierenden Flächenstaates strukturell nicht mehr entsprochen habe. Infolgedessen – so die weitverbreitete Auffassung – wäre das Notfallinstrument des *imperium extraordinarium* immer häufiger zum Einsatz gekommen und hätte Einzelpersonen zu solcher Machtfülle verholfen, dass sie dem römischen Staat gefährlich werden konnten. Diese Sichtweise ist neuerdings allerdings dahingehend relativiert worden, dass solche Kommandos vor allem deshalb notwendig geworden seien, weil viele Vertreter der Nobilität, die für militärische Aufgaben in Frage gekommen wären, das Prokonsulat beziehungsweise die Proprätur verweigerten und sich den damit verbundenen militärischen Aufgaben entzogen. Der Historiker Wolfgang Blösel konnte nachweisen, «dass von den Konsuln und Prätoren der Jahre 80 bis 50 wahrscheinlich ein Drittel bis die Hälfte die Übernahme der Statthalterschaft einer römischen Provinz abgelehnt hat.» (Blösel 2015, 214) Es herrschte also kein Mangel an politischem Personal, das ja durch Sullas Aufstockung der Beamtenstellen nochmals gewachsen war, sondern schlicht an dessen Bereitschaft, in die Provinzen zu gehen. Die Gründe dafür sind durchaus nachvollziehbar, wie Blösel erläutert:

> **Offenbar war die Verwaltung einer Provinz nur noch dann wirtschaftlich lukrativ und versprach Kriegsruhm, wenn sie erst vor kurzem eingerichtet worden war und an ihren Grenzen noch nicht unterworfene Völker für Unruhe sorgten. In den schon lange befriedeten Binnenprovinzen waren hingegen die Gewinnmargen bei der Steuer- und Abgabeneinziehung bereits längst zwischen den römischen *publicani* [Steuerpächter] und den lokalen Eliten aufgeteilt. Wollte dort ein Provinzstatthalter durch die Erhebung neuer Abgaben ‹sein Stück vom Kuchen› abhaben, so endete dies regelmäßig mit dessen Anklage vor dem Repetundengerichtshof in Rom. Über die Repetundenverfahren übten die römischen Steuerpächter erheblichen Druck gerade auf die Proprätoren aus, sich in den Provinzen ‹kooperativ› zu verhalten. Angesichts der durchschnittlich geringen Gewinnaussichten bei erheblichem Risiko in den Provinzen erschien vielen *nobiles* der Verbleib in Rom weit attraktiver. […] Zudem drohte eine Abwesenheit in Rom von einem oder gar mehreren Jahren politische Freundschaften und Geschäftsverbindungen nachhaltig zu lockern. Diese primär wirtschaftlichen Gründe dürften hinter der Abneigung vieler *nobiles* gegenüber einem Provinzkommando und damit ihrer Demilitarisierung gestanden haben.» (Blösel 2015, 214 f.)**

Es war ein Teufelskreis: Das militärische Desinteresse vieler Männer aus den römischen Adelskreisen (*nobiles*) resultierte aus ihrer militärischen Unerfahrenheit, die wiederum führte dazu, dass im Ernstfall militärische Aufträge nur an wenige Einzelpersonen vergeben wurden – was wiederum verhinderte, dass auch andere einschlägige Erfahrungen sammeln konnten.

Diese unglückliche Mischung aus militärischer Unfähigkeit und militärischem Desinteresse hatte also zu einer «Demilitarisierung der Nobilität» (Blösel und Hölkeskamp) und damit zu einer Monopolisierung militärischer Macht geführt. In Ermangelung geeigneter Feldherren war der Weg frei für die wenigen Fähigen: Und der Fähigste von allen schien Pompeius zu sein. So verfiel der Senat ein ums andere Mal auf ihn und Pompeius wurde der Profiteur par excellence einer Politik, die in den Sonderkommandos das Mittel der Wahl sah, um staatsbedrohende Gefahren abzuwehren. Davon gab es in den 70er und 60er Jahren mehr als genug.

Noch im Todesjahr Sullas kam es zu einem ersten Angriff auf die gerade etablierte Optimatenrepublik. Der Konsul des Jahres 78 v. Chr., Marcus Aemilius Lepidus, forderte die Revidierung der sullanischen Maßnahmen, zerstritt sich jedoch darüber mit seinem Amtskollegen Quintus Lutatius Catulus. Lepidus nutzte schließlich Truppenkontingente, die er eigentlich für die Niederwerfung eines Aufstandes in Etrurien erhalten hatte, um sich selbst an die Spitze einer Bewegung zu setzen, die gegen die sullanischen Reformen gerichtet war. Als er mit diesen und weiteren Truppen, die er ausgehoben hatte, in Richtung Rom zog, beschloss der Senat den Notstand (*senatus consultum ultimum*) und entsandte im Jahr 77 v. Chr. Catulus gegen seinen ehemaligen Kollegen. Da Catulus militärisch unerfahren war, wurde ihm mittels eines Sonderkommandos ein Unterfeldherr zur Seite gestellt: Pompeius, der den Aufstand des Lepidus in kürzester Zeit niederwarf.

Der nächste, schwerwiegendere Konflikt war gleichfalls eine Folge der brutalen Politik, mit der Sulla seine Gegner verfolgte. Er hatte nämlich seine Gegner liquidiert oder außer Landes getrieben und auch deren Nachkommen von politischer Tätigkeit ausgeschlossen. Der Marianer Quintus Sertorius war 83 v. Chr. Statthalter in Spanien gewesen und hatte sich nun in dieser Provinz nicht nur festgesetzt, sondern dort unter Integration der einheimischen Keltiberer und Lusitaner einen regelrechten Staat mit eigenem Senat aufgebaut. Dieser wurde zum Zufluchtsort für viele andere vertriebene Marianer, so etwa für Marcus Perperna, denselben, den Pompeius in Sizilien verschont hatte. Marcus Perperna hatte sich dem Aufstand des Lepidus angeschlossen und führte nun dessen versprengte Reste nach Spanien.

Sertorius stärkte seine Machtstellung durch eine rege Bündnispolitik und schreckte nicht einmal davor zurück, mit Mithridates, dem großen Gegner Roms in diesem Jahrzehnt, gemeinsame Sache zu machen. Auch mit den Piraten soll er sich verbündet haben. Kein Wunder, dass Sertorius bald als ein zweiter Hannibal galt, dessen gegen Rom gerichtete ‹Reichsbildung› unbedingt rückgängig gemacht werden musste. Da die amtierenden Konsuln des Jahres 77 v. Chr. – wieder einmal – über ungenügende militärische Kompetenzen verfügten und sich weigerten, gegen Sertorius zu Felde zu ziehen, erteilte der Senat erneut ein Sonderkommando an Pompeius und schickte ihn Quintus Caecilius Metellus Pius zu Hilfe, der in Spanien seit zwei Jahren vergeblich versuchte, Sertorius und dessen Privatreich zu vernichten. Pompeius sprang in die Bresche und eilte unverzüglich nach Spanien: Er und Metellus Pius mühten sich dort fünf weitere Jahre in einem zähen Krieg, ehe ihnen, nachdem Sertorius von seinem internen Rivalen Marcus Perperna ermordet wurde, 72 v. Chr. der endgültige Sieg gelang.

Während Pompeius in Spanien kämpfte, drohte Rom unmittelbar vor der eigenen Haustür noch größeres Ungemach. Diesmal hatte es allerdings nichts mit Sulla zu tun. Im Jahr 73 v. Chr. rebellierten die Gladiatoren einer Gladiatorenschule in Capua gegen ihre schlechten Lebensbedingungen. Die Erhebung fand großen Zulauf und entwickelte sich rasch zu einem Sklavenaufstand, der in rasender Eile ganz Italien erfasste und Rom existentiell bedrohte. Unter der Führung des legendären Spartacus formierte sich die Bewegung zu einer regelrechten Armee, die den gegen sie entsandten römischen Legionen eine Niederlage nach der anderen beibrachte. Als 72 v. Chr. beide Heere der amtierenden Konsuln geschlagen wurden, stattete der Senat nunmehr Crassus mit einem Sonderkommando aus, und ihm gelang es in der Tat im Jahr 71 v. Chr. große Teile des Sklavenheeres in der Schlacht am Silarus in Süditalien auszulöschen. Spartacus selbst fiel, und die wenigen Überlebenden flohen nach Norden, doch nur, um dem siegreich aus Spanien zurückgekehrten Pompeius in die Arme zu laufen. Pompeius vernichtete die Reste des Sklavenheeres und präsentierte sich in Rom prompt nicht nur als Sieger über die Lusitaner und Keltiberer, sondern auch als der eigentliche Bezwinger des Spartacus-Aufstandes – sehr zum Missfallen des Crassus. Dieser litt ohnehin schon darunter, dass sein eigener Erfolg im wenig rühmlichen Krieg gegen die Sklaven nur mit einer öffentlichen Danksagung (*ovatio*) geehrt wurde, während Pompeius – zusammen mit Metellus Pius – einen Triumph feiern durfte; und das schon zum zweiten Mal.

Die nunmehr unverhohlen ausgetragene Rivalität zwischen Pompeius und Crassus wurde nur vorübergehend kaschiert, als beide zu den Konsuln des kommenden Jahres gewählt wurden (70 v. Chr.). Für Pompeius, der nie den *cursus honorum* angetreten hatte, handelte es sich überhaupt um das erste ordentliche Amt und erst jetzt wurde er zugleich mit dem Konsulat Mitglied des Senats.

Im Gegensatz zu Pompeius absolvierte Crassus regulär die Ämterlaufbahn. In den Jahren 77 bis 73 v. Chr. hatte Crassus Quästur, Ädilität und Prätur durchlaufen und im Anschluss daran den Oberbefehl im Krieg gegen die Sklaven erhalten, die er zwei Jahre später vernichtend schlug.

In ihrem gemeinsamen Konsulat revidierten Pompeius und Crassus – trotz ihrer andauernden Rivalität – Sullas Gesetzgebung in entscheidenden Punkten: Das Volkstribunat wurde vollends rehabilitiert und den Amtsträgern ihre umfassenden Veto-Rechte zurückgegeben, nachdem schon 75 v. Chr. das Verbot, nach dem Volkstribunat weitere Ämter zu übernehmen, aufgehoben worden war. Zudem wurde die ausschließliche Besetzung der Gerichtshöfe mit Senatoren zu Gunsten einer drittelparitätischen Regelung zurückgenommen: Senatoren, Ritter und Ärartribunen (eine gehobene, aber nicht-ritterliche Gruppe von Beamten) sollten von nun an die

Geschworenen stellen. Diese Neuordnung war insbesondere für die Repetundenprozesse von großer Bedeutung, da durch die gemischte Richterschaft den senatorischen Seilschaften Einhalt geboten wurde. So hatten gerade die Sullaner Pompeius und Crassus dafür gesorgt, dass die rigoros restaurierte Optimatenrepublik Sullas großenteils rückabgewickelt und populare Politik wieder möglich wurde, und da beide zunehmend den popularen Weg gingen, profitierten sie bald von ihren eigenen Reformen. Nach dem Konsulat nahm der Einfluss des Crassus allerdings stetig ab, auch wenn er 65 v. Chr. – zusammen mit dem alten Catulus, dem Konsul des Jahres 78 – in das angesehene Amt des Zensors gewählt wurde. Von Sulla beseitigt war es ebenfalls von Pompeius und Crassus wiederhergestellt worden. Ende der 60er Jahre war Crassus zwar der reichste Mann Roms, aber seine politische Stellung entsprach noch nicht seinen Vorstellungen.

Es ist für Pompeius bezeichnend, dass er auch nach seiner Amtszeit als Konsul die vorgeschriebene Laufbahn nicht einhielt, sondern auf die von Sulla unmittelbar nach dem Konsulat festgesetzte Statthalterschaft in einer Provinz verzichtete, um als Privatmann für größere Aufträge zur Verfügung zu stehen. Geschickt hatte er in seinem gemeinsamen Konsulat mit Crassus dafür gesorgt, dass das Volkstribunat wieder in seine alten Rechte eingesetzt wurde, und so konnte er getrost darauf vertrauen, dass ihm in einem neuerlichen Notfall nicht nur wie bisher vom Senat, sondern auch auf Initiative eines Volkstribunen wieder ein ruhmvolles Sonderkommando erteilt werden würde. Lange musste er nicht darauf warten, denn eine zunächst nur lästige Problematik wuchs sich zu einer ernsthaften Bedrohung aus: die Seeräuber und ihre Angriffe auf die römische Schifffahrt. Vor allem entlang der Südküste Kretas und des kleinasiatischen Kilikiens trieben Piraten ihr Unwesen und störten mit ihren Überfällen und Entführungen nicht nur den Handel, sondern auch die Verwaltung der Provinzen empfindlich. Schon 74 v. Chr. hatte der Senat den Prätor Marcus Antonius, den Vater des späteren Gegenspielers Octavians, mit einem umfangreichen Sonderkommando gegen die Piraten ausgestattet, doch dieser operierte wenig glücklich und starb drei Jahre später auf Kreta. Dann geschah wieder jahrelang nichts. Als aber schließlich die Getreideversorgung Roms ernsthaft gefährdet war und eine Hungersnot drohte – so zumindest das Szenario, das Pompeius und seine Unterstützer eindringlich beschworen –, ging 67 v. Chr. durch einen Gesetzesantrag des Volkstribunen Aulus Gabinius wieder einmal ein Sonderkommando an den bewährten Pompeius. Diese *lex Gabinia* wurde in der Volksversammlung gegen den Senat – nur Caesar stimmte als einziger Senator dafür – durchgedrückt und sah für Pompeius Befugnisse und Mittel vor, deren Ausmaß alle bisher vergebenen Kommandos bei weitem überstieg. Auch diese Aufgabe erledigte der erfolgsverwöhnte Feldherr binnen kürzester Zeit: Schon drei Monate später war Rom wieder Herr über das Mittelmeer.

Doch der Feldzug gegen die Seeräuber war nur der Auftakt zu einem viel größeren Unternehmen, auf das der ehrgeizige Pompeius vielleicht schon länger sein Auge geworfen hatte: ein Krieg, der bereits seit sieben Jahren – übrigens ebenfalls auf der Basis eines Sonderkommandos – von Lucius Licinius Lucullus in Kleinasien ausgetragen wurde. Diesen Krieg hatte Mithridates ausgelöst, mit dem Sulla einst hastig Frieden geschlossen hatte.

Mithridates, der stets auf Expansion bedachte König von Pontos, wollte sich nach dem Tod des Königs Nikomedes IV. dessen Reich Bithynien einverleiben. Der mit Rom verbündete Nikomedes – Caesar besuchte ihn 80 v. Chr. in einer diplomatischen Mission – hatte sein Reich testamentarisch den Römern vermacht, was Mithridates aber nicht kümmerte. Ein solcher Konflikt schien bestens zu den hochfliegenden Ambitionen des Pompeius zu passen. Als Lucullus 67 v. Chr. wegen einer Meuterei, die übrigens jener Publius Clodius Pulcher anzettelte, der später Ciceros Verbannung betreiben sollte, den Feldzug nicht fortführen konnte, nahm man das in Rom zum Anlass oder Vorwand, die Übertragung des Oberbefehls von Lucullus auf Pompeius vorzubereiten. Wieder agierten die Befürworter dieses Kommandowechsels über die Volksversammlung und der Volkstribun Manilius brachte seinen Antrag, die *lex Manilia*, durch. Dieses Gesetz sah vor, das noch bestehende gewaltige Sonderkommando, das Pompeius gegen die Seeräuber erhalten hatte, um den Oberbefehl gegen Mithridates zu erweitern.

So zog Pompeius 66 v. Chr. in den Osten und zeigte dort, dass er nicht nur ein ausgezeichneter Feldherr, sondern auch ein geschickter Diplomat und Gouverneur war. Drei Jahre später war Mithridates tot, drei neue Provinzen waren eingerichtet und vom Schwarzen bis zum Roten Meer zahlreiche Fürstentümer in römische Abhängigkeit gebracht. Pompeius war der unangefochtene Patron des Ostens geworden und in der fernen Hauptstadt blickte man nicht ohne Sorge auf die Rückkehr des übermächtigen Oberfeldherrn und seiner Legionen.

Doch im Herbst 63 v. Chr. sah sich Rom mit einer sehr viel näher liegenden Gefahr konfrontiert: Lucius Sergius Catilina, ein Patrizier und ehemaliger Sullaner, war zum dritten Mal bei seiner Bewerbung um das Konsulat durchgefallen und versuchte, nun mit Gewalt an die Spitze des Staates zu gelangen. Durch die hohen Wahlkampfkosten selbst finanziell am Ende, mobilisierte er Schuldner, Enteignete, Außenseiter und Unzufriedene aller Art und plante einen gewaltsamen Staatsstreich. Es war dem aufmerksamen und energisch handelnden Konsul Marcus Tullius Cicero zu verdanken, dass diese sogenannte Catilinarische Verschwörung aufflog und fünf hochrangige Putschisten unverzüglich hingerichtet wurden. Entscheidend an diesem Tag war das flammende Plädoyer des Marcus Porcius Cato. Es war der erste größere Auftritt des Mannes, der erst designierter Volkstribun war, aber schon ein starker Gegenspieler jener drei Männer, die später das Triumvirat gründen sollten.

Catilina selbst floh nach Etrurien und zu seinem für den Sturm auf die Stadt bereits aufgestellten Heer. Wieder einmal – nach Sulla, Marius, Cinna, Lepidus und, wenn man so will, Sertorius – wurde Rom von einem Feldherrn aus den eigenen Reihen bedroht. Es dauerte nicht lange und abermals wurde der Ruf nach Pompeius laut, der Catilinas Heer vernichten sollte.

Quintus Caecilius Metellus Nepos, ein ehemaliger Legat des Pompeius und nun Volkstribun, brachte einen entsprechenden Antrag ein, den auch Caesar in seiner Funktion als Prätor unterstützte, um sich wie schon bei dem Sonderkommando gegen die Piraten bei Pompeius beliebt zu machen – doch Cato hintertrieb diesen Versuch. Es kam zu einem Tumult auf dem Forum, in dessen Folge der Senat Caesar und Metellus Nepos einstweilig die Amtsführung untersagte. Letzterer suchte daraufhin Zuflucht bei Pompeius, der sich gerade auf der Rückreise von seinem Asienfeldzug befand. Pompeius' Großtaten im Osten – das zeichnete sich bereits ab – würden in Rom diesmal nicht auf die Begeisterung stoßen, mit der er gerechnet hatte. Die Abfuhr, die sich Metellus Nepos im Senat geholt hatte, als er Pompeius für den Feldzug gegen die Catilinarier vorschlug, war ein deutliches Signal dafür, dass Pompeius den Optimaten im Senat zu mächtig geworden war.

Im Januar 62 v. Chr. wurde das Heer der Verschwörer von Truppen des Senats bei Pistoria (Pistoia) geschlagen, und Catilina fiel im Kampf. Der Senat hatte den Staat aus eigener Kraft und ganz ohne die Hilfe des Pompeius gerettet und sonnte sich stolz und voll neuem Selbstvertrauen in seinem noch frischen Erfolg. Solcher Art war die politische Stimmung in Rom, als Pompeius im Dezember 62 v. Chr. wieder italischen Boden betrat und nun seinerseits voller Stolz über das in Asien Geleistete vom Senat ganz selbstverständlich Anerkennung, Ehrbezeigungen und seinen dritten Triumph erwartete. Damit war eine Konfrontation zwischen ihm und dem Senat geradezu vorprogrammiert, eine Konfrontation, mit der er, der seit nahezu zwanzig Jahren Roms Sicherheits- und zum Teil auch Außenpolitik gemeistert hatte, kaum rechnen konnte. Zwar gewährte man ihm noch seinen dritten Triumph, aber all seine weiteren Forderungen, so berechtigt sie waren, verliefen im Sand: Der Senat mochte weder seine Neuordnung Asiens ratifizieren (zumindest nicht im Gesamtpaket) noch der Versorgung der Veteranen mit Land zustimmen. An vorderster Front dieser Blockadehaltung stand Cato, der Vordenker der Optimaten. Ihm missfiel die Sonderbehandlung des Pompeius ganz grundsätzlich, zumal jener immer ungenierter den popularen Weg ging und seine Ziele über die Volksversammlung durchsetzte.

Doch Pompeius hatte sich auch persönliche Feinde gemacht. Lucius Licinius Lucullus konnte es nicht verwinden, dass nicht er, sondern Pompeius den Krieg gegen Mithridates hatte zu Ende führen dürfen. Quintus Caecilius Metellus Celer, der Konsul des Jahres

60 v. Chr., nahm es Pompeius übel, dass sich dieser von Mucia, einer Halbschwester des Metellus Celer, hatte scheiden lassen – angeblich, weil sie mit Caesar Ehebruch begangen hatte. Die Trias Cato, Lucullus und Metellus Celer, zudem unterstützt von Metellus Creticus und Crassus, mauerte nun gegen den Rückkehrer und war entscheidend dafür verantwortlich, dass der Senat zu Pompeius auf Distanz ging.

Pompeius war eine herausragende Erscheinung und hatte nahezu im Alleingang die letzten zwei Jahrzehnte der Politik geprägt. Nachdem er schon unter Sulla eine Sonderstellung eingenommen hatte, wurde er in den 70er Jahren zweimal vom Senat mit einem Sonderkommando betraut: gegen Lepidus und gegen Sertorius; in den 60er Jahren dann, nach seinem Konsulat, zweimal von der Volksversammlung gegen die Piraten und gegen Mithridates. Drei Triumphe durfte er feiern, zwei davon – gegen alle Regel – noch als Ritter. Auf drei Kontinenten hatte er nicht nur siegreich gekämpft, sondern nach seinen Siegen die Verhältnisse geordnet und Beziehungen aufgebaut. Zu seinen Klientelen zählten nun auch Städte, die er gegründet, Provinzen, die er eingerichtet, Könige, die er als Vasallen eingesetzt hatte, dazu seine zahlreichen Soldaten und Veteranen, die ihm treu ergeben waren und auf ihn bauten. Er war mächtig geworden, mächtiger als alle anderen in der römischen Welt – aber nicht in Rom selbst, dessen kleinkarierter Politikbetrieb ihm, der aus picenischem Landadel stammte, immer ein wenig fremd blieb. Solange man ihn in Rom auf Händen trug, mochte er sich dreinfügen, doch jetzt, wo Neider und Widersacher gegen ihn Stimmung machten, war er in seiner Ehre gekränkt und auch ein wenig ratlos.

Das Phänomen Pompeius steht stellvertretend für Veränderungen in der römischen Gesellschaft. Die Ausgleichsmechanismen in den politischen Eliten, deren Mitglieder sich gegenseitig kontrollierten, funktionierten nicht mehr – trotz der Reformen Sullas. Ein Grund dafür war der Mangel an militärisch kompetenten Feldherren, und dieses Defizit war manchen Zeitgenossen durchaus bewusst. So hatte der alte Konsular Catulus im Senat davor gewarnt, Pompeius ein Sonderkommando gegen die Piraten zu verleihen, und verwies auf die problematischen Folgen einer Personalpolitik, die immer auf dieselben Männer setzt. Es handelt sich um eine fingierte Rede im Geschichtswerk des Cassius Dio, in der Catulus genau diesen Punkt moniert:

> Ich für meinen Teil behaupte vor allem, dass es nicht richtig ist, einem einzigen Mann so viele Führungspositionen nacheinander anzuvertrauen. Das ist nicht nur durch die Gesetze verboten, sondern hat sich auch in der Praxis als höchst gefährlich erwiesen. Was Marius zu dem machte, was er wurde, war nichts anderes, als dass er in kürzester Zeit mit so vielen Kriegen betraut und in kürzester Zeit sechsmal zum Konsul ernannt wurde. Und ebenso wurde Sulla zu dem, was er war, weil er so viele Jahre hintereinander das Kommando über die Armeen innehatte und später zum Diktator, dann zum Konsul ernannt wurde. Denn es liegt nicht in der menschlichen Natur, dass ein Mensch – ich spreche nicht nur von den Jungen, sondern auch von den Älteren – nach einer langen Amtszeit bereit ist, an den überkommenen Sitten festzuhalten. Ich sage das nicht, um Pompeius zu verunglimpfen, sondern weil es nicht den Anschein hat, dass es für euch in irgendeiner Weise von Vorteil war, und vor allem, weil es nach den Gesetzen nicht erlaubt ist. Denn wenn das Kommando denjenigen Ehre bringt, die dessen würdig sind, so sollen alle, die es betrifft, diese Ehre erhalten – das ist Demokratie –, und wenn es Arbeit mit sich bringt, so sollen alle diese Arbeit verhältnismäßig teilen – das ist Gleichheit. Ein solcher Weg hat aber noch den weiteren Vorteil, dass viele Einzelne praktische Erfahrungen sammeln, so dass die Auswahl derjenigen, die mit irgendeinem notwendigen Geschäft betraut werden können, durch die Erprobung leicht wird. Wählt man aber den anderen Weg, so ist es ganz unvermeidlich, dass es einen großen Mangel an solchen gibt, die sich die nötige Ausbildung geben und mit Geschäften betraut werden. Das ist der Hauptgrund dafür, dass ihr im Krieg mit Sertorius keinen General finden konntet. Denn bis dahin hattet ihr die Gewohnheit, dieselben Männer für eine lange Zeit zu beschäftigen. Auch wenn Pompeius in jeder anderen Hinsicht die Wahl gegen die Piraten verdient, so ist es doch weder für euch noch für ihn gut, dass dies geschieht, da er entgegen

den Gesetzen und den Grundsätzen der Erfahrung gewählt werden würde. (Cass. Dio 36,31,3–32,3; übersetzt nach Veh)

Natürlich wusste der kaiserzeitliche Historiker Cassius Dio bereits, wohin die Republik am Ende steuerte. Aus der Retrospektive konnte er Catulus als weitsichtigen Staatsmann zeichnen, der die Gefahr, die von Pompeius' Machtfülle ausging, vorhersagte.

Auch wenn Pompeius wie kaum ein anderer die römische Politik bestimmte – zumindest im militärischen Bereich –, so war er nicht der einzige, dessen Machtfülle über das hinauswuchs, was in der frühen oder mittleren Republik denkbar gewesen war. Und neben der Inkompetenz der Amtsträger trugen noch viele weitere Faktoren dazu bei, dass im 1. Jahrhundert v. Chr. die Balance der Macht aus dem Gleichgewicht geriet. Hier seien nur die zwei hauptsächlichen genannt: Mit der wachsenden Zahl an Provinzen nahmen auch die Einnahmequellen zu, deren Erträge nicht nur in die Staatskasse flossen, sondern auch in die Privatvermögen einzelner Statthalter. Kriege brachten reichlich Beute, von der – nicht selten auch durch Unterschlagung – die Feldherren, aber auch deren Soldaten profitierten, und nicht zuletzt die Proskriptionen Sullas führten zur Kumulation von Reichtum auf einige wenige, unter denen Crassus besonders herausragte. Geld aber war eine Voraussetzung für Macht: Durch Kredite konnte man politische Verbindungen knüpfen, durch Bestechung Wähler oder Richter gewinnen, durch kostspielige Ausrichtung von Spielen das Volk für sich einnehmen, für Geld prügelten eigene Schlägertrupps politische Gegner nieder, und der wirklich Vermögende konnte im Fall der Fälle sogar eine Privatarmee aufstellen, ausrüsten und versorgen; niemand dürfe sich reich nennen, hatte Crassus einmal gesagt, der nicht mit eigenen Mitteln eine Armee unterhalten könne (vgl. Cic. off. 1,25). Zusammen mit den immer häufiger vergebenen Sonderkommandos an immer weniger Feldherren führte dies zu einer Monopolisierung der militärischen Macht. Es war ein sich selbst verstärkender Trend: Mit Geld konnte man Macht erwerben, und Macht, vor allem militärische, brachte noch mehr Geld. Heerführer konnten durch Kriegsbeute nicht nur sich bereichern, sondern sich in und außerhalb von Rom und Italien neue Klientelgruppen erschließen. Vor allem aber hatten sie fürderhin eine Armee im Rücken, mit der sie ihren politischen Zielen stets den nötigen Nachdruck verleihen konnten. Die Kumulation von Geld und die Monopolisierung militärischer Macht wirkten in der ausgehenden Republik zusammen, brachten eine Unwucht ins Machtgefüge der Eliten und verengten den Wettbewerb auf immer Wenigere, die immer mächtiger wurden: Unter diesen wuchsen Pompeius, der Mann des Militärs, und Crassus, der Mann des Geldes, zu Riesen heran – und Caesar, jünger als die beiden und noch am Anfang seiner Karriere, machte sich daran, die Ressourcen der beiden unter seiner Führung zu vereinen und für seine Zwecke zu nutzen.

Caesar wurde Anfang der 60er Jahre mit der Quästur in den Senat aufgenommen. Wie Crassus durchlief er regulär die Ämterlaufbahn. Aufsehen erregte er als Ädil, als er, wie in diesem Amt üblich, Spiele ausrichtete: Er sparte keine Kosten und ließ prachtvolle Veranstaltungen stattfinden, für die er, wie gleichfalls üblich, persönlich aufkam, wofür er sich sogar hoch verschuldete. Ein weiteres Mal erregte er die öffentliche Aufmerksamkeit im Jahre 63 v. Chr., als er sich um das Amt des Pontifex Maximus bewarb und er, der gerade die Ädilität hinter sich gebracht hatte, den ehrwürdigen Konsular Catulus – mit massiver Wählerbestechung – ausbootete und die Wahl gewann. Wiederum von sich reden machte Caesar in der berühmten Senatssitzung im Herbst 63 v. Chr., als über das Schicksal der Catilinarier verhandelt wurde: Caesar gab ein moderates Votum ab und plädierte gegen die Hinrichtung, die aber Cato durchsetzte.

Im Gegensatz zum wesentlich älteren Konsular Crassus wusste Caesar in der Politik deutliche Akzente zu setzen, die erahnen ließen, dass von dem jungen Mann in Zukunft noch einiges zu erwarten war. Dennoch gilt für Caesar ebenso wie für Crassus – und alle anderen Politiker dieser Zeit: Sie standen im Schatten des großen Pompeius, der schwer auf ihnen lastete …

Pompeius

78–72 v. Chr.

... doch was hatte Pompeius an sich, dass er vielen Menschen als so einmalig und für den Staat unentbehrlich erschien? Er, der Ritter vom Lande, hatte keinen alten Adel vorzuweisen und war nicht einmal besonders reich, jedenfalls nicht in den ersten Jahren. Vernetzt war er sicherlich besser in seiner Heimat Picenum als in Rom. Auch hatte er nicht die Erfahrungen einer Ämterlaufbahn vorzuweisen, sondern stellte sich dem Staat als Privatmann zu Verfügung. Und sein überaus jugendliches Alter empfahl ihn in einer patriarchalischen Gesellschaft, in der die Würde des Alters einen Wert an sich darstellte, zumindest anfangs ebenfalls nicht unbedingt als einen, in dessen Hände der Senat immer wieder aufs Neue das Überleben des Staates legen sollte.

Gewiss, er war äußerst erfolgreich im Krieg und hatte Sulla einen Triumph abgetrotzt. Außerdem hatte er, wie bereits erörtert, wenig Konkurrenz – es herrschte ein Mangel an fähigen Feldherren. Pompeius profitierte davon, dass militärische Kompetenz in seiner Zeit ebenso rar wie gefragt war. Außerdem stand er – das gilt zumindest für die 70er Jahre – auf der ‹richtigen› Seite: Er hatte sich als Sullaner hervorgetan und war als solcher in der wiederhergestellten Senatsaristokratie willkommen. Darüber hinaus muss er eine gewinnende und vertrauenerweckende Erscheinung gewesen sein, einer, den die ehrwürdigen Konsulare trotz seiner Jugendlichkeit und auch seines forschen Auftretens für zuverlässig gehalten haben, sodass sie in Notsituationen auf ihn bauten. Jedenfalls zogen sie Pompeius dem etwa zehn Jahre älteren Crassus vor, der sich (ebenfalls als Sullaner) militärischen Lorbeer verdient hatte und der der eigentliche Sieger in der Schlacht am Collinischen Tor gewesen war. Warum man Crassus seine Geldgier, die er im Rahmen der Proskriptionen an den

Tag legte, nicht verzieh, Pompeius aber sein eigenmächtiges Agieren in Sizilien und Africa und seine dreiste Durchsetzung des Triumphs schon, hängt nicht zuletzt auch mit schwer zu fassenden Faktoren wie persönlichem Charisma und allgemeiner Akzeptanz zusammen.

Derweil hatte Pompeius durchaus zwei Gesichter. Bei Sallust ist eine pointierte Charakterisierung überliefert, die einen Gegensatz zwischen Erscheinung und Wesen ausmachen will: «Pompeius, der äußerlich einen biederen Eindruck erweckt, dessen Geist aber vor nichts zurückschreckt» (Sall. hist. 2,17: *Pompeium oris probi, animo inverecundo*). Mut, Verwegenheit, ja Unverfrorenheit versteckt hinter einer ‹bürgerlich›-freundlichen Fassade? Plutarch äußert sich über Charakter und Wesen des Pompeius ausführlicher:

> **Zu Anfang kamen ihm auch seine wohlgeformten Gesichtszüge zugute, die Menschen zu gewinnen, und sprachen für ihn, noch ehe er den Mund auftat. Seine Liebenswürdigkeit war gepaart mit leutseliger Würde, und seine jugendliche Frische ließ doch schon sehr früh das Achtunggebietende und Majestätische seines Charakters durchscheinen. Sein Haar hatte eine gewisse Art sanft zurückzufallen und die Augen eine gewisse Weichheit, die seinem Gesicht eine allerdings mehr behauptete als wirklich ins Auge fallende Ähnlichkeit mit den Bildern des Königs Alexander gab. (Plut. Pomp. 2,1 f.; übersetzt nach Ziegler)**

Dem gewinnenden Äußeren und sanften Wesen stand zugleich eine Härte des Handelns gegenüber: So ließ Pompeius besiegte Feldherren immer wieder ohne viel Federlesens hinrichten wie etwa in seinen Kämpfen gegen die Marianer. Sein brutales Vorgehen brachte Pompeius gerade in jungen Jahren viel Kritik ein, die ihn ein Leben lang begleiten sollte. Valerius Maximus erzählt eine Anekdote, nach der der berühmt-berüchtigte Redner Helvius Mancia im Jahr 55 v. Chr. Pompeius, als dieser sein zweites Konsulat bekleidete, unverhohlen vorwirft, als «jugendlicher Henker» vier hochstehende Persönlichkeiten hingerichtet zu haben: Noch im sullanischen Bürgerkrieg die Marianer Gnaeus Domitius Ahenobarbus in Africa und

Gnaeus Papirius Carbo in Sizilien und in den folgenden Jahren im Zuge des Lepidus-Aufstandes und des Krieges gegen Sertorius die beiden Sulla-Gegner, wie wir gleich noch sehen werden, Marcus Iunius Brutus und Marcus Perperna.

Der römische Schriftsteller Valerius Maximus berichtet daher in seiner Geschichtensammlung, wie der so umjubelte Pompeius bei seinen Gegnern ganz anders wahrgenommen wurde. Pompeius tritt hier – wie es bei römischen Politikern üblich war – als Anwalt eines seiner Klienten vor Gericht auf:

> Der hochbetagte Helvius Mancia aus Formiae, der Sohn eines Freigelassenen, verklagte Lucius Libo [den Schwiegervater des Pompeiussohnes Sextus] bei den Zensoren. Als ihm bei diesem Konflikt Pompeius Magnus seine einfache Herkunft und sein Alter vorwarf und sagte, er sei wohl aus der Unterwelt entlassen worden, um Anklage zu erheben, erwiderte Helvius: «Du sagst die Wahrheit, Pompeius; ich komme tatsächlich aus der Unterwelt, ich komme, um Lucius Libo anzuklagen. Aber während ich mich dort aufhielt, sah ich, wie Gnaeus Domitius Ahenobarbus, blutüberströmt darüber weinte, dass er, ein Mann aus edelstem Geschlecht, ein Mann mit höchst anständigem Lebenswandel, ein Mann, der sein Vaterland über alles liebte, auf deinen Befehl hin in der Blüte seiner Jugend getötet wurde. – Ich sah den ebenso berühmten Marcus Brutus, durch Schwertstreiche furchtbar zugerichtet, der darüber klagte, dass erst deine Wortbrüchigkeit, dann deine Grausamkeit zu seinem Tod geführt hätten. – Ich sah Gnaeus Carbo, den leidenschaftlichen Beschützer deiner Kindheit und deines väterlichen Erbes, wie er in seinem dritten Konsulat in Fesseln geschlagen war, die du ihm hattest anlegen lassen. Er brachte vor, er sei, als er an der Spitze des Staates stand, gegen alles göttliche und menschliche Recht von dir, einem römischen Ritter, umgebracht worden. – Im selben Zustand sah ich den ehemaligen Prätor Perperna, der auf dieselbe Weise klagte und deine Grausamkeit verfluchte, und alle diese Männer empörten sich einmütig darüber, dass sie durch dich, den jugendlichen Henker, ohne Gerichtsurteil ihr Leben verloren.» (Val. Max. 6,2,8; übersetzt nach Blank-Sangmeister)

In dieser rhetorisch geschliffenen Rede des Helvius Mancia wird ein ganz anderer Pompeius gezeichnet als in der von der optimatischen Perspektive dominierten Überlieferung üblich. Hier vernimmt man die Seite der politischen Gegner Sullas, die auch nach dem Tod des Diktators nicht müde wurden, seine Optimatenrepublik und deren Profiteure zu bekämpfen. Pompeius hatte einfach das Glück, sich in jungen Jahren für die richtige Seite entschieden zu haben, die Seite der römischen Senatsaristokratie, die es ihm, dem kurzzeitigen Schwiegersohn Sullas, ermöglichte, in die höheren Kreise aufzusteigen und sich dort einen großen Namen zu machen. Pompeius wusste, dass sein Aufstieg in den Adel von der Anerkennung durch den Adel abhing, und danach richtete er sein Handeln und sein Auftreten aus: den Senatsfeinden gegenüber gebieterisch, hart und unerbittlich, den Senatsoberen gegenüber zugänglich, respektvoll und die gebührliche Reverenz erweisend. Sein Typus kam in dieser Zeit an, und Pompeius verkörperte diesen – im Gegensatz zum militärisch ähnlich erfahrenen Crassus – in idealer Weise.

Es war seine von Erfolgen gekrönte Kriegskunst gepaart mit gewinnendem, aber zugleich auch energischem Auftreten, die Pompeius routinemäßig zum Retter in der Not werden ließ. Dazu hatte auch sein strahlender Triumph – so irregulär dieser auch zustande gekommen sein mochte – erheblich beigetragen und ihn zu einem Mann gemacht, an den man bei großen Herausforderungen stets zuerst dachte. So kam Pompeius ein ums andere Mal bei militärischen Missionen zum Zug.

Ein Meuchelmord mit Folgen

Das erste Sonderkommando, das Pompeius nach Sullas Tod vom Senat erhielt, galt dem Kampf gegen den aufständischen Konsul Marcus Aemilius Lepidus. Dieser war zunächst Anhänger Sullas und mit Unterstützung des Pompeius für das Jahr 78 v. Chr. zum Konsul gewählt worden. Sulla selbst hatte noch in weiser Vorausahnung von Lepidus als Kandidaten abgeraten und prophezeite

Pompeius, er werde mit diesem noch seine Mühe haben. Und so kam es denn auch.

Pompeius musste erleben, wie sich der neue Konsul – obwohl einst Profiteur der sullanischen Proskriptionen – nun zum Anwalt der von Sulla Entrechteten aufwarf und für die Rückgabe der konfiszierten Ländereien eintrat. Das betraf auch unmittelbar die Versorgung der Veteranen des Pompeius. Der optimatische Amtskollege Catulus hielt dagegen, und es kam zu einem Zerwürfnis der Konsuln, das durch einen vom Senat verordneten Friedenseid nur notdürftig gekittet werden konnte.

Im Folgejahr brach der Konflikt umso heftiger aus, und die vormaligen Amtskollegen standen einander nun bewaffnet gegenüber: auf der einen Seite Catulus, der Sullas Reformen im Auftrag des Senats verteidigen sollte, auf der anderen Seite Lepidus, der sie mit Unterstützung der von Sulla Entrechteten rückgängig machen wollte. Der Bürgerkrieg zwischen Sullanern und Marianern drohte sich in der Auseinandersetzung zwischen Catulus und Lepidus fortzusetzen. Das galt es unbedingt zu verhindern, und Pompeius, der den militärisch unerfahrenen Catulus unterstützen sollte, bekam den Auftrag, die Truppen, die ein gewisser Marcus Iunius Brutus für Lepidus in Oberitalien ausgehoben hatte, auszuschalten. Für diesen Zweck erhielt er ein prätorisches *imperium.* In kürzester Zeit konnte Pompeius Soldaten in seiner Heimat Picenum und anderswo mobilisieren und das Heer des Iunius Brutus bei Mutina (Modena) zerreiben. Dem unterlegenen Feldherrn sicherte er zunächst freies Geleit zu, sandte ihm aber alsbald einen Meuchelmörder nach, der ihn tötete.

Wieder hatte Pompeius einen unterlegenen Gegner umbringen lassen und sich diesmal damit eine bittere Feindschaft eingehandelt, nämlich die des gleichnamigen Sohnes, der Nachwelt vor allem bekannt als Mörder Caesars: Marcus Iunius Brutus sollte Pompeius den Mord an seinem Vater lange nicht verzeihen, und auch viele andere – wie die zuvor berichtete Anekdote von Helvius Mancia zeigt – verurteilten diese Tat scharf. Fast 30 Jahre später instrumentalisierte Caesar nach der Überschreitung des Rubikon die heimtückische Hinrichtung des Marcus Iunius Brutus für seine Propaganda gegen Pompeius, worüber Cicero in einem Brief an Atticus konsterniert berichtet: «Da erzählt jemand aus sicherer Quelle, Caesar rede davon, dass er die Bestrafung des Gnaeus Carbo und des Marcus Brutus und all derer räche, an denen Sulla unter Beihilfe des Pompeius seine Grausamkeit ausgelassen habe.» (Cic. Att. 9,14,2) So holten Pompeius noch am Ende seines Lebens Untaten ein, die er in seiner Jugend begangen hatte.

Lepidus indes floh, von Catulus und Pompeius verfolgt, nach Sardinien, wo er erkrankte und starb. Es kam das merkwürdige Gerücht auf, dass er von einem ehebrecherischen Verhältnis seiner Frau erfahren habe und aus Kummer darüber verschieden sei. Nach dem Tod des Anführers brach der Aufstand in sich zusammen und Catulus befahl Pompeius, sein Heer zu entlassen. Doch dieser weigerte sich hartnäckig, hielt seine Truppen unter Waffen und hoffte auf einen anderen, größeren Krieg, der ihm in einem anderen Land größeren Ruhm einbringen sollte: in Spanien, der Zufluchtsstätte der letzten Marianer.

Ihr Anführer und Feldherr Sertorius hatte sich in den spanischen Provinzen eingenistet und war im Begriff, sich dort ein Sonderreich zu schaffen, in dem – wie Plutarch es formulierte – «gleichsam wie in einem letzten Entzündungsherd alle bösen Säfte des Bürgerkrieges zusammengeflossen waren» (Plut. Pomp. 17,1). Um das Jahr 77 v. Chr. stellte er aus seinen Anhängern einen Rat von 300 Mitgliedern zusammen, «erklärte diesen für den Rat der Römer und nannte ihn – dem anderen zum Spott – Senat» (App. civ. 1,507). Ferner etablierte er für den einheimischen Adel ein Steuersystem und Bildungsstätten nach römischem Vorbild. In diesem sich immer mehr festigenden Gegenstaat Roms fanden auch die versprengten Resttruppen des Lepidus-Aufstandes Zuflucht. Unter ihnen war der Marianer Perperna, den Pompeius im Bürgerkrieg fünf Jahre zuvor nur unter der Bedingung verschont hatte, dass er Sizilien kampflos mit seinen Soldaten verließ. Perperna hatte die Bedingung erfüllt, sich dann aber Lepidus angeschlossen, war ihm nach Sardinien gefolgt und hatte nach dessen Tod die führungslosen Aufständischen zu Sertorius nach Spanien gebracht. Dort nun witterte Pompeius neue

Möglichkeiten, seinen Durst nach Ruhm und Anerkennung zu stillen, weigerte sich, sein Heer zu entlassen, und wartete trotzig, bis man ihn brauchte.

Der doppelte Prokonsul

Das Sonderreich des Sertorius stellte für Rom nicht nur eine ärgerliche Provokation, sondern auch eine ernsthafte Gefahr dar. Sertorius streckte seine Fühler nach allen Seiten aus und knüpfte im ganzen Mittelmeerraum diplomatische Beziehungen: zu Mithridates, dem König von Pontos, zu den Seeräubern in Kilikien und Kreta, nach Africa und sogar nach dem noch freien Gallien. Sullas Bürgerkrieg, in dessen Folge halb Rom verbannt wurde, drohte einen Angriffskrieg nach sich zu ziehen, zu dem sich alle inneren Feinde, die Sulla überlebt hatten, mit den größten äußeren Feinden verbündeten, um nach Rom zurückzukehren und blutige Rache zu nehmen.

Rom war in ärgster Bedrängnis – und nach dem zehnjährigen Bürgerkrieg ausgezehrt. Außerdem gab es in Kilikien, Pamphylien, Dalmatien und Makedonien weitere Fronten. In Spanien hatte Sertorius schon mehrere Siege gegen römische Feldherren errungen und lag nun im Kampf mit dem erfahrenen Quintus Caecilius Metellus Pius, der unter Sulla viele Schlachten gegen die Marianer geschlagen hatte. Als Sertorius nun auch noch die Resttruppen des Perperna an sich gezogen hatte, zahlte sich das trotzige Warten des Pompeius aus. Rom musste reagieren. Also stellte der Konsular Lucius Marcius Philippus im Senat den Antrag, den stets siegreichen Pompeius dem erfolglosen Metellus Pius zu Hilfe zu schicken und ihm ein konsularisches Sonderkommando im Krieg gegen Sertorius zu übertragen. Plutarch berichtet darüber eine Anekdote:

> **Dabei soll Lucius Marcius Philippus, als ihn im Senat jemand verwundert fragte, ob er meine, dass Pompeius ‹an Stelle eines Konsuls› entsendet werden solle, die Antwort gegeben haben: «Durchaus nicht, sondern an Stelle der Konsuln», womit er sagen wollte, dass beide da-**

mals amtierenden Konsuln nicht viel taugten. (Plut. Pomp. 17,4; übersetzt nach Ziegler)

Die Frage zielte lediglich auf den formellen Rang des Befehlshabers, also darauf, ob Pompeius wirklich ein *imperium pro consule* – ein Kommando an Stelle eines Konsuls – erhalten solle, worauf Marcius Philippus mit einem spitzzüngigen Wortspiel antwortet: Er meine keineswegs ein *imperium pro consule,* sondern vielmehr ein *imperium pro consulibus*– ein Kommando «an Stelle der Konsuln», nämlich der beiden amtierenden. Die Pointe besteht darin, dass Pompeius gleich zwei Prokonsuln ersetzen muss, weil beide gegenwärtige Konsuln aufgrund von Inkompetenz für einen Feldzug nicht in Frage kämen. So zog Pompeius mit seinem Heer – gleichsam als ‹doppelter› Prokonsul – nach Spanien.

Doch diesmal erfüllte der erfolgsverwöhnte Herr der Schlachtfelder die Erwartungen, die man in Rom in ihn gesetzt hatte, nicht – oder zumindest nicht sogleich. Sertorius, der um die Fähigkeiten des Pompeius wusste, vermied es, sich in offener Schlacht zu stellen und machte Pompeius und Metellus Pius mit einer ausgeklügelten Guerillataktik schwer zu schaffen. Nach anfänglichen Erfolgen wurde Pompeius 76 v. Chr. von Sertorius in einen Hinterhalt gelockt und erlitt bei Lauro (in der Nähe vom heutigen Cartagena) eine schwere Niederlage. Gleichzeitig gelang Metellus Pius bei Italica (in der Nähe des heutigen Sevilla) der Sieg über Hirtuleius, den tüchtigen Unterfeldherrn des Sertorius. Pompeius' Ruf der Unbesiegbarkeit war angekratzt. Ein Jahr später konnte er zwar Perperna bei Valentia eine Niederlage beibringen, doch Metellus Pius, der Hirtuleius nun bei Segovia bezwang, trug den bedeutenderen Sieg davon. Hirtuleius fiel in der Schlacht, und Sertorius verlor mit ihm seinen fähigsten Mann. Bei einem weiteren Scharmützel am Fluss Sucro, wo Sertorius sich verschanzt hatte, schlug sich Pompeius zunächst wacker, wurde aber dann im Nahkampf verletzt und konnte sich nur mit Mühe retten, indem er sein mit Goldbeschlägen geschmücktes Pferd zurückließ: Die Feinde stritten sich um das kostbare Pferd und ließen den Reiter entkommen. Pompeius und Metellus Pius, die bisher getrennt gekämpft hatten – Ersterer vor allem deshalb, damit ihm, wie Plutarch bemerkt (Plut. Pomp. 19,1), der Sieg allein gehöre – vereinten sich schließlich, und es kam bei Sagunt (Sagunto) in Zentralspanien zu einer großen Schlacht. Auf dem einen Flügel wurde Pompeius wieder von Sertorius geschlagen, auf dem anderen Flügel siegte Metellus Pius über Perperna. Nach einigem Hin und Her gelang es beiden römischen Feldherren dann doch noch, die Schlacht für sich zu entscheiden. Doch Sertorius gab sich noch lange nicht geschlagen.

Im Jahr 74 v. Chr. forderte Pompeius vom Senat in einem Brief nachdrücklich umfangreiche finanzielle und materielle Unterstützung, anderenfalls, so drohte er laut Sallust (epist. Pomp. 101 = hist. 2,98,10) unverhohlen, werde er mit seinem Heer nach Italien zurückkehren und dabei den Krieg mit Sertorius nach Rom tragen.

In dieser desolaten Lage begann im Osten Mithridates zum dritten Mal einen Krieg gegen Rom. Lucullus, der Konsul dieses Jahres, sorgte dafür, dass Pompeius und Metellus Pius zwei weitere Legionen und erhebliche Geldmittel erhielten – aber nicht, weil er von Pompeius' Drohungen so beeindruckt war: Dem ehrgeizigen Konsul ging es wohl nicht nur um die Sicherung der Westhälfte des Reiches, um sich den Rücken freizuhalten, wenn im Osten neue Kämpfe anstünden, sondern er wollte sicherstellen, dass Pompeius in Spanien bliebe und nicht etwa nach seiner Rückkehr nach Rom den prestigeträchtigen Oberbefehl gegen Mithridates angetragen bekäme. So wurde den Wünschen des Pompeius entsprochen und die Kämpfe gegen Sertorius konnten weitergehen.

Im folgenden Jahr konnte Pompeius einige Siege verbuchen, Sertorius aber verließ das Kriegsglück immer mehr, und er verlor dadurch an Rückhalt bei seinen Anhängern. Schließlich kam es zu einer Verschwörung gegen ihn, die in seiner Ermordung durch seinen ehrgeizigen Unterfeldherrn Perperna gipfelte. Doch Perperna konnte die großen Fußstapfen des charismatischen, diplomatisch und militärisch geschickten Sertorius keineswegs ausfüllen und es dauerte kein Jahr, bis die Sertorianer unter Führung des Perperna in einer gewaltigen Entscheidungsschlacht endgültig besiegt wurden.

Abermals befahl Pompeius die Hinrichtung des gegnerischen Feldherrn, die im Falle Perpernas jedoch, wie Plutarch und Appian überliefern, in ihrer Motivation deutlicher zu fassen ist. Appian schildert – weitgehend in Übereinstimmung mit Plutarch – den Untergang des Perperna folgendermaßen:

> Perperna versteckte sich, mehr aus Furcht vor den eigenen Leuten als vor den Feinden, in einem Dickicht. Dort nahmen ihn einige Reiter fest, um ihn zu Pompeius zu bringen. Dabei beschimpften ihn die eigenen Leute als Mörder des Sertorius, während er mit lauter Stimme erklärte, er wolle Pompeius viele Informationen über den Parteienkampf in Rom geben. Dies sagte er entweder, weil es der Wahrheit entsprach oder damit er Pompeius vorgeführt werde. Doch Pompeius hatte schon zuvor Anweisung gegeben und ließ ihn töten, ehe er ihm vor Augen kam. Er hatte nämlich Angst, Perperna könnte mit überraschenden Enthüllungen herausrücken und dadurch Anlass zu neuen Unruhen in Rom geben. (App. civ. 1,536 f.; übersetzt nach Veh)

Bei Plutarch lesen wir Ähnliches, nur, dass hier Perperna noch bei Pompeius vorsprechen durfte:

> Perperna war nämlich in den Besitz der Papiere des Sertorius gekommen und hatte Pompeius Briefe der mächtigsten Männer in Rom gezeigt, die Sertorius mit der Absicht, die bestehenden Verhältnisse umzustürzen und die Verfassung umzugestalten, nach Italien zurückholen wollten. In der Furcht, dass dies zu noch schwereren Kriegen als den eben beendigten führen könnte, ließ Pompeius den Perperna hinrichten und verbrannte die Briefe ungelesen. (Plut. Pomp. 20,7 f.; übersetzt nach Ziegler)

Wenn man den beiden Zeugnissen Glauben schenkt, dann erhellen sie – ungeachtet der Unterschiede im Detail – schlaglichtartig, wie gespalten die römische Elite nach Sullas Regime wirklich war. Sertorius und Lepidus waren nicht einzelne irregeleitete Hasardeure, sondern standen für die vielen Opfer des Diktators, die in allen Bevölkerungsgruppen und eben auch im Ritter- und Senatorenstand anzutreffen waren. Ihre Unzufriedenheit und ihr Hass ließen sich bestens politisch instrumentalisieren. Plutarch und Appian berichten daher durchaus glaubwürdig, dass Perperna im Nachlass des Sertorius kompromittierende Schreiben von römischen Politikern vorgefunden hatte, die die Sprengkraft hatten, einen neuen Bürgerkrieg in Rom auszulösen. Die hier überlieferte Reaktion des Pompeius ist für sein politisches Denken und Handeln aufschlussreich: Er vernichtete alles und jeden, der seiner Meinung nach neue Unruhen in Rom entfachen könnte. Sullas erklärtes Ziel war es noch gewesen, alle Gegner seiner Reformen auszulöschen beziehungsweise in die politische Bedeutungslosigkeit zu verbannen – die brutalen Proskriptionen sind dafür ein beredtes Zeugnis.

Pompeius hingegen hatte erkannt, dass die völlige Ausschaltung seiner politischen Feinde mit Kind und Kegel nicht realistisch war, und beschränkte sich darauf, die herausragenden Häupter der Marianer zu liquidieren – das allerdings kompromisslos, wofür die Namen Domitius Ahenobarbus, Papirius Carbo, Iunius Brutus und Perperna stehen. Damit nimmt Pompeius, was den Umgang mit im Bürgerkrieg besiegten Feinden betrifft, eine Mittelstellung zwischen Sulla und Caesar ein. Sulla wollte die vollständige Eliminierung des politischen Gegners samt Anhängerschaft, Pompeius die Vernichtung allein der Anführer, Caesar hingegen schonte auch die herausragenden Vertreter der Gegenpartei, um sie für sich und seine Sache zu gewinnen. Diese unter dem Stichwort *clementia Caesaris* bekannt gewordene Strategie sollte Augustus weiterführen. Dessen Programm war dann die Reintegration der Gegner in den Staat und die Überwindung der Gräben, die die Bürgerkriege in der römischen Gesellschaft hinterlassen hatten.

Mit seiner Doppelstrategie, die gegnerischen Feldherren zu töten und deren Anhänger zu schonen, verfolgte Pompeius außerdem ein weiteres Ziel. Nach seinen Siegen – sei es in inneren oder äußeren Kriegen – legte er größten Wert darauf, die Verhältnisse zu ordnen und den Besiegten eine Perspektive zu geben. Durch die gezielte Verteilung von Belohnungen (etwa die Verleihung von Bürgerrechten) und gegebenenfalls von Bestrafungen sandte er unmissverständliche Signale an die Provinzialen. In diesen Dingen war er überaus geschickt, und diejenigen, die in den Genuss seiner Verwaltungskunst und so mancher Privilegien gekommen waren, dankten es ihm und waren ihm auf Jahre hinaus treu ergeben. Auf diese Weise baute sich Pompeius, wie es er schon in Sizilien und Africa getan hatte, auch in Spanien ein Netzwerk an persönlichen Verbindungen auf, auf das er stets zurückgreifen konnte.

Auf dem Rückmarsch nach Italien setzte Pompeius ein weiteres Signal, das sich an einen anderen Adressaten richtete: seine Konkurrenten in der römischen Nobilität. Auf dem zu überquerenden Pass am Ostrand der Pyrenäen ließ er ein eindrucksvolles Siegesdenkmal errichten, auf dem seine Statue stand, darunter eine Inschrift, die seine Taten in Spanien verewigte: Pompeius habe von den Alpen bis zum jenseitigen Spanien (ungefähr dem heutigen Portugal) 876 Städte unterworfen – Metellus Pius wird dabei mit keinem Wort erwähnt. Hingegen wird jeder eroberte Schlupfwinkel aufgezählt, in dem sich die sertorischen Guerilla-Kämpfer während des sechs Jahre dauernden Erschöpfungskrieges versteckt hatten. Ein solches Monument entsprach keineswegs den bisherigen römischen Gepflogenheiten und man hat zu Recht vermutet, dass Pompeius hier dem Vorbild Alexanders des Großen folgte, der am Hyphasis, einem Fluss in Indien, zwölf große Turmaltäre hatte bauen lassen, um den östlichsten Punkt seines Feldzuges zu markieren. Damit hätte sich Pompeius der Große abermals als zweiter Alexander inszeniert und sich in die hellenistische Tradition gestellt. Offenbar kam das in Rom nicht gut an, und als Caesar über ein Vierteljahrhundert später gleichfalls über diesen Pass zog, verzichtete er, wie Cassius Dio berichtet (41,24,3), auf ein ähnliches Siegesdenkmal und errichtete nur einen relativ bescheidenen Altar.

Zweifelsohne hatte Pompeius großen Anteil am Sieg über die Sertorianer, aber eben nur einen Anteil. Metellus Pius hatte nicht nur länger in Spanien gekämpft, sondern auch mehr als einmal auf dem Schlachtfeld die bessere Figur gemacht. Der kaiserzeitliche Militärhistoriker Frontinus etwa kommt in seinem Buch *Stratege-*

mata, einem Lehrwerk für Offiziere, immer wieder auf die Verdienste des Metellus Pius zurück und führt einige seiner Manöver als Beispiele für mustergültige Kriegsführung an. Pompeius hingegen gefährdete anfänglich manche militärische Operation, da er darauf erpicht war, allein zu siegen, um den Ruhm nicht teilen zu müssen. Das allerdings war keineswegs eine Spezialität des Pompeius: Wie schon in den Kämpfen gegen die Kimbern und Teutonen beeinflusste diese Art von Rivalität unter Feldherren deren militärische Entscheidungen und führte bisweilen zu unnötigen Niederlagen. Auch dass der Konsul Lucullus die angeforderte Verstärkung für Pompeius gewährte, geschah weniger aus Einsicht als aus Eigeninteresse: Lucullus wollte Pompeius in Spanien halten, um selbst gegen Mithridates nach Asien zu ziehen. So stellten führende Feldherren ihr persönliches Prestigestreben über die Staatsräson.

Pompeius und Crassus

73–70 v. Chr.

Während Pompeius in Spanien kämpfte und seinem Namen immer mehr Ruhm und Ehre verschaffte, sah sich Crassus ins Abseits gestellt, zumindest im Verhältnis zu seinen eigenen Ansprüchen. Schon unter Sulla hatte Crassus mit Pompeius rivalisiert, aber in der öffentlichen Wahrnehmung hatte er das Nachsehen. Die Nobilität, der er durch Geburt angehörte, verübelte ihm immer noch seine schamlose Bereicherung in der unrühmlichen Zeit der Proskriptionen und brachte wenig Verständnis für seine mitunter zwielichtigen Geschäfte auf, mit denen er zwar seinen Reichtum mehrte, nicht aber sein Ansehen.

Und während Pompeius, ohne auch nur Mitglied im Senat zu sein, mit dem *imperium* vom Rang eines Konsuls betraut gegen die Sertorianer kämpfte, musste Crassus brav die vorgesehenen Ämter des *cursus honorum* abarbeiten und erreichte wohl 73 v. Chr. bereits über 40-jährig die Prätur. Bezeichnenderweise ist keine Kunde davon erhalten, welche Aktivitäten Crassus in den jeweiligen Ämtern entfaltete – und zum Teil nicht einmal, wann er die Ämter überhaupt angetreten hat. Vielmehr verlegte er sich ganz auf seine Tätigkeiten als Anwalt und Patron, wobei er bei der Auswahl seiner Mandanten nicht besonders wählerisch war. Durch die Vergabe von teuren Krediten verpflichtete er sich manch hochstehenden Schuldner und achtete peinlich genau auf pünktliche Rückzahlung. Andererseits gab er sich bei Gastmählern umgänglich und durchaus großzügig. So verband ihn ein undurchschaubares Netz von anwaltlichen und geschäftlichen Beziehungen – teils öffentlicher, teils privater Natur –, die ihn zu einem politischen Machtfaktor werden ließen, der auf Dauer nicht mehr zu übergehen war. Im Parteienkampf lavierte Crassus zwischen Optimaten und Popularen, bezog wechselnde Positionen und verkaufte seine politische Profillosigkeit als die Überparteilichkeit eines auf das Ganze blickenden Staatsmannes. Trotz dieser Selbsteinschätzung und seiner vielfältigen Umtriebigkeit blieben ihm größere Aufgaben und Ehren versagt, bis sich Rom ab dem Jahr 73 v. Chr. mit einer neuen Bedrohung konfrontiert sah, die täglich wuchs: dem Aufstand der Sklaven.

Der geraubte Ruhm

Sklavenaufstände, die in Sizilien bisher zweimal in regelrechte Kriege gemündet waren, hatte Rom schon öfter gesehen, und sie waren gefürchtet. Die antike Wirtschaft beruhte auf der Arbeit von Sklaven und ein Staat ohne sie war nicht vorstellbar. Der von Karl Marx geprägte Begriff von den antiken «Sklavenhaltergesellschaften» ist durchaus zutreffend und sollte – freilich ohne alle marxistischen Implikationen – verwendet werden, um eine Sache, die nicht zu beschönigen ist, angemessen zu bezeichnen.

Schon die schiere Zahl an Sklaven – man kann davon ausgehen, dass ein Fünftel der Bevölkerung Unfreie waren – musste bei der Vorstellung, dass diese sich mehrheitlich erheben würden, furchteinflößend sein. Daher wurde jeder Sklavenaufstand möglichst schon im

Keim erstickt, ehe er sich zu einem verheerenden Flächenbrand ausweiten konnte. Genau das wurde zunächst versäumt, als 73 v. Chr. etwa 70 Gladiatoren unter der Führung des Thrakers Spartacus aus ihrer Gladiatorenschule in Capua flüchteten und plündernd durch die Lande zogen. Rom unterschätzte die Gefahr und entsandte zunächst lediglich zwei prätorianische Heere, die von Spartacus geschlagen wurden. Die Folge war, dass das Sklavenheer einen gewaltigen Zulauf erhielt und auf mindestens 70 000 Mann anwuchs. Nun entsandte Rom zwei konsularische Heere, doch auch sie wurden von Spartacus geschlagen, der als ehemaliger römischer Soldat sein Sklavenheer wohl zu organisieren und gut zu führen wusste.

Als Spartacus sich 71 v. Chr. gegen Rom zu wenden drohte, erinnerte sich der Senat – Pompeius kämpfte noch in Spanien – an Crassus, der unter Sulla beachtliche militärische Erfolge erzielt und in der Schlacht am Collinischen Tor entscheidend zum Sieg beigetragen hatte. So erhielt Crassus in Form eines prokonsularischen *imperium* den Auftrag, gegen Spartacus ins Feld zu ziehen. Und wenn auch nur zweite Wahl, wollte er doch um jeden Preis seine Chance nutzen und stellte daher als Erstes die Kampfmoral der römischen Truppen mit einer drakonischen Maßnahme sicher: durch Dezimierung. Das bedeutet, dass er die eigenen Truppen – vielleicht auch die zuvor schon besiegten Truppen der Konsuln – strafte, indem er jeden zehnten Mann, durch das Los bestimmt, hinrichten ließ, insgesamt Tausende. Nachdem er den Soldaten auf diese Weise unmissverständlich klargemacht hatte – so Appian (civ. 1,551) –, «dass er ihnen gefährlicher sei als eine Niederlage gegen die Feinde», siegte er in mehreren Schlachten und schloss Spartacus, der sich mit den verbliebenen Haufen an die Südspitze Italiens geflüchtet hatte, an der Straße von Messina ein.

Spartacus hatte mit seinem Heer nach Sizilien übersetzen wollen, doch die kilikischen Seeräuber, die er dafür bezahlt hatte, ließen ihn im Stich. Zudem verbot der berüchtigte sizilische Statthalter Gaius Verres die Überfahrt. So wagte Spartacus mit einem Teil seiner Truppen den Durchbruch durch den Belagerungsring. Daraufhin unterbreitete Crassus dem Senat den Plan, Spartacus mit einer Zangenbewegung den Weg abzuschneiden: Im Osten solle der aus seiner makedonischen Provinz zurückkehrende Prokonsul Marcus Terentius den Hafen in Brundisium (Brindisi) sichern, von Norden her der aus Spanien zurückkehrende Pompeius die Aufständischen angreifen. Wahrscheinlich hatte Crassus seinen eigenen Vorschlag bald bereut, denn es stellte sich heraus, dass das Sklavenheer in eigenständig agierende Gruppen zerfiel, mit denen er allein fertig wurde.

In der Entscheidungsschlacht am Silarus fiel Spartacus und mit ihm ging der größte Teil seiner Truppen zugrunde. 6000 Sklavensoldaten wurden gefangen genommen, die Crassus zur Abschreckung grausam bestrafte und entlang der Via Appia kreuzigen ließ. Das Spalier des Todes zog sich von Capua, dem Ausgangsort des Aufstandes, bis nach Rom und dokumentierte auf makabre Art den Untergang der Sklaven.

Auch wenn noch einem weiteren Haufen von etwa 5000 Mann die Flucht vom Schlachtfeld gelungen war, hatte Crassus ganze Arbeit geleistet und nach einem nur sechsmonatigen Feldzug einen vollständigen Sieg vorzuweisen. Doch der wurde ihm gründlich vergällt, wie Plutarch genauer erläutert:

> **Obwohl nun Crassus so die Gunst der Stunde genutzt, den Krieg meisterhaft geführt und auch seine eigene Person der Gefahr ausgesetzt hatte, kam der Ruhm des Sieges doch Pompeius zugute. Denn die aus der Schlacht entronnenen 5000 Mann liefen ihm in die Hände und wurden vernichtet, woraufhin Pompeius an den Senat schrieb, in offener Schlacht habe Crassus die entlaufenen Sklaven besiegt, er aber habe die Wurzel des Krieges ausgerottet. Pompeius feierte nunmehr über Sertorius und Spanien einen glänzenden Triumph, Crassus hingegen wagte es nicht einmal, den großen Triumph zu fordern, und auch der kleine Triumph zu Fuß, den er feierte, Ovatio genannt, galt als schmählich und unverdient, da es sich ja um einen Sklavenkrieg handelte. (Plut. Crass. 11,10 f., übersetzt nach Ziegler)**

Wieder war Pompeius seinem Konkurrenten Crassus in die Quere gekommen und hatte ihm die Schau gestohlen. Seine Version vom

Ende des Spartacus-Aufstandes verbreitete er so öffentlichkeitswirksam, dass Cicero sie wenige Jahre später in einer Rede, in der er für Pompeius warb, aufnehmen und verherrlichen konnte: «Zeuge [für die Tüchtigkeit des Feldherrn Pompeius] ist mehr als einmal Italien, das, vom grässlichen und gefährlichen Sklavenkrieg bedrängt, ihn, den Abwesenden, um Hilfe bat, ein Krieg, der durch die Erwartung der Ankunft des Pompeius entkräftet und geschwächt und durch seine Ankunft vernichtet und begraben wurde.» (Cic. Manil. 30). Es verwundert nicht, dass Cicero und Crassus niemals Freunde wurden.

Pompeius war, wie schon sein Umgang mit Metellus Pius gezeigt hatte und noch weitere Fälle zeigen werden, ein Meister darin, das Wasser anderer auf seine Mühlen zu leiten, seine Rivalen ihres verdienten Ruhms zu berauben und diesen erfolgreich für sich zu beanspruchen.

Das Konsulat der Konkurrenten

So trafen Crassus und Pompeius 71 v. Chr. bei Rom wieder aufeinander – beide siegreich und beide voller Gier nach Anerkennung. Die Lage war angespannt, denn beide entließen ihre Heere nicht. Pompeius verlangte den Triumph und das Konsulat – erst nach dem Triumph würde er, wie es Sitte war, auch sein Heer entlassen. In Rom atmete man erleichtert auf, ging doch die Angst um, dass Pompeius, der Imperator ohne Sitz im Senat, mit seinem Heer im Rücken eine Diktatur nach dem Vorbild Sullas errichten wolle. Doch auch Crassus hatte nach seinem Erfolg über Spartacus berechtigte Ansprüche auf das Konsulat. Welcher der beiden kampferprobten Konkurrenten würde sich durchsetzen? Es war Crassus, der auf den fast zehn Jahre jüngeren Pompeius zuging und ihm eine gemeinsame Amtsführung vorschlug. Pompeius war geschmeichelt und die beiden Rivalen einigten sich. In Rom atmete man ein zweites Mal erleichtert auf, denn fürs Erste war der Schrecken eines neuen Bürgerkriegs gebannt.

Einen Tag vor Antritt des Konsulats feierte Pompeius noch seinen zweiten Triumph über die Keltiberer und Lusitaner – so die offizielle Version, denn der Sieg gegen die Sertorianer war eigentlich ein Bürgerkrieg und damit auch aus kultischen Gründen nicht für einen Triumph geeignet. Auch dem Metellus Pius hatte der Senat kurz zuvor einen Triumph zugestanden. Pompeius hingegen legte die Feierlichkeiten bewusst auf den letzten Tag des Jahres 71 v. Chr., an dem er noch nicht Senator war, damit er zum zweiten Mal die Sonderrolle des ritterlichen Triumphators geben konnte.

Die Einigung der Konkurrenten bedeutete, wenngleich sie beide Sullaner waren, einen gehörigen politischen Richtungswechsel. Pompeius hatte schon im Vorfeld deutlich gemacht, dass er sich für die Rehabilitierung des Volkstribunats einsetzen werde. Er griff damit eine populare Forderung auf, die in den 70er Jahren immer wieder erhoben wurde und vom römischen Volk heiß ersehnt war. Selbst Cicero hielt die Wiederaufrichtung des Volkstribunats für unumgänglich, wie er noch Jahrzehnte später in einem staatstheoretischen Dialog betont. Er gibt dabei ein bemerkenswertes Motiv an, das Pompeius zu diesem Schritt veranlasst habe:

> **Wenn du aber den Pompeius allein in dieser einen Angelegenheit nicht recht billigst, scheinst du mir kaum zureichend zu bemerken, dass er nicht nur darauf schauen musste, was am besten wäre, sondern auch, was notwendig. Er spürte nämlich, dass man diesem Staate die tribunizische Amtsgewalt nicht vorenthalten könne. Denn wie hätte unser Volk sie, die es so sehr, obwohl noch unbekannt, verlangte, entbehren können, nachdem es sie kennengelernt hatte? Es war aber andererseits die Aufgabe eines weisen Bürgers, eine Sache, die nicht verderbenbringend und so volkstümlich war, dass man nicht widerstehen konnte, nicht einem Bürger zu überlassen, der auf verderbliche Weise ein Popular war. (Cic. leg. 3,26; übersetzt nach Nickel)**

Pompeius habe also eine Forderung des Volkes, die auf Dauer nicht abzuweisen war, selbst umgesetzt, um zu vermeiden, dass deren Erfüllung nicht einem gefährlichen popularen Politiker überlassen bleibe, der nur für sich daraus Kapital schlage, dem Staat aber schade. So viel Verständnis seitens Ciceros ist umso bemerkenswerter, als Cicero selbst Opfer eines solchen gefährlichen Politikers geworden war, da ihn Publius Clodius Pulcher mittels eben jenes von Pompeius wiederhergestellten Volkstribunats in die Verbannung getrieben hatte.

So hehr, wie von Cicero unterstellt, werden die Überlegungen des Pompeius wohl nicht gewesen sein, sondern es lag vielmehr schon seit einigen Jahren in der Luft, Korrekturen an den rabiaten Reformen Sullas vorzunehmen. Auch vereinzelte Gesetzesinitiativen hatten schon in diese Richtung gewiesen. Man empfand die antisullanischen Bestrebungen durchaus als Rückkehr zur ‹klassischen Republik›, wiewohl auch Sulla seinerseits die ‹alte Republik› hatte wiederherstellen wollen. So projizierten Optimaten und Popularen jeweils ihre Ideale in die Vergangenheit, um diese dann als Vorbild für ihre Zwecke zu nutzen.

Doch Pompeius, wenngleich politisch als Sullaner sozialisiert, setzte schon immer auf die lebendige Volksversammlung, wo er sich mehr in seinem Element fühlte als im steifen Senat. Dort vermochte nach Plutarch (Plut. Pomp. 22,3) Crassus, der aus altem Adel stammte, mehr, während Pompeius, dessen Familie in Rom neu war, vor allem beim Volk einflussreich war. Dass Pompeius damals mit «den gesellschaftlichen Spielregeln» (Baltrusch, 2004, 23) der römischen Senatsaristokratie nicht sonderlich vertraut war und erst recht nicht mit den komplizierten und stark formalisierten Gepflogenheiten des Senats, erhellt schlaglichtartig eine amüsante Notiz bei Gellius (14,7,1–3), derzufolge Pompeius seinen gelehrten Freund Marcus Terentius Varro um eine Handreichung bat, wie man als Konsul eine Senatssitzung abzuhalten habe. Ihm, dem Triumphator und mehrfachen *imperium*-Träger, der die Ämterlaufbahn übersprungen hatte, fehlte es an der innenpolitischen Praxis, und er brauchte ein entsprechendes Coaching.

Doch so sehr die *nobiles* auch die Nase rümpfen mochten: Das Konsulat der Konkurrenten wurde ganz von Pompeius dominiert. Noch gemeinsam mit Crassus brachte er die *lex Pompeia Licinia de tribunicia potestate* ein. Dieses Gesetz gab der tribunizischen Amtsgewalt, «von der Sulla nur noch ein Schattenbild übriggelassen hatte» (Vell. 2,30,4), ihren alten Glanz zurück.

Danach scheint Crassus, der politisch kaum Profil besaß, keine Akzente mehr gesetzt und Initiativen allenfalls blockiert zu haben. Er wirkte im Hintergrund und setzte auf persönliche Kontakte, doch mit welchem Ziel, ist unklar. Er buhlte mit seinem unermesslichen Vermögen auch durchaus um die Gunst des Volkes. So ließ er etwa bei einem großen öffentlichen Opferfest für Hercules in Rom Tausende von Tischen aufstellen, an denen das Volk üppig bewirtet wurde, und zudem für drei Monate Getreide verteilen.

Doch auch Pompeius tat alles, um seine exzeptionelle Stellung im Staat zu demonstrieren. Hierzu machte er, der stolz darauf war, zweimal als Ritter triumphiert zu haben, seinen formalen Abschied aus dem Ritterstand zu einem Spektakel ganz besonderer Art. Plutarch hat uns die unvergessliche Szene überliefert, die sich vor den beiden Zensoren abspielte, als sie die Rechenschaft des Soldaten Pompeius abnahmen, der formal noch vor einem Jahr als Ritter im Heer gedient hatte:

> Da sah man Pompeius von oben auf das Forum herunterkommen, mit allen Abzeichen seiner Würde angetan; sein Pferd aber führte er mit eigener Hand am Zügel. Als er nahe und allen sichtbar geworden war, befahl er seinen Liktoren, beiseite zu treten, und führte sein Pferd vor das Tribunal. Das Volk staunte und war ganz still, und die Zensoren erfüllte Scham und Freude zugleich bei diesem Anblick. Darauf stellte der Ältere der beiden die Frage: «Ich frage dich, Pompeius Magnus, ob du alle vom Gesetz vorgeschriebenen Feldzüge mitgemacht hast», und Pompeius antwortete mit lauter Stimme: «Ich habe sie alle mitgemacht, und alle unter meinem Kommando.» Als das Volk das hörte, schrie es laut auf und konnte vor Vergnügen nicht mehr zur Ruhe kommen, sondern die Zensoren standen auf und geleiteten Pompeius nach Hause, um sich so den Bürgern gefällig zu erweisen, die mitliefen und Beifall klatschten. (Plut. Pomp. 22,6–9; übersetzt nach Ziegler)

Crassus speiste das Volk mit seinem Geld, Pompeius begeisterte es mit seiner Persönlichkeit und seinen Siegen. Beide wussten um die Bedeutung des Volkes und beide versuchten, es – jeder auf seine Weise – für sich zu gewinnen. Die ehemaligen Sullaner betrieben also populare Politik.

Und das galt auch für ihre restliche Amtszeit. Stück für Stück wurde Sullas optimatische Staatsarchitektur zurück- beziehungsweise umgebaut. So hatte Sulla auch das ehrwürdige Amt der Zensur abgeschafft, das nun wieder installiert wurde. Die ersten beiden Zensoren seit 86 v. Chr. stießen daraufhin nicht weniger als 64 Senatoren – die meisten davon Sullaner – aus der Versammlung.

Eine weitere Gesetzesinitiative, die von Lucius Aurelius Cotta, Caesars Großcousin, ausging (sicher mit Billigung des Pompeius), betraf die ständigen Geschworenengerichtshöfe (*quaestiones perpetuae*). Ursprünglich waren ihre Richterbänke ausschließlich von Senatoren besetzt, bis sie Gaius Gracchus allein den Rittern zuwies. Sulla hatte dann den alten Zustand wiederhergestellt. Vor allem für den Repetundengerichtshof, der für die Rückerstattung der in den Provinzen erpressten Gelder zuständig war, war es von großer Bedeutung, ob Ritter über Senatoren oder Senatoren über Senatoren zu urteilen hatten. Die *lex Aurelia iudiciaria* löste die Frage salomonisch und teilte die 900 Geschworenenplätze zu je einem Drittel den Senatoren, den Rittern und den Ärartribunen zu. Bei Letzteren handelte es sich um Beamte, die unter anderem für die Auszahlung des Soldes aus der Staatskasse (*aerarium*) an die Soldaten zuständig waren. Mag sein, dass die beiden Militärs Pompeius und Crassus es nicht ungern sahen, wenn diese neue Gruppe auf diese Weise zum Zug kam.

Mit der Restitution des Volkstribunats und der Zensur sowie mit der Neuordnung der Gerichtshöfe war die sullanische Senatsrepublik – bis auf die Regularien der Ämterlaufbahn – so gut wie abgeschafft und die Optimaten wurden durch die wieder stark gemachten Instrumente der Popularen in Schach gehalten. Eines der ersten optimatischen Opfer war der Sullaner Gaius Verres, der als Statthalter in Sizilien Unmengen an Geldern und Kunstschätzen erpresst hatte. Cicero hielt eine aufsehenerregende Rede gegen ihn und war fürderhin der angesehenste Anwalt Roms. Verres wartete erst gar nicht das Urteil ab und begab sich schon vorher in die Verbannung. Seine Freunde hatten ihm keinen Schutz mehr bieten können, die sullanischen Senatoren waren nicht mehr unter sich.

Das Konsulat der Konkurrenten Crassus und Pompeius trug ganz die Handschrift des Letzteren: Während Sulla die vollständige Vernichtung des politischen Gegners erstrebt hatte, folgte ihm Pompeius darin nur hinsichtlich der politischen Anführer. Die Anhängerschaft seiner Gegner hingegen versuchte er zu integrieren – schon zu Lebzeiten Sullas in Sizilien und Africa, aber auch danach in Italien beim Lepidus-Aufstand oder in Spanien im Krieg gegen die Sertorianer.

Dass Crassus unter der Dominanz des Pompeius litt, war mehr als offenkundig, und man beobachtete mit Unbehagen den wachsenden Dissens der beiden Konsuln. Die tieferen Ursachen ihrer Uneinigkeit sind nicht überliefert und lagen vermutlich schlicht in einer persönlichen Antipathie. Das Volk wollte das jedoch nicht hinnehmen und drang am Ende ihrer Amtszeit auf eine Aussprache.

In einer Versammlung kam es tatsächlich zu einer öffentlichen Versöhnung, wobei Crassus es war, der als Erster auf seinen missliebigen Rivalen zuging. Plutarch zitiert ihn mit folgenden Worten: «Ihr Bürger, ich glaube nichts Niedriges und meiner Unwürdiges zu tun, wenn ich als erster dem Pompeius die Hand zur Versöhnung und zur Freundschaft biete, den ihr, noch ehe ihm der Bart gewachsen war, den Großen genannt und ihn, noch ehe er Mitglied des Senates war, triumphieren ließet.» (Plut. Crass. 12,5) Pompeius ließ sich zwar umarmen, doch blieb diese Geste ohne Folgen. Die beiden blieben einander weiterhin fremd, um nicht zu sagen: spinnefeind.

Caesar

80–70 v. Chr.

Nach der mutigen Auseinandersetzung mit Sulla, dem er die Fortführung seiner Ehe mit Cornelia, der Tochter des Cinna, abgetrotzt hatte, zog sich Caesar aus Rom zurück und ging, noch keine zwanzig Jahre alt, als Offizier des sullanischen Proprätors Marcus Minucius Thermus in die Provinz Asia. Dort belagerte Thermus auf Lesbos den griechischen Stadtstaat Mytilene, der mit Mithridates verbündet war, und Caesar konnte nicht nur seine ersten militärischen Erfahrungen, sondern auch Meriten sammeln. Bei der Eroberung der Stadt 80 v. Chr. rettete er einem Kameraden das Leben und wurde deshalb mit der begehrten Bürgerkrone aus Eichenlaub, der *corona civica*, ausgezeichnet – eine der höchsten militärischen Ehren, die einem römischen Bürger zuteilwerden konnte: Der Träger einer Bürgerkrone war dazu berechtigt, bei öffentlichen Spielen in der Reihe der Senatoren zu sitzen. Übrigens erhielt später auch Augustus – allerdings aus etwas anderen Gründen – die Bürgerkrone, die fortan als kaiserliches Abzeichen fungierte.

Im bithynischen Bordell

Caesar tat sich jedoch nicht nur bei der Erstürmung von Mytilene als Soldat hervor, sondern bereits zuvor als Diplomat. Minucius Thermus hatte ihn zu Nikomedes IV., dem König von Bithynien, an die Südküste des Schwarzen Meeres mit dem Auftrag gesandt, den römischen Vasallenkönig um Verstärkung gegen Mytilene zu bitten. Aus dieser Mission erwuchsen Gerüchte, die Caesar ein Leben lang begleiten sollten. Der antike Biograph Sueton, der für seine Vorliebe für Klatschgeschichten berüchtigt ist, aber als kaiserlicher Archivar

Zugang zu zahlreichen historischen Dokumenten hatte, berichtet zu Caesars legendär gewordenem Aufenthalt bei Nikomedes:

> **Caesar aber saß untätig bei Nikomedes, sodass das Gerücht nicht ausblieb, er habe dem König seine Unschuld hingegeben. Dieses Gerücht wurde dadurch befeuert, dass er innerhalb weniger Tage noch einmal nach Bithynien zurückkehrte, angeblich um dort Geld einzufordern, das einem Freigelassenen unter seinen Klienten geschuldet wurde. [...] Seinem Ruf, ein sittenstrenger Mann zu sein, schadete nichts mehr als der Umstand, mit Nikomedes Haus und Bett geteilt zu haben. Aus diesem Aufenthalt entwickelte sich für ihn ein schwerer Vorwurf, der sich hielt, und er war Sticheleien von allen Seiten ausgesetzt. (Suet. Iul. 2 und 49,1; übersetzt nach Martinet)**

Genüsslich breitet Sueton die vielen Spötteleien aus, die über Caesars angebliche Affäre mit Nikomedes kursierten (vgl. Iul. 49,1–4), und noch Jahre später habe ihn Marcus Calpurnius Bibulus, sein missliebiger Amtskollege im Konsulat, als «bithynische Königin» bezeichnet und gewitzelt, «früher habe Caesar einen König begehrt, jetzt die Königsherrschaft». Der ältere Curio habe von einem «Stall des Nikomedes» und gar von einem «bithynischen Bordell» gesprochen, Cicero von der «befleckten Jugendblüte» und Gnaeus Cornelius Dolabella vom «Lustknaben» und dem «Schäferstündchen in der königlichen Sänfte». Dolabella dürfte der Erste gewesen sein, der diese zotigen Anschuldigungen in Umlauf gebracht hatte, und zwar im Rahmen eines Prozesses, den Caesar etwa 77 v. Chr. gegen ihn anstrengte. In Rom wurde vor Gericht nicht nur sachbezogen gestritten, sondern auch der Prozessgegner regelmäßig persönlich angegriffen und – mit aus heutiger Sicht unanständigen Mitteln – in Misskredit gebracht. Dass jungen Männern, besonders, wenn sie gutaussehend waren, homosexuelle Beziehungen nachgesagt wurden, bei denen sie den passiven Part übernahmen, gehörte da schon fast zur gängigen Praxis.

Interessanter ist ein anderes Detail, das Sueton in diesem Zusammenhang erwähnt:

Cicero sagte sogar einmal im Senat, als Caesar Nysa, die Tochter des Nikomedes, vor Gericht vertrat und die Wohltaten, die ihm der König erwiesen habe, anführte: «Höre endlich auf damit, ich bitte dich, es ist doch bekannt, was jener dir und was du von dir jenem gegeben hast!» (Suet. Iul. 49,3; übersetzt nach Martinet)

Offenbar hatte sich Caesar in einem Prozess für das bithynische Königshaus anwaltlich engagiert, was ein anderes Licht auf Caesars Beziehung zu Nikomedes wirft. So könnte er, wie der Historiker Josiah Osgood (2021) vermutet, seine militärische Mission im Auftrag des Minucius Thermus dazu genutzt haben, um für die eigene Karriere politische Kontakte zu knüpfen. Mit Nikomedes könnte er daher ein Klientelverhältnis ins Ausland begründet haben, dessen Verpflichtungen er dann auch als Patron gegenüber Verwandten des Königs wahrnahm. Derartige Kontakte, die einmal nützlich werden konnten, pflegten auch viele andere Politiker in Rom, wie wir schon bei Pompeius und seinem Wirken in Afrika, Sizilien und Spanien gesehen haben. Caesars Aufenthalt in Bithynien wäre danach eher als Zeugnis dafür zu werten, wie konsequent der *nobilis* schon in jungen Jahren jede Gelegenheit nutzte, um sich ein bis ins Ausland reichendes Netzwerk aufzubauen.

Als Sulla 78 v. Chr. starb, kehrte Caesar nach Rom zurück und zögerte nicht, sogleich wieder populare Positionen zu beziehen. Zunächst erhob er gegen den angesehenen Sullaner und Konsular Gnaeus Cornelius Dolabella, der soeben siegreich und mit einem Triumph geehrt aus Makedonien zurückgekehrt war, Anklage wegen Ausbeutung seiner Provinz. Auf diesem Weg versuchte er sich, wie andere junge und ehrgeizige *nobiles* auch, durch spektakuläre Prozesse zu profilieren. Zwar verlor er den Prozess – nicht zuletzt, weil Dolabella die besten Anwälte auf seiner Seite hatte –, aber er hatte auf sich aufmerksam und deutlich gemacht, dass er seine gesellschaftlich privilegierte Stellung als Senatorensohn auch einfordern und ambitioniert füllen würde. Auch im kommenden Jahr eröffnete Caesar gegen einen weiteren Sullaner den Prozess, ebenfalls wegen Ausbeutung einer Provinz, und stärkte mit den beiden Repetundenverfahren zugleich auch seinen Rückhalt bei den Provinzialen.

Bemerkenswert ist, dass Caesar, so sehr er als Anwalt und Patron ganz den Popularen gab, klug genug war, sich nicht auf radikale Umstürzler wie Lepidus einzulassen und der gewaltsamen Erhebung der Sulla-Gegner fernzubleiben. Er wählte nicht den militärischen Aufstand gegen, sondern die politische Laufbahn für den Staat und bereitete sich gewissenhaft auf die Ämterlaufbahn vor. Dafür war eine sichere Beherrschung der Redekunst von größtem Vorteil. So brach Caesar 75 v. Chr. zu einer Bildungsreise nach Griechenland auf, um in Rhodos bei dem berühmten Rhetoriklehrer Apollonius Molon Unterricht zu nehmen, den auch Cicero besucht hatte. Dort erhielt Caesar das rhetorische Rüstzeug, das er brauchte, um gerade auch in der Volksversammlung punkten zu können. Molon vertrat einen eher schlichten, dafür prägnanten Stil und gab nebenher auch praktische Ratschläge, etwa wie man die Emotionen der Zuhörer für seine Zwecke instrumentalisieren könne. Es gelte, so Molon, den richtigen Moment zu nutzen – denn nichts trockne schneller als eine Träne (Cic. inv. 1,109). Caesar lernte schnell und gehörte bald zu den glänzendsten Rednern seiner Zeit. Dass sein Name mit der Redekunst heute weniger verbunden wird als derjenige Ciceros, liegt vor allem daran, dass Caesars Reden verloren gegangen sind. Pompeius übrigens, dessen Metier ganz das Militär war und dessen Karriere sich die längste Zeit außerhalb des Forums abspielte, war, wie Velleius bemerkt (2,29,3), ein eher durchschnittlicher Redner.

In der Hand der Piraten

Auf dem Weg nach Rhodos widerfuhr Caesar ein Erlebnis ganz anderer Art: Er geriet in die Hand von Seeräubern. Solche Entführungen waren in diesen Zeiten nichts Ungewöhnliches, hatten sich doch die Piraten im östlichen Mittelmeer zu einer regelrechten Plage entwickelt. Bevor Pompeius dem Unwesen ein Ende bereitete, plünderten sie Handelsschiffe, versklavten deren Besatzung und forderten große Summen an Lösegeld, wenn ihnen wieder einmal ein hochstehender Römer in die Hände gefallen war. Genau das taten sie auch mit dem jungen Caesar, der allerdings die Stirn hatte, sie auszulachen: Viel zu wenig Lösegeld würden sie für ihn verlangen! Dass aber mit dem jungen Mann, für den sie mehr als das Doppelte fordern sollten, nicht zu scherzen war, mussten die Piraten alsbald am eigenen Leib erfahren, wie Plutarch berichtet:

> **Während der 38 Tage, da er sich in der Gewalt der Piraten befand, spielte und turnte er ohne alle Furcht mit ihnen, als ob nicht er ihr Gefangener, sondern sie seine Begleiter wären. Er verfasste Gedichte und Reden und las sie ihnen vor, und wenn sie ihm keine Bewunderung zollten, schalt er sie unverblümt Barbaren ohne Bildung und Kultur. Oft stieß er lachend die Drohung aus, er werde sie aufknüpfen lassen – und die Kerle hatte ihre Freude daran, hielten sie ihn doch für einen harmlosen, lustigen Patron, der die losen Reden nicht lassen könne. Als aber das Lösegeld aus Milet gekommen und Caesar auf freien Fuß gesetzt war, bemannte er unverzüglich ein paar Schiffe im Hafen von Milet und stach gegen die Piraten in See. Er überraschte sie auf der Insel, wo sie immer noch vor Anker lagen, und brachte die meisten in seine Gewalt. (Plut. Caes. 2,3–5; übersetzt nach Ziegler)**

Doch das war Caesar nicht genug. Als der zuständige Statthalter mehr Interesse an den erbeuteten Schätzen als an den Piraten hatte, nahm Caesar ihre Bestrafung selbst in die Hand. Er zögerte nicht, sie alle – so wie er es ihnen zuvor noch im Scherz immer angekündigt hatte – ans Kreuz schlagen zu lassen.

Es gibt keinen Grund, an diesem Bericht zu zweifeln – er ist auch bei Sueton und anderen überliefert –, vielmehr gibt er einen lebendigen Einblick davon, was sich reiche und adelige Römer in den Provinzen herausnehmen konnten. Mag sein, dass der junge Caesar besonders unerschrocken handelte, wenn er am Statthalter vorbei die Seeräuber auf eigene Faust hinrichtete, aber seine Aktion fiel durchaus nicht völlig aus den Rahmen. Ein Jahr später, als nach dem Tod des Nikomedes 74 v. Chr. der Dritte Mithridatische Krieg ausbrach, ergriff er wieder von sich aus die Initiative und warf mit vor Ort selbst aufgebrachten Kräften den Feind zurück. Ein Römer, auch wenn er nur Privatmann war, durfte, ja musste tätig werden, wenn das Leben von Römern in Gefahr war – so wird es Cicero in einer seiner staatsphilosophischen Schriften für die freie Republik festschreiben (rep. 2,46) – und das galt in der Provinz noch mehr, zumal für einen Träger der Bürgerkrone, wie Caesar es war.

Ein Jahr später kehrte Caesar aus Asien zurück und wurde in Nachfolge seines verstorbenen Großcousins Gaius Aurelius Cotta in das Kollegium der Priester kooptiert. Wie schon damals bei der Wahl zum Jupiterpriester hatte wohl auch bei diesem Vorgang Caesars Mutter Aurelia ihren Einfluss spielen lassen. Auf diese Weise erhielt Caesar auch einen adäquaten Zugang in die konservativeren Optimatenkreise. Im Übrigen verfolgte er, kaum zurück in Rom, wieder die politischen Ziele der Popularen. Er unterstützte die Wiederherstellung des Volkstribunats, zu der 75 v. Chr. noch sein Großcousin Gaius Aurelius Cotta die ersten Schritte eingeleitet hatte, und machte sich für eine Amnestie der Anhänger des Lepidus und Sertorius stark, die 70 v. Chr. durch Volksbeschluss auch eintrat.

Eine Reintegration dieser überlebenden Marianer und ihrer Unterstützer, darunter die entrechteten Söhne der Proskribierten, entsprach auch den Vorstellungen, die Pompeius in seinem Konsulat verfolgte. Während der Konsul aus politischen Gründen die besiegten Anhänger seiner Gegner für sich und den Staat wiedergewinnen wollte, betonte Caesar seine privaten Pflichten gegenüber seiner Familie. Über seine Tante und Ehefrau war er ja eng mit den Marianern verbunden und setzte sich offen für die Rehabilitation seines Schwagers, Cinnas Sohn, ein. Hier handelte er ganz wie ein *nobilis*, der seine Familie über den Staat stellt und sich als Anwalt und Patron in erster Linie um seine Klienten kümmert, um die alten in Rom und die neuen in den Provinzen.

Pompeius
69–61 v. Chr.

Nach ihrem gemeinsamen Konsulat lehnten Pompeius und Crassus es beide ab, die Verwaltung einer Provinz zu übernehmen, und blieben in Rom. Misstrauisch belauerten sie einander, keiner wollte dem anderen das Feld überlassen. So wurde Sullas Ämterregelung, die im unmittelbaren Anschluss an das Konsulat die Statthalterschaft einer Provinz vorsah, abermals unterlaufen. Vor allem Pompeius bewegte sich ohnehin völlig außerhalb des Systems und wartete auf seine nächste Sonderaufgabe.

Vorerst war das bedeutendste militärische Unternehmen von einem anderen besetzt. Lucius Licinius Lucullus, der schon unter Sulla in Asien gekämpft und später als Konsul dafür gesorgt hatte, dass sein Konkurrent Pompeius in Spanien blieb, hatte sich den Oberbefehl gegen Mithridates gesichert. Dieser war nach dem Tod des Nikomedes das dritte Mal gegen Rom gezogen: Nikomedes – derselbe, den Caesar aufgesucht hatte – hatte sein bithynisches Reich zwar testamentarisch den Römern vermacht, doch erkannte Mithridates diesen Beschluss nicht an, sondern trachete danach, Bithynien seinem Pontischen Reich einzuverleiben. Seit 73 v. Chr. stand nun Lucullus – durchaus mit großen Teilerfolgen – gegen den aggressiven König im Feld.

Neben der ständigen Bedrohung aus dem Osten wurde aber eine ganz andere Gefahr zu einer echten Herausforderung für Rom: die immer dreister agierenden Seeräuber, die jetzt nicht mehr nur das östliche Mittelmeer unsicher machten, sondern auch an den italischen und spanischen Küsten ihr Unwesen trieben. Die Piraten präsentierten sich dabei immer selbstbewusster und segelten mit stolzen Schiffen über das Meer. Plutarch zeichnet davon ein anschauliches Bild:

> **Es gab auch an vielen Orten Ankerplätze der Piraten und befestigte Beobachtungstürme, und ihre Flotten, denen man nun begegnete, waren nicht nur durch ausgesuchte Mannschaften, geübte Steuerleute und schnelle, leichte Schiffe für ihre besondere Aufgabe gut gerüstet, sondern mehr noch als ihre Gefährlichkeit verärgerte ihr dreister Übermut, wenn sie mit vergoldeten Flaggenstangen, purpurnen Vorhängen und silberbeschlagenen Rudern prunkten und sich so gleichsam mit ihren Verbrechen brüsteten. Flöten- und Saitenspiel, Gesänge und Trinkgelage an jedem Strand, Entführungen von Amtspersonen und Brandschatzungen eroberter Städte waren eine Schande für die römische Herrschaft. (Plut. Pomp. 24,4 f.; übersetzt nach Ziegler)**

Dennoch dürfen wir uns hierbei nicht marodierende Glücksritter vorstellen, sondern Männer, die ihre Familien in entlegenen Dörfern mit ihren Beutezügen ernährten, weil ihnen kaum etwas anderes übrigblieb. Sie plünderten Handelsschiffe und erpressten Lösegeld für finanzkräftige Reisende. Und indem sie die Besatzungen versklavten, befriedigten sie außerdem die große Nachfrage nach Sklaven in Rom.

Die Entführung Caesars war nicht der einzige Angriff der Piraten auf römische Aristokraten. Einmal gerieten selbst zwei Prätoren samt ihren Liktoren in Gefangenschaft und die Tochter des hochangesehenen Redners Marcus Antonius Orator wurde sogar aus ihrer Villa in Misenum an der Westküste Italiens geraubt. Mag sein, dass sie als Opfer gezielt ausgesucht wurde, da ihr Vater einst siegreich gegen die Seeräuber gekämpft und dafür einen Triumph erhalten hatte: Die Piraten zeigten ihm, dass es keinen Grund zum Triumphieren gab, und setzten ihre Raubzüge unvermindert fort.

Als sich 74 v. Chr. der dritte Krieg gegen Mithridates abzeichnete, entschied der Senat, die Seeräuber nicht mehr, wie bisher, in Einzelaktionen zu bekämpfen, sondern in breiter Front gegen sie vorzugehen, auch, um die Gefahr eines Bündnisses mit dem pontischen König zu verhindern. Zu diesem Zweck verlieh man dem Prätor Marcus Antonius, dem Sohn des eben erwähnten Marcus Antonius Orator, ein umfassendes Sonderkommando in Form eines konsularischen *imperium*. Es galt für alle Provinzküsten bis 75 km ins Hinterland hinein, war mit Soldaten und Schiffen reichlich ausgestattet und entsprach dem Rang der Provinzstatthalter. So sollte der Krieg aus einer Hand und gegen alle Seeräuber geführt werden können. Ein Oberbefehl von diesem Umfang war ein Novum, dennoch kam Antonius nicht zum erfolgreichen Abschluss der Aktion und starb nach einem dreijährigen Feldzug auf Kreta. Den Kampf gegen die Piraten setzte dann Quintus Caecilius Metellus Creticus fort, der vor allem auf Kreta kämpfte und diese Insel zur römischen Provinz machen wollte. Insgesamt aber blieben die Probleme ungelöst, da man die eigentlichen Ursachen des Piratentums nicht in Angriff nahm: die Not der Bevölkerung in Kilikien und anderswo.

Die Kerngebiete der Seeräuber lagen insbesondere an den wilden Küsten Südkretas und Kilikiens (am Südrand der heutigen Türkei) – daher bezeichneten sie sich selbst, ganz gleich, woher sie kamen, als Kilikier –, doch ihre eng vernetzten Stützpunkte überzogen mittlerweile den gesamten Mittelmeerraum und mit ihren gut organisierten Flottenverbänden spielten sie auch in militärischen Konflikten eine immer größere Rolle. Sertorius, Mithridates und auch Spartacus hatten sich, wie erwähnt, mit ihnen verbündet und versuchten, die Piraten für ihre Zwecke einzusetzen. Sie stellten für die Seemacht Rom eine ständige Provokation dar; mit konventioneller Kriegsführung war ihnen kaum beizukommen. Zu weiträumig erwies sich ihr Aktionsfeld, zu vereinzelt und unvorhersehbar waren ihre Angriffe, zu verstreut ihre Anhänger.

Der Herr der Meere

Es war nur eine Frage der Zeit, bis die Forderung laut wurde, Pompeius den Kampf gegen die Seeräuber zu übertragen. Einer seiner Gefolgsleute, Aulus Gabinius, nutzte dafür die wieder erstarkte Stellung des Volkstribunats und bereitete 67 v. Chr. in diesem Amt einen Antrag auf ein gewaltiges Sonderkommando vor, der noch keinen Namen enthielt, aber, wie alle wussten, auf Pompeius gemünzt war.

Darin war ein konsularisches *imperium* ähnlichen Ausmaßes vorgesehen wie jenes, das sieben Jahre zuvor Marcus Antonius gewährt worden war. Darüber hinaus sollten auch beträchtliche Geldmittel bewilligt werden, denn als effektiv und schlagkräftig erwies sich ein noch so ehrenvolles Kommando immer nur dann, wenn es auch angemessen finanziert wurde. Gabinius brachte die Sache also zunächst vor den Senat und dann, als die Senatoren sich höchst ungehalten zeigten und ihn sogar tätlich angriffen, vor das Volk. Mit dessen Hilfe brachte er schließlich sein Gesetz durch, worauf Pompeius zum Befehlshaber gegen die Seeräuber gewählt wurde und anschließend die Mittel nochmals aufstocken ließ. Seine Befehlsgewalt hatte nun Dimensionen angenommen, die alle bisherigen Kommandos in den Schatten stellten: Sein Machtbereich erstreckte sich über das gesamte Mittelmeer, einschließlich aller Küsten bis 75 km landeinwärts – damit waren alle wichtigen Hafenstädte einbezogen. Dazu erhielt er 500 Schiffe, 120 000 Soldaten, 5000 Reiter und 24 Legaten, also Legionskommandeure im Senatorenrang, zwei Quästoren, ferner 36 Millionen Denare und unbegrenzten Kredit bei allen öffentlichen Kassen. Das Kommando wurde mit einer Befristung auf drei Jahre auch ungewöhnlich lange vergeben. Freilich – ein entscheidendes Detail blieb offen: Wenn das *imperium* des Pompeius dem der Statthalter in den jeweiligen Provinzen gleichgestellt war (*imperium aequum*), wie sollte dann verfahren werden, wenn Oberbefehlshaber und Provinzstatthalter verschiedener Meinung waren? In der Tat sollte diese Unklarheit wenigstens in einem Fall für Missstimmung sorgen. – Wie dem auch sei, Pompeius musste seinen Zeitgenossen, Römern wie Provinzialen, wahrlich wie der Herr der Meere vorgekommen sein.

Die Vorlage der *lex Gabinia de bello piratico* im Senat und in der Volksversammlung hatte hohe Wellen geschlagen und tumultartige Diskussionen ausgelöst. Dass das Gesetz auf Pompeius abzielte, war allgemein bekannt und dass dieser der geeignete Mann für den logistisch anspruchsvollen Kampf gegen die Piraten war, unumstritten. Nur an der Frage, ob man einem Einzelnen so viel Macht verleihen sollte, daran schieden sich die Geister. Das bezeugen die konträren und bisweilen auch differenzierten Meinungsäußerungen. Der von den Optimaten dominierte Senat war nahezu einhellig dagegen. Nur in den unteren Rängen befürwortete ein junger Senator, der bisher nur die Quästur absolviert hatte, den Antrag des Gabinius: Caesar, der sich auch mit dieser Aktion wieder einmal ganz auf die Seite der Popularen stellte und sich für seine weitere Laufbahn gewiss auch Pompeius gewogen machen wollte. Die alten Konsulare störten sich vor allem daran, dass das Prinzip der Kollegialität, also, dass alle senatorischen Ämter mit mindestens zwei gleichberechtigten Kollegen zu besetzen seien, verletzt und damit einer möglichen Diktatur der Weg bereitet würde. Catulus warnte in einer bei Cassius Dio überlieferten Rede (vgl. S. 175) eindringlich davor, immer auf denselben Mann zu setzen. Das verstoße gegen den Grundsatz der Gleichheit und verschärfe den Mangel an erfahrenen Militärs. Die Bedenken des Hortensius, der in der Generation vor Cicero als bester Redner Roms galt, gingen in eine ähnliche Richtung. Cicero zitiert ihn ein Jahr später in einer Rede so: «Wenn *einem* alles zuzuerkennen wäre, so wäre Pompeius der Würdigste; aber es darf nicht alles einem Einzigen überantwortet werden.» (Cic. Manil. 52) Auch der senatsfreundliche Volkstribun Lucius Roscius Otho vertrat diese Position, wurde aber vom Volk ausgebuht. Plutarch hat überliefert, wie aufgeheizt die Stimmung war:

> **Als dann Roscius vortrat, hörte niemand mehr zu. Er gab daher durch Fingerzeichen zu verstehen, man solle Pompeius nicht alleine wählen, sondern ihm einen Kollegen geben. Darauf soll das Volk vor Wut so laut aufgeschrien haben, dass ein Rabe, der gerade über den Markt flog, das Gleichgewicht verlor und in die Versammlung herabstürzte. (Plut. Pomp. 25,11 f.; übersetzt nach Ziegler)**

Dass sich die Gemüter so erhitzten, hing an der Person des Pompeius, der mit seiner Sonderstellung wie kaum ein anderer polarisierte. Gerade ihm ein Kommando dieser Größe zu geben, war von ganz anderer Tragweite, als wenn man damit einen Mann betraut hätte, der stets innerhalb des Systems agierte. Als etwa Marcus Antonius 74 v. Chr. ein ebenfalls beachtliches Sonderkommando gegen die Seeräuber erhielt, gab es keinen Aufschrei und man ging zur Tagesordnung über. Der römische Historiker Velleius Paterculus hat den entscheidenden Unterschied zwischen den beiden auf den Punkt gebracht:

> **Doch ist der Argwohn gegen eine solche Machtposition mitunter stärker oder schwächer, je nachdem ob der Betreffende damit Schaden anrichten kann oder nicht. Bei Antonius hat man es ruhig hingenommen; man blickt so gut wie nie argwöhnisch auf die Auszeichnungen von Personen, deren Macht man nicht zu fürchten hat. Dagegen überträgt man besondere Vollmachten nur ungern an Menschen, die sie nach eigenem Belieben niederlegen oder behalten können und für die es außer dem eigenen Willen keine Schranken gibt. (Vell. 2,31,4; übersetzt nach Giebel)**

Pompeius verfügte offenbar über Möglichkeiten und Freiheiten, die anderen verwehrt waren. Dies machte ihn in den Augen der Nobilität gefährlich. Doch er, der Liebling der Massen, hatte das Volk auf seiner Seite, das ihn gegen den Willen des Senats zum Oberbefehlshaber im Krieg gegen die Piraten wählte. Sullas Optimatenrepublik hatte damit nach dem Rückbau der sullanischen Reformen, den Pompeius und Crassus in ihrem Konsulat betrieben hatten, ihre endgültige Niederlage erlitten.

Zügig machte sich Pompeius ans Werk und ging den schwer fassbaren Feind generalstabsmäßig an. Er teilte den gesamten Mittelmeerraum in Zonen ein, denen er seine Legaten voranstellte. Unter diesen waren, um nur drei zu nennen, der schon erwähnte Marcus Terentius Varro, der Crassus im Sklavenkrieg zu Hilfe eilte, und die späteren Konsuln Marcus Pupius Piso und Quintus Caecilius Metellus Nepos. Solche Legatenstellen boten eine große Karrierechance für junge Senatoren – und auch umgekehrt kann man sich gut vorstellen, wie Pompeius allein durch die Zusammenarbeit mit einem Team von 24 senatorischen Legaten, unter denen auch Optimaten waren, sein politisches Netzwerk festigen und erweitern konnte.

Durch seine Taktik entzog er den Piraten alle Rückszugmöglichkeiten. Er selbst sicherte mit seiner Flotte zunächst das westliche Mittelmeer, um sich anschließend – nach einem Zwischenhalt in Athen, wo er sich feiern ließ – das östliche Mittelmeer vorzunehmen. Vor der Küste Kilikiens kam es zu einer letzten Seeschlacht, in der Pompeius souverän siegte. Binnen eines Vierteljahres hatte er geschafft, was vor ihm noch keinem gelungen war: Das Mittelmeer war sicher – und zwar dauerhaft.

Die Nachhaltigkeit des Erfolgs beruhte auf der zweiten großen Stärke des Pompeius: seinem Verwaltungsgeschick und Organisationstalent. Wie schon bei seinen Siegen gegen die Marianer und Sertorianer, so war ihm auch hier nicht daran gelegen, seine Gegner, die sich ergeben hatten, zu demütigen oder gar zu vernichten. Vielmehr ging es Pompeius darum, diesen Leuten eine echte Alternative zur Piraterie zu bieten, und er suchte für sie nach «einer Möglichkeit, ohne Raub zu leben, und hielt sie dadurch vom Rauben ab» (Vell. 2,32,6). Er begann damit – dank seines mehr als komfortablen *imperium* hatte er dazu großen Gestaltungsspielraum –, die Seeräuber samt ihren Familien aus den entlegenen Bergdörfern zu holen und sie in Ebenen anzusiedeln, wo sie als Bauern, Kaufleute und Handwerker eine neue Lebensgrundlage fanden. Vor allem im kaum bewohnten Flachland und in den durch die Mithridatischen Kriege verödeten Städten des östlichen Kilikien, aber auch am Nordwestrand der Peloponnes und an der süditalischen Küste fanden die ehemaligen Piraten eine neue Heimat mit einem angemessenen Auskommen. Aber auch hierbei vergaß Pompeius seinen eigenen Ruhm nicht: Die wiederbesiedelten Städte wurden umbenannt – Soloi etwa in Pompeiopolis («Stadt des Pompeius»).

Es versteht sich von selbst, welch treue Klientel Pompeius sich mit seiner Siedlungspolitik heranzog. Im Notfall würde sich der römische Patron auf seine ehemaligen Piraten verlassen können, aus deren Reihen einzelne Kapitäne ihm später sogar als Legaten dienten. Sie waren ihm nicht nur dankbar, sondern auch auf ihn angewiesen, denn niemals würde sich ein anderer Patron ihrer annehmen. Auch wenn Pompeius mit seiner Siedlungspolitik in Rom durchaus auf

Kritik stieß, dachte er weiter als die meisten Politiker in Rom, seine Perspektive war nicht allein stadtrömisch, sondern imperial. Er, der Sohn eines Nicht-Römers aus dem Picenerland, führte Rom vor Augen, wie man ein Reich regieren musste, das eben mehr umfasste als nur die Hauptstadt Rom selbst.

Ein zweiter Achill

Pompeius stieß also mit seiner Politik, die er gegenüber den Piraten verfolgte, auf Widerstand in den eigenen Reihen. In direkten Konflikt geriet er mit dem Statthalter von Kreta, Quintus Caecilius Metellus Creticus, der auf der Insel bereits seit 69 v. Chr. gegen die Seeräuber kämpfte. Nach zwei Jahren hatte Metellus Creticus die Piraten endlich so weit, dass sie sich ihm ergeben wollten, doch da hörten sie von der Milde, die Pompeius gegenüber seinen Besiegten walten ließ, und traten mit ihm in Kapitulationsverhandlungen. Pompeius witterte sogleich seine Chance, verbot Metellus Creticus die weitere Kriegsführung und schickte einen Legaten, der einen Frieden mit den Piraten vorbereiten sollte. Damit wäre der Ruhm des Sieges auf ihn gefallen und Metellus Creticus wäre leer ausgegangen.

Doch Metellus Creticus scherte sich weder um die Order des Pompeius noch um dessen Legaten. Obwohl jener sich im Namen des Pompeius auf die Seite der Seeräuber stellte, erkämpfte Metellus Creticus den Sieg und bestrafte die Besiegten. Damit tat er, ganz Optimat aus altem Adel, das Gegenteil von dem, was Pompeius getan hätte, der nicht auf Bestrafung, sondern auf Befriedung sann.

Rechtlich war die Lage verfahren, weil die *imperia* des Oberbefehlshabers und des Statthalters als gleichrangig galten. Der Senat ergriff jedoch schließlich Partei für den konventionellen, optimatisch gesinnten Metellus Creticus und gewährte ihm einen Triumph. Pompeius war in seiner Ehre gekränkt und tat das Seine, um den Triumph des Konkurrenten zu verhindern. Erst fünf Jahre später konnte Metellus 62 v. Chr. seinen durchaus nicht unverdienten Triumph feiern. Sein ruhmvoller Beiname Creticus bezeugt fortan, dass er es war, der nicht nur die Insel von den Seeräubern befreit, sondern sie auch zur römischen Provinz gemacht hatte.

Bei all seiner Großzügigkeit wirkte Pompeius in dieser Angelegenheit ein wenig wie ein beleidigter kleiner Junge und selbst seine Anhänger fanden, wie Plutarch überliefert, sein Verhalten unangemessen und verglichen ihn mit Achill:

> **Selbst Achill, so sagte man, habe nicht wie ein rechter Mann, sondern wie ein von Ruhmsucht ganz besessener, verblendeter Knabe gehandelt, als er die anderen zurückwinkte und ihnen verbot, auf Hektor zu schießen, «dass nicht ein anderer gewänne den Ruhm und er habe das Nachsehn» [Hom. Il. 22,207]. Pompeius aber kämpfte sogar noch für die allgemeinen Feinde und suchte sie zu retten, nur um einen Feldherrn nach großen überstandenen Mühen um seinen Triumph zu bringen. (Plut. Pomp. 29,5 f.; übersetzt nach Ziegler)**

Es war jene persönliche Gier nach Macht und Ruhm (*regni cupido, cupido imperii etc.*), die Historiker wie Sallust und Livius als kranken Grundzug der römischen Gesellschaft erkannten, eine Krankheit, an der auch Pompeius litt. Er hatte gegen Sertorius Niederlagen kassiert, weil er allein und nicht zusammen mit Metellus Pius – übrigens einem Großcousin des Metellus Creticus – siegen wollte; er hatte ein Schreiben an den Senat verfasst, in dem er seinen Anteil am Sieg des Crassus über Spartacus aufblähte, und jetzt machte er dem Metellus Creticus seinen Sieg streitig, um sich selbst der Unterwerfung der Piraten anzunehmen. Lucius Licinius Lucullus sollte das nächste Opfer seines unstillbaren Hungers nach Ruhm und Anerkennung werden.

Es ist kein Zufall, dass der Philosoph Poseidonios dem Feldherrn Pompeius, als der ihm im Laufe des Piratenfeldzugs einen Besuch auf Rhodos abstattete, gerade jenen berühmten Homervers mit auf den Weg gab: «Immer der Erste sein (*αἰὲν ἀριστεύειν*) und die anderen überragend.» (Strab. 11,1,6; Hom. Il. 6,208). Das homerische Wort *ἀριστεύειν* – «der Erste sein» – steckt auch im Begriff Aristokratie («Herrschaft der Besten») und nimmt man die beiden Bedeutungen zusammen, so ergibt sich genau jene Konkurrenz der Besten, die einer gemeinsamen Herrschaft eigentlich entgegensteht. Die Crux liegt demnach im aristokratischen Konzept selbst. Aber auch wenn man den hohen Stellenwert berücksichtigt, den die Aristokratie persönlichem Erfolg beimaß, fällt es schwer nachzuvollziehen, warum Pompeius, der genügend eigene Leistungen vorzuweisen hatte, derart missgünstig mit denen seiner Rivalen umgegangen ist.

Seine übergroße Sorge, «dass nicht ein anderer gewänne den Ruhm», wie Homer diesen ich-bezogenen Adelsstolz treffend beschreibt, hat aber nicht nur ihn umgetrieben, sondern viele andere ‹große› Römer auch. Für Pompeius freilich sollte diese Sorge unbegründet sein, denn schon bald bot sich ihm die nächste und nun ganz große Gelegenheit, ewigen Ruhm zu erlangen.

Herr des Ostens

Siege in Bürgerkriegen, Siege gegen Sklaven, Siege gegen Piraten: Pompeius hatte gewiss eine beachtliche Bilanz aufzuweisen, doch nur große Gegner machen große Sieger. Trotz seiner zwei Triumphe waren die Schlachtfelder, auf denen Pompeius sich bewegt hatte, nicht die ruhmreichsten, und die beiden Triumphe nach den beiden Bürgerkriegen hatte er sich nominell nur auf Nebenkriegsschauplätzen gegen auswärtige Feinde verdient: gegen die Numider beziehungsweise gegen die Keltiberer und Lusitaner.

Doch nun tat sich für Pompeius ein neues Betätigungsfeld auf: der Krieg gegen Mithridates VI., den König von Pontos, der seit seinem Regierungsantritt von einem großen Pontischen Reich träumte und seinen Traum auch in die Tat umzusetzen versuchte. Zweimal schon war es zu Kriegen mit den Römern gekommen und zweimal wurde er geschlagen: 85 v. Chr. von Sulla und 82 v. Chr. von Murena – beiden Siegern wurde ein Triumph gewährt.

Was Mithridates so gefährlich machte, waren die Größe des Raumes, in dem er agieren konnte, und sein politisches Geschick. Durch Bündnisse mit Tigranes II., dem König von Armenien, dem er eine

Tochter zur Frau gab, und diplomatische Beziehungen zu den Ptolemäern in Ägypten und den Keltenstämmen nördlich und westlich des Schwarzen Meeres hielt er sich den Rücken nach Osten, Süden und Norden frei, um gleichzeitig in westlicher Richtung mit den Feinden Roms militärische Allianzen zu schmieden: mit Sertorius und mit den Piraten. Immer, wenn er Rom innenpolitisch geschwächt sah, leitete er Offensiven ein und versuchte nach Westen zu expandieren: während des Bundesgenossenkrieges und der Bürgerkriege Sullas und während des Bürgerkrieges gegen die Sertorianer.

Als nach dem Tod des von Rom eingesetzten Vasallenkönigs Nikomedes im Jahr 74 v. Chr. der Dritte Mithridatische Krieg ausbrach, hatte sich Lucius Licinius Lucullus die Provinzen Asia und Cilicia und den Oberbefehl gegen den König von Pontos übertragen lassen und kämpfte zunächst durchaus erfolgreich gegen den ebenso genialen wie notorischen Aggressor. In den Jahren 73 bis 70 v. Chr. befreite er die neue Provinz Bithynien, eroberte das Kernland von Pontos und marschierte dann 68 v. Chr. nach Armenien, wohin Mithridates geflohen war. Doch dann wendete sich das Blatt und Mithridates konnte Pontos sowie die daran angrenzenden Gebiete zurückerobern. Lucullus verlor sowohl bei seinen Soldaten als auch in Rom an Rückhalt. Seine an sich umsichtige Schulden- und Steuerpolitik in der Provinz Asia rief die Steuerpächter, deren Gewinnspannen dadurch kleiner wurden, auf den Plan, und als von dieser Entwicklung auch einige Senatoren finanziell betroffen waren, wurde Lucullus nach und nach die Aufsicht in den östlichen Provinzen entzogen: 69 v. Chr. verlor er Asia, 68 v. Chr. Cilicia, 67 v. Chr. Bithynia und Pontos. Die neuen Statthalter blieben untätig, unfähig oder nicht willens, Mithridates etwas entgegenzusetzen.

In dieser Situation wurde wieder der Ruf nach Pompeius laut. Er galt vielen als der richtige Mann, um Mithridates ein für alle Mal Einhalt zu gebieten. Dass er mit einem großen Heer gleichsam vor Ort war – nach dem Sieg über die Piraten weilte er noch in Kilikien –, traf sich ebenfalls äußerst günstig. Auch war sein Sonderkommando, das auf drei Jahre gewährt war, noch nicht ausgelaufen, und es bedurfte rein rechtlich gesehen nur einer Umwidmung des bestehenden Oberbefehls auf den Krieg gegen Mithridates und einer Erweiterung auf den innerasiatischen Raum. So sahen es zumindest seine Anhänger.

Anfang des Jahres 66 v. Chr. brachte der populare Volkstribun Gaius Manilius einen Antrag ein, der vorsah, Pompeius zusätzlich zu den Befugnissen der *lex Gabinia* des Vorjahres auch mit der Kriegsführung gegen die Könige Mithridates und Tigranes zu betrauen und ihm Statthalterschaften über die Provinzen Cilicia und Bithynia sowie die Befehlsgewalt über alle in der Provinz Asia vorhandenen Truppen zu übergeben. Damit wäre Pompeius faktisch zum Herrn über die Osthälfte des Römischen Reiches erhoben.

Sogleich regte sich, wie schon im Jahr zuvor, erheblicher Widerstand im Senat, den wiederum Hortensius und Catulus anführten. Allerdings befürworteten den Antrag diesmal nicht nur die Popularen (darunter wieder Caesar – von Crassus hören wir nichts), sondern auch viele angesehene Optimaten, obwohl Manilius, der dieses Gesetz einbrachte, durchaus als zwielichtiger Demagoge verschrien war. Dabei waren die Gründe für den Widerstand gegen die geplante *lex Manilia* weniger politischer als wirtschaftlicher Natur. Es ging auch um den Schutz und die Stabilität der Provinz Asia, die für den Handel und die Steuereinnahmen von größter Bedeutung war.

Lucullus hatte durch Zinssenkungen, die die Provinzialen vor Wucherzinsen schützen sollten, die Steuerpächter gegen sich aufgebracht, die seitdem in Rom heftig gegen ihn Stimmung machten. Diese Steuerpächter, reiche Ritter, die für die Eintreibung der staatlichen Steuer, aber auch für das private Kreditwesen zuständig waren, machten Druck auf die Senatoren, der nicht unbeachtet blieb. Es ist vielleicht kein Zufall, dass sich gerade in dieser Diskussion der ehemalige Ritter Cicero, mittlerweile Prätor, mit seiner ersten staatspolitischen Rede, die er überhaupt hielt, zu Wort meldete und engagiert für die umstrittene *lex Manilia* votierte. Im Krieg gegen Mithridates gehe es, so Cicero, um drei Hauptpunkte (vgl. Cic. Manil. 6): Zum einen gelte es, den Ruhm des römischen Volkes gegen den respektlosen König von Pontos zu verteidigen, zum anderen den Schutz der Bundesgenossen und der dort ansässigen römischen Bevölkerung zu gewährleisten, und zum Dritten darum, die Steuereinnahmen und die Wirtschaft zu sichern. Eindrücklich macht er in seiner Rede *De lege Manilia* deutlich, dass der Ausgang des fernen Krieges im Osten Folgen haben würde, die jeder Einzelne auch hier in Rom unmittelbar spüren werde:

> **Denn glaubt mir, was ihr ja selber seht: Das Kredit- und Geldwesen, das in Rom, das hier auf dem Forum seine Stätte hat, ist mit den Finanzen Asiens verflochten und davon abhängig; jene Kapitalien können nicht zusammenbrechen, ohne dass der hiesige Geldmarkt von denselben Turbulenzen erschüttert wird und in freien Fall gerät. Seht daher zu, ob ihr zögern dürft, mit allem Nachdruck den Krieg zu betreiben, bei dem es die Ehre eures Namens, das Heil der Bundesgenossen, die größten Steuereinkünfte, das Vermögen zahlreicher Bürger und hiermit zugleich das allgemeine Wohl zu verteidigen gilt. (Cic. Manil. 19; übersetzt nach Fuhrmann)**

Das finanzielle Argument zog und die Furcht vor dem Volkszorn tat ihr Übriges: Das gewaltige Sonderkommando wurde bewilligt und Pompeius gleichsam Herr des Ostens. Der alte Catulus sah den Staat im Untergehen und forderte mit lauter Stimme die Senatoren auf, «sich einen Berg oder Felsen zu suchen, auf dem sie sich zurückziehen und die Freiheit der Republik verteidigen könnten» (Plut. Pomp. 30,4). Er spielte damit auf die alte Sage von der *secessio plebis*, des Auszuges des Volkes aus Rom auf den Heiligen Berg an, mit dem es in der Frühzeit der Republik seinen politischen Forderungen Nachdruck verliehen haben soll.

Für Lucullus war seine Abberufung mehr als bitter und nicht nur ihm mochte es so erscheinen, als ob er mit Pompeius «vielmehr einen Nachfolger für den Triumph als für den Krieg bekam» (Plut. Pomp. 30,3 und Lucull. 35,9). Wieder stahl Pompeius – so sahen es auch etliche Optimaten – den verdienten Lorbeer eines Konkurrenten. Plutarch berichtet in diesem Zusammenhang eine Anekdote, die diesen Vorwurf symbolträchtig untermauert. Denn als Pompeius, ausgestattet mit seinem neuen Sonderkommando, im kleinasiatischen Hochland mit dem bisherigen Befehlshaber Lucullus zusammentraf, kam es zu folgender Begebenheit:

> Da sie beide große Feldherren waren und große Siege davongetragen hatten, so trugen die Liktoren beider, als sie einander begegneten, gleichermaßen die Rutenbündel mit Lorbeer umwunden. Aber Lucullus kam aus einer von grünen Bäumen beschatteten Landschaft, während Pompeius eine große Strecke baumlosen und ausgetrockneten Landes durchzogen hatte. Als darum die Liktoren des Lucullus die Lorbeeren des Pompeius ganz verwelkt und verdorrt sahen, gaben sie von ihren eigenen frischen Lorbeeren ab und schmückten und umwanden seine Rutenbündel. Dies erschien den Leuten wie ein Vorzeichen, dass Pompeius komme, um die Siegespreise und den Ruhm des Lucullus davonzutragen. (Plut. Pomp. 31,4–6; übersetzt nach Ziegler)

Der weitere Verlauf des Treffens war ebenfalls höchst unerfreulich, auch deshalb, weil Pompeius alle Verfügungen, die Lucullus im Lager und in den Provinzen getroffen hatte, für ungültig erklärte und eigene Entscheidungen traf. So wurde aus der Rivalität der beiden eine offene Feindschaft. Laut Plutarch hat Lucullus in der Folgezeit die Leistungen des Pompeius ganz grundsätzlich in Frage gestellt:

> Um sich zu revanchieren, sagte Lucullus, Pompeius ziehe aus, um in einem Scheingefecht zu kämpfen, da er ja gewohnt sei, sich wie ein Aasgeier auf die von anderen erlegte Beute zu stürzen und das, was von den Kriegen noch übriggeblieben sei, zu zerfetzen. So habe er sich die Siege über Sertorius, Lepidus und Spartacus zugeschrieben, die in Wahrheit von Metellus, Catulus und Crassus errungen worden seien. Daher wundere er sich nicht, wenn ein Mann, der es fertiggebracht habe, sich irgendwie in den Triumph über entlaufene Sklaven einzuschleichen, sich jetzt auch den Ruhm der armenischen und Pontischen Kriege anzueignen suche. (Plut. Pomp. 31,11–13; übersetzt nach Ziegler)

Die Feindschaft mit Pompeius hatte für Lucullus die Folge, dass er nach seiner Rückkehr nach Italien noch drei Jahre vor den Toren

Roms auf seinen Triumph warten musste. Doch bald nach seinem Triumph sollte er die Gelegenheit bekommen, Pompeius diese Demütigung mit gleicher Münze heimzuzahlen.

Auf den Spuren Alexanders des Großen

Mit seinem Feldzug nach Osten betrat Pompeius historischen Boden besonderer Art. Er wandelte auf den Spuren Alexanders des Großen, der vor mehr als 250 Jahren mit seinem legendären, bis zum Indus reichenden Eroberungszug zum Ideal eines großen Feldherrn und Herrschers par excellence geworden war. Er war Vorbild Caesars, der einmal ergriffen vor seiner Statue geweint hatte, er war Vorbild des Pompeius, der von Jugend an im Ruf stand, ein ‹zweiter Alexander› zu sein, und er war auch Vorbild des Mithridates, der mit seiner Idee eines großpontischen Reiches, das Kleinasien und die Küsten des Schwarzen Meeres umfassen sollte, dem Gründer des Weltreiches von der Adria bis zum Indus nacheiferte. Die Alexander-*imitatio* blieb ein zentrales Motiv in der antiken Geschichte (und Literatur), ihr sollten auch Crassus und Caesar noch verfallen.

Alexanders Reich zerfiel nach seinem Tod 323 v. Chr. rasch. In den sogenannten Diadochenkämpfen teilten sich Alexanders Nachfolger, seine ehemaligen Feldherren, das riesige Erbe auf und gründeten eigenständige Reiche. Von ihnen spielten im 1. Jahrhundert v. Chr. noch das Königreich der Ptolemäer im Kernraum Ägypten und das der Seleukiden im Kernraum Syrien eine Rolle. Der restliche Raum in Vorderasien war in zahlreiche König- und Fürstentümer zerfallen, die einander zu erobern und in Abhängigkeit zu bringen versuchten. Dabei bildeten die beiden Königtümer Pontos und Armenien bedeutende Machtzentren. Allen diesen Staaten war gemein, dass infolge des Alexander-Feldzuges ihre Bevölkerung – trotz ihrer unterschiedlichen Kulturen und Sprachen – zumindest oberflächlich hellenisiert worden war. So war Griechisch neben dem Aramäischen im syrischen Raum wie in Ägypten weithin Verwaltungs- und Handelssprache. Dennoch bewahrten viele Völker ihre

Kultur und ihre Sprache – Mithridates soll 22 Sprachen gesprochen haben, um seine Untertanen in ihrer Muttersprache besser erreichen zu können – und der gesamte Vordere Orient war voll von blühenden Städten, geschichtsträchtig, geheimnisvoll und reich an Schätzen. Diese Gerüchte jedenfalls dürften die römischen Soldaten, Händler und Gesandte in Rom verbreitet haben.

Als Pompeius 66 v. Chr. in Kilikien an Land ging und in den Dritten Krieg gegen Mithridates zog, fand er in seinem künftigen Operationsgebiet eine überaus bunte Landkarte vor (vgl. die Karte auf dem hinteren Vorsatz), auf der sich die politischen Kräfteverhältnisse entsprechend kompliziert darstellten: Asia im Westen, Bithynia im Norden und Cilicia im Süden der kleinasiatischen Halbinseln waren römische Provinzen. Das Kernland des Pontischen Reiches an der östlichen Schwarzmeerküste mit der Hauptstadt Sinope war wieder in der Hand des Mithridates, der auch Teile der Provinz Bithynien und des Königtums Kappadokien zurückerobert hatte. An der Nordküste des Schwarzen Meeres wiederum verwaltete Machares, ein Sohn des Mithridates, das Bosporanische Reich auf der Krim und hatte mit Lucullus ein Bündnis geschlossen. Im südlich von Pontos gelegenen Kappadokien herrschte der mit Rom verbündetete Ariobarzanes I. Dazwischen lag das Königtum Galatien, dessen wichtigster König Deiotarus von Rom bestätigt und ein bedeutender Bündnispartner gegen Mithridates war. Östlich von Kappadokien regierte in der Kommagene König Antiochos I., der dem armenischen König Tigranes II. zeitweise nahestand.

Armenien mit der Hauptstadt Artaxata war neben dem Pontischen Reich das zweite Machtzentrum, das sich gegen Rom gewandt hatte. Der mächtige Tigranes war der wichtigste Verbündete des Mithridates, bei dem dieser nach seinen Niederlagen gegen Lucullus Zuflucht suchte. Südlich von Armenien schloss sich ein Ring kleiner Vasallenfürstentümer an, die in Tigranes' Einflusszone lagen: Osrhoene, wo König Abgar II. in der Hauptstadt Edessa regierte, Gordyene, dessen König Zarbienos soeben mit einem Aufstand gegen Tigranes gescheitert und dabei umgekommen war, sowie Atropatene mit dessen König Dareios. Die zwei Regionen Sophene und

Adiabene gehörten in dieser Zeit zu Armenien. Im Norden Armeniens reihten sich entlang des Kaukasusgebirges von West nach Ost die drei Fürstentümer Kolchis, das auch von Machares, dem Sohn des Mithridates, verwaltet wurde, Iberien, dessen König Artoces (Artag) ebenfalls Mithridates nahestand, und Albanien, dessen König Oroezes zu Armenien hielt (über die Namensgleichheit der Iberer und Albaner mit europäischen Völkern hatte man schon in der Antike spekuliert, aber keine rechte Erklärung gefunden).

Im vorderasiatischen Raum waren die Herrschaftsverhältnisse ähnlich kompliziert: Südlich von Kilikien, Kommagene und Osrhoene grenzte Syrien an, der letzte Rest des großen Seleukidenreiches, in dem der von Lucullus bestätigte König Antiochos XIII. Philadelphos Asiatikos regierte. Südöstlich von Syrien und der Machtsphäre Armeniens lag das mächtige Partherreich, in dem König Phraates III. residierte. Er verhielt sich Mithridates und Tigranes gegenüber neutral, als diese seine Hilfe gegen die Römer erbaten. In Judäa herrschte derweil die Dynastie der Hasmonäer, die sich gerade in internen Machtkämpfen aufrieb: Dem König Aristobulos II. wurde von seinem Bruder Hyrkanos II. der Thron streitig gemacht. Noch weiter südöstlich siedelten die arabischen Nabatäer unter ihrem König Aretas III., der in Petra residierte. Diese Stadt sollte die südlichste sein, gegen die Pompeius in den Krieg zog.

Der knappe Überblick vermittelt einen Eindruck, wie kleinteilig und verwickelt die geopolitische Lage war, mit der sich Pompeius auseinandersetzen musste. Das Erste, was der neue Oberbefehlshaber des Ostens tat, war, dass er alle spüren ließ, wer nun das Sagen hatte. Die Anordnungen des Lucullus ignorierte er und erließ eigene Edikte, belohnte, bestrafte nach seinem Gutdünken und befahl die Soldaten und die Regionalfürsten zu sich – alles zum Missfallen des Lucullus. Das Zweite, was Pompeius tat, war, dass er mit seinen Schiffen alle Küsten, die nun von den Piraten befreit waren, sichern ließ, und das Dritte, dass er sich der bestehenden Bündnisse versicherte und neue schloss: Mit dem Partherkönig Phraates erneuerte er die Beziehungen (vgl. Liv. perioch. 100) und mit Machares, dem Sohn des Mithridates, der im Bosporanischen Reich auf der Krim herrschte, handelte er ein Friedensabkommen aus. Noch war keine Schlacht geschlagen, und schon zog sich eine unsichtbare Schlinge um den Hals des pontischen Königs, der bereits nach dem Sieg des Pompeius über die Sertorianer und die Piraten wichtige Verbündete verloren hatte.

Pompeius marschierte von Kilikien über Kappadokien nach Galatien, wo es, wie bereits beschrieben, zu dem verunglückten Treffen mit seinem Vorgänger Lucullus kam, zog dann weiter nach Nordosten und drang in das Gebiet des Pontischen Reiches ein. Dort wurde Mithridates auf heimischem Boden geschlagen und floh, da er in Armenien nicht mehr erwünscht war, zunächst nach Kolchis und im Jahr darauf weiter in Richtung Krim. Pompeius verfolgte Mithridates nicht, sondern wandte sich nach Osten gegen den armenischen Großkönig Tigranes. Dieser befand sich gerade in einem militärischen Konflikt mit seinem eigenen Sohn und mit dem Partherkönig, so dass Pompeius Tigranes geschwächt antraf und sich selbst als Vermittler gefragt sah. Als Pompeius Verhandlungen ablehnte und seinen Vormarsch entschlossen fortsetzte, ergab sich Tigranes, ohne dass es zu einer Schlacht gekommen wäre, und legte Pompeius sein Königsdiadem zu Füßen. Hier kam dem römischen Oberbefehlshaber der Ruf zustatten, der ihm vorauseilte – nämlich, dass er pragmatische Lösungen suchte und seine Gegner, wenn sie kooperierten, zu schonen pflegte. Das Kalkül des Tigranes ging auf und Pompeius beließ ihm die Königswürde, verkleinerte allerdings das Armenische Reich auf das ursprüngliche Herrschaftsgebiet. Dort regierte der einstige Großkönig nun als römischer Klientelkönig bis zu seinem Tod, geehrt mit dem Titel «Freund und Verbündeter des römischen Volkes» (Cass. Dio 36,53,6).

Obwohl Mithridates nach Norden geflohen war, um dort eine neue Armee aufzubauen, hielt sich Pompeius mit weiteren militärischen Operationen im Kaukasus auf. Dort unterwarf er die Kolcher, Iberer und Albaner und machte ihre Königreiche zu römischen Klientelfürstentümern. Die Albaner siedelten in der Nähe des Kaspischen Meeres, doch Pompeius musste seinen großen Wunsch, bis an dessen Küste zu gelangen, kurz vor Erreichen des Ziels aufgeben.

Zu sehr hatten giftige Schlangen und Skorpione seinen Soldaten zugesetzt. An solchen Aktionen wird deutlich, was Pompeius nicht weniger umtrieb als die bloße Eroberung möglichst vieler Völker. Ihm ging es auch darum, geographische Grenzen auszuloten und – wie sein Vorbild Alexander der Große – an die Grenzen der Welt zu gelangen. Im Kaukasus betrat er Gebiete, die Alexander nicht betreten, und er besiegte Völker, die Alexander nicht besiegt hatte.

Es war eine neue und unerschlossene Welt, und der Historiker Theophanes von Mytilene, der Pompeius als Freund und Berater begleitete, wurde nicht müde, davon zu berichten. In seinem Geschichtswerk wimmelt es von diesen neuen Völkern und ihren Königen und von den großartigen Taten, die sein Feldherr dort vollbracht hatte. Kolchis und der Kaukasus galten ohnehin als Schauplätze uralter Mythen. Prometheus soll in dieser Weltgegend zur Strafe dafür, dass er den Menschen das Feuer gebracht hatte, an eine Felswand geschmiedet und von einem Adler, der täglich von seiner nachwachsenden Leber fraß, gequält worden sein – und Pompeius ließ sich von Einheimischen den angeblichen Schmerzensort zeigen. Die Argonauten, die mit Hilfe Medeas das goldene Vlies in Kolchis raubten, sollen über den Phasis-Fluss, der am Fuß des Kaukasus verläuft, in den Indischen Ozean gelangt sein – und Pompeius forschte nach und stellte fest, dass Kaufleute über die Flüsse Phasis und Kyros, wenn sie die Wasserscheide auf einem wilden Bergpfad überwanden, zum Kaspischen Meer gelangten und von dort über einen Nebenfluss des Oxus Indien erreichten (Plin. nat. 6,52). Erobern und entdecken – das war das Verlangen, das Alexander bei seinem Feldzug bis an die Grenzen der Welt getrieben hatte. Dort, am Okeanos, jenem gewaltigen Ringstrom, der nach antiker Vorstellung die drei Erdteile umschließt, findet alle Eroberung ihr natürliches Ende. Solche Macht-Phantasien – oder sollte man eher von Größenwahn sprechen? – trieben Männer wie Pompeius und Mithridates an und später auch Crassus und Caesar.

Auch anderweitig finden sich Belege für den Entdeckungsdrang des Pompeius. Als er im Bergland von Pontos auf eine abgelegene Burg des Mithridates stieß, die den Römern bis dahin verborgen geblieben war, erregte ein darin befindliches Geheimarchiv sein Interesse: Es enthielt unter anderem private Korrespondenzen, darunter angeblich auch die lasziven Liebesbriefe, die der König mit seiner Lieblingsfrau Monime gewechselt hatte. Interessanter jedoch ist eine bei Plutarch (Pomp. 37,4) überlieferte Notiz des Historikers Theophanes, in der behauptet wurde, dass auch ein kompromittierendes Schriftstück jenes Publius Rutilius Rufus gefunden wurde, der sich trotz – oder besser wegen – seiner korrekten Amtsführung als Statthalter der Provinz Asia bei den Steuerpächtern unbeliebt gemacht hatte. Er war in einem Repetundenprozess angeklagt worden und deshalb nach Asien ausgewandert. In dem Schriftstück soll Rutilius Rufus den pontischen König zur Ermordung der Römer in Asien aufgefordert haben und somit der geistige Urheber der sogenannten ‹Vesper von Ephesos› gewesen sein, bei der während des Ersten Mithridatischen Krieges zigtausende römische Bürger auf Befehl des Mithridates getötet wurden. Hinter dieser Verschwörungstheorie steckt, wie Plutarch zu Recht anmerkt, eine bösartige Lüge des Theophanes, der den Ruf des Rutilius Rufus ruinieren wollte, weil dieser in seinem Geschichtswerk den Vater des Pompeius negativ bewertet hatte. Mag diese Geschichte also eine böswillige Unterstellung sein, zeigt sie jedoch auch, dass die römische Elite mit dem Ausland eng vernetzt war und dass es für in Rom missliebig gewordene Politiker durchaus eine Option war, mit Gegnern Roms zu kooperieren – die Briefsammlung römischer Politiker, die bei Sertorius gefunden und von Pompeius ungelesen verbrannt wurde, weist in dieselbe Richtung.

Der imperiale Baumeister

Pompeius, der sich auch an entlegenen Orten stets über alle Vorgänge auf dem Laufenden halten ließ, hatte sich mit Unterstützung seiner Legaten an die Herkulesarbeit gemacht, ganz Vorderasien neu zu ordnen. Teils genügten Verfügungen oder die Entsendung von Schiedsmännern, teils waren militärische Interventionen nötig, damit Pompeius die Machtverhältnisse so bestimmen konnte, dass sie für Rom günstig, aber auch für die jeweiligen Regionen akzeptabel und damit stabil waren. Zu diesem Zwecke zog er – teils vor Ort – genaue Erkundigungen ein, hörte die Konfliktparteien an und nahm sich vor allem die Zeit, sich bis ins Detail in die lokale Sachlage einzuarbeiten.

Nach dem Ende des Pontischen Reiches mussten in Kleinasien neue Strukturen geschaffen werden. In Bithynien und Pontos gründete Pompeius, wie schon in Kilikien, Städte, die oft Teile seines Namens trugen: Pompeiopolis, Magnopolis und – in griechischer Variante – Megalopolis. Und dort, wo er in der Schlacht Mithridates geschlagen hatte, gründete er Nikopolis – die «Stadt des Sieges». Überall bestätigte oder inthronisierte er Könige oder schnitt Fürstentümer neu zu.

Besondere Aufmerksamkeit richtete Pompeius auf die zahlreichen politischen Unruheherde im Vorderen Orient. Der Partherkönig Phraates hatte neben der ehemals armenischen Teilregion Adiabene, die ihm Pompeius zu Beginn seines Feldzuges versprochen hatte, um ihn zu gewinnen, auch das Königtum Gordyene an sich gerissen und bedrohte Tigranes. Der schwache Antiochos XIII. beanspruchte weiterhin Syrien für sich, und in Judäa stritten die Brüder Aristobulos und Hyrkanos um den hasmonäischen Thron. Der Nabatäerkönig Aretas unterstützte Hyrkanos und belagerte Jerusalem. Pompeius unternahm außerdem einen Feldzug, der ihn über Antiochia und Damaskus bis Jerusalem und Jericho in Judäa führte. In Syrien setzte er den Seleukidenkönig Antiochos XIII. ab, der vormals von Lucullus noch als Klientelkönig bestätigt worden war, ließ im Streit zwischen Tigranes und Phraates vermitteln, eroberte Jerusalem und setzte Hyrkanos als Hohen Priester ein. Er drang sogar bis in das Allerheiligste des Tempels ein und brach damit ein Tabu, rührte aber die darin gehorteten Schätze nicht an. Dann begann Pompeius einen Feldzug gegen den Nabatäerkönig Aretas, den er mit einem weiteren Ziel zu verbinden wünschte. Denn wieder hatte ihn der Wunsch ergriffen, eine besondere geographische Grenze zu erreichen: Er wollte ans Rote Meer. Plutarch legt die tieferen Beweggründe des Pompeius offen, die, wie bereits erwähnt, schon für seine Expedition ans Kaspische Meer ausschlaggebend waren:

Jetzt fasste ihn ein heftiges Verlangen, [...] durch Arabien zum Roten Meer vorzudringen, um den die bewohnte Erde umschließenden Ozean in jeder Richtung als Sieger zu erreichen. Denn in Afrika war er als erster siegreich bis zum äußeren Meer vorgedrungen, hatte dann wieder in Spanien die Herrschaft der Römer bis zum Atlantischen Meer ausgedehnt und war soeben, drittens, bei der Verfolgung der Albaner beinahe zum Kaspischen Meer gekommen. So brach er jetzt auf, um den Kreislauf seiner Feldzüge mit dem Roten Meer zu beschließen. (Plut. Pomp. 38,4–6; übersetzt nach Ziegler)

Plutarch spielt an dieser Stelle auf den westafrikanischen Feldzug an, den Pompeius gegen die Numider angestrengt hatte und der fast bis an die Atlantikküste gegangen sein soll, und auf den westspanischen Feldzug gegen die Lusitaner, die im Gebiet des heutigen Südportugal siedelten. In dieser Darstellung übertrifft Pompeius geradezu Alexander den Großen. Denn auch dieser hatte Pläne, nachdem er im Südosten den Indischen Ozean erreicht hatte, einen ähnlichen Feldzug nach Westen zu unternehmen, der über Nordafrika bis an den Atlantik führen sollte. Sein früher Tod ließ ihn diesen Welteroberungsplan allerdings nicht mehr vollenden.

Derlei Gedanken mögen Pompeius bewegt haben, als er sich mit seinen Truppen nach Süden aufmachte, um Aretas zu bekriegen. Doch auf dem Weg von Jericho nach Petra, der Hauptstadt der Nabatäer, erreichte ihn eine wichtige Nachricht: Mithridates sei tot.

Der einstige König von Pontos war ins Bosporanische Reich auf die Krim geflohen, wo soeben – mit Einverständnis des Pompeius – sein Sohn Pharnakes die Herrschaft übernommen hatte. Dieser hatte sich, wie schon sein Bruder und Vorgänger Machares, mit Pompeius ins Benehmen gesetzt. Dennoch versuchte Mithridates dort eine neue Armee aufzubauen und – so sein kühner Plan – vom Schwarzen Meer über den Balkan an die Adria zu ziehen und von dort Rom anzugreifen. Unterstützung erhoffte er sich von den Kelten, mit denen er schon früher Bündnisse geschlossen hatte. Obwohl es ihm gelang, noch einmal Truppen auszuheben, verweigerten dem mittlerweile fast 70-jährigen vormaligen Großkönig immer mehr bosporanische Städte die Gefolgschaft, ebenso sein Sohn Pharnakes. Und als auch die Soldaten meuterten, ließ sich Mithridates von einem keltischen Leibwächter den Tod durch das Schwert geben.

So mächtig und oft auch erfolgreich Mithridates war und so zäh, ehrgeizig und ausdauernd, so war er doch ein grausamer Gewaltherrscher, der sein ganzen Leben über Leichen ging und nicht einmal davor zurückschreckte, seine nächsten Familienangehörigen töten zu lassen, wenn er es für nötig hielt. Appian zählt kühl und bilanzierend neben den militärischen Leistungen des Mithridates auch seine Verwandtenmorde auf: «Er tötete seine Mutter, seinen Bruder und von seinen Kindern drei Söhne und drei Töchter.» (App. Mithr. 549)

Mit dem Tod des Mithridates war 63 v. Chr. der Dritte Mithridatische Krieg beendet. Lucullus hatte über sieben Jahre gegen den König von Pontos gekämpft, Pompeius drei Jahre. Dabei war Letzterer fast bis zum Kaspischen und Roten Meer vorgestoßen. Die bunte Landkarte ganz Westasiens hatte er neu geordnet: Die römischen Provinzen Asia und Cilicia hatten sich deutlich vergrößert, Bithynia wurde zur Doppelprovinz Bithynia und Pontos, das instabile Königreich der Seleukiden zur Provinz Syria degradiert. Die übrigen Königreiche im vorderasiatischen Großraum bildeten nun als römische Klientelstaaten einen Puffer nach Osten, vor allem gegen die Parther.

Es ist das große Verdienst des Pompeius, nicht nur – nach antiken Maßstäben – fast einen ganzen Erdteil militärisch erobert, sondern eine Ordnung geschaffen zu haben, deren Grundstrukturen bis tief in die Kaiserzeit hinein Bestand haben sollten. In diesem Punkt übertraf er die Lebensleistung seines großen Vorbildes Alexander bei weitem. Pompeius ließ sich dabei von Prinzipien leiten, für die Ernst Baltrusch (2004, 36–38) fünf wesentliche Aspekte ausgemacht hat: das Prinzip der «Zweiteilung in Provinzen und Klientelstaaten», also eine klare Differenzierung zwischen direkter (römischer) Herrschaft und indirekter (römischer) Einflussnahme durch Vasallen; die Schaffung einer «Provinzialordnung», also einer Gesetzgebung, die detaillierte Verwaltungsstrukturen vorgab; die Präsentation von «Pompeius als personaler Mitte», also das Angebot, als persönlicher

Ansprechpartner für Provinzialen und Klientelkönige zur Verfügung zu stehen; das Prinzip der «patronalen Fürsorge», also die Schaffung gesicherter Möglichkeiten, die Provinzialen nicht nur gegen äußere Feinde zu schützen, sondern auch gegen Amtsmissbrauch und Ausbeutung durch römische Beamte; und schließlich das Prinzip «Rom als Rechtsstaat», also eine grundsätzliche Orientierung am römischen Rechtswesen, wobei regionale Besonderheiten berücksichtigt werden.

Was Pompeius in der Osthälfte des Römischen Reiches geschaffen hatte, war nicht weniger als eine stabile Herrschaftsstruktur, deren Architektur geeignet war, auch einen solchen Vielvölkerstaat zusammenzuhalten und zu tragen. So hat sich der große Feldherr auch als großer Baumeister des Imperium Romanum hervorgetan.

Ruhmvolle Rückkehr

Pompeius ließ sich mit der Rückkehr nach Rom Zeit. Er legte großen Wert darauf, seine Soldaten und sonstigen Unterstützer fürstlich aus der Kriegsbeute zu belohnen und sich auch in den griechischen Städten als Wohltäter zu präsentieren. Überall hieß man ihn willkommen und feierte ihn als Gründer, Retter, Befreier und welche Ehrentitel man noch für ihn ersann. Überall wurden Denkmäler für ihn errichtet und Inschriften angebracht. Stellvertretend für viele sei hier eine Inschrift zitiert, die in Miletopolis, einer Stadt in der Provinz Asia, gefunden wurde:

> **Das Volk ehrt Gnaeus Pompeius Magnus, den Sohn des Gnaeus, Imperator zum dritten Mal, Retter (Soter) und Wohltäter (Euergetes) des Volkes und ganz Asiens, Aufseher (Epoptes) von Land und Meer ob seiner Tugend und seines Wohlwollens ihm gegenüber (ILS 9459)**

Pompeius wird hier als Oberbefehlshaber gefeiert, der nach den beiden Kommandos in Africa und Spanien nun in Asien zum dritten Mal zum Imperator ausgerufen worden ist. Auf den Oberbefehl gegen die Seeräuber spielt der Titel «Aufseher von Land und Meer» an, der auch als Beiname des Meeresgottes Poseidon bekannt ist. Pompeius wird auf diese Weise gleichsam zu einem Gott erhoben.

Auch Theaterstücke wurden ihm zu Ehren aufgeführt und Reden gehalten. In Mytilene auf der Insel Lesbos, der Heimat seines Haushistorikers Theophanes, fand ein Wettstreit der Dichter statt, der als Thema die Taten des großen Feldherrn vorgab. Das griechische Theater in Mytilene sagte Pompeius hieraufhin so zu, dass er sich vornahm, ein ähnliches in Rom zu bauen, natürlich größer und prächtiger. Es war noch keine zwanzig Jahre her, dass die Römer Mytilene dem Mithridates wieder entrissen hatten (der junge Caesar errang damals beim Sturm auf die Stadt die Bürgerkrone) und nun versprach Pompeius, angetan von den Feierlichkeiten, den Inselbewohnern die Unabhängigkeit. Es lohnte sich eben, auf der richtigen Seite zu stehen und die richtigen Verbindungen zu haben. Auch auf Rhodos gab es einen ehrenvollen Wettkampf, diesmal der Rhetoren. Pompeius verteilte auch an sie großzügige Geldgeschenke. Hier begegnete er wieder dem berühmten Philosophen Poseidonios, den er schon zu Beginn seines Feldzuges besucht hatte. Dem homerischen Motto «immer der Erste sein», das ihm Poseidonios damals mit auf den Weg gegeben hatte (S. 214), war Pompeius, der mit Mithridates und Tigranes zweimal einen «König der Könige» besiegt hatte, mehr als gerecht geworden. Auch der Philosoph erwies dem Feldherrn seine Reverenz und verewigte die Taten des großen Römers in einem Geschichtswerk. Das war eine hohe Auszeichnung, denn Poseidonios war durchaus wählerisch: Cicero, der von ihm eine Darstellung seines Konsulats erbeten hatte, sagte er freundlich ab. Auch die Stadt Athen empfing Pompeius mit offenen Armen. Dort traf er mit führenden Philosophen zusammen, beschenkte auch sie und gab der Stadt Gelder für den Wiederaufbau, den die Zerstörungen Sullas im Ersten Mithridatischen Krieg nötig gemacht hatten.

Pompeius war es offenbar gelungen, die Provinzialen von sich und seinen Leistungen zu überzeugen. Er galt ihnen als Friedensbringer und Garant des Friedens zugleich. Er stand für Ordnung, Sicherheit und Gerechtigkeit und gab sich als glaubwürdiger Patron ihrer Anliegen und Sorgen. Mit Pompeius wurde die Idee der *Pax Romana* zum ersten Mal (wenn auch avant la lettre) Wirklichkeit. Sein politisches Handeln hatte – zumindest wenn wir Plutarch glauben dürfen – imperiale Größe, und insofern war er seiner Zeit voraus. Mit ihm hätte Rom dreißig Jahre früher einen Augustus haben können, der als *primus inter pares* das Imperium Romanum gut und gern hätte regieren können.

«Bedenke, dass du ein Mensch bist ...»

So gestaltete sich die Rückreise des Pompeius nach Italien als eine einzige Erfolgsgeschichte. Wo der Feldherr hinkam, jubelten ihm die Menschen zu. Nur in Rom herrschte Beklommenheit und Sorge, dass Pompeius mit seinem ebenso siegreichen wie erfahrenen Heer im Rücken die Alleinherrschaft in der Stadt ergreifen könnte. Neider, derer er im Senat mittlerweile viele hatte, schürten die Ängste, und Crassus verließ ostentativ mit seiner Familie und seinem Vermögen Italien und begab sich auf eine Asienreise. Es ist unklar, ob Crassus wirklich aus Angst vor Pompeius floh oder ob er seinen Rivalen mit dieser Aktion nur diffamieren wollte.

Kaum hatte Pompeius jedoch in Brundisium (Brindisi) seinen Fuß auf italischen Boden gesetzt, entließ er zur Überraschung aller seine Soldaten mit der Aufforderung, sich für den Triumph in Rom bereitzuhalten. Damit nahm er seinen Gegnern im Senat den Wind aus den Segeln, die nun auf andere Weise alles taten, um den aus ihrer Sicht zu groß Gewordenen in die Schranken zu weisen. Beim Volk aber stieg sein Ansehen immer höher, und wieder jubelten ihm die Menschen zu, wenn er auf seinem Weg nach Rom wie ein einfacher Reisender und nur von wenigen Gefolgsleuten begleitet ihre Dörfer und Städte passierte.

Doch im Senat blieb der Widerstand gegen ihn ungebrochen. Seine Widersacher hatten sich um den Optimaten Cato, der sich zunehmend als Gegner des inzwischen popularen Pompeius positionierte, versammelt. Der nämlich versuchte nicht nur, alle Pläne des siegreichen Feldherrn zu vereiteln, sondern bereitete ihm auch Probleme, wo er nur konnte. Als etwa der Volkstribun Metellus Nepos Anträge im Sinne des Pompeius stellte und erreichen wollte, dass Pompeius gleich nach seiner Rückkehr zum Konsul gewählt werden und auch das Kommando gegen das Heer Catilinas erhalten solle, war es zum Eklat gekommen. Metellus Nepos war daraufhin unverrichteter Dinge zu Pompeius zurückgekehrt, um ihm zu berichten, dass eine Art Verschwörung gegen ihn im Gange sei.

Jetzt rächte es sich, dass Pompeius in seinem Ehrgeiz manchen seiner Rivalen vor den Kopf gestoßen hatte. Metellus Creticus hatte ihm die herablassende Behandlung nicht vergessen, die er sich von ihm im Krieg gegen die Piraten auf Kreta hatte gefallen lassen müssen. Auch Lucullus hatte ihm die Demütigungen nicht verziehen, die er von ihm nach seiner Abberufung vom Oberbefehl gegen Mithridates erlitten hatte. Und Crassus trug ihm gewiss ebenfalls noch den Brief nach, in dem Pompeius sich eine größere Rolle im Sklavenkrieg angemaßt hatte, als ihm zustand. Kurz und gut: Seine unschöne Angewohnheit, Rivalen um ihren Ruhm zu bringen, fiel ihm jetzt auf die Füße. Dazu kam privater Ärger. Es gab Gerüchte, dass ihn seine Ehefrau Mucia Tertia betrog – angeblich auch mit Caesar. Die genauen Hintergründe bleiben unklar, aber fest steht, dass Pompeius Mucia noch auf der Rückreise den Trennungsbrief sandte. Die Scheidung eröffnete ihm immerhin die Möglichkeit, den strengen Optimaten Cato für sich zu gewinnen oder zumindest zu besänftigen, indem er bei Cato für sich und seinen älteren Sohn um die Hand von dessen beiden Nichten anhielt. Der unbestechliche Cato lehnte – übrigens zum Bedauern der umworbenen Frauen – barsch ab.

In dieser Situation setzte Pompeius auf ein öffentliches Spektakel, das wie kaum ein anderes Ereignis die Stimmung in Rom beeinflussen konnte: den Triumph eines siegreichen Feldherrn. Es war die höchste Ehrung, die ein römischer Politiker erreichen konnte, und sie wurde vom Senat verliehen. Kern des Triumphes war ursprünglich ein kultisches Geschehen, bei dem der Feldherr Jupiter auf dem Kapitol ein Dankopfer darbrachte. In der späten Republik wurde der Triumphzug zur Selbstinszenierung genutzt und damit zu einem

Abb. 3 · Triumphzug (Teilansicht des sogenannten Tiberius-Bechers von Boscoreale). Ein Staatssklave hält einen Kranz über den Kopf des Triumphators.

politischen Propagandainstrument in eigener Sache. Trotzdem blieben die archaisch anmutenden Insignien des Triumphators immer erhalten. Sein Aufzug glich dem des Iuppiter Optimus Maximus, dessen Erscheinungsbild wiederum von der etruskischen Königstracht geprägt war: um die Schultern ein Purpurmantel, in der Hand ein Elfenbeinzepter, auf dem Kopf ein Lorbeerkranz und im Rücken ein Staatssklave, der einen goldenen Eichenlaubkranz in die Höhe hielt. Der Triumphator, der auf einem hochrädrigen Triumphwagen einherfuhr und dessen Gesicht mit Mennige leuchtend rot eingefärbt war, musste dem Volk wie die Epiphanie Jupiters selbst erscheinen. Für einen Tag war der Feldherr gleichsam König und Gott zugleich. Hinter dem Triumphator stand deshalb ein Staatssklave, der mahnend immer dieselben Worte wiederholte: «Bedenke, dass du ein Mensch bist!»

Aus kultischen Gründen konnte ein Triumph nur dann gewährt werden, wenn ein Sieg vorlag, der in einem *bellum iustum*, in einem gerechten Krieg erfochten wurde. Bürger- und Sklavenkriege schieden daher aus, weshalb Crassus nach seinem Sieg über Spartacus nur eine *ovatio*, eine Danksagung, erhielt.

Juristische Voraussetzung war, dass der Feldherr im Besitz eines vollen (prätorischen, konsularischen oder diktatorischen) *imperium* war. Da ein Imperator sein *imperium* automatisch verlor, wenn er das *pomerium*, die heilige Stadtgrenze, überschritt, musste er bis zum Tag seines Triumphs vor den Toren Roms ausharren. Das *pomerium* war jedoch nicht identisch mit der tatsächlichen Stadtgrenze, sondern bezeichnete einen engen Bezirk im Zentrum Roms, der das Forum und einige Hügel – etwa den Palatin, den Esquilin, den Quirinal, möglicherweise aber nicht das Kapitol – einschloss. So startete in republikanischer Zeit der Umzug noch außerhalb des *pomerium* auf dem Marsfeld, führte durch die Porta Triumphalis zum Forum Boarium am Tiber, dann am Circus Maximus und dem Palatin vorbei auf das Forum und von dort hinauf auf das Kapitol. Den Anfang des Triumphzuges machten geschmückte Schauwagen und Traggestelle, auf denen die erbeuteten Schätze präsentiert wurden, es folgten vornehme Kriegsgefangene, Schautafeln nannten Namen eroberter Gebiete und besiegter Könige, Gemälde zeigten Schlachten und Schlüsselszenen, danach schlossen sich die Magistrate und Senatoren an, ihnen voran hoch auf dem Wagen der Triumphator. Den Abschluss bildeten ausgewählte Gruppen von Soldaten, die «Io triumphe» riefen – die genaue Bedeutung dieses alten Rufes war schon in der Antike verloren gegangen – und recht obszöne Spottlieder auf ihren Feldherrn sangen. Das Volk von Rom umjubelte den Festzug und ließ den Triumphator hochleben.

Für Pompeius war es der dritte Triumph, der ihm angesichts seiner Eroberungen auch anstandslos gewährt wurde, und es war klar, dass er daraus ein Fest der Superlative machen würde. Er legte ihn auf seinen Geburtstag, den 29. September 61 v. Chr., und obwohl er – gegen die Regel – den folgenden Tag dazunahm, reichte die Zeit nicht aus, alle Schätze zu zeigen, die er aus den vielen Fürstentümern zusammengekarrt hatte. Als der Liebling der Massen durch Rom zog, war das Volk begeistert – zumal er den angeblich erbeuteten Prachtmantel Alexanders des Großen trug. Plutarch gibt einen Eindruck davon, wie Pompeius seine Erfolge so inszenierte, dass sie auch für den einfachen Bürger verständlich wurden:

> Auf vorangetragenen Tafeln waren die Länder und Völker verzeichnet, über die er triumphierte: Es waren Pontos, Armenien, Paphlagonien, Kappadokien, Medien, Kolchis, die Iberer, die Albaner, Syrien, Kilikien, Mesopotamien, Phoinikien und Palästina, Judäa, Arabien und die Gesamtheit der Seeräuber, die er zu Wasser und Lande niedergekämpft hatte. (Plut. Pomp. 45,2; übersetzt nach Ziegler)

Jedes noch so kleine Lokalfürstentum und jede Landschaft wurde aufgezählt, und durch die zahlreichen fremdklingenden Ländernamen wurde die gewaltige Größe des eroberten Gebietes sichtbar gemacht. Die vielen vornehmen Gefangenen, die in ihrer exotischen Kleidung Aufsehen erregten, vertraten gleichsam in Person ihr Land, und so zog quasi der gesamte Orient an den neugierigen Blicken des römischen Volkes vorbei. Überhaupt wurden auf diesem Triumphzug gigantische Zahlen in jeder Hinsicht genannt:

> In diesen Ländern waren nicht weniger als 1000 feste Burgen und nicht viel weniger als 900 Städte erobert worden, die Zahl der Seeräuberschiffe betrug 800, die der neu angelegten Städte 39. Außerdem gab Pompeius auf den mitgetragenen Tafeln bekannt, dass die bisherigen Steuereinahmen 50 Millionen Denare betragen hätten, dass aber aus den von ihm für Rom eroberten Länder 85 Millionen hereinkämen, dass endlich in den Staatsschatz an gemünztem Geld und an silbernen und goldenen Gerätschaften 20 000 Talente eingeliefert würden, nicht gerechnet die Summen, die an die Soldaten gegeben worden seien. (Plut. Pomp. 45,3 f.; übersetzt nach Ziegler)

Pompeius hatte den römischen Staatshaushalt also beinahe verdreifacht und belegte den wirtschaftlichen Segen, den er mit seinen Eroberungen herbeigeführt hat, mit eindrucksvollen Zahlen. Der Triumphzug war ein optimales Medium, um nicht nur Siege zu feiern, sondern auch Politik zu machen, und Pompeius war darin ein Meister.

Aber er legte noch auf einen anderen Umstand großen Wert, der ihn über alle früheren Feldherren hob, wie Plutarch betont:

> **Denn Männer, die dreimal triumphierten, hatte es schon andere vor ihm gegeben. Er aber, der den ersten Triumph über Africa, den zweiten über Europa und nun diesen über Asien anführte, schien mit seinen drei Triumphen gewissenmaßen die ganze bewohnte Welt unterworfen zu haben. (Plut. Pomp. 45,7; übersetzt nach Ziegler)**

Hier ist er wieder, der Vergleich mit dem Welteroberer Alexander und die Vorstellung, ein Imperium zu schaffen, das seine natürlichen Grenzen erst am Okeanos findet.

So begeistert das Volk war, so zurückhaltend verhielten sich die optimatischen Kreise im Senat. Cato schreckte nicht davor zurück, die gesamte militärische Leistung des Pompeius kleinzureden, und spottete, dass «der gesamte Mithridatische Krieg gegen Weiberchen (*cum mulierculis*) geführt wurden sei» (Cic. Mur. 31) Hier kommen antike Vorurteile von der Verweichlichung orientalischer Männer zum Ausdruck, deren Ursprung in einem luxuriösen Lebensstil liege. Dass das gerade für Mithridates, dessen Anspruchslosigkeit und Belastungsfähigkeit legendär waren, nicht zutraf, spielte bei Unterstellungen und Herabsetzungen dieser Art keine Rolle.

Neid und Misstrauen sollten Pompeius in der Folgezeit begleiten, und da schuf selbst der von ihm wohlkalkulierte Triumph kaum Abhilfe – im Gegenteil, wie sich bald zeigen sollte.

Crassus

69–61 v. Chr.

Während Pompeius die Kriege im Osten führte, gab Crassus in Rom den bedeutenden Konsularen, bewirkte politisch aber wenig. Als er im Jahr 65 v. Chr. zusammen mit dem alten Catulus Zensor wurde, fielen beide in diesem Amt vor allem durch ihre Tatenlosigkeit auf. Crassus hatte zwar eine Gesetzesinitiative ergriffen, den Bewohnern von Oberitalien das römische Bürgerrecht zu verleihen, scheiterte aber sogleich am Widerstand seines Amtskollegen Catulus und der Optimaten im Senat. Im Hintergrund war Crassus weiterhin als Patron und Kreditgeber aktiv und mischte so in der Tagespolitik mit, ohne dass er dabei eine klare Linie erkennen ließ. Nur seine populare Grundhaltung behielt er bei und scheute auch nicht Kontakte zu Politikern, die als umtriebig, wenn nicht gar als umstürzlerisch galten, etwa zum Revoluzzer Catilina oder Radaumacher Clodius. Freilich hielt er sich in allem bedeckt und zog es vor, dank seines Vermögens über Mittelsmänner die Strippen zu ziehen.

Caesar

69–61 v. Chr.

Anders als Pompeius durchlief Caesar regulär die Ämterlaufbahn und wurde 69 v. Chr. als Quästor in den Senat aufgenommen. Der sechs Jahre ältere Pompeius war zu diesem Zeitpunkt erst ein Jahr in diesem Gremium, in das er zugleich mit seinem Konsulat gewählt wurde. Caesar dürfte ihn aber kaum gesehen haben, denn Pompeius hielt sich nach seinem Amtsjahr von der Politik fern, um dann als

Oberbefehlshaber erst gegen die Piraten, dann gegen Mithridates in den Krieg zu ziehen.

Sein erstes Amtsjahr im Senat stellte auch für Caesars Privatleben eine Zäsur dar: Kurz nacheinander starben seine Tante Iulia, die Witwe des Marius, und seine Frau Cornelia, die Tochter des Cinna. Caesar hielt auf beide, wie schon erwähnt, die Leichenrede. Mit Cornelia hatte er eine kleine Tochter, die beim Tod ihrer Mutter erst sieben Jahre alt war. Caesar überließ ihre Erziehung daher seiner Mutter Aurelia.

Die Auferstehung des Marius

Starb ein Angehöriger des Adelsstandes, wurde er in einem großartigen Leichenzug durch Rom getragen und mit ihm zugleich die gesamte Familie gefeiert. Denn im Zug trugen Schauspieler die Masken berühmter Ahnen, die dem Verstorbenen gleichsam ihr Geleit gaben. Wenn im Zug Obermagistrate dargestellt waren, fehlten auch nicht die Liktoren, und für einstige Triumphatoren der Familie wurden Quadrigen im Umzug mitgeführt. Der griechische Historiker Polybius (6,53,1–54,3), der lange Zeit in Rom lebte, war tief beeindruckt von dem Schauspiel, mit dem der Adel sich und seine Vergangenheit feierte und bei jedem Begräbnis seine großen Toten wieder lebendig werden ließ. Es war, als würden die alten Zeiten wiederkehren. Daher ist es verständlich, dass Leichenzüge auch für die politische Selbstdarstellung genutzt wurden, und genau das tat Caesar. Sulla war noch keine zehn Jahre tot, als Caesar einen Eklat riskierte und beim Leichenbegängnis seiner Tante Iulia das Ahnenbild ihres Gatten Marius mitführen ließ. Damit löste der populare Politiker beim Volk Begeisterungsstürme aus. Plutarch schildert die Stimmung:

> **Noch deutlicher zeigte sich die Anhänglichkeit der Menge beim Tod von Iulia, der Gattin des Marius. Caesar war ihr Neffe und hielt ihr auf dem Forum eine glänzende Leichenrede. Er wagte es auch, bei der Bestattung öffentlich Bilder von Marius zu zeigen, die man seit der Herr-**

schaft Sullas nicht mehr gesehen hatte, da man Marius und seine Anhänger zu Staatsfeinden erklärt hatte. Als darob gegen Caesar empörte Stimmen laut wurden, schrie das Volk zurück und bereitete ihm händeklatschend einen jubelnden Empfang, voll Bewunderung, dass er die Ehre des Marius nach so langer Zeit gleichsam aus der Unterwelt in die Stadt zurückgeholt habe. (Plut. Caes. 5,2 f.; übersetzt nach Ziegler)

Für die Optimaten im Senat war Marius nach wie vor ein Feindbild, und die Eskalation des Hasses auf die Marianer lag noch nicht lange zurück. Nur allzu gut hatte man noch in Erinnerung, wie Sulla den Leichnam des Marius aus seinem Grab hatte holen und in den Tiber werfen lassen. Politisch standen die Marianer noch immer im Abseits, da es ihnen und sogar ihren Söhnen und Enkeln untersagt war, sich um politische Ämter zu bewerben, auch wenn mittlerweile erste Schritte für eine Amnestie diskutiert wurden. Eindrücklicher konnte Caesar nicht bekunden, auf welcher Seite er stand. Allerdings ging es ihm nicht nur um ein Bekenntnis zu den Popularen, sondern auch zu seiner Familie. Adelsstolz beharrte er darauf, seine Ahnen zu ehren – mochte auch der ganze Senat anderer Meinung sein. Dass eine derart aristokratische Haltung gerade beim Volk gut ankam, war kein Paradox, sondern typisch für die Haltung der Plebs. Das römische Volk war – solange es sich würdig vertreten fühlte – stolz auf den alten Adel der Stadt.

Alles auf eine Karte

Als Quästor trat Caesar seinen Dienst in der Provinz an, im sogenannten jenseitigen Spanien. Dort soll sich eine Begebenheit abgespielt haben, die einen aufschlussreichen Blick in die Gedankenwelt Caesars erlaubt. Der Biograph Sueton überliefert sie folgendermaßen:

Als Caesar [...] nach Gades kam, zog beim Tempel des Herkules eine Büste Alexander des Großen seine Aufmerksamkeit auf sich; er seufzte und war sozusagen seiner Trägheit ganz überdrüssig, weil er doch

noch nichts Bemerkenswertes zuwege gebracht habe in einem Alter, in dem Alexander sich bereits den ganzen Erdkreis unterworfen habe. Er verlangte sofort seine Entlassung, um möglichst bald in Rom Gelegenheiten, Größeres zu leisten, abzupassen. (Suet. Iul. 7,1 f.; übersetzt nach Martinet)

Auch Caesar war also vom ‹Alexander-Fieber› infiziert, und auch wenn diese Anekdote vielleicht nur eine Ausschmückung war, um Caesars vorzeitige Rückkehr aus Spanien zu erklären, so bringt sie doch zum Ausdruck, was Männer wie Caesar, Pompeius und auch Crassus umtrieb: der Drang nach großen Taten, bleibendem Ruhm und vor allem danach, «immer der Erste zu sein und die anderen überragend», wie es bei Homer heißt. Dafür war ihnen jedes Mittel recht, dafür riskierten sie Geld und Leben – und nicht nur das eigene.

Was das Geld betraf, tat Caesar gleich nach seiner Rückkehr aus Spanien einen geschickten Schachzug: Er heiratete Pompeia, die Enkelin jenes Konsuls Quintus Pompeius Rufus, der 88 v. Chr. von den Soldaten des Pompeius Strabo erschlagen worden war. Pompeia war außerdem eine Enkelin Sullas, dazu auch sehr wohlhabend. Trotzdem häufte Caesar Schulden in einer Höhe an, die selbst für römische Verhältnisse atemberaubend war. Er trieb das in Rom übliche Spiel auf die Spitze, bei dem Geldgeber wie Crassus vielversprechenden Politikern Kredite gaben, die diese im Falle ihres Erfolges doppelt und dreifach würden zurückzahlen können – nicht selten auch in Form von ‹unbezahlbaren› Gefälligkeiten. Im Hinblick auf Caesars Vorgehen weiß Plutarch zu berichten: «Ohne Bedenken gab Caesar gewaltige Summen aus, so dass es schien, er tausche sich um den Preis eines riesigen Aufwandes einen kurzlebigen Eintagsruhm ein, während er in Wahrheit mit geringen Kosten das Höchste erkaufte.» (Plut. Caes. 5,8) Trotz der Unsummen, die Caesar ausgab, so Plutarch, habe es sich für ihn gelohnt. Im Rückblick mag man Caesars Finanzgebaren so beurteilen, aber während des politischen Aufstieges mit seinen vielen Unwägbarkeiten war ein derart hoher Einsatz ein riskantes Spiel, bei dem Caesar aufs Ganze ging.

Während der Ämterlaufbahn kostete es Politiker viel Geld, die Massen bei Laune zu halten. Eine gute Möglichkeit dafür bot die Ausrichtung öffentlicher Spiele, für die der Ädil zuständig war. Caesar erreichte dieses Amt 65 v. Chr. und verschuldete sich dafür noch einmal mehr, um dem Volk Außergewöhnliches zu bieten. Wie Plutarch berichtet, gelang ihm das auch:

Als Ädil ließ er 320 Fechterpaare auftreten und entfaltete bei den Aufführungen, Festzügen und öffentlichen Speisungen solchen Prunk, dass das Bemühen all seiner Vorgänger demgegenüber verblasste. Das Volk war aber begeistert, und jeder sann auf neue Ämter, neue Ehren, um ihm seine Freigebigkeit zu vergelten. (Plut. Caes. 5,9; übersetzt nach Ziegler)

Zum Teil richtete Caesar die Spiele auch gemeinsam mit seinem Amtskollegen Calpurnius Bibulus aus, der sich offenbar weniger geschickt in Szene setzen konnte. Wie Sueton überliefert, beklagte Bibulus sich bitter, «dass es ihm wie Pollux ergangen sei, denn obwohl man auf dem Forum einen Tempel für beide Zwillingsbrüder – Castor und Pollux – erbaut habe, nenne man ihn nur Castortempel, und ebenso spreche man von seiner und Caesars Großzügigkeit so, als sei es allein die Caesars» (Suet. Iul. 10,1). Es war der Anfang einer lebenslangen Feindschaft, die vor allem in ihrem gemeinsamen Konsulat sechs Jahre später eskalierte.

Noch während seiner Amtszeit als Ädil sah Caesar die verlockende Chance, seine Karriere erheblich beschleunigen zu können. Crassus, der gerade mit Catulus das Amt des Zensors ausübte, und andere populare Politiker hatten den kühnen Plan, Ägypten zur Provinz zu machen. Grundlage für dieses waghalsige Vorhaben sollte das Testament eines schon vor Jahren verstorbenen Ptolemäer-Königs sein, der das Land am Nil angeblich dem römischen Staat vermacht hatte. Caesar, der als Ädil noch ein niedriges Amt bekleidete, hoffte dennoch darauf, zur Durchsetzung des ptolemäischen Testaments mit einem Sonderkommando nach Ägypten entsandt zu werden. Der Plan scheiterte am heftigen Widerstand des Catulus, und auch Cicero sprach sich vehement dagegen aus, hatten beide doch die berechtigte Sorge, dass ein künftiger Statthalter Ägyptens eine zu starke Stellung erhielte.

Diese und andere Nachrichten über den aufstrebenden Politiker Caesar belegen seinen ausgeprägten Willen zur Macht. Auch danach scheute er keine Mühen und Kosten und vor allem keine Risiken, seine Ziele zu erreichen. Immer wieder wird sein Name in der antiken Überlieferung auch in Verbindung mit zwielichtigen Gestalten und in Zusammenhang mit durchaus zweifelhaften Aktivitäten genannt (wobei unklar bleibt, was davon auf Unterstellungen seiner Feinde zurückgeht oder was dem späteren Diktator aus der Retrospektive angedichtet wurde). Eines ist jedoch sicher: Der junge Caesar war umtriebig und rastlos darum bemüht, sich mit spektakulären (Selbst-)Inszenierungen zu profilieren. Politisch setzte er ganz auf den popularen Weg und tat alles, um sich beim Volk beliebt zu machen. Noch als Ädil erdreistete er sich, der schon bei Iulias Begräbnis das Bildnis ihres Gatten Marius gezeigt hatte, auch die von Sulla zerstörten Siegesdenkmäler, die Marius einst zur Erinnerung an seine Siege über Jugurtha und die Kimbern und Teutonen errichtet hatte, in einer Nacht- und Nebelaktion wiederherstellen zu lassen, und fand damit beim Volk großen Anklang. Doch die Optimaten im Senat waren alarmiert:

> **Als der Senat zur Besprechung des Vorfalls zusammengetreten war, erhob sich Catulus, der damals angesehenste Mann in Rom, um Caesar anzuklagen, und prägte dabei das berühmte Wort: «Caesar greift die Verfassung nicht mehr mit unterirdischen Stollen, sondern schon ganz offen mit Sturmmaschinen an.» (Plut. Caes. 6,6; übersetzt nach Ziegler)**

Doch das störte Caesar nicht, im Gegenteil. Wo es nur ging, provozierte er die Optimaten. Schließlich ging er aufs Ganze: Metellus Pius, der angesehene Sullaner, der mit Pompeius in Spanien gegen Sertorius gekämpft hatte, war gestorben und damit das ehrwürdige Amt des Pontifex Maximus, des Oberpriesters, vakant geworden (dieses hatte man lebenslang inne). Die ersten Männer des Senats bewarben sich nun für das hohe Amt, darunter auch der ehrwürdige Catulus und ein weiterer Konsular, die beide aufgrund ihres Alters und Ranges auch die besten Aussichten hatten. Obwohl Caesar damals erst kurz vor der Prätur stand, vertraute er auf seinen Rückhalt beim Volk, machte es sich durch enorme Bestechungsgelder noch gewogener und trat zur Wahl an, und zwar mit solcher Selbstsicherheit, dass Catulus, wie Plutarch berichtete, um seinen Sieg bangte:

> **Catulus schickte deshalb einen Boten zu Caesar und stellte ihm eine bedeutende Geldsumme in Aussicht, wenn er von seiner Bewerbung Abstand nähme. Dieser jedoch erwiderte, er werde den Kampf durchfechten, auch wenn er noch mehr Schulden machen müsste. Als der Wahltag herangekommen war und ihn seine Mutter unter Tränen an die Tür begleitete, da küsste er sie zum Abschied und sagte: «Mutter, heute siehst du deinen Sohn als Oberpriester oder aber als Verbannten wieder». (Plut. Caes. 7,2 f.; übersetzt nach Ziegler)**

Caesar hatte also diesmal alles auf eine Karte gesetzt – und gewonnen. Sueton berichtet vom glänzenden Ausgang der Wahl: «Er hat zwei sehr mächtige Mitbewerber, die ihn an Alter und Würde weit überragten, so weit übertroffen, dass er selbst in deren Wahlbezirken mehr Stimmen erhalten hatte als die beiden in allen Bezirken zusammen.» (Suet. Iul. 13)

Wieder hatten die Optimaten eine Demütigung erfahren und wieder wurde beängstigend deutlich, wie effektiv populare Politiker mittlerweile ihre Ziele verfolgten und wie wenig der Senat ihnen entgegenzusetzen hatte. Immer geschickter spielten die Gegner der Optimaten einander die Bälle zu und bildeten eigene, mächtige Netzwerke. Caesar konnte die Wahl zum Oberpriester nur gewinnen, weil der Volkstribun Titus Labienus kurz zuvor mit einem Gesetz dafür gesorgt hatte, dass der Pontifex Maximus wieder vom Volk gewählt und nicht mehr, wie von Sulla bestimmt, vom Priesterkollegium durch interne Kooption nachbesetzt wurde. Und Titus Labienus verfügte über diese Möglichkeit nur, weil Pompeius und Crassus

Abb. 4 · Caesars als Dictator perpetuo bzw. als Pontifex Maximus (Münzbild)

in ihrem Konsulat dem Volkstribunat seine ursprünglichen Befugnisse zurückgegeben hatten.

Mit Misstrauen wurde gewiss auch beobachtet, dass Caesar immer mehr die Nähe zu anderen Granden der Politik suchte. Mit Crassus stellte er sich auf guten Fuß – schon allein, um sich von ihm die finanzielle Unterstützung zu sichern –, gleichzeitig unterstützte er so manche Gesetzesinitiative, die von Anhängern des Pompeius unternommen wurde, und das nicht selten als einziger Senator. Als der Volkstribun Titus Ampius Balbus für Pompeius ein Gesetz einbrachte, dass Pompeius aufgrund seiner Erfolge im Osten bei öffentlichen Spielen einen Lorbeerkranz tragen dürfe, unterstützte Caesar diesen Antrag ebenso eifrig, wie er bereits Jahre zuvor die Gesetze des Gabinius und Manilius unterstützt hatte, die Pompeius den Oberbefehl gegen die Piraten beziehungsweise gegen Mithridates übertragen hatten.

Nunmehr Oberpriester, bewarb sich Caesar noch im selben Jahr, nämlich 63 v. Chr., um die Prätur. Dieses, auf die Ädilität folgende Amt gewann er ebenfalls ohne Probleme. Zu einem seiner Kollegen wurde wieder Bibulus gewählt, der zu seinem Missvergnügen bereits mit Caesar Ädil gewesen und angesichts seines dominanten Kollegen in diesem Amt nicht recht zum Zug gekommen war. Es war das Jahr, in dem Cicero das Konsulat erreichte und dessen Herbst noch große Turbulenzen bereithalten sollte, die als die sogenannte Catilinarische Verschwörung in die Geschichte eingingen.

Ein Kopf für einen starken Körper

Nachdem sich Lucius Sergius Catilina dreimal vergeblich um das Konsulat bemüht hatte – einmal war er als Bewerber nicht zugelassen und zweimal bei den Wahlen durchgefallen –, wollte er mit Gewalt doch noch an die Spitze des Staates gelangen. An diesem versuchten Staatsstreich, den der Konsul Cicero erfolgreich vereitelte, lässt sich exemplarisch zeigen, warum in der ausgehenden Republik Staat und Gesellschaft nicht zur Ruhe kommen konnten und in einem fort von Bürgerkriegen bedroht waren. So sah es jedenfalls der römische Historiker Sallust, der deshalb den vergeblichen Versuch des Catilina zum Thema einer historischen Monographie gemacht hat.

Ob man die Verschwörung nun als staatsgefährdende Krise sieht, wie sie Cicero darzustellen nicht müde wird, oder als eher harmlosen Aufstand gescheiterter Existenzen (wovon manche modernen Historiker wohl zu Unrecht ausgehen) – sie zeigt wie unter einem Brennglas, woran der Staat damals krankte. Mehrere politische und soziale Umstände wirkten hier ungünstig zusammen und erzeugten Spannungen, die sich jederzeit zu Unruhen und Aufständen oder gar Bürgerkriegen auswachsen konnten. Noch immer waren dies die Nachwehen von Sullas gewaltsamen Reformen, und die gesellschaftliche und politische Integration der Söhne der Proskribierten war noch immer nicht gelöst. Die Enteignungen auf dem Land, um Sullas Soldaten anzusiedeln, hatten den Boden für Hass bereitet, der auf blutige Rache und Revision der Besitzverhältnisse sann. Aber auch viele Veteranen waren mit der neuen Existenzform als Bauern nicht zurechtgekommen und mittlerweile heillos verschuldet. Enteignete wie Begünstigte der Enteignungen fanden sich in derselben Rebellenarmee Schulter an Schulter. Und im Volk von Rom, ebenso

Abb. 5 · Portrait Ciceros

anspruchsvoll wie wankelmütig, herrschte eine grundsätzliche Unzufriedenheit, die die Stimmung in der Stadt nicht weniger explosiv machte. In allen Schichten der Gesellschaft brodelte es, und vor diesem Hintergrund focht die Nobilität in zwei Arenen ihre Machtkämpfe aus: im Senat und vor der Volksversammlung. Gerade die Popularen schreckten nicht davor zurück, die allgemeine Unzufriedenheit im Stadtvolk und auf dem Land für ihre Zwecke zu instrumentalisieren, um nicht zu sagen zu missbrauchen. Die Optimaten wiederum mauerten gegen jegliche Neuerung. Für sie war es bitter, immer öfter zur Kenntnis nehmen zu müssen, dass neben Pompeius auch Senatoren aus altem Adel den popularen Weg beschritten: Caesar, Crassus und eben auch Catilina – sie waren bis auf Caesar alle ursprünglich Sullaner, die aber pragmatisch den Zeichen der Zeit folgten und populare Politik betrieben. Catilinas Familie, die

Sergii, gehörte wie die Caesars sogar zum patrizischen Hochadel und war eines der wenigen Geschlechter, die Jahrzehnte später der große Dichter Vergil in seinem ‹Nationalepos›, der *Aeneis*, namentlich erwähnen sollte.

Was trieb Catilina an, alles zu riskieren? Es war ein Motiv, das dem aristokratischen Selbstverständnis entsprang und das in der römischen Nobilität oft genannt und immer akzeptiert wurde: die Sorge um das gesellschaftliche Prestige – und das der Familie. Sallust hat uns einen mutmaßlichen Originalbrief überliefert, in dem Catilina, mittlerweile entlarvt und verzweifelt entschlossen, den offenen Krieg gegen Rom zu wagen, seinem alten Freund Catulus seine tieferen Beweggründe darlegt:

> Da sich mein Gewissen keiner Schuld bewusst ist, habe ich mich aber entschlossen, eine Rechtfertigung anzubieten, und du wirst bei Gott erkennen, dass sie aufrichtig gemeint ist. Unrecht und Beleidigungen hatten mich empört: Schließlich konnte ich, der Früchte meiner Mühen und meines Fleißes beraubt, die mir zukommende Stellung (*dignitas*) nicht wahren – und daher habe ich meiner Gewohnheit entsprechend, die das Allgemeinwohl betreffende Sache der Notleidenden übernommen, nicht etwa, weil ich meine Schulden nicht aus meinen Besitztümern bezahlen könnte (Orestillas Großzügigkeit könnte aus ihren eigenen Mitteln und denen ihrer Tochter auch fremde Schulden bezahlen), sondern weil ich feststellen musste, dass Unwürdige (*non digni homines*) mit Ehren bedacht wurden und ich durch einen falschen Verdacht ins Abseits gestellt wurde. Daher habe ich mich der Hoffnung hingegeben (die angesichts meines Geschicks noch ehrenvoll genug war), den letzten Rest an Würde und Ansehen (*dignitas*) aufrechterhalten zu können. (Sall. Catil. 35,2–4; übersetzt von Burkard)

Der Verschwörer, der gerade auch formell zum Staatsfeind (*hostis*) erklärt worden war, begründet seinen Angriff auf den Staat mit demselben Hauptargument, mit dem später Caesar seinen Bürgerkrieg gegen Pompeius rechtfertigen wird – mit seiner persönlichen Würde, der *dignitas*.

Es geht um öffentliches Ansehen, gesellschaftliche Anerkennung, um Ämter und Ehren. Catilina, der wie viele andere seine Karriere unter Sulla begann, hatte nach seiner Prätur die Statthalterschaft der Provinz Africa übernommen und wurde danach in einen Repetundenprozess verwickelt, der seine Bewerbung um das Konsulat zunächst verhinderte. Als er endlich zur Wahl antreten durfte, fiel er durch und statt seiner erhielt Cicero, der *homo novus*, das höchste Amt im Staat. Für den *nobilis* Catilina war das eine arge Demütigung, und er beschimpfte Cicero als Emporkömmling und *inquilinus*, also als einen, der in einem Mietshaus wohnt (Sall. Catil. 4,7). Tief verletzt in seinem Stolz trat er ein Jahr später, während Cicero Konsul war, nochmals an und setzte sich zu Wahlkampfzwecken auch für die Schuldner ein, derer es in Rom viele gab. Das allein machte ihn schon als Revolutionär verdächtig, und zudem verbreitete sich das Gerücht, er wolle Cicero ermorden. Vom Konsul im Senat zur Rede gestellt, antwortete er mit einem Gleichnis:

> **Er sagte nämlich, der Staat bestehe aus zwei Körpern [d. h. aus Senat und Volk]; der eine sei gebrechlich und habe ein schwaches Haupt; der andere sei stark und habe gar kein Haupt; und wenn er es verdiene, werde diesem Leib das Haupt nicht fehlen, solange er, Catilina, lebe. Der zahlreich versammelte Senat stöhnte auf, fasste aber keinen Entschluss, dessen Strenge der Niederträchtigkeit der Sache entsprochen hätte. (Cic. Mur. 51; übersetzt nach Fuhrmann; vgl. Plut. Cic. 14,6)**

Catilina spielte mit diesem Bild auf die zwei ‹Körperschaften› Volk und Senat an und verband die Spitze gegen Cicero (nämlich das «schwache Haupt» eines schwachen Senats zu sein) mit einer massiven Drohung: Das Volk sei stärker als der Senat, nur bislang führerlos, und er, Catilina, werde die Führung übernehmen. Doch der Senat blieb zunächst untätig.

Um allen zu demonstrieren, wie ernst er Catilinas Morddrohungen nahm, trug Cicero am Wahltag ostentativ einen Brustpanzer und machte damit Stimmung. Tatsächlich verlor Catilina die Wahl wieder. Abgesehen vom Gesichtsverlust bedeutete die neuerliche

Niederlage nach zwei Jahren kostspieligen Wahlkampfes für Catilina eine zunehmende Zerrüttung seiner persönlichen finanziellen Verhältnisse. Die Art, wie er in seinem Brief seine Liquidität betont, bestätigt das eher, als es zu widerlegen. Catilina war also politisch erledigt, als er sich zu einem Staatsstreich entschloss.

Unter seinen Mitverschwörern befand sich immerhin der ehemalige Konsul und amtierende Prätor Publius Cornelius Lentulus Sura sowie die verschiedensten gesellschaftlichen Gruppen in und außerhalb Roms, die verschuldet, entrechtet, enteignet oder anderweitig unzufrieden waren. Auch im Senat gab es nicht wenige, die sich zurückgesetzt fühlten und sich von Unruhen Vorteile erhofften, auch wenn ihnen Catilinas Putschversuch vielleicht zu weit ging. Hinzu kam ein weiteres Übel: Verschiedene Leute nutzten die Verschwörung, um politische Gegner und Rivalen anzuschwärzen – sodass eines Tages selbst Cicero öffentlich erklärte, persönliche Bekanntschaft mit Catilina sei an sich noch kein Staatsverbrechen.

Die Lage war undurchsichtig. Böse Zungen behaupteten, dass Catilina und seine Anhänger auch im Auftrag von mächtigen Hintermännern handelten; es gab Vorwürfe gegen den reichen Crassus, der Catilinas Bewerbungen unterstützt hatte, ebenso wie gegen den umtriebigen Caesar, der die Optimaten zunehmend das Fürchten lehrte. Ob die beiden etwas von Catilinas Verschwörung wussten und wenn ja, wie viel, wird sich nicht mehr klären lassen. Im Rückblick, so scheint es, ging Cicero davon aus, dass sie durchaus involviert gewesen seien. Wahrscheinlich war Catilina, solange er Chancen auf das Konsulat hatte, zunächst ihr Mittelsmann. Als er aber nach zweimaligem Scheitern jedes Maß verlor und Umsturzpläne schmiedete, wurde er auch für sie zum Risiko, und sie ließen ihn fallen. Crassus trug jedenfalls maßgeblich zur Aufklärung der Verschwörung bei.

Durch Ciceros unermüdliche und umsichtige Vorsorge kamen die Pläne der Catilinarier ans Licht. Der Senat hatte den Notstand ausgerufen und Cicero und seinem Kollegen entsprechende Vollmachten erteilt. Schließlich war es dem Konsul mittels einer List gelungen, fünf Rädelsführer – nicht aber Catilina selbst, der Rom bereits verlassen hatte – dingfest zu machen. Nach und nach offenbarte sich das ganze Ausmaß dessen, was im Einzelnen geplant war: Cicero und weitere hochrangige Senatoren sollten ermordet, in der ganzen Stadt Brände gelegt, Praeneste in Latium besetzt und aus Etrurien ein Heer von Aufständischen nach Rom geführt werden.

In den hektisch einberufenen Senatssitzungen dieser Zeit ging es zum Teil hoch her und gegenseitige Verdächtigungen und Bezichtigungen blieben nicht aus. Catulus, den Caesar soeben bei der Wahl zum Pontifex Maximus überrundet hatte, warf seinem Konkurrenten ebenso Mitwisserschaft vor wie der Konsular Gaius Calpurnius Piso, der ebenfalls ein erklärter Optimat war. Cicero hingegen mühte sich, Caesar herauszuhalten, wollte er doch den beim Volk so beliebten Mann nicht als Catilinarier erscheinen lassen. Seine Strategie bestand darin, Catilina zu isolieren und mögliche Verbindungen zu namhaften Senatoren herunterzuspielen. Auf diese Weise wollte er Letztere selbst für den Fall, dass sie Kontakte zu den Verschwörern hatten, wieder ins Boot der Senatstreuen holen.

Doch das war nicht einfach. Auch Crassus wurde von einem gewissen Lucius Tarquinius schwer belastet, der vor dem versammelten Senat behauptete, Crassus habe ihn mit Briefen zu Catilina gesandt. In diesem Fall verhinderte Cicero ebenfalls die Überführung – oder Entlastung – des so Beschuldigten, indem er keine Beweise zuließ. Dem Konsul war klar, dass, wenn erst einmal bekannt wäre, wie viel Rückhalt Catilina möglichweise auch im Senat hatte, der geplante Staatsstreich in einen Bürgerkrieg münden könnte. So versuchte er mit allen Mitteln den Anschein zu erzeugen, dass allein Catilina das schwarze Schaf inmitten rechtschaffener Senatoren sei.

Crassus und Caesar selbst wiesen alle Anwürfe entschieden zurück und erklärten sich sogar bereit, die überführten Catilinarier in ihren Privathäusern unter Arrest zu stellen. Ob dieser Vorschlag allerdings geeignet war, den Verdacht auszuräumen, ist fraglich (damit hätte man eher den Bock zum Gärtner gemacht).

Anfang Dezember 63 v. Chr. fand die entscheidende Senatssitzung statt, in der über das Schicksal der verhafteten Catilinarier entschieden wurde. Crassus hielt sich der Sitzung fern, was zu denken gegeben haben mag. Es gab zahlreiche Reden, doch die wichtigsten waren die von Caesar und Cato – ein Rededuell, das legendär geworden ist: Caesar plädierte für eine lebenslange Haft in ausgewählten Landstädten, Cato für die Todesstrafe. In seiner Rede griff Cato auch den Vorwurf auf, dass Caesar selbst ein Mitglied der Verschwörung sei, und begründete damit endgültig ihre lebenslange Feindschaft. Die leidenschaftliche Auseinandersetzung zwischen Caesar und Cato bestimmte die gesamte Senatssitzung, obwohl beide – Caesar als designierter Prätor und Cato als designierter Volkstribun – noch nicht den ersten Rängen im Senat angehörten. Beide gaben in dieser Sitzung unmissverständlich zu erkennen, dass sie auch in Zukunft ihre Stimme erheben und für ihre Ziele kämpfen würden: Caesar als Popular und Cato als Optimat. Für diesmal hatte sich Cato durchgesetzt. Der Senat verhängte die Todesstrafe und die fünf Verschwörer wurden noch am selben Tag hingerichtet.

Das Urteil sollte Cicero zum Verhängnis werden, denn es verstieß gegen das gesetzliche Verbot, römische Bürger ohne Prozess und ohne die Möglichkeit, vor der Volksversammlung Einspruch einzulegen, mit dem Tod zu bestrafen. Allerdings waren mit der Ausrufung des Notstandes den Konsuln umfassende Vollmachten in die Hand gegeben, um den Staat zu retten. Cicero führte daher als weiteres Argument an, dass diejenigen, die den Staat angriffen, ihr Bürgerrecht verwirkt hätten. Die rechtliche Lage blieb unklar – genauer gesagt, war wie üblich in Rom das Recht abhängig von der Politik. Es ist deshalb aufschlussreich, wie sich Caesar verhielt. Er versuchte, für die gefangenen Catilinarier zu retten, was noch zu retten war – und das war einzig ihr nacktes Leben. Wiederholt warnte er den Senat, die Todesstrafe zu verhängen, und führte eindringlich vor Augen, welche Unruhen ein solches Urteil im römischen Volk auslösen könnte. Doch er wurde niedergeschrien, und da er auf seiner Meinung beharrte, von Bewaffneten, die die Senatsversammlung sicherten, mit dem Tode bedroht. Caesar entkam und mied den Senat für die letzten Wochen des Jahres. Mit den Optimaten hatte er es sich nun endgültig verscherzt.

Catilina war keineswegs der Außenseiter, als den Cicero ihn aus taktischen Gründen hinstellen wollte, sondern ein gar nicht so untypischer Aristokrat seiner Zeit, der wie Caesar und Crassus seine politische Laufbahn unter Sulla begonnen hatte und einen ähnlichen Weg gegangen war wie diese. Er verkehrte in bester Gesellschaft und hatte viele Verbindungen. Mit dem ehrwürdigen Catulus verband ihn – vielleicht noch aus Sullas Zeiten – eine alte Freundschaft, weswegen er ihm auch in seinem oben zitierten Brief Orestilla, seine Frau, für den Fall anvertraute, dass ihm etwas zustieß. Übrigens sollen in seiner Anhängerschaft auch einige einflussreiche adelige Frauen gewesen sein. Als echter *nobilis* kämpfte er mit seinesgleichen um Anerkennung und Macht und war, wie andere auch, in der Wahl seiner Mittel nicht zimperlich; als er sich seines gesellschaftlichen Ranges beraubt sah, griff Catilina, wie Sulla, Lepidus, Sertorius und später auch Caesar, das gesamte System an. Er verkündete es selbst: «Wenn mich freilich meine Feinde ins Verderben stürzen, werde ich das an mich gelegte Feuer mit dem Einriss des ganzen Gebäudes löschen.» (Sall. Catil. 31,9; vgl. Cic. Mur. 51)

So ist es auch gekommen. Er hatte alles auf eine Karte gesetzt und verlor alles. Wenige Monate nach seinem Putschversuch wurde sein Heer 62 v. Chr. in Etrurien von Senatstruppen gestellt und aufgerieben. Catilina selbst fand, wie die Überlieferung betont, einen tapferen Tod in der Schlacht.

Im Schweinestall des Romulus

In der Tat zeigte sich die Politik zerfahren und ziellos, persönliche Fehden, Affronts, Bestechungen und Skandale waren an der Tagesordnung, überall bestimmten Profitgier und persönliches Machtstreben das politische Geschehen. Auch Crassus und Caesar mischten munter mit und kochten ihre eigenen Süppchen. Politische Visionen oder gar Ideale, die dem Wohl des Staates als Ganzen galten, gingen im Parteienstreit zwischen Optimaten und Popularen unter.

Nur einer machte seine Unbestechlichkeit und Strenge zum Markenzeichen: Cato, der nur das tat und forderte, was – seiner Meinung nach – die Republik am Leben hielt. Cicero hingegen – so sehr er Cato schätzte und bewunderte – wusste um die Notwendigkeit von Kompromissen und agierte trotz der hohen Ideale, für die er stand, pragmatisch und zielorientiert. In einem Brief an seinen Freund Atticus äußert er sich einmal ebenso pointiert wie treffend über Catos weltferne Haltung:

> **Gewiss, unseren Cato schätze ich nicht weniger als du; aber in seiner anständigen Gesinnung und unerschütterlichen Zuverlässigkeit richtet er doch bisweilen Unheil in der Politik an. Er stellt Anträge, als ob er sich in Platons Idealstaat und nicht im Schweinestall des Romulus befände. (Cic. Att. 2,1,8; übersetzt nach Kasten)**

In seiner hier zitierten Schrift *Politeia* hat Platon also einen Idealstaat entworfen, dem die Zustände in Rom so gar nicht entsprechen. Daher ist nach Ciceros Meinung Catos Rechtschaffenheit und Idealismus manchmal fehl am Platz. Auch Pompeius dürfte Cicero zugestimmt haben, wenn er sich die Verhältnisse in Rom, die er bei seiner Ankunft vorfand, vor Augen führte. Die Hauptstadt bot ihm ein wahres Schauspiel politischer Possen, bei denen man nicht recht wusste, ob man eher von Komödien oder Tragödien reden sollte. Das entsprechende Personal dazu stellt Cicero an etlichen Stellen seiner Privatbriefe vor, an denen er lebendige Szenen aus der römischen Gesellschaft nachzeichnet. Ohne ein Blatt vor den Mund zu nehmen – er schrieb seinem besten Freund Atticus –, lässt er sich bei einer Gelegenheit über den Senat aus. Dort wurde gerade über ein wichtiges Ackergesetz debattiert:

> **Unterdessen findet sich keiner, den man auch nur im Traum als echten Staatsmann bezeichnen könnte; der einzig geeignete, mein Freund – so schlimm steht es nämlich, musst du wissen –, Pompeius, hüllt sich in Schweigen, um sich sein Prunkgewand nicht zu bekleckern. Crassus sagt kein Wort, das Anstoß erregen könnte; die übrigen kennst du ja: Sie sind so dumm, dass sie offenbar hoffen, sich ihre Fischteiche erhalten zu können, auch wenn das Vaterland zugrunde geht. Nur einer**

wirkt, mehr durch seine Festigkeit und Unbescholtenheit, wie mir scheinen will, als durch angeborene Klugheit: Cato. (Cic. Att. 1,18,6 f.; übersetzt nach Kasten)

Wieder hebt Cicero die Gradlinigkeit des Cato hervor, die aber im Schweinestall Roms eben auch nicht mehr als Torheit bedeuten kann. Pompeius gesteht er immerhin das Format eines Staatsmannes zu, was aber wenig helfe, wenn dieser Staatsmann – ängstlich bedacht auf seine Ehrenstellung – nicht den Mund aufmache. Cicero spielt hier auf den Triumph des Pompeius und seinen angeblich von Alexander stammenden Purpurmantel an, den er zu diesem Anlass getragen hatte. Im Übrigen trifft Cicero in seiner überspitzten Aussage durchaus einen wichtigen Punkt. Als Politiker gab Pompeius nur zu gerne den Überparteilichen und wollte sich deshalb im politischen Tagesgeschäft nicht die Hände schmutzig machen. Crassus dagegen habe zwar eine Rede gehalten, biedere sich aber wie gewöhnlich nach allen Seiten an. Bissig geißelt Cicero auch die reichen Großgrund- und Villenbesitzer, denen ihre kostbaren Fischteiche – damals ein beliebtes Aushängeschild für Luxus – mehr am Herzen lägen als der Staat.

Gut kommt die römische Gesellschaft bei Cicero also nicht weg, und die Spitznamen, die er den mehr oder weniger ehrwürdigen Herrschaften gibt, sprechen ihre eigene Sprache. Und geht man die Skandale und politischen Pannen der Jahre 62 bis 60 v. Chr. der Reihe nach durch, entsteht ein Bild von den damaligen Zuständen in Rom, das zu Ciceros sarkastischen Bemerkungen bestens passt. Einige Episoden sollen das illustrieren:

Als Beispiel mag gleich die erste Amtshandlung dienen, mit der Caesar gleich am Tag seines Amtsantritts als Prätor Aufsehen erregte. Er beantragte nämlich vor dem Volk, dass dem ehrwürdigen Catulus die Aufsicht über den Wiederaufbau des Jupitertempels entzogen und Pompeius übertragen werde. Der Tempel war bei Sullas Marsch auf Rom zerstört und ein Neubau von Catulus 69 v. Chr. feierlich schon vorab eingeweiht worden. Wenn Caesar, der ein Jahr zuvor bei seiner Wahl zum Oberpriester Catulus ausgestochen hatte, nun seinem Konkurrenten vorwarf, dass der Wiederaufbau des Tempels zu langsam vorankomme, dann war das eine wohl kalkulierte Farce. Zusätzlich demütigte er Catulus, indem er ihn, als dieser sich verteidigen wollte, nicht auf die Rednerbühne ließ. Wie zu erwarten war, eilten einige Optimaten Catulus zu Hilfe, die Versammlung drohte gestürmt zu werden, und Caesar zog seinen Antrag wieder zurück. Ihm war es nur darauf angekommen, sich an Catulus, der ihn der Teilnahme an der Catilinarischen Verschwörung bezichtigt hatte, zu rächen und sich gleichzeitig beim Volk als aufrechter Optimatenhasser beliebt zu machen.

Der nächste Eklat ließ nicht lange auf sich warten. Quintus Caecilius Metellus Nepos, der unter Pompeius als Legat diente, war in diesem Jahr Volkstribun und sollte in diesem Amt für Pompeius Politik machen. Er brachte, wie schon erwähnt, jene beiden Anträge ein, die vorsahen, dass sich Pompeius gleich nach seiner Rückkehr um das Konsulat bewerben konnte und auch das Kommando über die Senatstruppen gegen Catilina erhalten sollte. Plutarchs Bericht, der auf den eines Freundes von Cato, der damals dabei gewesen ist, zurückgeht, gibt einen lebhaften Einblick, wie es damals auf dem Forum zugegangen ist: Am Tag der Verlesung des Gesetzesantrages treffen die Volkstribunen Metellus Nepos, begleitet von dem Prätor Caesar, und Cato, begleitet von seinem Kollegen Quintus Minucius Thermus, auf den Stufen des Dioskurentempels aufeinander. Metellus Nepos hat das Forum mit seinen Schlägertrupps sichern lassen, doch Cato bleibt unbeeindruckt, steigt die Tempelstufen hinauf und setzt sich mit Thermus genau zwischen Metellus Nepos und Caesar – zu deren größtem Missfallen:

> **Nun nahm der Amtsdiener den Gesetzesantrag des Metellus Nepos zur Hand und wollte ihn verlesen. Als Cato ihn daran hinderte, griff Metellus nach dem Text, aber ehe er zum Verlesen kam, riss ihm Cato das Schriftstück aus den Händen, worauf Metellus, der den Wortlaut des Gesetzes auswendig kannte, ihn ohne schriftliche Unterlage vorzutragen begann. Da hielt ihm Thermus mit der Hand den Mund zu, sodass er keinen Laut hervorbrachte. Metellus erkannte, dass er es mit**

hartnäckigen Gegnern zu tun hatte, und da ihm auch das Volk abtrünnig wurde und sich dorthin wandte, wo es Erfolg witterte, ließ er plötzlich einen Haufen angeheuerter Bewaffneter mit furchtbarem Geschrei anstürmen. Jetzt stob alles auseinander, einzig Cato hielt stand, obwohl er von oben mit Steinen und Knütteln beworfen wurde. Allein der Konsul Murena brachte es nicht über sich, diesem Treiben tatenlos zuzusehen. Er hielt seine Toga vor Cato hin und schrie den Werfenden zu, sie sollten innehalten. Dann umschlang er Cato und führte ihn, als er sich endlich seinem Zureden fügte, in den Dioskurentempel. (Plut. Cat. min. 28,1–3; übersetzt nach Ziegler)

Cato gelang es mit seinem mutigen Auftritt, die Anträge des Metellus Nepos abzuwehren. Der Senat reagierte nach den Krawallen sofort und enthob Metellus Nepos und auch Caesar ihres Amtes. Metellus Nepos verließ erbost Rom in Richtung Asien, wo er Pompeius über die aufgeheizte Stimmung in Rom informierte und gar von einer Verschwörung sprach, die gegen ihn im Gange sei. Es fällt nicht schwer sich vorzustellen, wie Pompeius den Bericht seines Gefolgsmannes aufgenommen hat.

Caesar wiederum zog sich nach dem Entzug seiner Amtsgewalt tatsächlich kurze Zeit aus der Politik zurück, doch das Volk forderte vehement seine Rückkehr. Der Senat war daher in großer Sorge, doch Caesar rief seine Anhänger zur Ruhe auf, wofür er vom Senat gelobt und schließlich wieder in sein Amt eingesetzt wurde. So fand auch dieser Eklat ein für Caesar befriedigendes Ende: Er hatte sich auf Seiten des Pompeius positioniert, auf sich aufmerksam gemacht und wieder einmal das Volk begeistert.

Für Furore sorgte auch eine andere politische Affäre, die für Caesar – und auch andere – ebenso peinlich wie gefährlich war. Auch nach der Niederschlagung der Catilinarischen Verschwörung war keineswegs geklärt, wer in diese wirklich verwickelt war, und so war Denunziationen Tür und Tor geöffnet. Ein gewisser Vettius stellte sogar eine Liste von mutmaßlichen Mitverschwörern zusammen, auf der ganz oben auch Caesar stand. Vettius setzte den zuständigen Gerichtsvorsitzenden, Novius Niger, in Kenntnis und kündigte Beweise an. Im Senat kam es zu einer heftigen Auseinandersetzung, während der Cicero, der kein Interesse daran hatte, es sich mit Caesar zu verscherzen, diesem beisprang. Infolgedessen wurden die Anwürfe abgeschmettert, Vettius' Vermögen zum Teil eingezogen und er selbst ins Gefängnis geworfen. Auch Novius Niger, der die Anklage zugelassen hatte, fand sich dort wieder: Caesar, der als Prätor dem gesamten Gerichtswesen vorstand, disziplinierte auf diese Weise den untergebenen Beamten, der sich angemaßt hatte, ihn, den leitenden Obermagistraten, anzugreifen. Somit fand die sogenannte Vettius-Affäre einen Abschluss, der mehr Fragen aufwarf als beantwortete. Caesar hatte jedoch wieder einmal seinen Gegnern deutlich gemacht, was sie erwarten würde, wenn sie es wagten, ihn in dieser Sache nochmals anzugehen.

Beim nächsten Eklat am Ende desselben Jahres hatte Caesar jedoch das Nachsehen. Die Hauptrolle spielte dabei Publius Clodius Pulcher, der als Legat des Lucullus im Krieg gegen Mithridates gedient und dort eine Meuterei angezettelt hatte. Sein Vater war ein angesehener Konsul gewesen, eine seiner Schwestern die Ehefrau des Metellus Celer und möglicherweise die Geliebte des Dichters Catull, die er in seinem Werk unter dem Namen Lesbia verewigte. Politisch war Clodius ein Draufgänger und den Popularen zugetan. Im Jahr 62 v. Chr. war der junge *nobilis* zwar erst designierter Quästor, stand aber mit den führenden Männern in engem Kontakt und betätigte sich, da er beim Volk beliebt war, als Wahlkämpfer und Krawallmacher. In privaten Briefen treibt Cicero mit dem Beinamen Pulcher («schön») seine mehr oder weniger geistreichen Späße und nennt Clodius zum Beispiel einen *pulchellus puer* – «süßen Knaben» (Cic. Att. 1,16,10). Doch Clodius sollte sein erbittertster Feind werden. Wie es dazu kam, hängt mit dem Skandal zusammen, den Clodius ausgelöst hatte, und zwar bei einem Fest zu Ehren der Göttin Bona Dea. Zu diesem Fest versammelten sich ausschließlich Frauen im Hause eines Obermagistrats, um in geheimen Riten die Göttin zu ehren. In diesem Jahr wurde das Haus des Oberpriesters und Prätors Caesar ausgewählt, so dass seine damalige Ehefrau Pompeia die Feierlichkeiten ausrichtete. Clodius, der für seinen losen Lebenswandel bekannt war, besaß die Dreistigkeit, die Gelegenheit zu nutzen, um sich Pompeia zu nähern. In Frauenkleidern schlich er sich in die feiernde Gesellschaft ein, wurde aber entdeckt und konnte mit Müh und Not entfliehen. Obwohl seine Annäherungsversuche erfolglos waren, trennte sich Caesar von Pompeia. Seine kalte Begründung passt zu den Wertvorstellungen einer patriarchalischen Gesellschaft, in der Ehre alles und die Frau wenig zählte: «Weil ich [...] eine Frau nicht im Hause dulde, auf der auch nur der Schatten eines Argwohns liegt.» Plutarch, der uns Caesars Worte überliefert hat, fügt erklärend hinzu: «Es wird behauptet, Caesar sei es mit diesen Worten ernst gewesen, andere freilich sehen darin nur eine Verbeugung vor dem Volk, welches Clodius retten wollte.» (Plut. Caes. 10,10) Selbst wenn Letzteres zuträfe, zeigt diese Begebenheit einmal mehr, welchen Stellenwert die Ehe in der römischen Nobilität einnahm: Sie war ein politisches Instrument, mit dem die Karriere des Mannes befördert wurde. Der junge Caesar stärkte mit der Heirat Pompeias, der reichen Enkelin Sullas, zunächst seine gesellschaftliche Position, und als ihm eine Scheidung politisch vorteilhaft erschien, trennte er sich von ihr.

Das amouröse Abenteuer des Clodius hatte (auch für ihn persönlich) ein ernstes Nachspiel. In kultischen Angelegenheiten verstand man in Rom keinen Spaß, und so wurde Clodius nach längerem Hin und Her – denn er hatte einen großen Unterstützerkreis und warb zudem Schlägertrupps an – dann doch wegen Religionsfrevels angeklagt. Vor Gericht gab er zu Protokoll, zum fraglichen Zeitpunkt gar nicht in Rom gewesen zu sein. Doch Cicero ließ sein Alibi platzen und sagte aus, dass Clodius ihm an dem betreffenden Tag seine Aufwartung gemacht hätte. Clodius wurde dennoch freigesprochen, wobei von Seiten des Crassus große Summen an Bestechungsgeldern geflossen sein sollen.

Cicero berichtet Atticus in einem Brief, wie er bald darauf Clodius im Senat bloßgestellt habe. Als nämlich dieser ihm gegenüber gespottet habe, dass die Richter seiner Aussage, Clodius sei doch in Rom gewesen, nicht getraut hätten, habe er gekontert: «Mir haben 25 Geschworene getraut, dir 31 *nicht*, sonst hätten sie sich ihre

Bestechungsgelder nicht vorher geben lassen.» (Cic. Att. 1,16,10). Da Cicero damit auch die Richter angriff, machte er sich bei vielen popularen Politikern noch unbeliebter als er es seit der Hinrichtung der Catilinarier ohnehin schon war – und Clodius zu seinem erklärten Intimfeind.

Im selben Jahr des Prozesses, also 61 v. Chr., trat Caesar als Proprätor seine Statthalterschaft in Spanien an. Auch bei seiner Abreise gab es einen Eklat, weil Caesar derart verschuldet war, dass ihn seine Gläubiger nicht ziehen lassen wollten. Erst als Crassus für ihn bürgte, konnte Caesar in seine Provinz aufbrechen. In Spanien suchte er sogleich wieder Krieg, um nach einem Sieg als Triumphator in Rom einziehen zu können. Anlass gaben ihm Räuberbanden in Lusitanien, die er bis an die Atlantikküste verfolgte, wo sie sich ergaben. Schließlich segelte er mit seinen Kriegsschiffen die Westküste des heutigen Portugal bis zur entlegenen Stadt Brigantium hinauf, deren Bewohner sich kampflos unterwarfen, und ließ sich von seinen Soldaten zum Imperator ausrufen. Die Voraussetzungen für einen Triumph waren geschaffen.

Pompeius, Caesar und Crassus

61–60 v. Chr.

Als Pompeius Anfang Februar 61 v. Chr. in Rom eintraf, dürfte es für ihn, der nach sechs Jahren zum ersten Mal wieder die Possen der Politik in der Hauptstadt aus nächster Nähe erlebte, eine Herausforderung gewesen sein, sich wieder an den umständlichen Politikbetrieb zu gewöhnen. War er doch schon während seines Konsulats mit den verwaltungstechnischen Gepflogenheiten nicht recht warm geworden. Bestens über alle Skandale informiert, hatte er bereits auf seiner langen Rückreise den einen oder anderen Rückschlag hinnehmen müssen, als er aus der Ferne versuchte, in Rom politisch Einfluss zu nehmen. Wie frei und souverän hatte er in Asien geschaltet und gewaltet! Dort hatte er Gesandte und Könige empfangen,

Regenten eingesetzt, bestätigt oder abgesetzt, Fürstentümer und Provinzen vergrößert, verkleinert oder aufgehoben, Städte gegründet, Verträge geschlossen und Provinzordnungen erlassen! Dort, im Osten, war er faktisch ein Alleinherrscher gewesen, der, wohin er auch kam, geehrt, gefürchtet und gefeiert wurde. Neben ihm gab es niemanden, der ihm den Rang hätte streitig machen können oder wollen. In Rom hingegen gab es Gegner, Neider und eine Nobilität, die in seinen Erfolgen eine Gefahr sah. Hier musste er sich wieder in die gesellschaftliche und politische Gemeinschaft einfügen und auf Regeln Rücksicht nehmen. Dazu war er – anders als man in Rom befürchtet hatte – durchaus bereit, aber er tat sich schwer. Nach seinem großen Feldzug und der umfassenden Neuordnung im Osten empfand er die politischen Verhältnisse in Rom als kleinlich und beschränkt. Jeder kämpfte gegen jeden, Entscheidungen wurden blockiert, Intrigen gesponnen und das gesamte Staatswesen litt – so musste es ihm erscheinen – unter den täglich auf dem Forum oder im Senat ausgetragenen Kleinkriegen.

Kurz vor ihm war Crassus, der 62 v. Chr. eine Reise nach Griechenland unternommen hatte, in die Hauptstadt zurückgekehrt. Angeblich hatte er eine Diktatur des Pompeius befürchtet. Doch nachdem Pompeius gleich nach seiner Landung in Brundisium (Brindisi) sein Heer entlassen hatte, schien er vorerst beruhigt.

Caesar, der im März 61 v. Chr. als Proprätor in der spanischen Provinz Krieg geführt hatte, war seit Anfang Juni 60 v. Chr. wieder zurück. Nach der langen Abwesenheit des Pompeius kreuzten sich damals die Wege der drei mächtigen Männer wieder in Rom.

Gegenwind

Pompeius hatte im Herbst desselben Jahres seinen großen Triumph gefeiert, doch danach stieß er mit seinen Wünschen im Senat nur noch auf taube Ohren. Zwar war es ihm noch gelungen, seinen Legaten Lucius Afranius mit massiver Wählerbestechung ins Konsulat des Jahres 60 v. Chr. zu hieven, doch der stellte sich als eine völlige

Fehlbesetzung heraus und war seinem Mentor alles andere als eine Hilfe. Cicero nennt ihn nach der antiken Doppelflöte oft nur verächtlich den Aulus-Sohn, da Afranius sich offenbar besser auf Tanz und Musik verstand als auf Politik: «Der Aulus-Sohn hingegen führt sich so auf, dass sein Konsulat kein Konsulat ist, sondern nur eine Warze im Gesicht unseres Pompeius.» (Cic. Att. 1,20,5).

Der zweite Konsul dieses Jahres war jener Metellus Celer, der Pompeius zwar als Legat gedient, sich nun aber gegen ihn gewandt hatte, weil Pompeius sich von dessen (Halb-)Schwester Mucia getrennt hatte. So fehlte Pompeius die Unterstützung zweier seiner eigenen Leute. Dazu kamen seine eigentlichen Feinde, allen voran Cato, aber auch Lucullus und Metellus Creticus; Letztere hatte er in Asien und auf Kreta um ihren militärischen Lorbeer gebracht. Das waren keine guten Voraussetzungen für die dringenden Forderungen, die er an den Senat stellte: die Ratifizierung seiner Neuordnung in Asien und die Versorgung seiner Veteranen. Um seine Soldaten nach der Entlassung aus dem aktiven Dienst zu unterstützen, ließ Pompeius über den Volkstribun Lucius Flavius ein neues Ackergesetz einbringen, dessen Behandlung im Senat erneut zu einer Politposse führte, die auch ein Komödiendichter hätte nicht besser erfinden können.

Der umfassende Gesetzesvorschlag des Flavius war angemessen und sinnvoll, dennoch blockierten ihn viele Optimaten unter Führung des Konsuls Metellus Celer mit allen Mitteln. Sie fürchteten, dass der Einfluss des Pompeius noch weiter wachsen könnte, wenn er seine Soldaten mit Siedlungsland versorgen und sich so eine sichere Klientel verschaffen könnte. Schließlich packte Flavius derart die Wut, dass er den Konsul ins Gefängnis warf. Metellus Celer ließ sich das gefallen und rief nicht, wie erwartet, die anderen Volkstribunen zu Hilfe, gegen die Maßnahme des Flavius ihr Veto einzulegen. Vielmehr nutzte er seinen Gefängnisaufenthalt für ein Spektakel besonderer Art. Cassio Dio berichtet:

Metellus Celer aber plante nun, den Senat dort zu versammeln. Nun stellte der Volkstribun – sein Name war Lucius Flavius – seine Sitz-

bank gerade an den Eingang des Gefängnisses, setzte sich darauf und verhinderte so, dass jemand hineingehen konnte. Metellus reagierte darauf mit dem Befehl, die Gefängnismauer zu durchbrechen, damit der Senat durch die Lücke eintreten könne, und traf im Übrigen Anstalten, die Nacht an Ort und Stelle zu verbringen. Als Pompeius von den Vorgängen erfuhr, schämte er sich, fürchtete, das Volk könnte darüber in Zorn geraten und veranlasste Flavius, sich von seinem Platz zu entfernen. (Cass. Dio 37,50,1–3; übersetzt nach Veh)

Damit war das Ackergesetz auf Eis gelegt und die Frage der Veteranenversorgung weiter ungelöst. Für Pompeius, der in Asien ganze Landkarten umgeschrieben hatte, musste die Erkenntnis, dass er in Rom nicht einmal seinen Soldaten Land zuweisen konnte, eine bittere sein.

Doch auch was die Ratifizierung seiner Neuordnung des Ostens betraf, schlug Pompeius seitens der Optimaten Gegenwind entgegen. Pompeius wollte seine Maßnahmen im Gesamtpaket vom Senat bestätigen lassen, doch hier war es Lucullus, der darauf bestand, dass über jeden Erlass, den Pompeius in Asien je herausgegeben, und über jede Abmachung, die Pompeius dort getroffen hatte, im Senat einzeln abgestimmt werden solle – eine Forderung, die kaum durchführbar war und vor allem zu endlosen Debatten geführt hätte. Hinter der Pedanterie des Lucullus steckte immer noch dessen tiefe Verstimmung darüber, dass Pompeius alle Anordnungen, die Lucullus als sein Vorgänger im Mithridatischen Krieg erteilt hatte, ignoriert oder sogar rückgängig gemacht hatte. Nach dem Willen des Lucullus sollte nun der Senat insbesondere auch diejenigen Maßnahmen des Pompeius prüfen, durch die seine eigenen außer Kraft gesetzt worden waren, und hierzu endgültige Entscheidungen treffen. Unterstützt wurde Lucullus auch von Metellus Creticus, dem Konsul Metellus Celer, natürlich von Cato und nicht zuletzt von Crassus, der von seiner Griechenlandreise wieder zurück war. Gegen diese Blockade konnte Pompeius nicht ankommen, selbst wenn er das Volk zur Hilfe gerufen hätte. In Rom war er, wie Cassius Dio konstatiert, machtlos:

So musste Pompeius erkennen, dass er tatsächlich keinerlei Macht hatte und lediglich seinen großen Namen – wie auch den Neid – seiner früheren Machtstellung zu verdanken hatte, in Wirklichkeit aber daraus keinen Nutzen ziehen konnte. Jetzt bereute er es, seine Legionen so voreilig entlassen und sich selbst seinen Feinden ausgeliefert zu haben. (Cass. Dio 37,50,6; übersetzt nach Veh)

Seit seiner Rückkehr hatte Pompeius viel guten Willen gezeigt, sich in den Politikbetrieb Roms einzufügen und Gesetze vorzuschlagen, die maßvoll und zweckdienlich waren – Cicero hieß das Flavische Ackergesetz ausdrücklich gut –, allein gegen die Blockadehaltung des Senats und die Intrigen seiner Gegner konnte er nichts ausrichten. Trotz seiner überparteilichen Haltung und taktvollen Zurückhaltung schlugen ihm, dem zweiten Alexander dem Großen, von Seiten der Senatoren überall Argwohn und Missgunst entgegen. Sein Triumph im Purpurmantel Alexanders hatte zu dieser feindlichen Stimmung sicherlich auch ein wenig beigetragen.

Caesar erging es nicht besser, nur hatte er im Gegensatz zu Pompeius noch keinen Triumph vorzuweisen. Er war, wie schon erwähnt, mittlerweile nach siegreichen Kämpfen aus Spanien zurückgekehrt und wünschte sich umso mehr einen Triumph. Gleichzeitig wollte er sich um das Konsulat des Jahres 59 v. Chr. bewerben. Das führte zu einer Terminkollision: Denn einerseits durfte er als Anwärter eines Triumphs die heilige Stadtgrenze nicht übertreten, andererseits hatte er nach einer neuen Bestimmung seine Bewerbung persönlich auf dem Forum anzumelden. Daher bat er über Freunde beim Senat um die Erlaubnis, sich in Abwesenheit für die Wahl anmelden zu können. Zwar zeigten sich einige Senatoren einer Ausnahmeregelung gegenüber aufgeschlossen, doch da griff Cato ein und verhinderte mit einer Dauerrede einen entsprechenden Beschluss. Caesar entschied sich bekanntlich gegen den Triumph und für das Konsulat.

Als Caesar nun seine Bewerbung einreichte, war ihm von popularer Seite so viel Unterstützung gewiss, dass die Optimaten erst gar nicht den Versuch unternahmen, seine Wahl zu verhindern. Stattdessen verwendeten sie alle Mühe darauf, Caesar wenigstens einen

Kollegen aus den eigenen Reihen an die Seite zu stellen. So sollte ausgerechnet jener Optimat Bibulus zum zweiten Konsul gewählt werden, mit dem zusammen Caesar schon die Ädilität und Prätur bekleidet und sich darüber mit ihm zerstritten hatte. Caesar seinerseits schloss sich mit dem sehr wohlhabenden Lucius Lucceius, einem Gefolgsmann des Pompeius, zu einem Wahlkampfteam zusammen: Lucceius sollte von der Popularität Caesars profitieren und Caesar von dessen Vermögen, mit dem der Wahlkampf finanziert würde. Die versprochenen Wahlgeschenke des Lucceius fielen so üppig aus, dass Bibulus zu unterliegen drohte. Da schlugen die Optimaten, wie Sueton berichtet, einen höchst bedenklichen Weg ein:

> **Als die Optimaten, welche die Befürchtung hatten, dass Caesar im höchsten Amt alles wagen werde, wenn der Kollege und er ein Herz und eine Seele seien, davon erfahren hatten, drängten sie den Bibulus, dieselben Wahlgelder zu versprechen, und die meisten legten für die erforderlichen Summen zusammen, ja nicht einmal Cato konnte in Abrede stellen, dass diese Spende zum Nutzen des Gemeinwesens geschehe. (Suet. Iul. 19,1; übersetzt nach Martinet)**

Die Bestechungsaktion gelang, und Bibulus wurde zusammen mit Caesar ins Konsulat gewählt. Doch Cato und seine Anhänger dachten auch an die Zeit nach Caesars Konsulat und wollten ihm jede Möglichkeit nehmen, sich als Statthalter in einer guten Provinz finanziell zu sanieren und seine Macht weiter auszubauen. Daher wiesen sie den künftigen Prokonsuln die Aufsicht über die staatlichen Forsten und Weidewege in Italien zu – in den Augen Caesars eine unerträgliche Provokation. Wie Pompeius war nun auch er ein Opfer der Obstruktionspolitik Catos geworden.

Eine ähnliche Erfahrung machte auch Crassus, der sich seit Monaten im Senat für die Steuerpächter einsetzte. Sie hatten sich in der Provinz Asia verspekuliert und beim Senat um einen Nachlass gebeten. Crassus, der stets als Patron der reichen Ritter und Steuerpächter auftrat, versuchte, den geforderten Rabatt durchzusetzen, scheiterte aber ebenfalls an der harten Haltung Catos – selbst Cicero hatte das Gesuch der Steuerpächter unterstützt. In eben diesem Zusammenhang fielen Ciceros kritische Bemerkungen über Cato, die er in dem schon zitierten Brief an Atticus geäußert hatte: Cato betreibe eine Politik, als befände er sich in Platons Idealstaat und nicht im Schweinestall des Romulus. Catos weltferner Idealismus gepaart mit seiner rigiden Kompromisslosigkeit hatte zur Folge, dass Cato den von Skandalen erschütterten Staat nicht, wie er wohl meinte, schützte, sondern in noch größere Gefahr brachte.

Im Frühsommer des Jahres 60 v. Chr. befanden sich also drei mächtige und doch recht ohnmächtige Männer in einer für sie höchst unbefriedigenden Lage. Allen dreien blies der Gegenwind ins Gesicht.

Crassus war trotz seines großen Vermögens und trotz seiner guten Vernetzung ein Mann der zweiten Reihe geblieben. Er wollte jedoch nach ganz oben und vor allem seinen ewigen Rivalen Pompeius an Ruhm und Rang überrunden.

Pompeius fühlte sich politisch kaltgestellt und sah wiederum seinen Ruhm und Rang in Gefahr, wenn das Flavische Ackergesetz scheiterte und die Ratifizierung seiner Neuordnung im Osten ausblieb.

Caesar hatte soeben im Senat eine empfindliche Niederlage erlitten und in Folge dessen seinen Triumph aufgeben müssen. Er wusste jetzt, dass er gegenüber Cato und den Optimaten auf lange Sicht den Kürzeren ziehen würde, solange Crassus sich vom Senat gegen Pompeius ausspielen ließ. Um an die Spitze des Staates zu gelangen, musste er eine ungewöhnliche Allianz schmieden, und zwar mit Pompeius *und* Crassus. Zu diesem Zweck war es aber nötig, die beiden langjährigen Kontrahenten zu versöhnen.

So lagen die Dinge, als jener folgenschwere Bund geschlossen wurde, der als das erste Triumvirat in die römische Geschichte eingegangen ist: der reichste Mann Roms war verstimmt, der größte Feldherr auf Erden nicht weit davon entfernt, seine Soldaten gegen Rom zusammenzurufen, und der gewiefteste Politiker der Popularen immer für eine Überraschung gut.

Von Machtgier besessen kamen alle drei schnell überein, den Staat anzugreifen.
Florus, Römische Geschichte

Das dreiköpfige Ungeheuer
60 bis 52 v. Chr.

Die Lage schien verfahren. Caesar, Pompeius und Crassus befanden sich alle drei – wenn auch aus unterschiedlichen Gründen – politisch in einer Sackgasse. Sie hatten Demütigungen und Rückschläge erlitten, die hinzunehmen sie nicht bereit waren. Vor allem Caesar war sich bewusst, dass er ein Bündnis mit einem starken Partner benötigte, da er im Senat zu wenig Rückhalt hatte. Doch wenn er sich mit Crassus zusammentäte, würde er sich Pompeius zum Feind machen, und mit Pompeius hätte er Crassus zum Feind. Aus diesem Dilemma zog er den einzig richtigen Schluss: beide miteinander auszusöhnen und einen Dreibund zu schließen, das sogenannte Erste Triumvirat. Dessen gemeinsame Basis war bezeichnenderweise noch negativ formuliert, zumindest in der Überlieferung Suetons: «Caesar ging mit beiden ein Bündnis (*societas*) ein, damit nichts im Staat geschehen könne, was einem von ihnen dreien nicht gefiele.» (Iul. 19,2) Die Abmachung wurde mit Eiden bekräftigt.

Mit seinem Coup schuf Caesar gleichsam ein politisches Monstrum, das mächtiger war als der Staat und das der Republik den Untergang bereiten sollte. Das Bild des «dreiköpfigen Ungeheuers» hat bereits der antike Universalgelehrte Marcus Terentius Varro geprägt, der seiner Satire über das Triumvirat den treffenden griechischen Titel *Trikaranos* (*Τρικάρανος*) – «Der Dreiköpfige» – gab.

Die Geburt dieses Ungeheuers fand jedoch im Verborgenen statt und auch sein genauer Geburtstag liegt im Dunklen – und da das Monster drei Köpfe hatte, erblickte es möglicherweise an verschiedenen Tagen das Licht der Welt. Caesar und Pompeius dürften sich im Dezember des Jahres 60 v. Chr. zusammengeschlossen haben, Crassus kam vielleicht etwas später hinzu.

Es hatte auch Überlegungen für ein vierköpfiges Ungeheuer gegeben: Denn Cicero sollte gleichfalls ins Boot geholt werden, wie aus einem seiner Briefe an Atticus hervorgeht. Dort erwähnt er, dass Caesar ihm seinen Gefolgsmann Cornelius Balbus, der auch ein Vertrauter des Pompeius war, gesandt und um Unterstützung gebeten hatte: «Cornelius ist bei mir gewesen – ich meine diesen Balbus, Caesars Vertrauten –, und der versicherte mir, Caesar werde in jedem Falle meinen und Pompeius' Rat hören und sich außerdem bemühen, Crassus mit Pompeius zu versöhnen.» (Cic. Att. 2,3,3) Der Brief ist auf Ende Dezember 60 v. Chr. datiert und dokumentiert aus nächster Nähe, wie Caesar vorsichtig Stimmungen sondierte und im Hintergrund die Fäden zog. Cicero lehnte ab, denn ein derartiger Zusammenschluss, der am Senat vorbei ein eigenes Machtzentrum bilden würde, war mit seinem Verständnis von Politik nicht vereinbar. Er setzte immer noch auf die Optimatenrepublik, für deren Überleben er zeit seines Lebens kämpfen und für die er schließlich auch sterben sollte. Dass ihn Caesars Angebot trotzdem umtrieb, verrät das Ende desselben Briefes. Denn Cicero bittet Atticus um ein Werk, durch dessen Lektüre er sich wohl gegen die Verlockungen der Macht gefeit zu machen hoffte: Theophrasts Buch *Über den Ehrgeiz.*

Cicero war zu diesem Zeitpunkt im Übrigen der Meinung, er könne auf Caesar, Pompeius und sogar auch Clodius, den ‹Helden› des Bona Dea-Skandals, mäßigend einwirken und sie in seinem Sinne und zum Wohl des Staates leiten. An Atticus, der ihm anscheinend Vorwürfe gemacht hatte, sich zu sehr Pompeius anzunähern, schrieb er noch im Juni 60 v. Chr.:

Wenn du mich zart ins Gebet nimmst wegen meines Verhältnisses zu Pompeius, so darfst du die Sache nicht so auffassen, als hätte ich mich

mit ihm nur deshalb verbunden, um mich persönlich zu schützen; vielmehr liegen die Dinge so, dass es bei der geringsten Meinungsverschiedenheit zwischen uns beiden zu schweren Missstimmungen im Staatsleben gekommen wäre. Ich habe das alles so vorsichtig angefasst und eingefädelt, dass nicht ich meine bewährten Grundsätze aufgegeben habe, sondern er sich gebessert und seine populare Leichtfertigkeit ein wenig eingedämmt hat.

Cicero war nach der Hinrichtung der Catilinarier zunehmend unter Druck geraten und hatte sich daher stärker dem beim Volk beliebten Pompeius zugewandt. Mit Blick auf Caesar, der gerade aus Spanien zurückgekehrt war, verstieg sich Cicero im selben Brief sogar zu der Aussage:

Was würdest du sagen, wenn es mir noch glückte, Caesar zu Vernunft zu bringen, der augenblicklich sehr guten Wind in den Segeln hat? Arbeite ich dann wirklich so ganz gegen das Staatsinteresse? Ja, selbst wenn ich keine Neider hätte, wenn alle, wie es eigentlich sein müsste, mir gewogen wären, dürfte man trotzdem eine Arznei, die die kranken Teile des Staates zu heilen vermöchte, nicht zurückweisen zugunsten einer Amputation dieser Teile. (Cic. Att. 2,1,6 f.; übersetzt nach Kasten)

Die hier vorgetragenen grundsätzlichen Überlegungen sind aufschlussreich und belegen, wie sehr Cicero – im entscheidenden Schicksalsjahr der Republik – um den kranken Zustand des Staates wusste. Wenn er die «Heilung» der «Amputation» vorzog, meinte er damit nichts anderes, als dass politische Gegner nicht ausgestoßen oder gar, wie Sulla es tat, vernichtet, sondern vielmehr wieder in den Staat eingebunden werden sollten. Anstatt Pompeius und Caesar zu bekämpfen, sollte man sie für die gute Seite gewinnen und ihr politisches Potential für die Stabilisierung des Staates nutzbar machen. Cicero ging selbstverständlich davon aus, dass er der Richtige sei, hier die Führungsrolle zu übernehmen.

Doch er überschätzte seinen Einfluss auf Caesar und Pompeius ebenso wie er auch den Hass des Clodius, den er sich beim Bona-

Dea-Skandal zugezogen hatte, unterschätzte. Über Letzteren amüsierte sich Cicero mehr, als dass er ihn fürchtete. Atticus gegenüber äußert er sich recht sorglos: «Was soll ich sagen? Ich bringe den frechen Kerl durch fortgesetztes ernstes Zureden und durch scherzhafte Reden folgender Art noch zur Räson ...» (Cic. Att. 2,1,5). Dann erwähnt er als Beispiel einen zotig-derben (und aus heutiger Sicht recht frauenfeindlichen) Dialog, den er jüngst mit Clodius gewechselt habe – allerdings nicht ohne hinzuzufügen, dass derlei freilich eines Konsulars unwürdig sei.

Die zitierten Briefstellen geben ein lebendiges Stimmungsbild davon, wie Cicero und auch andere Senatoren in dem entscheidenden Jahr 60 v. Chr. gedacht haben mögen. Erst nach und nach spürte man – der eine früher, der andere später –, dass etwas in der Luft lag, realisierte aber die Dramatik dessen, was sich auf der politischen Bühne ankündigte, erst im Laufe des folgenden Jahres.

Die Triumvirn versuchten indes ihre Absprache so lange wie möglich vor der Öffentlichkeit geheimzuhalten, um die Umsetzung ihrer Ziele nicht zu gefährden. Im Gegensatz zum zweiten Triumvirat, bei dem fast zwanzig Jahre später Octavian, Antonius und Lepidus vom Senat den offiziellen Auftrag erhielten, den Staat wiederherzustellen, handelte es sich also beim ersten Triumvirat um einen privaten Zusammenschluss, dem auch etwas Konspiratives anhaftete. Bei Livius und Florus ist die Rede von einer «Verschwörung der drei ersten Männer im Staat» – *conspiratio inter tres civitatis principes* (Liv. perioch. 103). Velleius Paterculus spricht von einem «Machtkartell» – *potentiae societas* (2,44,1; vgl. Flor. 2,13,12), Florus gar von «Gewaltherrschaft» (*dominatio*; 2,13,12). Auch Sueton wählt den Begriff *societas*, mit dem in Rom eher eine Interessengemeinschaft als ein staatliches Gremium bezeichnet wurde (Suet. Iul. 19,2).

Dass es Caesar gelang, den Pakt trotz der Feindschaft zwischen Pompeius und Crassus herbeizuführen, liegt letztlich in der aristokratischen Gesellschaftsordnung selbst begründet. Die Vermutungen, die die antiken Historiker über die Motive der Triumvirn anstellten, geben tiefe Einblicke in das Prestige- und Konkurrenzdenken des damaligen Hochadels. Cassius Dio äußert sich ganz grundsätzlich darüber, was die drei Protagonisten jeweils dazu bewog, nicht nur für die Durchsetzung konkreter Nahziele zusammenzukommen, sondern auch zu einer längerfristigen machtpolitischen Vereinbarung zu gelangen. Er beschreibt ihre Motive aus ihrer jeweiligen Perspektive, zunächst aus der Caesars:

> **Caesar [...] versöhnte die Männer miteinander, nicht, weil er wünschte, dass sie eines Sinnes würden, sondern weil er ihre gewaltige Macht sah und wohl wusste, dass er ohne ihrer beider oder wenigstens des einen Hilfe niemals zu irgendeinem großen Einfluss gelangen werde; und wenn er nur einen allein von ihnen zum Verbündeten gewinne, so werde er gerade deshalb an dem anderen einen Widersacher haben und durch ihn mehr Misserfolge erleiden als durch des anderen Unterstützung Vorteile gewinnen. [...] Es war ihm auch sehr klar, dass er dank ihrer Freundschaft sogleich die anderen, bald danach aber auch sie selbst durch ihre Haltung zueinander beherrschen werde. Und so kam es denn auch. (Cass. Dio 37,55,1. 56,1; übersetzt nach Veh)**

Cassius Dio betont das persönliche Machtkalkül Caesars. Während sich Cicero immer darum bemühte, die Risse in Gesellschaft und Staat zu kitten und die dafür verantwortlichen Parteiführer zur Eintracht (*concordia*) zu bewegen, schlichtete Caesar – laut Cassius Dio – den Streit zwischen Crassus und Pompeius nur deshalb, weil er sie beide aus machtpolitischen Gründen brauchte: Wenn die beiden nicht gegeneinander arbeiteten, werde er als Dritter im Bunde ein leichtes Spiel haben, sie und ihre Anhänger in seinem Sinne zu manipulieren.

Für Pompeius stellte sich die Lage Cassius Dio zufolge ein wenig anders dar:

> **Pompeius war nämlich für sich allein nicht so stark, wie er gehofft hatte, und wenn er so sah, wie Crassus mächtig dastand und Caesars Einfluss sich steigerte, musste er befürchten, von den beiden ganz und gar gestürzt zu werden; und er hoffte, durch ihre Hilfe, sofern er sie an den augenblicklichen Unternehmungen teilhaben lasse, die frühere Autorität zurückzugewinnen. (Cass. Dio 37,56,3; übersetzt nach Veh)**

Pompeius hatte in der Tat ein besonderes Problem. Aufgrund seiner langen Abwesenheit verfügte er in Rom nicht über eine vergleichbare Machtstellung wie in den Provinzen.

Bei Crassus hingegen macht Cassius Dio im Grunde ähnliche Motive aus wie für Caesar:

> Crassus dachte, er müsse allen anderen infolge seiner Abkunft und seines Reichtums voraus sein, und da er Pompeius weit unterlegen war und einen gewaltigen Aufstieg Caesars erwartete, so wollte er beide gegenseitig neutralisieren. Dadurch sollte verhindert werden, dass einer von den beiden die Oberhand gewinne, und er selbst durfte damit rechnen, dass bei ihrem ausgewogenen Kräfteverhältnis er von beider Freundschaft Nutzen ziehen und zu höheren Ehren als sie gelangen werde. (Cass. Dio 37,56,4; übersetzt nach Veh)

Auch Crassus erhoffte sich einen größeren Machtzuwachs im Mitals im Gegeneinander. Gemeinsam allen dreien war also ein unbändiger Drang nach Macht und Vorrangstellung im Staat. Man mag darüber befremdet sein und die Frage nach dem «wozu?» stellen.

Denn im Gegensatz zu Cicero und Cato ist zumindest bei Caesar und Crassus kein über ihre, wenn man so sagen will, persönliche Eitelkeit hinausgehendes Interesse zu erkennen, die Verhältnisse in Staat und Gesellschaft zu verbessern. Bei Pompeius lässt sich immerhin das Bedürfnis beobachten, zum inneren Frieden beizutragen. Das könnte man zumindest aus seinem konzilianten Verhalten schließen, das er nach seiner Rückkehr aus dem Osten an den Tag legte. Er, der beim Volk so beliebt war, tat alles, um auch den Senat für sich zu gewinnen – doch vergeblich. Seine Forderungen nach Siedlungsland für seine Soldaten und die Bestätigung seiner Maßnahmen im Osten waren nicht nur recht und billig, sondern auch politisch notwendig. Caesar dagegen hatte vermutlich schon für die Zeit nach seinem Konsulat ein großes Kommando im Blick, das ihm neue große Eroberungen ermöglichen sollte. Crassus war zuvörderst daran gelegen, endlich den Nachlass für die Steuerpächter durchzusetzen, die in seinem Netzwerk der Hochfinanz eine zentrale Rolle spielten. Beiden ging es also nicht in erster Linie um das Wohl des Staates, sondern um ihr persönliches Prestige und eine dauerhafte Machtbasis.

Von Caesar, dem *spiritus rector* des Triumvirats, haben wir für diese Zeit keinerlei Nachrichten, ob er auch weitergehende staatspolitische Ziele oder Reformen verfolgte und wenn ja, welche. Wie er sich die ‹Verfassung› des Staates grundsätzlich und langfristig vorstellte, darüber sollten seine Zeitgenossen bis zu seinem Lebensende rätseln. Das heißt nicht, dass Caesar nicht beachtliche Organisationsleistungen erbracht oder auch Sozialprogramme aufgelegt hat, um die Verhältnisse zu ordnen, aber davon auszugehen, dass er – modern gesprochen – ‹aus Idealismus› handelte, scheint naiv. Wohltaten verteilte er nur, um Anhänger und mit ihnen Macht zu gewinnen. Der Staat als Ganzes war für ihn – im Gegensatz zu Pompeius, der trotz allen Ärgers nie aufhörte, den Senat als Institution zu respektieren – nur Mittel und Bühne für seine Selbstinszenierung. Caesar war zuallererst Aristokrat; den Konsul (zumal mit Kollegen) zu geben, war ein – vorläufiges – Zugeständnis an die gegenwärtige Situation.

Dagegen machten Cato – Catulus lebte nicht mehr – und Cicero aus ihren Idealen keinen Hehl: Letzterer entwickelte in seinen staatsphilosophischen Schriften Modelle einer seiner Meinung nach zukunftstauglichen Republik.

Doch der Winter 60 auf 59 v. Chr. markierte einen Wendepunkt, dessen Folgen die Republik letztlich nicht überleben sollte. In einem schönen Paradox bringt Plutarch auf den Punkt, dass das Zusammengehen der Triumvirn – also ihre verhängnisvolle Freundschaft und nicht etwa ihre Feindschaft – zu jenem Bürgerkrieg führen sollte, der den Untergang der Republik einleitete:

> **Denn nicht der Streit zwischen Caesar und Pompeius führte, wie die meisten glauben, zum Bürgerkrieg, sondern vielmehr ihre Freundschaft, indem sie sich zuerst zusammenschlossen, um die Macht des (optimatischen) Adels zu brechen, und sich hernach in gleicher Absicht gegeneinander wandten.**

Mit Blick auf Cato fügt Plutarch – Ciceros Einschätzung grundsätzlich teilend – hinzu:

> **Cato hatte oft vorausgesagt, was kommen werde, mit dem einzigen Erfolg, dass man ihn damals als einen grämlichen Besserwisser verschrie und später für einen wohl klarsichtigen, aber eben nicht glücklichen Ratgeber hielt. (Plut. Caes. 13,5 f.; übersetzt nach Ziegler)**

An anderer Stelle bemüht Plutarch das in der Antike weitverbreitete Gleichnis vom Staatsschiff, um zu veranschaulichen, was die im Triumvirat gebündelte Macht für den Staat bedeutete: «Denn die Kraft, die – wie in einem Schiff – bei gleichmäßiger Verteilung die Schwankungen des Staates ausglich, bewirkte, auf einen Punkt vereinigt und eins geworden, den unwiderstehlichen Ausschlag nach einer Seite, der alles überwältigte und zu Boden schlug.» (Plut. Pomp. 47,3).

Dem kann nur zugestimmt werden: Die Triumvirn legten durch das Bündnis ihre Ressourcen zusammen und brachten die Machtbalance innerhalb der Nobilität aus dem Gleichgewicht und das Staatsgefüge zum Einsturz. Der zeitgenössische Historiker Asinius Pollio, der den Bürgerkrieg zwischen Caesar und Pompeius beschreibt, lässt daher sein Werk mit dem Jahr 60 v. Chr. beginnen, also mit jenem Schicksalsjahr, in dem der Geheimbund geschlossen wurde. Auch Horaz spricht von einem «Aufruhr» (*motus*), der in diesem Jahr seinen Ausgang genommen habe, ferner von einer «schwerwiegenden Freundschaft der ersten Männer» (Hor. carm. 2,1–4) und bezeichnet damit die Anfänge des Bürgerkrieges.

Anfang 59 v. Chr. trat Caesar zusammen mit Bibulus, dem ihm verhassten Kollegen, das Konsulat an. Bibulus war der Wunschkandidat der Optimaten gewesen. Von vornherein war klar, dass durch diese Konstellation der Konflikt zwischen Popularen und Optimaten nicht nur in das höchste Amt hinein-, sondern dort auch ausgetragen werden würde. Doch durch das Triumvirat war das administrative Prinzip der Kollegialität, das in allen Ämtern der wechselseitigen Machtkontrolle dienen sollte, ausgehebelt. Caesar war in seiner Position deshalb so gestärkt, dass Zeitgenossen spotteten, man lebe jetzt unter dem Konsulat des Iulius und des Caesar – als ob es Bibulus gar nicht gäbe. Und damit hatten sie durchaus recht. Der Dreibund machte Caesar faktisch zu einem Monarchen.

Seine unglaubliche Kraft entfaltete das ‹dreiköpfige Ungeheuer› nicht nur durch seine Köpfe, die Triumvirn, sondern auch durch seinen Rumpf: Caesar, Crassus und Pompeius vereinten ihre Gefolgsleute und Anhänger und sorgten dafür, dass diese an einem Strang zogen. Mit Publius Vatinius stand ein enger Vertrauter Caesars als Volkstribun zur Verfügung und wurde zum wichtigsten Werkzeug des Konsuls. Aulus Gabinius, der für Pompeius den Oberbefehl über die Piraten beantragt hatte, wurde ebenso gewonnen wie der rebellische Publius Clodius, mittlerweile ein Erzfeind Ciceros. Allerdings erbten die Triumvirn auch die Feinde ihrer Bündnisgenossen. Auf der Gegenseite standen der unbeugsame Cato, Lucullus, der Erzfeind des Pompeius, und neuerdings der junge Gaius Scribonius Curio, der im Bürgerkrieg noch eine große Rolle spielen sollte.

In seinem Konsulatsjahr erfüllte Caesar sogleich die Wünsche seiner Partner. Die Veteranen des Pompeius wurden durch ein neues Ackergesetz versorgt und seine Neuordnung Asiens anerkannt. Den Steuerpächtern, für die sich Crassus stark gemacht hatte, wurde ein Dispens von einem Drittel gewährt, wobei übrigens auch Crassus, der als Partner an den Pachtgesellschaften beteiligt war, große Gewinne einstrich. Ein zweites Ackergesetz kam den verarmten Teilen des römischen Stadtvolkes zugute, dessen Gunst damit gesichert wurde. Dabei wurde auch der *ager Campanus* angetastet, wertvolles Staatsland in Kampanien, dessen Verpachtung der Staatskasse bislang wichtige Einnahmen gesichert hatte.

Für sich selbst musste Caesar gründlicher und vor allem langfristiger vorsorgen. Nachdem er den Optimaten schon vor seinem Konsulat ein Dorn im Auge gewesen war, zog er sich nämlich als Konsul vollends deren Hass zu. Der kam nicht von ungefähr, denn Caesar peitschte, da er überall auf Widerstand stieß, seine Gesetze unter Missachtung aller Regeln und oft auch unter Anwendung von Gewalt durch.

Freilich war der Obstruktionspolitik Catos und seiner Anhänger kaum anders beizukommen: Sie nutzten die archaisch anmutenden Rituale, durch die in Rom Politik und Religion untrennbar miteinander verbunden waren; denn diese boten ein reiches Arsenal an Möglichkeiten, Senatsbeschlüsse für ungültig zu erklären. Erspähten etwa die Auguren bei der sogenannten Vogelschau einen unglückbringenden Vogel, erklärten sie die Abstimmungen desselben Tages für ungültig und ordneten eine Wiederholung an. Bibulus, der sich seit April demonstrativ in sein Haus eingeschlossen hatte, ließ daher bei allen Senatssitzungen den Himmel beobachten, und wie es der – bestellte – Zufall so wollte, gab es immer ungünstige Vorzeichen zu vermelden. Außerdem erklärte er Tage, an denen der Senat zusammenkommen sollte, schlichtweg zu Feiertagen: Denn an Feiertagen durfte der Senat nicht zusammentreten. Cato wiederum war ein Meister der Dauerrede, die er bis zum Sonnenuntergang auszudehnen verstand und damit den Abbruch der Sitzung zu erzwingen versuchte (dass Senatssitzungen bei Sonnenuntergang enden mussten, war ebenfalls eine kultische Bestimmung).

Caesar ignorierte diese ihm obsolet erscheinenden Obstruktionsmittel und drückte dessen ungeachtet Gesetz um Gesetz durch. Schließlich wurden seine Senatssitzungen nur noch spärlich besucht; sein Amtskollege Bibulus blieb den Rest des Jahres der Kurie fern. Umso mehr betrieb Bibulus von zuhause aus vor allem gegen Caesar und Pompeius Stimmungsmache und torpedierte nicht nur mit Edikten die Gesetzgebungsverfahren, sondern sorgte auch mit Pamphleten für den Spott der Menge: Cicero berichtet in einem Brief davon, dass sich das amüsierte Volk dermaßen vor den an den Hauswänden aushängenden Flugblättern des Bibulus zusammendrängte, dass auf der Straße kein Durchkommen mehr war. Die ständigen Nadelstiche des Bibulus verfehlten auf die Dauer nicht ihre Wirkung, und das Ansehen der Triumvirn litt nun auch beim Volk.

Insbesondere Caesar musste also zusehen, dass er sich seine Macht über das Amtsjahr hinaus sicherte, und zwar nachhaltig. Kurzerhand gab er Pompeius seine Tochter Iulia zur Frau, um sich den politischen Partner auch durch familiären Zusammenhalt langfristig zu verpflichten. Außerdem ließ er sich auf Initiative des Volkstribunen Vatinius ein großes Sonderkommando auf fünf Jahre für die Provinzen Illyricum auf dem heutigen Balkan und Gallia Cisalpina, das heutige Oberitalien, zuerkennen. Als Obermagistrat genoss er für die nächsten fünf Jahre Immunität und war damit gegen Prozesse, die seine politischen Gegner bereits vorbereiteten, geschützt. Danach hoffte er, seine Macht so weit ausgebaut zu haben, dass er die Optimaten nicht mehr zu fürchten brauchte. Als dann auch der Prokonsul der Provinz Gallia Transalpina im heutigen Südfrankreich, jener Metellus Celer, der als Konsul den Senat im Gefängnis empfangen hatte, überraschend starb, wies ihm der Senat auf Antrag des Pompeius auch diese Provinz zu – allerdings nur für ein Jahr.

Caesar hatte die ersten beiden Provinzen mit Bedacht ausgewählt, um sie als Prokonsul für seine Zwecke zu nutzen: als Ausgangsbasis für einen ehrenvollen und gewinnbringenden Eroberungskrieg. Dafür schien ihm zunächst Illyricum die besten Voraussetzungen zu bieten. Denn im östlichen Donauraum zeigten die Daker unter ihrem König Burebista beunruhigende Bestrebungen zu einer größeren Reichsbildung, die – aus römischer Sicht – einen militärischen Präventivschlag rechtfertigte.

Die oberitalische Provinz Gallia Cisalpina wiederum bot den Vorteil, dass sie in relativer Nähe zu Rom lag und es Caesar ermöglichte, engen Kontakt zur Hauptstadt zu halten. Außerdem hatte er in dieser bevölkerungsreichen Provinz zahlreiche Anhänger und damit ideale Voraussetzungen für Truppenaushebungen. Dann ergab sich aber in der Provinz Gallia Transalpina die beste Gelegenheit für einen Feldzug. Denn im freien Gallien löste der Plan der Helvetier, ihre Siedlungen in der heutigen Schweiz in den Westen des heutigen Frankreichs zu verlegen, erhebliche Unruhen aus, und als die Helvetier ihre Route durch römisches Gebiet nehmen wollten, nutzte Caesar dieses Ereignis als willkommenen Anlass für einen großen Krieg, der nach sieben Jahren mit der Eroberung Galliens endete. Hätte Metellus Celer während seiner Statthalterschaft nicht ein plötzlicher Tod ereilt und wäre aus diesem Grund nicht auch noch seine Provinz an Caesar gefallen, dann wäre es nicht zum Gallischen

Krieg gekommen – dann hätte Caesar vielleicht Dakien erobert, und die Weltkarte sähe heute anders aus.

So trat er im März 58 v. Chr. sein Prokonsulat an und überfiel mit seinen Truppen die Helvetier, sobald sie sich auf die Wanderung machten. Der große Gallische Krieg nahm seinen Anfang.

In Rom hinterließ Caesar mit seinem Abgang nach Gallien eine gewisse Lücke. Die Stimmung in der Stadt war nach dem rabiaten Konsulat Caesars vergiftet, und der Adel von Bibulus und Cato gegen die Triumvirn aufgehetzt. Doch auch Pompeius weilte nicht immer in der Stadt und zog es bisweilen vor, mit Iulia, seiner neuen jungen Frau, auf seinen Landgütern zu leben. Pompeius, den Roms kleinkarierter Politikbetrieb schon immer verdrossen hatte, mied öffentliche Auftritte und schien der für ihn ungewohnten Situation nicht recht gewachsen.

So tat sich ein Machtvakuum auf, das ein verwegener junger Mann für sich zu nutzen wusste: der junge populare Politiker Publius Clodius Pulcher, der Erzfeind Ciceros und Gefolgsmann Caesars. Er stammte aus der patrizischen Familie der Claudier, ließ sich jedoch mit Hilfe Caesars unter juristisch abenteuerlichen Umständen von einem Plebejer adoptieren, der noch dazu jünger war als er selbst, um Volkstribun werden zu können. In diesem einflussreichen Amt sollte er die Interessen der Triumvirn vertreten und Gesetze in ihrem Sinne durchdrücken. Doch Clodius gab sich keineswegs mit der Rolle eines politischen Handlangers zufrieden, sondern verfolgte ebenso ehrgeizig wie energisch eigene Ziele. Zunächst nahm er seinen ärgsten Feind ins Visier: Cicero, den er seit seinem Bona-Dea-Prozess hasste. Noch vor der Abreise Caesars brachte er ein Gesetz ein, das die Tötung römischer Bürger ohne Gerichtsverfahren unter Strafe stellte. Das zielte auf Cicero, der, wenngleich mit Zustimmung des Senats, die Hinrichtung der Catilinarier angeordnet und geleitet hatte. Der große Gerichtsredner, der als Anwalt in zahllosen Prozessen aufgetreten war, hatte selbst noch nie als Angeklagter vor Gericht gestanden und geriet in Panik, zumal sich Pompeius und Caesar eher abwartend verhielten. Cicero verließ schließlich im Frühling 58 v. Chr. noch vor der Abstimmung über das Gesetz Rom und begab sich freiwillig in Verbannung. Kurz danach wurde er durch die *lex Clodia de exilio Ciceronis* namentlich geächtet. Mit dem Exil waren auch der Verlust des Bürgerrechts und der Einzug des Vermögens verbunden. Ciceros Haus auf dem Palatin wurde geplündert und zerstört.

Nach seinem Sieg über Cicero nahm sich Clodius einen weiteren Feind vor: Cato. Um sich seiner zu entledigen, beschritt er einen anderen Weg. Er ließ Cato ein Sonderkommando übertragen, das ihn nach dem fernen Zypern führte. Dort sollte er den Ptolemäer-König zur Abdankung bringen und den Kronschatz für die römische Staatskasse einziehen. Der König von Zypern war mit den Ptolemäern von Ägypten verwandt – er war der Onkel der legendären Kleopatra –, aber er hatte das Pech, im Gegensatz zum ägyptischen Vasallenkönig in keinem Bündnisverhältnis mit Rom zu stehen. Außerdem hatte er zehn Jahre zuvor den Zorn des Clodius auf sich gezogen, als dieser vor Zypern in die Hände von Piraten gefallen war und vom zypriotischen König weniger Lösegeld erhielt, als er von ihm gefordert hatte. Mit der Entsendung Catos hatte Clodius drei Fliegen mit einer Klappe geschlagen: Er hatte sich an dem geizigen König gerächt, sich Geld für Geschenke an das Volk verschafft, und Cato war für etwa zwei Jahre aus Rom entfernt.

Nun, da Cato und Cicero fort waren, hatte Clodius völlig freie Bahn. Caesar und Pompeius ließen ihn gewähren, obwohl sie bei weitem nicht mit allem einverstanden waren, was ihr Volkstribun trieb, aber sie brauchten ihn, um sich gegen die Optimaten zu schützen. In deren Kreisen gab es sogar Anstalten, die gesamte Gesetzgebung, die Caesar während seines Konsulats erlassen hatte, aufgrund der Missachtung religiöser Vorzeichen für ungültig zu erklären. Das hätte eine vollständige Rückabwicklung der bisherigen politischen Resultate des Triumvirats bedeutet und auch weitreichende Beschlüsse wären davon betroffen gewesen: die Ratifizierung der Neuordnung Asiens, die Versorgung der Veteranen, die Landverteilung an das Volk, die Zuweisung der drei Provinzen an Caesar und Crassus' Nachlass für die Steuerpächter. Die Folgen einer solchen Außerkraftsetzung eines Jahres politischer Arbeit wären unabsehbar gewesen, aber eines wäre gewiss: Caesar und Pompeius wären in ihrer politischen Existenz vernichtet. So war es für die beiden überlebensnotwendig, mit Clodius einen Mann vor Ort zu haben, der die Optimaten in Atem hielt, auch wenn Clodius sich immer schwerer steuern ließ und – im wahrsten Sinne des Wortes – auf eigene Faust Politik machte. Als Volkstribun entfaltete er eine ausgedehnte Gesetzestätigkeit, mit der er die Politik der nächsten Jahre erheblich prägte und den Einfluss der Popularen vergrößerte.

Zwei Gesetze zielten auf die Einschränkung der Amtsgewalt von Obermagistraten. Ein anderes Gesetz verordnete die kostenlose Verteilung von Getreide an die arme Bevölkerung, ein weiteres machte das Verbot von bestimmten Vereinen (*collegia*) rückgängig und ließ neue Gründungen zu. Mit dem Getreidegesetz, das mit dem eingezogenen Geld des zypriotischen Königs gegenfinanziert werden sollte, diente sich Clodius dem einfachen Volk an. Denselben Zweck verfolgte er mit der Wiederzulassung der *collegia compitalicia*, der Vereine, die Straßenfeste für die Schutzgeister (*Lares*) an den Kreuzungen ausrichteten. Diese *collegia*, in denen sich Freigelassene und Sklaven zusammengeschlossen hatten, galten als Brutstätten von politischer Gewalt und waren deshalb vom Senat verboten worden. Nun lebten die Vereine wieder auf, und Clodius rekrutierte aus ihnen Schlägertrupps, mit deren Hilfe er seine politischen Ziele auch nach seinem Tribunat mit Terror durchsetzen wollte.

Schon im folgenden Jahr (57 v. Chr.) gab es unter den Optimaten vielfache Bestrebungen, Cicero wieder aus der Verbannung zurückzuholen, und auch Pompeius unterstützte diese Bemühungen. Also versuchte Clodius dahingehende Abstimmungen mit seinen Schlägertrupps zu sprengen und die Aufhebung des Banns über Cicero zu verhindern. Nun setzten auch die Optimaten auf Gewalt, und der Volkstribun Titus Annius Milo, ein treuer Anhänger des Pompeius, organisierte ebenfalls ‹Schutztruppen›, um sie gegen die Banden des Clodius einzusetzen. Schließlich gewann Milo auf der Straße und dem Forum die Oberhand und stoppte die Störer. Auf Beschluss der Volksversammlung, in der sich Pompeius nochmals vehement für die Rückberufung aussprach, kehrte Cicero im September 57 v. Chr. unter großer Anteilnahme nach Rom zurück. Sein konfisziertes Vermögen wurde erstattet und sein Haus auf Staatskosten wiederaufgebaut. Doch die brutalen Schlägerbanden des Milo und Clodius prägten auch weiterhin Roms Straßenbild und beherrschten das öffentliche Leben.

Cicero bedankte sich im Senat und vor dem Volk überschwänglich und lobte insbesondere Pompeius, den er in aller Öffentlichkeit als einen Mann bezeichnete, «der von allen, die je gelebt haben, leben oder leben werden, hinsichtlich Tatkraft, Weisheit und Ruhm den ersten Platz einnimmt». (Cic. p. red. ad Quir. 16)

Seine Dankbarkeit konnte er sogleich unter Beweis stellen, als es darum ging, Pompeius ein neues Sonderkommando zu verleihen; und tatsächlich unterstützte Cicero dieses Vorhaben nach Kräften. Anlass – oder sollte man eher von Vorwand sprechen? – war ein erheblicher Anstieg des Getreidepreises, der die Bevölkerungsteile traf, die nicht vom Getreidegesetz des Clodius profitierten. Nach heftigen Diskussionen wurde Pompeius schließlich ein prokonsularisches *imperium* auf fünf Jahre erteilt, das sich auf alle Getreidespeicher in Italien und in allen Provinzen erstreckte. Damit besaß Pompeius gewissermaßen die Befehlsgewalt über alle Häfen und Handelsplätze des Römischen Reiches. Für die Verwaltung wurden ihm zudem 15 Legaten und für die Beschaffung von Getreide erhebliche Geldmittel bewilligt. Auf diese Art war die Aufsicht über die Getreideversorgung, die *cura annonae*, die normalerweise einem Ädil oblag, zu einem umfassenden Machtinstrument umfunktioniert worden. Ende 57 v. Chr. machte sich Pompeius ans Werk und hatte mit seinem praktischen Sinn für Organisation und Logistik die Getreideversorgung bald im Griff. Die Bürger Roms dankten es ihm, und sein Ansehen beim Volk stieg wieder. Clodius jedoch, der Pompeius den Erfolg nicht gönnte, streute das Gerücht, dass der Anstieg des Getreidepreises von Pompeius nur künstlich erzeugt worden sei, um wieder an ein großes Sonderkommando zu gelangen.

Die Kämpfe zwischen Clodius, der für den abwesenden Caesar agierte, und Milo, der Pompeius unterstützte, spiegelten dabei die tiefen Interessenkonflikte der Triumvirn wider, die sich nur nach außen einig gaben. Unter ihren Anhängern aber bildeten sich im politischen Spannungsfeld zwischen Senat, Volksversammlung und Triumvirat wechselnde Freund- und Feindschaften, deren Eigendynamik kaum mehr zu kontrollieren war. Cicero zeigte sich weiterhin dankbar für seine Rückkehr, die Pompeius aktiv betrieben und Caesar und Crassus zumindest geduldet hatten. Ihm war daher daran gelegen, die Triumvirn wieder in den Schoß des Senats zurückzuholen. Crassus blickte ähnlich wie Clodius mit Sorge und Neid auf das neue Sonderkommando des Pompeius. Der wiederum beobachte mit Argwohn, wie Crassus gemeinsam mit Clodius gegen ihn arbeitete. Im offenen und versteckten Hass gegen Pompeius ergab sich so zeitweise eine seltsame Allianz zwischen Crassus, Clodius und den Optimaten – Pompeius sprach Cicero gegenüber sogar von einer gegen ihn gerichteten Verschwörung. Und Caesar? Der konnte im Herbst 57 v. Chr. aus der fernen Provinz einen glänzenden Sieg über die Belger vermelden und damit die – vorläufige – Eroberung ganz Galliens. Pompeius nahm die Gelegenheit wahr, um den Schulterschluss mit dem erfolgreichen Feldherrn zu demonstrieren, und führte im Senat den Beschluss herbei, Caesar zu Ehren ein Dankfest von der bis dahin noch nie dagewesenen Dauer von 15 Tagen zu feiern. Nach außen hin hatte man den Schein der Einigkeit gewahrt, doch im Inneren des Triumvirats knirschte es gewaltig.

Während zwischen Pompeius und Crassus die alten Konflikte wieder aufbrachen, pflegte Caesar zu beiden weiterhin gute Kontakte. Solange er in Gallien Krieg führte, war er darauf angewiesen, dass sie ihm in Rom den Rücken freihielten. Jetzt, da sich seine auf fünf Jahre befristete Statthalterschaft ihrem Ende näherte, brauchte er umso mehr ihre Hilfe, um den Aufenthalt in seinen Provinzen verlängern zu können. Gallien war noch lange nicht befriedet und außerdem dachte Caesar an weitere Eroberungen jenseits des Rheins und des Ärmelkanals. In Rom brachten die Optimaten zudem immer häufiger gegen ihn gerichtete Anträge ein – so stellten sie seine Landzuweisungen aus dem begehrten *ager Campanus* an arme Familien in Frage – und brachten mit Lucius Domitius Ahenobarbus, dem Schwager Catos, einen erklärten Gegner Caesars als Bewerber für das Konsulat in Stellung. Schließlich ergriff Caesar nochmals die entscheidende Initiative und empfing in der sogenannten Konferenz von Luca neben anderen hochrangigen Magistraten Crassus und Pompeius zu Gesprächen: Es ist unklar, ob die Konferenz im formellen Rahmen stattgefunden hat, wie manche Historiker meinen, oder ob Caesar eher mehrere Einzelgespräche geführt hat. Sicher belegt ist, dass Caesar im Frühjahr 56 v. Chr. in Ravenna mit Crassus und bald danach in Luca mit Pompeius zusammentraf. Jedenfalls gelang es ihm zum Verdruss der Optimaten, den Dreibund nicht nur zu erneuern, sondern auch durch handfeste Absprachen zu stärken. Pompeius und Crassus sollten 55 v. Chr. ein zweites Mal gemeinsam das Konsulat übernehmen und danach für fünf Jahre attraktive Provinzen erhalten: Pompeius Spanien und Africa, Crassus Syria; im Gegenzug sollte Caesars Kommando in Gallien für weitere fünf Jahre verlängert werden.

Die Vereinbarungen versprachen für jeden der Beteiligten einen gewaltigen Machtzuwachs, und die Win-win-Situation garantierte die Stabilität des Bündnisses.

Tatsächlich dominierten die Triumvirn wieder die Senatsmehrheit und erreichten mit vereinten Kräften, dass Pompeius und Crassus zu Konsuln gewählt wurden und sie, wie vereinbart, die betreffenden Provinzen erhielten. Die neuen Konsuln wiederum setzten die Verlängerung von Caesars gallischem Kommando durch. Das alles geschah unter groben Verstößen gegen geltendes Recht und oft unter Anwendung von Gewalt. Den Druck der Triumvirn hatte auch Cicero zu spüren bekommen, den Pompeius dazu brachte, sich bei der Vergabe der zukünftigen Provinzen im Sinne Caesars zu äußern. Cicero hielt im Frühsommer 56 v. Chr. eine große Rede *Über die konsularischen Provinzen*, in der er die Leistungen Caesars im Gallischen Krieg pries und dafür plädierte, dessen Kommando zu verlängern, damit er in Gallien sein Eroberungswerk vollenden könne. Diese Rede bedeutete nicht weniger als eine völlige politische Kehrtwende Ciceros. Öffentlich bekannte sich der große Redner wortgewaltig zu den Triumvirn und zu Caesar, mit dem er «bei aller

Verschiedenheit der Ansichten freundschaftlich verbunden geblieben» sei (Cic. prov. 40):

> **Ich müsste aber, auch wenn ich mit Gaius Caesar verfeindet wäre, unter den gegenwärtigen Umständen an das Gemeinwohl denken und die Auseinandersetzung mit ihm auf ein andermal verschieben. Ich könnte sogar, nach dem Vorbild berühmter Männer, die Feindschaft um des Staates willen für beendet erklären. Doch eine Feindschaft hat nie bestanden und der Verdacht einer Kränkung ist durch Wohltaten getilgt. Daher wird meine Stimme, versammelte Väter, wenn es um die Ehre Caesars geht, seiner Person dienen [...], wird meine Stimme, wenn es um die richtige Behandlung des Gallischen Krieges geht, für das Wohl des Staates eintreten, und wird meine Stimme, wenn es um private Verpflichtungen meinerseits geht, beweisen, dass ich nicht undankbar bin. (Cic. prov. 47; übersetzt nach Fuhrmann)**

Er, der bisher alle Angebote der Triumvirn aus Prinzip ausgeschlagen und den Optimaten die Stange gehalten hatte, gab nun angesichts der Übermacht des wieder erstarkten Triumvirats nicht nur auf, sondern lieh den Machthabern sogar seine Stimme – zumindest in dieser Rede. Glücklich war Cicero damit allerdings nicht, und sein Gefühl der Ohnmacht dürften auch viele Optimaten im Senat geteilt haben. Seinem Freund Atticus gegenüber äußert er sich in einem Brief über seine Kehrtwende – er nennt sie Palinodie (Widerruf) – desillusioniert und resigniert über die unzuverlässigen *nobiles*, die seine Verbannung nicht verhindert hatten und ihn immer noch spüren ließen, dass er ein *homo novus* war:

> **Ja, ich kaue schon lange auf dem Brocken herum, der doch einmal geschluckt werden muss – meine Palinodie scheint mir eine recht peinliche Angelegenheit zu sein. Lebt wohl, ihr geraden, ehrlichen, anständigen Beschlüsse! Kaum zu glauben, welche Treulosigkeit in diesen Adelshäuptern steckt – denn das wollen sie sein und wären es auch, wenn sie nur ein Fünkchen Zuverlässigkeit besäßen. Ich habe es am eigenen Leib erfahren und weiß Bescheid. Verführt haben sie mich,**

dann versetzt und fallen gelassen. Trotzdem hatte ich den ehrlichen Willen, in der Politik mit ihnen zusammenzugehen. Sie sind und bleiben ewig dieselben, die sie schon immer gewesen sind.

Dann kommt er auf seinen Politikwechsel zu sprechen und seinen Vorsatz, nicht mehr auf die Optimaten hereinzufallen:

Doch mit voller Absicht habe ich mich so auf diese neue politische Bindung festgelegt, um nicht in Versuchung zu kommen, wieder zu denen hinüberzulavieren, die selbst dann, wenn sie mich bedauern müssten, nicht aufhören, mich scheel anzusehen.

Wenn Cicero im Folgenden trotzig bekundet, seinen Einsatz für die Triumvirn noch steigern zu wollen, falls seine hymnische Rede *Über die konsularischen Provinzen* – Atticus hatte sie sogar als Apotheose bezeichnet – bei Caesar gut aufgenommen werde, zeigt das seine Verbitterung über die unaufhörliche Missgunst, mit der so manche Aristokraten ihm nicht einmal sein neues Landhaus gönnen.

Immerhin bin ich in meiner Apotheose, wie du es nanntest, noch maßvoll geblieben. Mit volleren Händen werde ich geben, wenn Caesar dies freundlich aufnimmt und jene die Nase rümpfen, die sich ärgern, dass ich ein Landhaus mein eigen nenne, das einst dem Catulus gehört hat [...].

Daraufhin bringt er seinen Ärger zum Ausdruck, dass sich die Optimaten auch noch darüber amüsierten, wenn er als Verfechter ihrer Politik Schwierigkeiten mit Pompeius bekäme.

Und wenn ich Äußerungen tat, die ihrem eigenen Standpunkt entsprachen, dann hatten sie Spaß daran, dass ich dadurch in Konflikt mit Pompeius geriet. Schluss damit! Wo die, die nichts zustande bringen, mich nicht schätzen wollen, will ich mich um die Gunst derer bemühen, die etwas zustande bringen. (Cic. Att. 4,5,1–3; übersetzt nach Kasten)

Dieser ebenso ausführliche wie ehrliche Brief Ciceros an seinen Freund entlarvt schonungslos, wie Uneinigkeit und Missgunst unter den Optimaten den ohnehin übermächtigen Triumvirn zusätzlich in die Hände spielten. Cicero, der sich um einen Ausgleich zwischen Senat und Triumvirat bemühte und die Einigkeit aller Stände (*concordia ordinum*) als Ideal vertrat, sah sich in einem unlösbaren Dilemma und trug sich mit dem Gedanken, unter diesen Umständen aus der Politik auszusteigen. In einem anderen Brief schreibt er an Atticus, dass dieser es gut hätte, außerhalb der Politik zu stehen, während Cicero es niemandem recht machen könne.

> **Aber ich – sage ich in der politischen Debatte, was sich gehört, erklärt man mich für verrückt, sage ich, was zweckmäßig ist, gelte ich als Knecht [der Triumvirn]; schweige ich, so heißt es, ich sei gefangen und geknebelt. [...] Ich hätte schon Lust zu streiken und mich in den Hafen des Nichtstuns zu flüchten. (Att. 4,6,2; übersetzt nach Kasten)**

Dazu kam es auch, wenn auch nicht sofort: Cicero zog sich in den nächsten Jahren immer mehr aus der Politik zurück und widmete sich der Philosophie. Seine Schriften *Über den Staat* und *Über die Gesetze* entstanden in dieser Zeit und diskutierten bemerkenswerte Varianten eines freien Staates.

Doch fürs Erste dominierten die Triumvirn den Staat. Pompeius und Crassus traten 55 v. Chr. ihr Konsulat an, setzten ihre Vereinbarungen durch und brachten auch einige konstruktive Gesetze ein, um dem schlingernden Staat Halt zu geben. Beim breiten Volk, aber auch in der neidischen Nobilität dürfte jedoch vor allem ein Ereignis in besonderer Erinnerung geblieben sein: die feierliche Einweihung des ersten römischen Theaterbaus aus Stein. Pompeius hatte es, inspiriert von dem hellenistischen Theater, das er in Mytilene gesehen hatte, errichten lassen und just unter seinem Konsulat mit aufwändigen mehrtägigen Spielen und Tierhetzen eröffnet. Cassius Dio berichtet:

> **In diesen Tagen weihte Pompeius das Theater ein, auf das wir auch heute noch stolz sind, und veranstaltete dort eine Schau, die aus musi-**

kalischen und sportlichen Wettkämpfen bestand; ebenso gab er im Circus ein Pferderennen und ließ zahlreiche Tiere verschiedener Art niedermetzeln. Denn in fünf Tagen brauchte man 500 Löwen auf, und 18 Elefanten kämpften gegen Schwerbewaffnete. (Cass. Dio 39,38,1 f.; übersetzt nach Veh)

Die Jagd auf die Elefanten erweckte beim Volk größten Eindruck, doch die sensiblen Tiere rührten auch die Herzen der Menschen, und so forderten sie – anders als im Festprogramm vorgesehen –, dass die besiegten Tiere, wenn sie noch am Leben waren, wie tapfere Gladiatoren ‹begnadigt› würden. Cicero war dabei und konnte mit diesem Spektakel, wie auch sonst, nichts anfangen. An einen Freund schreibt er:

Bleiben noch die Tierhetzen zu erwähnen, fünf Tage lang je zwei; großartig, zugegeben! Aber wie kann ein kultivierter Mann Vergnügen daran finden, wenn ein schwacher Mensch von einer gewaltigen Bestie zerrissen oder ein herrliches Tier vom Jagdspieß durchbohrt wird? [...] Der letzte Tag gehörte den Elefanten. Da staunten die Massen des einfachen Volkes, aber es kam doch keine rechte Begeisterung auf; vielmehr entstand ein gewisses Mitleid und das Gefühl: dieses wilde Tier hat irgendetwas Menschenähnliches an sich.

Auch für die mit großem Aufwand und reichlich Requisten inszenierten Tragödien im neuen Steintheater hatte Cicero nur Spott übrig:

«Denn wie könnte man Vergnügen finden an 600 Maultieren in der *Königin Clytaemestra* oder im *Trojanischen Pferd* an 3000 Mischkrügen oder an der bunten Bewaffnung von Fußvolk und Reiterei in einer Schlacht? Bei der Menge freilich fand das alles staunende Bewunderung.» (Cic. fam. 7,1,2 f.; übersetzt nach Kasten)

Caesar indessen kämpfte in Gallien, überquerte den Rhein und stieß in Gebiete vor, die bisher kein römischer Feldherr betreten hatte. Zu diesem Zweck ließ er in kürzester Zeit eine gewaltige Brücke über den Rhein bauen, ein Wunderwerk römischer Bautechnik, musste aber seine Offensive bald ergebnislos abbrechen. Im Gegensatz zu Gallien gab es bei den Germanen kaum befestigte Straßen, weshalb die Versorgung der Legionäre mit Getreide und sonstigem Nachschub nicht gewährleistet werden konnte. Im selben Jahr unternahm er auch eine Expedition nach Britannien. Bei der Überfahrt über den Ärmelkanal, der als Teil des sagenumwobenen Okeanos betrachtet wurde, geriet seine Flotte in einen Sturm, und auch sonst erreichte er nicht viel. Aber die Symbolkraft der beiden Vorstöße zu den Germanen und zu den Britanniern darf nicht unterschätzt werden. Seine Feldzüge loteten die Grenzen der bewohnten Welt aus und stellten ihn damit in eine Reihe mit Alexander und Pompeius. So überquerte er den Ärmelkanal und den Rhein 54 beziehungsweise 53 v. Chr. ein zweites Mal, um in Britannien bis zur Themse vorzustoßen und einige Stämme zu unterwerfen, während er die Germanen in ihren schwer zugänglichen Siedlungsgebieten nicht bezwingen konnte.

Ciceros Bruder Quintus, der Caesar als tüchtiger Legat begleitete, erkannte sogleich, dass der zweite Feldzug nach Britannien genügend Stoff für ein Epos böte und forderte seinen berühmten Bruder mehrmals dazu auf, daraus ein Lobgedicht auf Caesar zu verfassen. Cicero, der über die Briefe seines Bruders regen Anteil an dem fernen Feldzug nahm, ließ sich tatsächlich darauf ein, wie aus einem Brief an Quintus hervorgeht: «Gebt mir nur Britannien! Ich werde es in deinen Farben mit meinem Pinsel malen!» (Cic. Q. fr. 2,14,2) Das Epos hatte er tatsächlich fertiggestellt, wie er wenig später seinem Bruder stolz verkündete (Q. fr. 3,7,6), aber leider ist kein einziger Vers daraus auf uns gekommen.

Nach ihrem zweiten gemeinsamen Konsulat zog Crassus mit seinen Legionen nach Syria, um dort für einen großen Krieg gegen die Parther zu rüsten, während Pompeius seine Provinzen in Africa und Spanien von Legaten verwalten ließ, selber aber in der Nähe von Rom blieb – «um des Staates willen», wie Caesar es formulierte (Caes. Gall. 6,1,2). Mag sein, dass er von da aus besser das Sonderkommando über die Getreideversorgung führen konnte, über das er zusätzlich zu seinen Provinzen verfügte, mag sein, dass er mit seiner

Präsenz einen gewissen Druck auf die Politik in Rom ausüben wollte. Manche meinten auch, er habe seine junge Gattin Iulia nicht verlassen wollen, denn dass seine Ehe mit Caesars Tochter glücklich war, hatte sich herumgesprochen. So richtete sich Pompeius vor Rom ein, denn als Träger zweier *imperia* durfte er die heilige Stadtgrenze nicht überschreiten. Für ihn, der nicht sonderlich auf den politischen Alltag Roms erpicht war, brachte dieses Verbot den Vorteil mit sich, dass er wenigstens nicht mehr an Senatssitzungen teilnehmen musste, sofern sie nicht außerhalb des *pomerium* einberufen wurden.

Im Grunde beherrschten die Triumvirn im Jahr 54 v. Chr. fast das gesamte Imperium Romanum. Caesar war Statthalter der beiden gallischen Provinzen Gallia Cisalpina und Transalpina und des Illyricum, dazu Oberbefehlshaber in Gallien; Crassus war Statthalter von Syria und Oberbefehlshaber im bevorstehenden Krieg gegen die Parther und Pompeius Statthalter über die beiden spanischen Provinzen sowie Africa. Zudem hatte Pompeius mit der *cura annonae* die Oberaufsicht über alle Häfen und Handelsplätze des Römischen Reiches. Die übrigen Provinzen – mit Ausnahme von Asia – waren vergleichsweise unbedeutend. Damit war die Republik nur noch Fassade, der Geheimbund faktisch zur Staatsform geworden.

Doch dann erschütterten zwei unerwartete Ereignisse das ganz auf persönlichen Verbindungen beruhende Machtgefüge. Binnen eines knappen Jahres starben Caesars Tochter und einer der Triumvirn: Iulia im September 54 v. Chr. im Kindbett und Crassus im Juni 53 v. Chr. auf dem Schlachtfeld in Mesopotamien. Iulias Tod zerschnitt die familiären Bande zwischen Caesar und Pompeius, dem Schwiegervater und Schwiegersohn. Da Iulia ein gutes Verhältnis zu ihrem Vater gepflegt und eine glückliche Ehe mit Pompeius geführt hatte, ist davon auszugehen, dass sie nicht wenige Spannungen zwischen ihrem Vater und ihrem Gatten ausgeglichen und viel zur inneren Stabilität des Triumvirats beigetragen hatte. Auch das Neugeborene, wohl eine Tochter, starb wenige Tage später, und so waren alle verwandtschaftlichen Beziehungen zwischen den (letztlich) verbleibenden Triumvirn abgerissen.

Mit Crassus, der bald darauf im Juni 53 v. Chr. schon in der ersten großen Schlacht gegen die Parther eine vollständige Niederlage erlitten hatte und zusammen mit seinem Sohn im Parther-Krieg umgekommen war, verlor das Triumvirat nicht nur einen Mann der Finanzen, sondern auch der Verbindungen. So wenig politische und militärische Erfolge Crassus in den letzten Jahren vorweisen konnte, so liefen bei ihm doch viele Fäden der römischen Politik zusammen. Im Hintergrund mochte er mehr bewirkt haben, als es nach außen hin den Anschein hatte: Im Triumvirat dürfte er eine Art Pufferfunktion zwischen Caesar und Pompeius besessen haben, die nun plötzlich fehlte. Und Caesar verlor den Mann, von dem er in seiner bisherigen Karriere wohl die größte Förderung erfahren hatte.

Währenddessen gingen in Rom die blutigen Auseinandersetzungen zwischen den Gefolgschaften der Optimaten und Popularen weiter. Angeführt wurden sie immer noch von Milo, der für die Sache des Pompeius und der Optimaten, und von Clodius, der für die des Caesar und der Popularen kämpfte. Als sich 53 v. Chr., im Todesjahr des Crassus, beide Bandenchefs der verfeindeten Schlägertrupps um das Konsulat beziehungsweise um die Prätur bewarben, kam es wieder zu gewaltsamen Ausschreitungen. Schließlich wurden die Wahlen verschoben. Im Januar 52 v. Chr. trafen die beiden, während noch der Wahlkampf tobte, mehr oder weniger zufällig auf einer Landstraße außerhalb Roms aufeinander. Beide wurden von ihren gewaltbereiten Anhängern begleitet und die Situation eskalierte. In einer bewaffneten Auseinandersetzung schlugen Milos Männer seinen Gegenspieler tot. Der Leichnam des Clodius wurde nach Rom überführt und dort vor der Kurie (Curia Hostilia) unter großer Anteilnahme des Volkes aufgebahrt. Clodius war beim Straßenvolk beliebt, hatte er doch als Volkstribun etwa die kostenlose Verteilung von Getreide durchgesetzt, und dementsprechend groß war die Aufregung über seinen gewaltsamen Tod. Die Stimmung war explosiv und am Ende stand das Senatsgebäude in Flammen und mit ihm verbrannte auch der Leichnam des Clodius. Sein Tod hatte gleichsam den Staat in Brand gesetzt und in der eilig am Tag nach der Feuerbrunst angesetzten Senatssitzung auf dem Palatin wurde der Ruf nach dem bewährten Retter in der Not wieder laut: nach Pompeius.

Mit der Annäherung des Pompeius an den Senat drohte dem Triumvirat, das mit dem Tod des Crassus auf ein Duumvirat geschrumpft war, die endgültige Auflösung und Caesar, seinem Architekten, der politische Absturz …

Caesar
59–52 v. Chr.

… waren die 70er und 60er Jahre v. Chr. ganz durch die Vorrangstellung des Pompeius geprägt, kam diese Rolle in den 50er Jahren Caesar zu. Doch während Pompeius – von allen umjubelt – Erfolge und Ehren meist nur so zuflogen, musste Caesar – von vielen gefürchtet – seine Ziele gegen große Widerstände und nicht selten mit Gewalt erkämpfen. Sein Konsulat im Jahr 59 v. Chr. glich einem politischen Erdbeben, dessen Schockwellen in den folgenden Jahren nicht nachließen, sondern sich immer mehr verstärkten, bis sie in einen großen Bürgerkrieg mündeten. Ob Caesar diese Entwicklung lediglich in Kauf nahm oder mit voller Absicht herbeiführte, ist in der Forschung umstritten. Ohne Zweifel war er es, der als *spiritus rector* die Politik der Triumvirn intern maßgeblich bestimmte, mag er auch Pompeius nach außen hin den Platz einer Galionsfigur eingeräumt haben – vielleicht sogar in voller Absicht, weil er sich Vorteile davon versprach. Velleius Paterculus mag deshalb nicht ganz unrecht haben, wenn er Caesar folgende Überlegung unterstellt: «Durch dieses Zugeständnis an den Ruhm des Pompeius würde er den eigenen Ruhm mehren, und wenn er die Missstimmungen gegenüber einer solchen Allianz auf Pompeius lenkte, würde er wiederum seine eigene Position stärken.» (Vell. 2,44,2)

Unter dem Konsulat des Iulius und des Caesar

Gleich zu Beginn seines Konsulats 59 v. Chr. nahm Caesar das ungelöste Problem der Veteranenversorgung, eine Forderung des Pompeius, in Angriff. Dafür war ein neues Ackergesetz erforderlich, ein Dauerthema, das für römische Politiker seit ehedem ein höchst gefährliches Terrain bedeutete. Überspitzt könnte man sagen, dass das Jahrhundert der Bürgerkriege mit dem Ackergesetz des Tiberius Gracchus seinen Anfang genommen hatte. Es ging dabei immer um eine gerechtere Verteilung von Land an die verarmte Bevölkerung oder um die Abfindung ehemaliger Soldaten. Ideen, woher die Siedlungsflächen kommen sollten, gab es im Laufe der Zeit viele: So sollte auf Staatsland in Italien zurückgegriffen, der riesige Latifundienbesitz beschnitten oder Kolonien im Ausland (etwa im Gebiet des zerstörten Karthago) angelegt werden. Doch viele Reformversuche scheiterten aus vielen Gründen: Großgrundbesitzer, zu denen neben Rittern vor allem Senatoren gehörten, beharrten bei unklaren Besitzverhältnissen auf ihren Gewohnheitsrechten, der Senat fürchtete bei der Aufgabe von Staatsland, etwa dem ertragreichen *ager Campanus*, Einbußen für die Staatskasse; allgemein bestand die große Sorge, dass der erfolgreiche Initiator eines Ackergesetzes mit den Neusiedlern eine starke Anhängerschaft gewinnen würde, die jederzeit im politischen Machtkampf zu mobilisieren wäre. Vor allem bei der Ansiedelung von Veteranen in Reichweite zu Rom war diese Gefahr nicht zu unterschätzen. Daher führte die Vorlage eines Ackergesetzes regelmäßig zu Streit, oft verlief das Gesetzgebungsverfahren im Sand und es kam zu gewalttätigen Ausschreitungen. Immer wieder fanden auch die Antragsteller eines Ackergesetzes einen gewaltsamen Tod, etwa die Gracchen, Marcus Livius Drusus oder Lucius Appuleius Saturninus. Seit der Zeit der Gracchen waren mehr als ein Dutzend Ackergesetze eingebracht worden, von denen die wenigsten durchgingen oder länger Bestand hatten. Eine größere Landreform setzte Sulla durch und versorgte seine Soldaten mit den Gütern der Proskribierten. Die Widerstände gegen die Veteranenversorgung des Pompeius standen also in einer langen Tradition. Jüngst hatte der Volkstribun Lucius Flavius im Auftrag des Pompeius vergeblich versucht, eine gesetzliche Grundlage für die Veteranenversorgung zu erreichen. Seine energische Initiative endete damit, dass der Konsul Metellus Celer im Gefängnis den Senat empfangen hatte und Pompeius blamiert war.

So war die Ausgangslage, die Caesar vorfand. Er ging die Sache daher mit großer Sorgfalt an und bemühte sich, dem Senat etwas vorzulegen, was in Rom noch keinem gelungen war: das perfekte Ackergesetz. Zu diesem Zweck versuchte er alle kritischen Punkte, an denen sich bei den früheren Anträgen Streit entzündet hatte, so zu berücksichtigen, dass niemand mehr einen Einwand gegen seinen Gesetzesantrag vorbringen konnte. Es lohnt sich, dieses Meisterwerk einmal genauer anzusehen: Der umstrittene *ager Campanus* wurde von vornherein aus der Verteilungsmasse ausgenommen. Das Siedlungsland sollte nicht – wie bei Sulla – mit Gewalt, sondern nur bei freiwilligem Verkauf erworben werden. Der Kaufpreis wurde nicht einfach verordnet, sondern orientierte sich an den Festsetzungen des aktuellen Zensus. Besitzverhältnisse, die unklar waren oder nur gewohnheitsrechtlich bestanden, wurden akzeptiert und sollten nicht weiter geprüft werden. So hätte Caesars Ackergesetz die Möglichkeit gegeben, unrechtmäßig oder gewohnheitsrechtlich genutztes Land legal zu verkaufen, was gerade den Großgrundbesitzern zugutegekommen wäre. Finanziert werden sollte die kostspielige Reform durch Beutegelder und die neuen Steuereinnahmen, die durch die Eroberungen des Pompeius in die Staatskasse gespült wurden. Um Spekulationen einen Riegel vorzuschieben, durfte das zugeteilte Land für zwanzig Jahre nicht verkauft werden. Organisiert werden sollte das ganze Projekt von einer großen, zwanzigköpfigen Kommission, die die Parteien und Interessengruppen ausgewogen repräsentieren sollte. Caesar selbst sollte an dem gesamten Verfahren jedoch nicht beteiligt sein (man ahnt die zahlreichen Juristen, die er herangezogen haben mag, und erkennt die politische Klugheit des Antragstellers).

Mit diesem perfekten Antrag suchte Caesar, dem die Optimaten höchst misstrauisch gesonnen waren, den Konsens mit der Senatsmehrheit und gab sich auch seinem Amtskollegen Bibulus gegenüber versöhnlich. Und in der Tat, als Caesar Anfang des Jahres das Gesetz im Senat vortrug und um Verbesserungsvorschläge bat, konnte daran niemand etwas aussetzen. Ungewohnt war allenfalls, dass Caesar ein populares Ackergesetz selbst vorlegte und nicht wie üblich ein Volkstribun. Dieser Umstand ließ die ohnehin große Sorge wachsen, dass Caesar mit seiner Initiative eine große Anzahl neuer Anhänger gewinnen würde und damit eine noch größere Machtbasis. Man begann daher, die Abstimmung hinauszuzögern, Cato äußerte sich rundweg ablehnend und forderte pauschal, dass in dieser Frage alles beim Alten bleiben solle. Als er dann auch noch anfing, seine Rede unnötig in die Länge zu ziehen, und es sich abzeichnete, dass er bis zum Sonnenuntergang sprechen wollte, um eine Abstimmung zu verhindern – die Redezeit eines Senators war nicht beschränkt und bei Sonnenuntergang wurde jede Sitzung aus kultischen Gründen aufgehoben –, riss Caesar der Geduldsfaden. Er griff, wie Cassius Dio berichtet, zu einer harten Maßnahme:

> **Daraufhin wollte ihn Caesar unmittelbar aus dem Senat holen und ins Gefängnis werfen lassen. Als Cato aber mit größter Bereitwilligkeit sich abführen ließ und nicht wenige der übrigen Senatoren ihm Gefolgschaft leisteten, einer von ihnen sogar auf Caesars Rüge wegen vorzeitigen Verlassens der Senatssitzung hin die Erklärung abgab: «Lieber will ich mit Cato im Gefängnis als mit dir hier zusammen sein», da wurde dieser verlegen, gab Cato frei und entließ den Senat mit der einzigen Bemerkung: «Ich habe euch zu Richtern und Herren über dieses Gesetz gemacht, damit es, sofern euch etwas daran missfallen sollte, nicht vor das Volk gebracht werde. Nun, da ihr keinen Vorentscheid treffen wollt, wird das Volk selbst entscheiden.» (Cass. Dio 38,3,2 f.; übersetzt nach Veh)**

So geschah es denn auch. Es ist schwer zu sagen, ob Caesar zu Beginn seines Konsulats ernstlich den Versuch unternommen hat, mit den Optimaten in ein Verhältnis zu kommen, oder ob er, wie ihm manche antiken Historiker unterstellen, «ein Meister der Verstellung» (App. civ. 2,34) war und genau wusste, dass er scheitern würde – oder es sogar darauf anlegte. Denn auf diese Weise hätte er der Öffentlichkeit vor Augen geführt, dass mit dem Senat keine vernünftige Politik zu machen sei, sondern allein mit dem Volk. Trotz seines popularen Wegs wäre er damit nicht nur der faktische Sieger, sondern auch der moralische.

Wie dem auch sei, Caesar machte seine Androhung wahr und bereitete eine Volksabstimmung vor. Zum ersten Mal regte sich das ‹dreiköpfige Ungeheuer›, und die Triumvirn mobilisierten gemeinsam ihre Anhänger. Caesar warb für sein Gesetz vor dem Volk, und in einer öffentlichen Versammlung forderte er nochmals seinen Amtskollegen Bibulus vor aller Augen auf, seine Einwände gegen das Ackergesetz zu äußern. Dieser hatte jedoch nichts vorzubringen. Daraufhin inszenierte Caesar ein öffentlichkeitswirksames Spektakel. Er erklärte dem Volk, dass die Annahme des Gesetzes nur an Bibulus hinge, und bat diesen inständig zuzustimmen, bis Bibulus in die Enge gedrängt ausrief: «Ihr werdet dieses Gesetz in diesem Jahr nicht bekommen, auch wenn ihr alle dafür seid!» (Cass. Dio 38,4,3) – Die Stimmung brodelte, und Caesar holte seine neue Geheimwaffe hervor: Er bat Pompeius auf die Bühne und fragte ihn nach seiner Meinung. Pompeius, der sonst den Ausgleichenden und Überparteilichen gab, hielt eine Rede, in der er Caesars Gesetz ohne Wenn und Aber befürwortete. Caesar trieb sein Spiel auf die Spitze und fragte Pompeius nun direkt, ob er ihn beim Kampf gegen seine Widersacher unterstützen würde, worauf Pompeius ausrief: «Wenn jemand es wagen sollte, ein Schwert zu ergreifen, so werde auch ich meinen Schild heben.» (Cass. Dio 38,5,4) Die Überraschung war gelungen, denn niemand hatte mit einer derart deutlichen Aussage des Pompeius gerechnet. Dass nach Pompeius auch Crassus ins selbe Horn stieß, machte den Eindruck perfekt: Das Triumvirat hatte zum ersten Mal unverhohlen seine Macht demonstriert – und bald sollte das ‹dreiköpfige Ungeheuer› noch deutlicher seine Zähne zeigen.

Die Senatsmehrheit hatte ihren Widerstand gegen Caesars Ackergesetz noch immer nicht aufgegeben. Bibulus machte sich die ehrwürdigen Kultvorschriften zunutze, die dem politischen Alltag Roms ein archaisches Gepräge gaben, und setzte sie als Obstruktionsmittel ein – ein in der römischen Politik altbewährtes Vorgehen. Er ließ nun täglich den Himmel beobachten, um ungünstige Vorzeichen zu vermelden und erklärte kraft seines Amtes alle Tage, an denen Abstimmungen eigentlich erlaubt waren, kurzerhand zu Festtagen. Caesar kümmerte sich allerdings nicht mehr um Bibulus und setzte den Tag zur Abstimmung fest. Nun fasste Bibulus den Plan, von seinem Veto-Recht gegen seinen Amtskollegen Gebrauch zu machen und am Abstimmungstag gegen Caesars Ackergesetz Einspruch einzulegen. Da versammelten sich die Optimaten und ihre Anhänger vor dem Haus des Bibulus, um ihn zu schützen und zur Volksversammlung zu begleiten. Das Vorhaben der Optimaten war zu erwarten gewesen, und Caesar traf Gegenmaßnamen, deren Ausführung er Pompeius überließ. Plutarch weiß genauere Details zu berichten:

> **Hierauf erfüllte Pompeius die Stadt mit seinen Soldaten und machte sich gewaltsam zum Herrn der Gesamtsituation. Den Konsul Bibulus, der mit Lucullus und Cato zum Forum kommen wollte, überfielen sie plötzlich und zerbrachen seine Rutenbündel, dem Bibulus selbst schüttete einer einen Korb Mist über den Kopf, und zwei Volkstribunen aus ihrer Begleitung wurden verwundet. (Plut. Pomp. 48,1 f.; übersetzt nach Ziegler)**

Appian ergänzt die Schilderung Plutarchs:

> **Bibulus ließ sich jedoch nicht einschüchtern, er bot den Parteigängern Caesars seine Kehle und forderte mit lauter Stimme auf, nur ans Werk zu gehen: «Wenn ich Caesar nicht mehr dazu bringen kann, recht zu handeln», sagte er, «gut, so will ich ihm doch wenigstens durch solch einen Tod den Makel eines Verbrechens anheften!» […]**
> **Darauf wurde noch Cato vorgeschickt, der sich, noch ein junger Mann, den Weg mitten durch die Massen bahnte und mit einer Rede begann. Caesars Leute hoben ihn jedoch in die Höhe und trugen ihn so weg. Als er dann unbemerkt über einen anderen Weg erneut auf die Redner-**

bühne stürmte, musste er an der Möglichkeit, ein Wort zu sprechen, verzweifeln, denn niemand achtete mehr auf ihn. So beschimpfte er Caesar auf grobe Weise, bis man ihn auch jetzt wieder in die Höhe hob und hinwegbeförderte, während Caesar die Gesetze glücklich durchbrachte. (App. civ. 2,39–41; übersetzt nach Veh)

Die erste Forderung des Pompeius war erfüllt. Gewiss ist nicht von der Hand zu weisen, dass die ursprünglichen Nachrichten in der Überlieferung die eine oder andere Ausschmückung erfahren haben. Dennoch zeichnen sie im Ganzen gesehen ein lebendiges Bild davon, wie es damals auf dem Forum zuging.

Caesar hatte die Lage richtig eingeschätzt: Das Triumvirat war notwendig, um die Blockadehaltung des Senats zu durchbrechen. Die Durchsetzung seines Ackergesetzes zog sich zäh wohl bis in den März, obwohl die Triumvirn ihr ganzes Gewicht in die Waagschale warfen und auch vor Gewalt nicht zurückschreckten. Der Erfolg gab ihnen recht. Das Volk war begeistert und stimmte den weiteren Anträgen, die ihnen Caesar vorlegte, ohne Einwände zu. Auch bei allen übrigen Anträgen überging Caesar von da an den Senat und legte sie immer sogleich der Volksversammlung vor. In dieser Arena feierte der populare Politiker fortan einen Heimspielsieg nach dem anderen.

So wurde den Steuerpächtern endlich der gewünschte Nachlass gewährt und damit eine zentrale Forderung des Crassus erfüllt, die Cato im Vorjahr so vehement bekämpft hatte. Übrigens gibt es Hinweise, dass von diesem Dispens nicht nur Crassus, sondern auch Caesar finanziell profitierte – beide waren wohl Teilhaber von Pachtgesellschaften. Auch die Ratifizierung der Neuordnung des Ostens, die Lucullus und Metellus Celer bisher hintertrieben hatten, erfolgte durch einen Volksbeschluss. Damit war der zweiten Forderung des Pompeius entsprochen. Dass auch hierbei der Senat, der für die großen Linien der Außenpolitik zuständig war, übergangen wurde, war ein besonders massiver Regelbruch. Die Autorität des höchsten Gremiums in Rom schien nun völlig desavouiert.

Der Widerstand der Optimaten brach zusammen. Bibulus zog sich für den Rest des Jahres – immerhin acht Monate – in sein Haus zurück, und auch viele Senatoren blieben aus Protest der Kurie fern. Auch Cicero suchte den Abstand von der Politik und verbrachte einige Zeit auf seinen Landgütern. Er trug sich sogar mit dem Gedanken, eine längere Reise nach Ägypten zu unternehmen, um sich so der explosiven Stimmung in der Hauptstadt zu entziehen.

Nachdem der Senat auf diese Weise außer Gefecht gesetzt war, konnte Caesar – unterstützt von Crassus und Pompeius – im Staat schalten und walten, wie er wollte. Diese Tatsache blieb im Volk nicht unbemerkt und, wie Sueton überliefert, nicht unkommentiert:

> Caesar traf seitdem alle Entscheidungen im Staat allein und nach seinem Gutdünken, so dass einige Witzbolde, als sie etwas unterzeichneten, um die Richtigkeit des Geschriebenen zu bestätigen, sich einen Scherz erlaubten und nicht schrieben, es sei unter den Konsuln Caesar und Bibulus geschehen, sondern «unter Julius und Caesar», wobei sie zweimal denselben Konsul voranstellten und zwar einmal mit seinem Familien-, das andere Mal mit seinem Beinamen; und so waren bald folgende Verse in aller Munde:
>
> «Nicht unter Bibulus, sondern unter Caesar
> hat sich vor kurzem etwas ereignet:
> Denn, soweit ich mich erinnere,
> hat sich unter dem Konsul Bibulus
> überhaupt nichts ereignet.»
> (Suet. Iul. 20,2; übersetzt nach Martinet)

Doch Bibulus rächte sich auf seine Weise. Er ließ nicht davon ab, den Himmel zu beobachten und alle Beschlüsse, die Caesar herbeiführte, aus kultischen Gründen für ungültig zu erklären. Was uns heute schlicht albern vorkommen mag, wurde im antiken Rom als schlechtes Omen angesehen. An dieser Bürde des Bibulus sollte Caesar noch lange zu tragen haben – vor allem brachte sie ihn in Zugzwang.

Der Tauschhandel – Provinzen gegen Frauen

Das Band war zerschnitten: Caesar hatte sich die Optimaten für immer zu Feinden gemacht, die nur darauf warteten, ihn gerichtlich zu belangen und politisch zu vernichten. Er musste sich eine Machtbasis außerhalb der Senatsmehrheit aufbauen, und das konnte nur gelingen, wenn er neben der Volksversammlung langfristig auf das Triumvirat zählen konnte, zumindest so lange, bis er über Machtmittel verfügte, die es ihm erlaubten, sich allein gegen die Optimaten zu behaupten.

So beschloss er, seine Verbindung zu Pompeius auch auf der persönlichen Ebene zu stärken, und gab ihm seine Tochter Iulia, sein einziges Kind, zur Ehefrau. Pompeius hatte sich ja kurz vor seiner Rückkehr aus dem Osten von seiner Gattin Mucia getrennt, angeblich, weil sie ein Verhältnis hatte – ausgerechnet mit Caesar. Dieser war seit dem Bona-Dea-Skandal, bei dem sich Clodius seiner Gattin genähert hatte, ebenfalls geschieden und beschloss jetzt, Calpurnia zu ehelichen, eine Tochter des Lucius Calpurnius Piso. Den wiederum hatte Caesar für das kommende Jahr als seinen Nachfolger im Konsulat vorgesehen. Allerdings hatte die Sache einen Haken: Calpurnia war bereits verlobt, und zwar mit Quintus Servilius Caepio, einem von Caesars politischen Freunden. Die Verlobung wurde ohne viel Federlesens aufgelöst, und Servilius Caepio wurde zum Ausgleich die Tochter des Pompeius in Aussicht gestellt – dies ungeachtet der Tatsache, dass diese wiederum bereits mit einem Sohn des Sulla verlobt war. Aufgrund des neuen und nun verwandtschaftlichen Verhältnisses zu Pompeius änderte Caesar auch das Protokoll in Senatssitzungen: Bei Meinungsäußerungen rief er jetzt nicht mehr Crassus als den ältesten und angesehensten Senator auf, sondern Pompeius. Man kann sich gut vorstellen, wie Crassus diese Bevorzugung seines ewigen Rivalen aufgenommen hat.

Freilich empörte sich auch Cato sogleich über den Handel: «Da erhob Cato leidenschaftlichen Protest und rief, es sei unerträglich, dass die oberste Gewalt im Staat durch Hochzeiten verkuppelt werde und dass man sich durch Frauen Provinzen, Armeen und Ämter zuschanze.» (Plut. Caes. 14,8) Natürlich blieb Cato ungehört, auch wenn er in der Sache recht hatte.

Caesar betrieb hier Heiratspolitik, wie sie in der römischen Nobilität gang und gäbe war, und er verband mit ihr handfeste Interessen. Gestärkt durch seine neuen verwandtschaftlichen Verhältnisse brachte er – wieder in der Volksversammlung – ein zweites Ackergesetz durch, das aber diesmal den *ager Campanus*, das im Senat umstrittene besonders wertvolle Staatsland in Kampanien, in die Landverteilung einbezog. Begünstigt werden sollten unter anderem 20 000 römische Bürger, die drei (oder mehr) Kinder hatten. Mit einem Schlag hatte sich Caesar durch dieses Gesetz mitten in Italien eine große Klientel verschafft, die er jederzeit für seine politischen Ziele mobilisieren konnte. Dasselbe galt auch für Pompeius, der den Antrag nach Kräften unterstützt hatte.

Auch Cicero machte sich über das neue Bündnis zwischen Pompeius und Caesar seine Gedanken und zog daraus ähnliche Schlüsse wie Cato. In einem Brief an Atticus äußert er sich ebenso überrascht wie besorgt über ‹Sampsiceramus›, wie er Pompeius scherzhaft nannte, indem er dem Eroberer des Ostens einen – für römische Ohren – besonders orientalisch klingenden Namen gab:

> **Sampsiceramus macht Dummheiten. Das Schlimmste steht zu befürchten: Offenkundig bereitet er die Aufrichtung seiner Alleinherrschaft vor. Denn was hat die plötzliche Verschwägerung, die Beschlagnahme des kampanischen Staatslandes, was die Geldverschwendung zu bedeuten? Wenn das schon alles wäre, wäre es zu viel des Unheils; aber es liegt in der Sache, dass das unmöglich schon alles sein kann. Nur zum Spaß betreiben sie diese Dinge nicht. Niemals wären sie so weit gegangen, wenn sie sich nicht damit ein Sprungbrett zu weiteren unheilvollen Maßnahmen hätten schaffen wollen. (Cic. Att. 2,17,1; übersetzt nach Kasten)**

Cicero sollte recht behalten. Doch in einem Punkt täuschte er sich – und nicht nur er. Immer noch war alle Aufmerksamkeit auf Pompeius, den großen Rückkehrer aus dem Osten, gerichtet, von dem viele dachten, dass er Rom angreifen und die alleinige Herrschaft übernehmen wolle. Und wenn nicht, wie zunächst erwartet, mit Waffengewalt, dann eben jetzt, gemeinsam mit Caesar und den Popularen auf politischem Weg. Doch in Wirklichkeit war Caesar der weitaus gefährlichere Mann. Diese Fehleinschätzung konnte Caesar selbst nur recht sein und vielleicht hatte er sie auch bewusst lanciert.

Sein nächster und notwendigster Schritt war nun, sich geeignete Provinzen für die Zeit nach seinem Konsulat zu sichern. Denn die Verwaltungsaufsicht über die staatlichen Forsten und Weidewege, die seine Gegner – so nach Sueton – für ihn vorgesehen hatten, stellte eine bittere Kränkung dar und musste schleunigst revidiert werden. In seiner neuen Machtstellung als Konsul und Partner des Pompeius konnte er frei wählen. Lakonisch benennt Sueton die maßgeblichen Kriterien: «Da ihm also Schwiegervater und Schwiegersohn Unterstützung zukommen ließen, wählte er sich aus der ganzen Bandbreite der Provinzen gerade die beiden Gallien [hier ist Sueton ungenau: Caesar wählte zunächst Gallia Cisalpina und das Illyricum] aus, weil sie ihm Möglichkeiten zu finanziellem Gewinn boten und ihre natürliche Beschaffenheit günstig war, eine brauchbare Voraussetzung für Triumphe.» (Suet. Iul. 22,1)

Also trat der Volkstribun Publius Vatinius in Aktion und stellte in der Volksversammlung den Antrag, Caesar die Provinzen Gallia Cisalpina, also das heutige Oberitalien, und Illyricum auf dem heutigen Balkan für fünf Jahre zuzuweisen, dazu drei Legionen sowie das Privileg, selbst – also am Senat vorbei – Legaten auszuwählen. Ferner beinhaltete der Gesetzesantrag auch eine besondere Legatenstelle mit Befehlsgewalt (*legatus cum imperio*), die mit Titus Labienus, dem späteren Vertreter Caesars in Gallien, besetzt werden sollte. Pompeius und der neue Schwiegervater Calpurnius Piso unterstützten den Antrag und das Volk stimmte der *lex Vatinia de provincia Caesaris* zu. Doch damit nicht genug! Da der Prokonsul von Gallia Transalpina im heutigen Südfrankreich unerwartet starb, stellte Pompeius – nunmehr im Senat –, den Antrag, auch diese Provinz seinem Bündnispartner zu übertragen. Damit brachte er die

Senatoren in Verlegenheit. Lehnten sie den Antrag ab, würde Pompeius ihn in der Volksversammlung einbringen, wo er zweifelsohne durchgehen würde, und damit wäre die Ohnmacht des Senats ein weiteres Mal öffentlich vorgeführt. Stimmten sie hingegen zu, stärkten sie das Triumvirat. Cato sprach sich entschieden dagegen aus, doch am Ende war die Furcht vor den Triumvirn zu groß und der Senat nahm den Gesetzesvorschlag an. Caesar soll über diesen Erfolg besonders frohlockt haben, wie Sueton weiß und uns gleichzeitig eine Kostprobe römischen Humors bietet:

> **Vor Freude war Caesar ganz außer sich, und so ließ er sich hinreißen, wenige Tage danach in der vollbesetzten Kurie zu prahlen. Auch gegen den Willen seiner Gegner, und obwohl es sie schmerze, habe er doch das, was er gewollt habe, erreicht: Ab sofort werde er allen auf den Köpfen herumtanzen. Als jemand daraufhin abfällig sagte, das werde für eine Frau wohl nicht leicht sein, soll er, um darauf zu kontern, erwidert haben: In Syrien wäre auch eine Semiramis Königin gewesen, und einen großen Teil Asiens hätten einst die Amazonen beherrscht. (Suet. Iul. 22,2; übersetzt nach Martinet)**

Die abfällige Bemerkung galt dem alten Gerücht, dass Caesar als junger Mann mit Nikomedes, dem König von Bithynien, ein erotisches Verhältnis unterhalten habe. Doch Caesar kontert souverän: Er verbittet sich nicht, als Frau bezeichnet zu werden, sondern verweist vielmehr auf Beispiele, in denen auch Frauen große Macht ausgeübt haben. Denn darum ging es ihm, um Macht. Hier verstand er keinen Spaß – was sein biologisches Geschlecht betraf, offenbar schon eher.

Caesar erhielt nun auch Gallia Transalpina samt einer weiteren Legion, allerdings zunächst (wohl) nur für ein Jahr. Doch ein Jahr sollte ihm genügen, den Krieg nach Gallien zu tragen, der ihm Beute, Ruhm und Macht in Form von Legionen einbrachte. Catos bissige Worte über Caesars Heiratspolitik hatten sich bestätigt: Ihr verdankte Caesar Provinzen, Armeen und Ämter – und nicht nur Caesar.

So ging es Schlag auf Schlag: Was auch immer Caesar und Pompeius wollten, wurde Gesetz – Crassus hielt sich im Hintergrund, zumindest erwähnen ihn die antiken Quellen auch für diese Zeit kaum. Trotz großen Widerstands von Seiten der Optimaten wurden auch die vorgesehenen Kandidaten in die wichtigsten Ämter des kommenden Jahres gewählt: Caesars Schwiegervater Calpurnius Piso zum Konsul, Aulus Gabinius, der Pompeius schon viele Jahre gute Dienste leistete, zu seinem Amtskollegen und Clodius, nachdem er Plebejer geworden war, zum Volkstribun. Diese Trias vertrat auch im nächsten Jahr die Interessen der Triumvirn, allerdings Cato zum Verdruss und Cicero zum Verhängnis – der eine wurde unter einem ehrenvollen Vorwand aus Rom fortgelockt, der andere mit Schimpf und Schande verbannt.

Von der Kunst, Kriegsgründe zu erfinden

Bibulus, Caesars Amtskollege, hatte trotz des Boykotts der Senatssitzungen ganze Arbeit geleistet. Es gab in diesem Amtsjahr keine Abstimmungen, keine Beschlüsse, keine Gesetze, die er nicht aus kultischen Gründen für ungültig erklärte. Entweder meldete er ungünstige Vogelzeichen oder die Versammlung fand an einem von ihm als solchen deklarierten Feiertag statt. Dankbar griffen die Optimaten diesen Umstand auf und bereiteten Initiativen vor, die darauf abzielten, Caesars gesamte Gesetzgebung aufzuheben. Mit diesem Ansinnen stärkten sie die Geschlossenheit des Triumvirats jedoch erst recht, denn Crassus und Pompeius hatten von Caesars Maßnahmen ebenso profitiert wie dieser selbst. Also kam der Kompromissvorschlag auf, dass Caesar alle Gesetze, die er während seines Konsulats – meist in der Volksversammlung – erlassen hatte, nochmals *en bloc* vor den Senat bringen solle und der Senat im Gegenzug die Garantie geben würde, das gesamte Gesetzespaket für gültig zu erklären. Ein solches Vorgehen wäre jedoch einem Kniefall vor dem Senat gleichgekommen und hätte nur dessen Autorität als letzte Machtinstanz bestätigt. Darauf ließ sich Caesar nicht ein und reiste in seine Provinzen ab. Er wusste nur allzu gut, dass er erst dann wieder nach Rom würde zurückkehren können, wenn seine Macht ausreichte, um es mit der verfeindeten Senatsmehrheit aufzunehmen. Ergo: Ein Krieg musste her.

Militärische Kommandos waren in der ausgehenden Republik ein bewährtes Mittel zur Sicherung von politischer Macht. Kriege brachten Beutegelder ein, die man für Wahlbestechungen, für die Ausrichtung von Spielen und öffentliche Bautätigkeit einsetzen konnte, sie stellten Soldaten und Veteranen zur Verfügung, mit denen man Druck machen und notfalls gegen Rom ziehen konnte, einstweilen aber ermöglichten sie die Verlängerung des Oberbefehls, bis der Feind besiegt war. Solange man Oberbefehlshaber war, genoss man auch Immunität und war vor politisch motivierten Prozessen geschützt. Außerdem brachte Krieg Ruhm und Ansehen – und im besten Falle einen Triumph (alles Voraussetzungen, um in der römischen Nobilität seine Rivalen an Ansehen und Einfluss zu übertrumpfen).

Freilich war Krieg nicht gleich Krieg: Bürgerkriege und Kriege gegen Sklaven waren wenig prestigeträchtig und galten nicht als Grundlage für einen Triumph. Außerdem sollte es sich um einen ‹rechtmäßigen Krieg› (*bellum iustum*) handeln. Cicero hat eine prägnante Definition gegeben, was einen solchen ‹rechtmäßigen Krieg› ausmacht: «Vom besten Staat wird kein Krieg unternommen, es sei denn, um in einem Bündnisfall einzustehen (*pro fide*) oder um die eigene Sicherheit zu gewährleisten (*pro salute*).» (Cic. rep. 3,34) Folgt man Cicero, so geht es mithin stets um Verteidigungskriege, durch die entweder die Gebiete von Bündnispartnern oder aber römische Gebiete gegen auswärtige Feinde geschützt werden. Dass zu diesem Zweck bisweilen auch Präventivkriege erforderlich waren, um durch Eroberung von Feindesland den Frieden zu sichern, ließ eine Grauzone entstehen, die gerne dazu missbraucht wurde, auch Feldzüge, Eroberungen und Annexionen zu rechtfertigen, die aus rein machtpolitischen Gründen erfolgten. Mit der Formel *pro salute* ließ sich – ohne dass Cicero es so gemeint hatte – letztlich die gesamte römische Expansionspolitik legitimieren. Roms Aufgabe bestand nach dieser Ideologie darin, die gesamte Welt zu ‹befrieden› – *pacare*. Das beschönigende Wort bedeutet aber im Grunde nichts anders als ‹beherrschen›.

Kriegserklärungen und Friedensschlüsse waren eigentlich die Sache des Senats und des Volks. Umso mehr bestand für die Statthalter und Inhaber militärischer Kommandos die Notwendigkeit, ihre militärischen Interventionen dem Senat gegenüber gut zu begründen, denn der musste sie absegnen. Oft genügte schon eine Kleinigkeit als Kriegsgrund, wie Caesars Feldzüge zeigen, die er noch als Prätor in Spanien unternommen hatte. Cassius Dio schildert, wie Caesar, nachdem er die Statue Alexanders des Großen bewundert hatte, nur auf eine Gelegenheit wartete, selbst große Taten zu vollbringen:

> **Infolgedessen rückte Caesar, obwohl er, wie gesagt, Frieden hätte haben können, zum Herminianischen Gebirge und befahl den Bewohnern, ihre Wohnstätten in die Ebene hinunterzuverlegen, angeblich, damit sie ihre Festungen nicht als Ausgangspunkte für Raubzüge benützen könnten. In Wirklichkeit wusste Caesar nur zu gut, dass sie dieser Aufforderung niemals nachkommen würden und er dann einen Anlass zum Krieg habe. Und so kam es auch. Als nämlich die Leute zu den Waffen griffen, überwältigte er sie. Auch als einige ihrer Nachbarn aus Furcht, er könnte auch sie angreifen, ihre Kinder und Frauen über den Durius (Duero) in Sicherheit brachten, nahm er in der Zwischenzeit ihre Städte in Besitz und lieferte sich mit ihnen gleichfalls eine Schlacht. Sie trieben ihre Herden vor sich her, um die Römer angreifen, wenn diese sich zerstreuten, um die Tiere zu erbeuten. Doch Caesar kümmerte sich nicht weiter um das Vieh, fing vielmehr ihren Angriff ab und errang einen Sieg (Cass. Dio 37,52,3–5; übersetzt nach Veh)**

Entlarvender als Cassius Dio könnte man die Vorgänge kaum schildern: Hier wird von einem jungen Feldherrn, der sich und seinen Konkurrenten etwas beweisen will, ganz mutwillig ein Streit vom Zaun gebrochen. Die Armseligkeit des Unternehmens tut der Selbstinszenierung keinen Abbruch. Für Siege über Bergvölker, die

Viehherden als Lockmittel einsetzten, um die Legionäre aus ihrer Kampfformation zu bringen, beanspruchte Caesar in Rom einen Triumph? Jedenfalls sehen wir hier in der spanischen Provinz *en miniature* Strategien der Provokation und Eskalation, die Caesar auch in Gallien einsetzen wird.

Nach Lage der Dinge bot sich in der Tat das keltische Hinterland, das sich nördlich der römischen Provinz Gallia Transalpina (etwa in der heutigen Provence) ausdehnte und im Osten in das Gebiet der Germanen überging, für einen erfolgversprechenden Feldzug an. Auch Rom gegenüber war die Notwendigkeit eines Krieges gegen die Kelten und Germanen gut vermittelbar. Seit dem Keltensturm im Jahr 387 v. Chr., bei dem Rom beinahe in die Hände der Barbaren gefallen wäre, wurden die Völker jenseits der Alpen als allgegenwärtige Bedrohung wahrgenommen. Auch die verheerenden Einfälle der Kimbern und Teutonen, denen erst Marius 102/101 v. Chr. ein Ende machte, waren noch in frischer Erinnerung; eine gute Ausgangsbasis für eine Legitimationsstrategie, die in Rom verfing.

Und so nahm das, was wir als Gallischen Krieg kennen, seinen Anfang: Ein kleines Keltenvolk in der heutigen Schweiz, die Helvetier, hatte beschlossen, ins Gebiet der Santonen im heutigen Westfrankreich auszuwandern. Der für die Helvetier günstigste Weg führte dabei durch die römische Provinz Gallia Transalpina – für Caesar, nunmehr Statthalter dieser Provinz, ein Glücksfall. Er eilte nach Genava (Genf) und hob zu den schon bewilligten vier Legionen eigenmächtig zwei weitere aus. Als die Helvetier ihn um Erlaubnis baten, die Provinz zu durchqueren, verbot Caesar ihnen die Passage rundweg mit einer zwar kalten, aber aus römischer Sicht durchaus plausiblen Begründung: «Ein solcher Durchzug sei nach Brauch und bisheriger Praxis des römischen Volkes nicht möglich.» (Caes. Gall. 1,8,3) Vorsorglich hatte er die Provinzgrenze gesichert. Damit zwang er die Helvetier, durch die Gebiete der Sequaner und Häduer zu ziehen. Dort war die politische Situation angespannt.

Bei den Häduern gab es zwei Parteien: eine mit Rom verbündete und eine Rom feindlich gesinnte. Die romfreundliche Partei der Häduer war mit den Sequanern verfeindet, die romfeindliche Partei dagegen paktierte mit den Sequanern. Aus dieser verworrenen Lage versuchte Caesar das Beste zu machen, um einen Krieg gegen die Helvetier anzuzetteln und ihn auch gegenüber dem römischen Senat rechtfertigen zu können. Die Helvetier zogen also notgedrungen durch die Siedlungsgebiete der beiden Stämme und verwüsteten – angeblich – dabei das Land der Häduer. Diese baten Caesar um Hilfe – und schon hatte Caesar seinen ersehnten Kriegsgrund: den Bündnisfall, der einen Krieg legitimierte. Mit großem Geschick hatte Caesar die Helvetier dorthin gebracht, wo er sie haben wollte, und eine Lage erzwungen, die ihm – so der Anschein – keine andere Wahl ließ als loszuschlagen. Ob die Helvetier wirklich das Land der Häduer verwüstet oder nur unvermeidliche Spuren des Durchmarsches hinterlassen und ob die Gesandten Caesar wirklich um die Bekämpfung oder aber vielleicht nur um die Sicherung des Durchmarsches gebeten hatten, wird im Dunklen bleiben müssen, denn die einzige Quelle hierfür ist Caesar selbst. In seinen Kommentarien *Über den Gallischen Krieg* stellte er seine Feldzüge natürlich ganz in seinem Sinne dar und rückte sich und seine Taten ins beste Licht. Jedenfalls vernichtete er den größten Teil der Helvetier und siedelte die Überlebenden wieder in ihrer alten Heimat an.

Doch Caesars Krieg musste eine Fortsetzung finden, denn sein Ziel blieben große Landgewinne, die den Dimensionen entsprachen, die Pompeius mit seinen Feldzügen in Asien vorgegeben hatte. Der nächste Anlass für einen Feldzug ergab sich aus einer ähnlichen Konstellation wie der Helvetierkrieg, der angeblich aufgrund eines Hilferufs der befreundeten Häduer erfolgt war. Auch diesmal sollen Keltenstämme Caesar um Unterstützung gebeten haben, und zwar gegen den Germanenfürsten Ariovist. Dieser war ursprünglich von den Sequanern gegen die Häduer über den Rhein zu Hilfe gerufen worden – und hatte sich dann aber im linksrheinischen Gebiet dauerhaft niedergelassen. Caesar ließ die persönlichen Verhandlungen mit Ariovist scheitern und besiegte ihn in der Schlacht bei Vesontio. Den Feldzug gegen Ariovist begründet er gleichermaßen mit Bündnisverpflichtungen und mit der generellen Gefahr, die von den Germanen ausgehe. So fand das erste Kriegsjahr in Gallien sein Ende.

Doch der Krieg musste auch im nächsten Jahr weitergehen, zumal Caesar anderenfalls das prokonsularische *imperium* für diese Provinz verlieren würde. Anders als bei den anderen beiden Provinzen war ihm ja Gallia Transalpina nur für ein Jahr gewährt worden und sein Kommando hierfür musste Jahr für Jahr verlängert werden. Anlass für weitere Kämpfe gaben diesmal die Belger, die mit Blick auf den Krieg, den Caesar nach Gallien getragen hatte, nun ihrerseits aufrüsteten und – aus römischer Sicht – verdächtige Versammlungen abhielten. Grund genug für Caesar, zwei weitere Legionen auszuheben und auch die belgischen Stämme mit Krieg zu überziehen und ‹zu befrieden›. Wieder argumentiert Caesar mit der Germanengefahr, denn die Belger stammten seiner Darstellung nach von den Germanen ab und seien mit diesen verbündet. Caesar besiegte also auch die Belger, meldete nach Rom, ganz Gallien sei ‹befriedet› (Caes. Gall. 2,35,1) und erhielt im Herbst 57 v. Chr. – von Pompeius arrangiert – das längste Dankfest, das in Rom jemals für einen Feldherrn gefeierte wurde.

Nachdem – in Caesars Darstellung – ganz Gallien erobert und damit – aus römischer Sicht – als römisches Herrschaftsgebiet galt, stand ein neues Narrativ zur Verfügung, um weitere Feldzüge zu rechtfertigen: Erhob sich jetzt einer der unterworfenen Stämme oder zahlte keine Tribute und lieferte kein Getreide oder schickte auch nur keine ‹Friedensgesandtschaften› an Caesar, die ihm ihre unterwürfige Aufwartung zu machen hatten, handelte es sich fortan um einen ‹Aufstand›, der eine sofortige militärische Intervention erforderlich machte. Als 54 v. Chr. einige Stämme im Norden Galliens wieder zu den Waffen griffen, war es bereits eine Selbstverständlichkeit, dass Caesar zwei weitere Legionen aushob (eine dritte bekam er noch von Pompeius dazu) und die Aufstände blutig niederschlug.

Auch wenn fremde Stämme in neu eroberte Gebiete eindrangen, galten solche Völkerwanderungen in den Augen Caesars sogleich als Grenzverletzung und führten zu Kampfmaßnahmen.

Als die germanischen Usipeter und Tenkterer 55 v. Chr. über den Rhein setzten, wurden sie von Caesar fast völlig aufgerieben. Bei dieser Gelegenheit kam es von römischer Seite aus zu einer – auch nach antiken Vorstellungen – gravierenden Verletzung des Gesandtenrechts, denn Caesar ließ eine Gesandtschaft niedermachen, die eigentlich zu ihm gekommen war, um Friedensverhandlungen zu führen. Das erregte selbst in Rom böses Blut und Cato verlangte sogar die Auslieferung Caesars an die Germanen. Natürlich lief seine Forderung ins Leere – gegen die Macht der Triumvirn kamen er und der Senat nicht an.

Auch für seine Vorstöße über den Rhein gegen die Germanen und über den Ärmelkanal gegen die Britannier fand Caesar Vorwände: Die von dort kommenden Stämme würden die Aufstände in Gallien unterstützen. In Wirklichkeit dürfte es dem ehrgeizigen Oberbefehlshaber eher darum gegangen sein, möglichst weit in den Norden vorzustoßen, um mit Pompeius, dem Eroberer des Ostens, gleichziehen zu können.

Caesars großer Krieg in Gallien lief – nüchtern betrachtet – nach immer demselben Schema ab: Fremde Stämme drohen in die römische Provinz einzudringen, Caesar hebt zusätzliche Legionen aus, eilt herbei und wehrt den Angriff ab. Oder: Verbündete Stämme bitten um Hilfe, Caesar hebt zusätzliche Legionen aus, eilt herbei und siegt. Oder: Eroberte Stämme machen einen Aufstand, Caesar hebt zusätzliche Legionen aus, eilt herbei und siegt. Oder: Fremde Stämme dringen in eroberte Gebiete ein, Caesar hebt zusätzliche Legionen aus, eilt herbei und wehrt den Angriff ab. Hält man sich dieses immer wiederkehrende Muster vor Augen, wird einmal mehr deutlich, dass Caesar alles tat, damit der einmal begonnene Krieg nicht zum Erliegen kam.

Mit der Länge des Krieges wuchs – trotz vieler Verluste – auch die Zahl der Legionen: War Caesars prokonsularisches *imperium* zunächst mit vier Legionen ausgestattet, verfügte er Ende 58 v. Chr. über sieben, Ende 57 v. Chr. über neun, Ende 53 v. Chr. über elf Legionen. Am Ende des Gallischen Krieges war Caesar Herr über 13 Legionen. Dass seine Erfolge in Gallien nicht unbemerkt blieben, dafür sorgten in Rom drei Dankfeste: 57 v. Chr. ein 15-tägiges für den Sieg über die Belger, 55 v. Chr. ein 20-tägiges für die Expedition gegen die Britannier und 52 v. Chr. wieder ein 20-tägiges für den Sieg nach der Schlacht bei Alesia.

Je länger Caesar in Gallien Krieg führte, umso mehr wuchs mit der Zahl der Legionen auch seine militärische Macht und mit der Zahl und Dauer der Dankfeste sein Ansehen in Rom. Um seinen Krieg immer wieder in die Länge zu ziehen, brauchte er immer neue Gründe. In der Kunst, Kriegsgründe zu finden und vor allem zu *erfinden*, war Caesar wahrlich ein Meister.

Pompeius, Caesar und Crassus

56–55 v. Chr.

Kriege wurden in der Antike nur im Sommer geführt. Im Winter legte Caesar daher, wie bei mehrjährigen Kriegen üblich, seine Legionen in verschiedene Winterlager. Er selbst residierte dann meist in seiner oberitalischen Provinz Gallia Cisalpina, wo er gemäß seinen Aufgaben die Verwaltung beaufsichtigte und Gerichtstage abhielt. Vor allem aber stand er dank der räumlichen Nähe im engen Austausch mit den führenden Männern in Rom. Das gelang ihm so gut, dass er hierin Pompeius zu übertreffen schien, obwohl dieser unmittelbar vor den Toren Roms weiterhin seine prokonsularische Aufsicht über die Getreideversorgung wahrnahm. Trotz seines langen Krieges in Gallien blieb Caesar auf diese Weise unauffällig, aber einflussreich der Politik in Rom erhalten und bestimmte sie maßgeblich mit. Plutarch urteilt ganz richtig, wenn er schreibt: «Während dieser Zeit hoben die Gallischen Kriege Caesar hoch empor, und während er dem Anschein nach sehr weit von Rom entfernt war und mit Belgern, Sueben und Britanniern im Kampf lag, spielte er dank seiner überlegenen Klugheit, als wäre er mitten im römischen Volk vor Ort, Pompeius politisch an die Wand.» (Plut. Pomp. 51,1)

Eine Verschwörung zur Vernichtung des Staates

So entging es Caesar nicht, dass sich Crassus und Pompeius zusehends entfremdeten und die alte Rivalität zwischen beiden wieder aufflammte. Gleichzeitig machten die Optimaten gegen Caesar mobil und forderten sogar seine vorzeitige Abberufung aus Gallien. Mit allen Mitteln stemmte sich Caesar gegen diese Entwicklungen und beschloss, Pompeius und Crassus erneut auszusöhnen und das Triumvirat auf festere Füße zu stellen. Eine Gelegenheit dazu bot sich während eines seiner Aufenthalte in Gallia Cisalpina. Plutarch gibt einen Eindruck von den zahlreichen Politikern, die Caesar, wenn er sich in Luca (Lucca) aufhielt, ihre Aufwartung machten und auf seine Unterstützung hofften:

> **Als er daher über die Alpen herübergekommen war und den Winter in Luca verbrachte, waren außer einer großen Menge anderer, Männer und Frauen, die im Wetteifer zu ihm strömten, auch zweihundert Senatoren, unter ihnen Pompeius und Crassus, und hundertzwanzig Liktoren von Prokonsuln und Prätoren vor Caesars Quartier zu sehen. Alle anderen entließ er, mit Hoffnungen geködert und mit Geld versehen. Mit Crassus und Pompeius aber wurde die Abmachung getroffen, dass die beiden sich um das Konsulat bewerben sollten, dass Caesar ihnen dabei helfen sollte, indem er viele seiner Soldaten zur Wahl schickte, und dass sie, sobald sie gewählt wären, für sich die Bewilligung von Provinzen und Legionen und für Caesar die Bestätigung der Provinzen, die er hatte, auf weitere fünf Jahre erwirken sollten. (Plut. Pomp. 51,4 f.; übersetzt nach Ziegler)**

Offenbar pilgerte fast ganz Rom zu Caesar in die Provinz, der dort als übermächtiger Patron der großen Politik seine Anhänger empfing, so als wäre der in Rom übliche Morgenbesuch seiner Klienten (*salutatio*) nun in die Provinz verlegt. Aus Schilderungen dieser Art kam die Vorstellung auf, dass Caesar, als er im April 56 v. Chr. Pompeius und Crassus traf, eine ordentliche Konferenz abhielt, um das

Triumvirat zu erneuern, die sogenannte Konferenz von Luca. Cicero, von dem zahlreiche Briefe aus dieser Zeit überliefert sind, erwähnt ein solches Zusammentreffen allerdings nicht. Wahrscheinlicher ist, dass Caesar seine Partner lieber unabhängig voneinander traf, um in Einzelgesprächen ihre Wünsche und Befindlichkeiten auszuloten und auf diese Weise den Verlauf der Gespräche besser kontrollieren und vielleicht auch manipulieren zu können. So hatte er es auch im Winter 60 v. Chr. gehalten, als er das Bündnis zustande brachte.

Die Vereinbarungen gingen diesmal weit über das hinaus, was vier Jahre zuvor beschlossen wurde. Um den Caesar feindlich gesinnten Kandidaten Domitius Ahenobarbus als Konsul zu verhindern, sollten Pompeius und Crassus ein zweites Mal gemeinsam das Konsulat übernehmen. Damit ihre Wahl gelang, versprach Caesar Soldaten zu senden, die für sie stimmten. Als Konsuln sollten sie sich dann jeweils für fünf Jahre große Kommandos zuweisen lassen: Pompeius sollte Spanien und Africa erhalten – Gebiete, die auch für seine Aufsicht über die Getreideversorgung von Bedeutung waren. Crassus wiederum wurde Syria zugeteilt, von wo aus er gegen die Parther ziehen wollte. Caesar selbst sollte die Provinzen, die er bisher schon verwaltete, für weitere fünf Jahre behalten, also die beiden gallischen Provinzen und das Illyricum auf dem Balkan. Auffällig ist die – im Vergleich zu den Abmachungen vom Winter 60 v. Chr. – wohlüberlegte Austarierung der Macht. Jeder der Triumvirn wurde mit großen Kommandos bedacht, die auf fünf Jahre angelegt waren. Auf diese Weise waren alle drei auf den Fortbestand des Triumvirats gleichermaßen angewiesen, und die vormaligen Kontrahenten bildeten – vorerst – eine Interessengemeinschaft. Im Grunde hatten die Triumvirn nun weite Teile des Imperium Romanum unter sich aufgeteilt und aufgrund ihrer ungeheuren Einflussmöglichkeiten den Staat völlig in ihrer Hand. Plutarch setzt im Rückblick die neuen Vereinbarungen mit einer Verschwörung gleich: «Diese Übereinkunft bedeutete nichts anders als eine Verschwörung zur Aufteilung der Macht und zur Vernichtung des Staates.» (Plut. Cat. min. 41,2)

Zügig ging man ans Werk. Die Konsulatswahl wurde bis in den Herbst verzögert, da Caesar die Soldaten, die er als Wähler schicken wollte, im Sommer noch in Gallien brauchte. Nach der gewonnenen Wahl ließen die neuen Konsuln zu Beginn des Jahres 55 v. Chr. den Volkstribun Gaius Trebonius ein Gesetz einbringen, das ihnen die vereinbarten Provinzen übertrug, mit der Befugnis, nach eigenem Ermessen Truppen auszuheben und Feldzüge zu unternehmen. Unter blutigen Unruhen wurde die *lex Trebonia* angenommen.

Daraufhin setzten die Konsuln die Verlängerung der Statthalterschaft Caesars um weitere fünf Jahre, also bis zum 1. März 49, gesetzlich durch und erfüllten mit ihrer *lex Licinia Pompeia* auch diesen Punkt der Abmachung. Eine zusätzliche Klausel in diesem Gesetz verbot, dass vor dem 1. März 50 v. Chr. über Caesars Nachfolger in den gallischen Provinzen verhandelt werden dürfe.

Mit diesem Zusatz hatte es eine besondere Bewandtnis, die wieder einmal zeigte, wie sorgfältig Caesar plante und auch juristische Feinheiten berücksichtigte: Er wollte unbedingt vermeiden, vorzeitig abberufen zu werden und damit ohne Amt zu sein. Denn auch bei einer kurzfristigen Amtspause würde er seine Immunität verlieren und als Privatmann von seinen zahllosen Feinden gerichtlich angreifbar sein. Daher strebte er unmittelbar im Anschluss an seine Statthalterschaft das Konsulat an. Nun gab es aber ein Gesetz (die *lex Cornelia de magistratibus*), dass sich ein ehemaliger Konsul erst nach Ablauf einer Frist von zehn Jahren erneut um das Konsulat bewerben durfte. Für Caesar wäre also eine Bewerbung frühestens im Jahr 49 v. Chr. möglich gewesen, so dass er erst ab 1. Januar 48 v. Chr. wieder das Amt innegehabt hätte. Des Weiteren bestimmte ein anderes Gesetz, die auf Gaius Gracchus zurückgehende *lex Sempronia de provinciis consularibus*, dass diejenigen Provinzen, die die Konsuln nach ihrer Amtszeit erhalten sollten, noch vor der Konsulatswahl festzulegen seien. Die Wahlen der Konsuln für das jeweils nächste Jahr fanden in der Regel im Juli statt. Die Provinzen, die die Konsuln übernehmen sollten, mussten also etwa anderthalb Jahre vorher feststehen. Wenn Caesar sicherstellen wollte, dass seine gallischen Provinzen auch 49 v. Chr. nicht an einen anderen vergeben würde, durfte über sie nicht vor dem 1. März 50 verhandelt werden. Wurde erst nach diesem Termin entschieden, ging es bereits um die

Konsuln des Jahres 49 v. Chr., die erst nach ihrem Amtsjahr in Rom ihr Prokonsulat in der Provinz antreten könnten, also 48 v. Chr., und da wäre Caesar – so der Plan – längst wieder Konsul.

Angesichts dieser – zugegebenermaßen verwirrenden – juristischen Details, die Caesar in seine Überlegungen einbezog, stellt sich die Frage, wie die Berücksichtigung dieser juristischen Finessen zur brachialen Gewalt passt, mit der die Triumvirn den Ausgang von Wahlen, Gesetzesanträgen und Prozessen in ihrem Sinne beeinflussten. Ein gesetzeskonformes Vorgehen ist jedoch auch rein machtpolitisch gesehen von Vorteil. Äußerlich wurde so an den staatlichen Institutionen nicht gerüttelt und mit der Beachtung der gesetzlichen Formalitäten der Anschein von Rechtmäßigkeit erweckt. Dass mit Bestechung, Klüngelei und Gewalt die gesetzlichen Vorgaben dann wieder ausgehebelt wurden, stand auf einem anderen Blatt. Offenbar verfing diese Art von zwiespältiger Legitimation der Macht in der römischen Gesellschaft durchaus – Cato und Cicero natürlich ausgenommen. Es mag ein machtpolitischer Topos sein, dass sich auch die brutalsten Machthaber alle Mühe geben, ihr Handeln als gesetzmäßig erscheinen zu lassen.

Im Gegensatz zu ihrem ersten gemeinsamen Konsulat kam es diesmal zu keinem Zerwürfnis zwischen Pompeius und Crassus, vielmehr bestand während der gesamten Amtsführung – auch bei zahlreichen weiteren Maßnahmen, die nicht in Luca beschlossen wurden – große Einigkeit. So wurde «die Verschwörung zur Verteilung der Macht und zur Vernichtung des Staates» (Plut. Cat. min. 41,2) ein voller Erfolg und durch sie ein Machtkartell auf Dauer etabliert. Cicero schreibt in einem Brief resigniert: «Unsere ‹Freunde› haben das Heft fest in der Hand, und zwar so, dass zu unseren Lebzeiten keine Änderung der Verhältnisse mehr möglich zu sein scheint.» (Cic. fam. 1,8,1)

Pompeius und Caesar

54 v. Chr.

Caesar blieb in Gallien und kümmerte sich um seine Kämpfe im Norden, Crassus machte sich in den Osten auf, um den Feldzug gegen die Parther vorzubereiten, und Pompeius blieb vor Rom und verwaltete von dort aus (durch seine Legaten) die Getreideversorgung und seine Provinzen im Westen und Süden.

Seine Präsenz vor Rom – als Imperator durfte er das *pomerium* nicht übertreten – verschaffte Pompeius erhebliche Vorteile gegenüber Caesar, der im Sommer in Gallien oder Britannien seine Feldzüge führte. Pompeius konnte direkt auf die Politik einwirken und seine Kontakte pflegen – auch zu führenden Optimaten, die, das wurde immer klarer, in erster Linie Caesar hassten. Caesar reagierte darauf, indem er Cicero, der Pompeius nahestand, stärker an sich band. Das einfachste Mittel dazu war Geld, und so gewährte er ihm einen hohen Kredit. Ciceros Bruder Quintus war ohnehin in Gallien einer seiner Legaten, und so hatte Caesar beide Brüder gleichsam an der Kandare. Auch auf andere Weise versuchte er, in Rom präsent zu sein: Er verstärkte seine öffentliche Bautätigkeit und setzte dem steinernen Theater, das Pompeius soeben auf dem Marsfeld feierlich eröffnet hatte, eigene Bauwerke auf dem Forum entgegen, etwa die Basilica Iulia. Ihre Konkurrenz um Prestige und Präsenz im öffentlichen Raum wuchs. Doch nach außen hin standen sie zusammen – bis beide unerwartet von einem gemeinsamen Schicksalsschlag getroffen wurden.

Tod einer Frau und die Folgen

Im September 54 v. Chr. starb Iulia, die Tochter Caesars, die seit fünf Jahren mit Pompeius verheiratet war. Trotz des großen Altersunterschiedes von mindestens 23 Jahren – das genaue Geburtsdatum Iulias ist nicht sicher – galt die Ehe als glücklich. Es ging sogar das Gerücht um, dass Pompeius ihretwegen nicht in seine Provinzen gegangen war, sondern in der Nähe von Rom blieb. Der ausführlichste Bericht über die Umstände ihres Todes stammt von Plutarch:

> **Als Iulia wieder [nach einer Fehlgeburt] schwanger wurde und ein Töchterchen zur Welt gebracht hatte, starb sie im Wochenbett, und auch das Kind überlebte sie nur wenige Tage. Pompeius hatte Vorkehrungen getroffen, ihren Leichnam auf seinem Landgut in Alba Longa beizusetzen, aber das Volk erzwang, dass sie zum Marsfeld gebracht wurde, eher aus Mitleid mit der jungen Frau, als um Pompeius und Caesar einen Gefallen zu tun. (Plut. Pomp. 53,5 f.; übersetzt nach Ziegler)**

Dass das Volk auf einer feierlichen Bestattung auf dem Marsfeld bestand, ist bemerkenswert. Eine solche Ehre wurde selbst berühmten Männern sehr selten zuteil – zuletzt Sulla. Ob die besondere Ehrbekundung Iulia selbst galt oder aber dem Ehemann oder dem Vater, ist schwer zu sagen, sie zeigt aber, dass das Volk sehr wohl wusste, was der Tod von Caesars Tochter für das Gemeinwesen bedeutete. Die antiken Historiker berichten übereinstimmend von der großen Aufregung, die ihr Tod in der Öffentlichkeit auslöste, so etwa Plutarch:

> **Denn sofort war die Stadt in Gärung, und alles war in unruhiger Bewegung, und heftige Diskussionen wurden darüber geführt, dass die Verwandtschaft, welche die Herrschsucht der beiden Männer früher mehr verdeckt als eingeschränkt habe, nun zerrissen sei. [...]**
> **Die Trauer des Pompeius war groß, groß auch die Caesars, und Bestür-**

> zung erfasste die Freunde, weil die Verwandtschaftsbande nun gelöst waren, welche den kranken Staat noch in Frieden und Eintracht gehalten hatten. (Plut. Pomp. 53,7; Caes. 23,6; übersetzt nach Ziegler)

Auch Velleius Paterculus betont die vermittelnde Rolle, die Iulia zwischen den beiden Machthabern einnahm:

> Iulia war das Faustpfand des Bündnisses zwischen Pompeius und Caesar gewesen, ein Bündnis, das wegen der Eifersucht des einen auf die Machtstellung des anderen nur noch mühsam zusammenhielt. Und als ob das Schicksal alle Bande zwischen den beiden zu Erzfeinden bestimmten Anführern zerschneiden wollte, starb kurz danach auch noch das kleine Kind des Pompeius und der Iulia. (Vell. 2,47,2; übersetzt nach Giebel)

Die Nachricht vom Tod seiner Tochter erreichte Caesar in Gallien nach seiner Rückkehr aus Britannien und traf ihn tief. Iulias feierliche Bestattung auf dem Marsfeld rührte ihn, und er ließ dem Volk zum Dank ein Gladiatorenspiel mit einem anschließenden Festbankett ankündigen – eine Ehre, die einer jungen Frau zum ersten Mal erwiesen wurde. So konnte sich Caesar auch aus der Ferne beim Volk beliebt machen. Wie schon bei seiner Tante Iulia und seiner ersten Frau Cornelia brach er auch diesmal mit allen Konventionen, indem er das Leichenbegängnis einer Frau zum Anlass nahm, um sich und seine Familie öffentlichkeitswirksam zu inszenieren.

Ihm, der Pompeius mehr brauchte als Pompeius ihn – war er doch mit den Optimaten im Senat völlig verfeindet –, war sofort klar, welche politischen Folgen der Tod seiner Tochter hatte: Sein Bündnis mit Pompeius war gefährdet. Trotz seiner Trauer sann er sogleich auf eine neue Verbindung, die Ersatz schaffen sollte. So bot er Pompeius an, dass dieser Octavia, die Enkelin seiner Schwester (übrigens die Schwester des späteren Augustus) zur Frau nehmen könne, während er selbst dessen Tochter heiraten und sich dafür von Calpurnia trennen wollte. Doch Pompeius lehnte ab, und so gab es zwischen den beiden Triumvirn keine Frau mehr, die bei den kommenden Konflikten hätte vermitteln können. Bald sollte sich die Konkurrenzsituation zwischen beiden nochmals zuspitzen.

Crassus

54–53 v. Chr.

Crassus sah seine Provinz Syria als strategischen Ausgangspunkt für einen Feldzug gegen die Parther. Er war ganz versessen darauf, es Lucullus und Pompeius gleichzutun, und träumte (wenn man Plutarch glauben darf) von noch ferneren Reichen, die er im Osten erobern wollte, von Baktrien und Indien. Allerdings gab es auch nach antiken Maßstäben keinerlei Anlass, gegen die sich bislang Rom gegenüber ruhig verhaltenden Parther, ein mit den Persern verwandtes iranisches Volk, das den Raum des einstigen Perser- beziehungsweise Teile des ehemaligen Alexanderreiches beherrschte, Krieg zu führen. Doch nach der *lex Trebonia* war es ihm und Pompeius erlaubt, auf eigene Verantwortung Kriege zu erklären und Friedensverträge zu schließen. Und Crassus war fest entschlossen, gegen die Parther ins Feld zu ziehen. Die optimatische Opposition kritisierte den ungerechten Krieg heftig und brachte es fertig, das Volk von Rom gegen das Unternehmen aufzuhetzen. Als Crassus schließlich feierlich aus Rom ausziehen wollte, um in seine Provinz aufzubrechen, wurde er von den aufgebrachten Massen so bedrängt, dass er Pompeius um Schutz bat. Diesem gelang es, das Volk zu beruhigen und Crassus sicher aus der Stadt zu geleiten. Gleichwohl konnte er nicht verhindern, dass ein Volkstribun Crassus beim Auszug abpasste und ihn unter Anrufung fremdartiger Götter mit den grausigsten Flüchen belegte. Im abergläubischen Rom verfehlte dieser Auftritt nicht die öffentliche Wirkung, und der Feldzug gegen die Parther stand von Anfang an unter einem ungünstigen Stern.

Crassus hatte zu diesem Zeitpunkt das sechzigste Lebensjahr bereits überschritten und bei allem Konkurrenzdenken, das die Nobilität im Allgemeinen und die Triumvirn im Besonderen antrieb, bleibt doch die Frage, warum der alternde Konsular sich die Strapazen eines großen Eroberungskrieges im Orient antun wollte. Als junger Mann war Crassus sicher ein fähiger Feldherr gewesen und hatte am Collinischen Tor maßgeblich zum Sieg Sullas beigetragen. Auch später noch, im Kampf gegen Spartacus, hatte er sich durchaus bewährt, auch wenn ihm Pompeius den endgültigen Erfolg streitig gemacht hatte. Doch dieser letzte Feldzug war über 15 Jahre her und Crassus hatte seitdem kein militärisches Kommando mehr geleitet. Trieb ihn allein jene unersättliche Ruhmsucht an, mit der antike Historiker sein Handeln stets erklärten?

Mag sein, dass die Rivalität der drei mächtigsten Männer im Staat eine tödliche Eigendynamik gewonnen hatte, die auch den reichsten Mann Roms in ihren Sog zog. Vielleicht aber war es auch ein anderer Punkt, der für Crassus ausschlaggebend war: seine Söhne – genauer gesagt, der jüngere von beiden. Dieser diente gerade als Legat unter Caesar in Gallien und hatte sich dort als erfolgreicher Kommandeur hervorgetan. Dachte Crassus möglicherweise an ihn, wenn er im Osten unsterblichen Kriegsruhm anstrebte? Caesar versprach denn auch, Publius Crassus zu seinem Vater zu schicken, damit beide gemeinsam gegen die Parther ziehen könnten. Vielleicht beabsichtigte Crassus als der mit Abstand Älteste unter den Triumvirn durch großartige Siege eine Machtbasis zu schaffen, die es seinen Söhnen ermöglichen würde, was ihm selbst verwehrt geblieben war: sich gegen Pompeius und Caesar durchzusetzen und ganz an die Spitze des Staates zu gelangen? Übrigens soll Caesar den geplanten Partherfeldzug begrüßt und Crassus zu seinem Vorhaben beglückwünscht haben. Glaubte Caesar wirklich an einen Sieg, oder rechnete er gar damit, dass Crassus nicht heil aus diesem Abenteuer zurückkehren würde – oder hoffte er sogar darauf? Als militärischen Rivalen sah er ihn jedenfalls nicht, das war und blieb Pompeius.

Nach dem Krieg gegen Mithridates hatte Pompeius den Euphrat als Grenze zwischen dem Imperium Romanum und dem Partherreich nochmals bestätigt. Mit König Phraates III., der sich Rom gegenüber meist neutral verhalten hatte, hatte er sich damals ins Benehmen gesetzt und damit für Frieden an der Ostgrenze des

Römischen Reiches gesorgt. Mittlerweile hatte der Sohn des Phraates, Orodes II., den Thron bestiegen und war gerade damit beschäftigt, seine Herrschaft zu festigen. Im benachbarten Armenien war inzwischen Artabazes II. seinem Vater Tigranes II. nachgefolgt und auch er blieb Rom als Vasallenkönig verbunden. Zwischen der römischen Provinz Syria und den Parthern bildete das Gebiet der Osrhoene einen kleinen Pufferstaat, dessen König Abgar II. von Pompeius anerkannt worden war und ebenfalls als Verbündeter Roms galt.

So war die Lage im Osten, als Crassus im Frühjahr 54 v. Chr. in Syria eintraf. Eine erste Kampagne über den Euphrat verlief erfolgreich, nicht zuletzt deshalb, weil die ins Visier genommenen Städte griechische Kolonien waren und sich meist freiwillig ergaben, darunter auch die Stadt Carrhae. Doch statt den Überraschungseffekt auszunutzen, zog sich Crassus wieder nach Syria zurück. Im kommenden Winter traf dort sein Sohn Publius ein, den Caesar zu ihm gesandt hatte – in Begleitung von tausend kampferprobten keltischen Reitern.

Tod in der Wüste

Im Frühjahr 53 v. Chr. überschritt Crassus zum zweiten Mal den Euphrat. Der Plan war, flussabwärts bis Seleukia, der Hauptstadt des Partherreiches, zu ziehen, während der Armenierkönig Artabazes gleichzeitig von Norden einfallen sollte. Der Partherkönig Orodes kam aber Artabazes zuvor und griff Armenien an, gegen die Römer schickte er seinen Feldherrn Surenas ins Feld. Der ließ sich aber zunächst nicht auf einen Kampf ein, sondern sann auf eine List. Es war ihm gelungen, Abgar II. von Osrhoene, der eigentlich in einem Vasallenverhältnis zu Rom stand, für die Sache der Parther zu gewinnen und ihn dazu zu bringen, Crassus in eine Falle zu locken. Abgar suchte Crassus auf, gab sich treu ergeben und riet ihm, die Marschroute entlang des Euphrats zu verlassen und einen östlichen Weg durch die Ebene zu nehmen, da Eile bei der Verfolgung des

Feindes geboten sei. Das war ein vergifteter Rat, denn der Euphrat bot neben Wasser auch den sicheren Schiffstransport der Versorgungsgüter für das Heer. Obwohl seine Offiziere – unter ihnen auch der spätere Caesarmörder Gaius Cassius Longinus – heftig protestierten, willigte Crassus in die Empfehlung des landeskundigen Abgar ein. Damit nahm das Schicksal seinen Lauf. Plutarch berichtet:

> **Als Abgar den Crassus überredet hatte, zog er ihn vom Fluss ab und führte ihn mitten durch die Ebene einen Weg, der anfangs bequem und leicht, dann aber beschwerlich war, da er in tiefen Sand überging und in baumlose, wasserlose Flächen, die nirgends bei einer dem Auge erkennbaren Grenze endeten, sodass die Soldaten nicht nur vom Durst und der Anstrengung des Marsches erschöpft waren, sondern auch alles, was sie zu sehen bekamen, in ihnen trostlosen Missmut erregte, da sie keine Pflanze erblicken konnten, kein Gewässer oder sanfte Bergzüge, kein grünes Gras; sondern eine wie ein Meer ringsum ergossene Sandwüste umgab das Heer. (Plut. Crass. 22,1; übersetzt nach Ziegler)**

Nachdem sich Abgar unter einem Vorwand empfohlen hatte, stand Crassus mit seinen Legionen allein in der Wüste. Vor genau dieser Situation hatten ihn seine Offiziere gewarnt, denn die Parther waren berüchtigt für ihre Kavallerie, deren Kampfkraft sich gerade in der freien Ebene entfalten konnte.

Nun griffen die Parther unter Surenas an. Crassus befahl seinen Legionären, ein Karree zu bilden: Den rechten Flügel befehligte sein Sohn Publius, den linken Cassius, das Zentrum er selbst. Die Stimmung war bedrückend. Statt Kriegshörner, wie die Römer, nutzten die Parther tieftönende Kriegspauken, deren dumpfer Klang «an das Gebrüll wilder Tiere und das Krachen des Donners» erinnerte (Plut. Crass. 23,9). Unzählige parthische Reiter umzingelten die zusammengeduckten Legionäre und wirbelten mit den Hufen Staubwolken auf, dass nichts mehr zu erkennen war. Gleichzeitig ging ein nicht enden wollender Pfeilhagel über sie nieder, der Schilde und Panzer durchschlug. Die Hoffnung, dass dem Feind die Geschosse ausgingen, zerschlug sich bald, als klar wurde, dass in der Nähe etliche mit Pfeilen beladene Kamele bereitstanden, bei denen die Bogenschützen reihum Nachschub holten. Da gab Crassus seinem Sohn den Befehl, einen Ausfall zu machen. Im Schlachtgetümmel wurden Publius und sein Flügel vom Hauptheer getrennt und flüchteten sich schließlich auf einen kleinen Sandhügel. Dort fanden sie vor den unaufhörlich anbrandenden Pfeilschwärmen noch weniger Schutz und wurden elend niedergeschossen. Publius Crassus ließ sich schwer verwundet von einem Vertrauten töten. Die Parther schlugen dem Leichnam den Kopf ab, spießten diesen auf einen Speer und ritten zurück zu den Kerntruppen. Der Anblick des Hauptes ließ die Soldaten endgültig verzagen, und auch der alte Crassus, den in dieser aussichtslosen Situation plötzlich der Mut der Verzweiflung packte, konnte sie nicht mehr mitreißen. So harrten sie viele Stunden aus, während die tiefen Kriegspauken tönten, und starben im Pfeilhagel. Als es dunkel wurde, zogen die Parther mit der höhnischen Bemerkung ab, sie ließen Crassus noch eine Nacht, damit er seinen Sohn beweinen könne. Die Schlacht war verloren.

Man hielt Kriegsrat und beschloss, noch in derselben Nacht in Richtung Carrhae zu fliehen. Die Verwundeten ließ man zurück, sie wurden am nächsten Morgen von den Parthern getötet. Unter großen Verlusten gelangte man wenige Tage später nach Carrhae und fasste den Plan, sich von dort weiter in die syrische Provinz durchzuschlagen. Unterwegs wurden Crassus und seine restlichen Truppen ein weiteres Mal in einen Hinterhalt gelockt und auf einem Hügel von den Parthern umzingelt. Als Unterhändler der Parther ihn für Verhandlungen abholen und auf ein Pferd setzen wollten, weigerte sich Crassus, der misstrauisch geworden war, und es kam zu einem Handgemenge, in dessen Verlauf er den Tod fand. Sein Kopf wurde abgeschlagen und Orodes gesandt. Der Partherkönig hatte in der Zwischenzeit mit Artabazes von Armenien Frieden geschlossen und saß gerade mit ihm bei einem Festgelage, als der Kopf des Crassus eintraf. Der Partherfeldzug, in den der Triumvir zog, «als wäre es das leichteste Unternehmen der Welt» (Plut. Crass. 37,1), war desaströs gescheitert – eine Blamage nicht nur für Crassus. Dass nämlich auch die symbolträchtigen Feldzeichen der Legionen an die Parther verloren gegangen waren, wurde in Rom als eine andauernde Schmach empfunden, die erst Jahrzehnte später Augustus wieder wettmachen sollte. Auf dem Verhandlungsweg erreichte er 20 v. Chr. die Herausgabe der Feldzeichen nebst einiger Gefangenen und feierte diesen diplomatischen Erfolg als Sieg über die Parther.

Die Nachricht von der Katastrophe bei Carrhae und dem Tod des Crassus wurde in Rom mit Schrecken aufgenommen. Nach Iulia war mit Crassus eine weitere ausgleichende Persönlichkeit verschwunden, die die gefährliche Rivalität zwischen Caesar und Pompeius, wenn nicht verhindern, so doch hätte mildern können. Nun aber wurde die Gefahr, dass der Konkurrenzkampf der beiden in einem Bürgerkrieg gipfeln könnte, größer und größer.

Aus dem Triumvirat, das die letzten sieben Jahre das Imperium Romanum beherrscht hatte, war ein Duumvirat geworden. Doch der ursprüngliche Grundsatz des Bündnisses, «dass nichts im Staat geschehen solle, was einem von ihnen nicht gefiele», galt längst nicht mehr. Hatten die Triumvirn ihren Bund zum gegenseitigen Machterhalt geschlossen, bahnte sich unter den Duumvirn ein gewaltiger Machtkampf an, der den römischen Staat spaltete und zum Spielball machte.

Erstaunlich ist, dass Cato, Cicero und die Optimaten lange Zeit Pompeius für den gefährlichsten Mann im Triumvirat hielten und nicht Caesar. Pompeius, der erfolgreiche Feldherr und dreimalige Triumphator, der Konsular ohne Ämterlaufbahn, der zweite Alexander, schien vielen der eigentliche Prätendent zu sein, der auf den Wegen Sullas wandelnd die Diktatur oder gar die Monarchie anstrebte. Caesar hingegen, der seinen Feldzug in Gallien längst nicht abgeschlossen hatte und fern von Rom noch um seinen Ruhm kämpfen musste, galt lediglich als Unterstützer des großen Pompeius, wenn auch ein kühner und kluger, und er war geschickt genug, zumindest zum Anschein den Seniorpart dem älteren Pompeius zu überlassen.

Solange er in Gallien war, sah er seine Sache von Pompeius gut vertreten, bis er zur Kenntnis nehmen musste, dass sich Pompeius nach dem Tod Iulias wieder stärker den Optimaten zuwandte und es sich gerne gefallen ließ, von der Nobilität umworben zu werden. Pompeius, der Sohn eines *homo novus*, sehnte sich fortwährend, wie Cicero, nach Anerkennung von Seiten des Adels, während Caesar, selbst aus altem Adel, für seine Standesgenossen meist nur Verachtung übrig hatte. So suchte Pompeius, dessen Karriere und Person wie aus dem System gefallen schienen, stets nach dem höchsten Ehrenplatz innerhalb des Systems, während Caesar es in Kauf nahm, das System selbst zu sprengen. – Immer dringlicher stellte sich die Frage: Welcher der beiden verbliebenen Machthaber würde die Oberhand behalten?

Nimmer gewöhnt an solchen Krieg, o Söhne, die Herzen,
Kehrt nicht gegen des Vaterlands Leib die wehrhaften Kräfte!

Vergil, Aeneis

Zweikampf der Giganten

52 bis 46 v. Chr.

Crassus war tot, und Caesars Architektur des Triumvirats erschüttert. Die Rivalität zwischen Crassus und Pompeius hatte Caesar die Stellung des lachenden Dritten verschafft und zugleich seine eigene Rivalität mit Pompeius überdeckt. Nun trat sie – auch wegen Iulias Tod – offen zutage. Bereits die antiken Historiker sahen in der Katastrophe bei Carrhae eine entscheidende Zäsur; so schreibt etwa Plutarch mit Blick auf die Zeit nach Crassus' Tod:

> **So war auch dieses bedeutende Hindernis, das dem Ausbruch des Bürgerkrieges entgegenstand, weggefallen. Denn aus Furcht vor Crassus hatten sich beide [Caesar und Pompeius] noch gegeneinander irgendwie in den Schranken des Rechts gehalten. Nachdem aber das Schicksal diesen im Hintergrund auf den Ausgang des Kampfes lauernden Ringer hinweggeräumt hatte, konnte man alsbald den Vers eines Komikers zitieren, dass der eine gegen den anderen «die Arme ölt und sich mit Sand bestreut». (Plut. Pomp. 53,8 f.; übersetzt nach Ziegler)**

Wie Ringer also, die sich mit Öl und Sand den Griffen des Gegners entziehen wollen, wappnen sich Caesar und Pompeius für den finalen Kampf. Plutarch stellt im Folgenden grundsätzliche Überlegungen an und beklagt, dass gegen die Unersättlichkeit der menschlichen Natur selbst das Schicksal machtlos ist:

So wenig vermag das Schicksal gegen die Natur. Denn es stillt ihr Verlangen nicht: Sehen wir doch, dass ein solches Ausmaß von Herrschaft, eine solche Größe des sich weit erstreckenden Reiches für zwei Männer nicht ausreichte, sondern dass sie, wenn sie auch hörten und lasen, dass selbst bei den Göttern «dreifach alles geteilt war und jeder seine Herrschaft erhielt» (Hom. Il. 15,189), dennoch meinten, dass für sie beide das Römische Reich nicht groß genug sei. (Plut. Pomp. 53,10; übersetzt nach Ziegler)

Was Plutarch hier beschreibt, erinnert an die Diagnose des Livius, der für die zerrüttete römische Gesellschaft das Leitsymptom einer maßlosen «Gier nach Macht» (*regni cupido*; Liv. 1,6,4) diagnostiziert: Selbst die Götter teilen sich die Herrschaft über die Welt – Zeus herrscht über den Himmel, Poseidon über das Meer und Hades über die Unterwelt –, aber für Caesar und Pompeius reicht das Imperium Romanum nicht aus.

Doch vorerst waren die Kontrahenten noch Verbündete, wenn auch räumlich getrennt. Pompeius verwaltete seine spanischen Provinzen und die *cura annonae* von Rom aus, Caesar ging im Sommer in der Gallia Transalpina seinen Kriegsgeschäften und im Winter oft in der Gallia Cisalpina seinen Verwaltungsaufgaben nach.

In Rom selbst hatten sich die Straßenkämpfe zwischen popularen und optimatischen Schlägertrupps verschärft, als sich ihre beiden Anführer, Clodius und Milo, gleichzeitig um die höchsten Ämter im Staat bewarben: Ersterer um die Prätur, Letzterer sogar um das Konsulat. Im Jahr 53 v. Chr. hatten deshalb überhaupt keine Wahlen stattfinden können, und das Jahr 52 begann ohne Konsuln. Mitte Januar des Jahres 52 v. Chr. wurde Clodius dann bei einem Handgemenge von den Anhängern des Milo getötet. Dem Anstifter des Totschlags wurde der Prozess gemacht, die Stadt war in Aufruhr und Pompeius wurde – wie schon so oft – als Retter in höchster Not zu Hilfe gerufen. Manche gingen so weit, dass sie für ihn sogar eine vorübergehende Diktatur forderten. Böse Zungen behaupteten, dass Pompeius den Unruhen schon länger mit voller Absicht tatenlos zugesehen hatte, um eine Situation herbeizuführen, in der er wieder gebraucht würde. Jedenfalls führten die chaotischen Zustände auf den Straßen Roms zu einer Annäherung zwischen ihm und den Optimaten.

Für Caesar wiederum entwickelte sich die Lage in Gallien im Laufe des Jahres 52 v. Chr. höchst besorgniserregend. Caesar hatte bereits Ende 57 v. Chr. nach Rom gemeldet, dass ganz Gallien ‹befriedet› sei. Die Kämpfe kamen zwar auch danach nicht zum Erliegen, doch war dies von Caesar durchaus so gewollt – nun aber drohte ihm die Kontrolle zu entgleiten: Vercingetorix, der Stammesführer der Arverner, organisierte einen Aufstand, dem sich nahezu alle Kelten anschlossen (auch langjährig verbündete Stämme wie die Häduer). Mehr denn je war Caesar jetzt darauf angewiesen, dass ihm Pompeius in Rom den Rücken freihielt.

Als dort Stimmen lauter wurden, Pompeius erneut das Konsulat anzubieten oder gar eine Diktatur, schien sich in Caesars Augen das Kräfteverhältnis zu Gunsten seines Bündnispartners zu verschieben. Pompeius mag das allerdings angesichts der Militärmacht, die sich Caesar in Gallien aufgebaut hatte, genau umgekehrt gesehen haben. Jedenfalls trafen sich die beiden in Ravenna zu neuen Verhandlungen. Das Ergebnis war, dass Caesar sich mit einem neuen Spitzenamt für Pompeius einverstanden erklärte. Im Gegenzug wurde Caesar das zweite Konsulat für 48 v. Chr. in Aussicht gestellt, und zwar mit der Möglichkeit einer Bewerbung in Abwesenheit (*in absentia*). Denn Caesar wollte unter allen Umständen vermeiden, dass zwischen seinem Amt als Statthalter und seinem Konsulat eine Lücke eintrat, während der er kein Amt innehätte und damit auch seine Immunität verlöre. Daher musste er um jeden Preis als gewählter Konsul in Rom einziehen.

Schon im Februar 52 v. Chr. erhielt Pompeius – wieder einmal – eine Ausnahmestellung: Er wurde, da der Staat in Bedrängnis war, man aber nach den Erfahrungen mit Sulla vor einer Diktatur zurückscheute, mit einem besonderen Verfahren zum Konsul ohne Kollegen (*consul sine collega*) ernannt. Mit dem alleinigen Konsulat hatte er seine Rolle im Staat gefunden: die des *primus inter pares* – also anerkanntermaßen der erste Mann im Staat zu sein. Im Laufe seines nunmehr dritten Konsulats festigte er seine politische Machtstellung und das Band zu den Optimaten nochmals, indem er Cornelia Metella, die Witwe des im Vorjahr bei Carrhae gefallenen Sohnes des Crassus, ehelichte und seinen neuen Schwiegervater, Quintus Caecilius Metellus Pius Scipio, für die letzten fünf Monate des Jahres zu seinem Mitkonsul machte. So konnte er sich ohne Weiteres sein Kommando für die spanischen Provinzen nochmals um fünf Jahre verlängern lassen. Endlich hatte ihm Roms Nobilität den ersten Rang eingeräumt, und Pompeius stand auf dem Zenit seiner Macht. Von nun an brauchte er im Grunde das Bündnis mit Caesar nicht mehr.

Kaum im Amt, brachte Pompeius durch eine effektive Gesetzgebung die politischen Verhältnisse in Ordnung und bereitete auch den Straßenkämpfen ein Ende. Wie mit Caesar vereinbart, ließ er von allen zehn Volkstribunen einen Volksbeschluss (*plebiscitum de petitione Caesaris*) durchbringen, der seinem Bündnispartner die Bewerbung auf ein Konsulat auch in Abwesenheit erlaubte, sofern dieser sich «von Staats wegen» außerhalb Roms aufhielt.

Doch dann wurden unter seiner Führung zwei weitere Gesetze verabschiedet, die Caesar gleichermaßen gefährlich werden konnten: die *lex Pompeia de provinciis*, ein Gesetz, das die Vergabe der Provinzen neu regelte, und die *lex Pompeia de iure magistratuum*, ein Gesetz, das die Verpflichtung zur persönlichen Bewerbung bekräftigte. Ersteres änderte die bisherigen Bestimmungen dahingehend, dass die Obermagistrate nach ihrer Amtszeit in Rom ihre Statthalterschaft nicht mehr im folgenden Jahr antreten sollten, sondern erst nach einer Frist von fünf Jahren. Damit kamen viel mehr Beamte als Statthalter in Frage – der Sinn des Ganzen war, vakante Statthalterposten zu besetzen und dafür mehr ehemalige Magistrate heranziehen zu können. Doch dieses Gesetz konnte auch auf Gallien angewendet werden, wodurch die gesamte Konstruktion, dass über Caesars Nachfolger in den gallischen Provinzen nicht vor dem 30. März 50 v. Chr. verhandelt werden dürfe, ins Leere zu laufen drohte. Das zweite neue Gesetz stand somit im direkten Widerspruch zur Ausnahmeerlaubnis, dass Caesar sich auch aus der Provinz für das höchste Amt im Staat bewerben konnte.

Abb. 6 · (Av.) Portrait des Vercingetorix; (Rv.) gallischer Krieger auf dem Kampfwagen (Münzbilder; 48 v. Chr.)

Pompeius muss – allein schon aus den gemeinsamen Verhandlungen in Luca und Ravenna – gewusst haben, dass er mit diesen beiden Gesetzen Caesars Pläne durchkreuzte. Kein Wunder, dass Caesar kaum beschwichtigt wurde, als in die *lex Pompeia de iure magistratuum* nachträglich ein Passus aufgenommen wurde, der ihm nochmals das Privileg bestätigte, sich *in absentia* bewerben zu können. Da über diesen Zusatz keine Abstimmung stattgefunden hatte, stand seine Rechtsgültigkeit in den Sternen. Für Caesar, der sich zur gleichen Zeit in Gallien mit dem nahezu flächendeckenden Aufstand des Vercingetorix konfrontiert sah, ging es nun ums Ganze. Gerade jetzt brauchte er den militärischen Erfolg, um seinen politischen Forderungen in Rom Nachdruck verleihen zu können.

Entschlossen suchte er das Blatt zu seinen Gunsten zu wenden. Blitzschnell startete er eine Gegenoffensive und nach einigen Rückschlägen gelang es ihm, den Feind in Alesia einzuschließen und abzuriegeln. Im Spätsommer 52 v. Chr. eroberte er die Stadt, in der sich der Arvernerfürst verschanzt hatte, und besiegte zugleich das Entsatzheer der vereinigten Keltenstämme, die Alesia und ihrem Anführer zu Hilfe eilten. Als er daraufhin in seinen Berichten an den Senat diese sicherlich bedeutende, aber gewiss nicht final abschließende Schlacht als den entscheidenden Sieg über ganz Gallien darstellte, wurde ihm in Rom ein zwanzigtägiges Dankfest gewährt. Diesmal stimmten auch die Optimaten dafür, wurde doch auf diese Weise in aller Öffentlichkeit deutlich, dass Caesar Gallien nun wirklich ‹befriedet› und keinen Grund mehr hatte, noch länger in seinen Provinzen zu bleiben. Die Ehre des Dankfestes über den Sieg signalisierte aus ihrer Sicht auch ein Ende des Krieges in Gallien.

Doch Caesar dachte gar nicht daran, das Feld zu räumen, sondern beantragte zu Beginn des nächsten Jahres im Senat angesichts seiner Erfolge – und mit mittlerweile 13 Legionen im Rücken – die Verlängerung seiner Statthalterschaft bis Ende des Jahres 49 v. Chr. Damit wäre auch die Gefahr einer Abberufung vor dem angestrebten Konsulat gebannt. Um seine Ansprüche zu unterstreichen, veröffentlichte er um diese Zeit seine *Kommentarien über den Gallischen Krieg*, in denen er sich als siegreichen Feldherrn und Eroberer ganz Galliens – von den Pyrenäen bis zum Nordatlantik – rühmt. In dieser Propagandaschrift in eigener Sache erscheinen seine militärischen Erfolge, die er im Norden erreicht hatte, durchaus vergleichbar mit denen, die Pompeius im Osten gefeiert hatte. Sein Konkurrenzdenken gegenüber seinem Bündnispartner ist hier unmittelbar zu greifen.

Caesars Antrag auf Verlängerung seines gallischen Kommandos (dieser hatte auch im Hinblick darauf, dass sich Pompeius sein spanisches Kommando hatte verlängern lassen, durchaus seine Berechtigung) wurde von Marcus Claudius Marcellus, dem neuen, Caesar feindlich gesinnten Konsul des Jahres 51 v. Chr., rundweg abgelehnt. Mehr noch, der Konsul erklärte den Krieg in Gallien für beendet und forderte die sofortige Abberufung Caesars. Sueton berichtet:

> **Schließlich kündigte der Konsul Marcus Claudius Marcellus durch einen Erlass an, er werde im Senat einen Antrag über Sein oder Nichtsein des Staates stellen; also beantragte er beim Senat, Caesar solle von seinem Kommando vor dem vereinbarten Datum abgelöst werden, da ja nach Beendigung des Krieges Friede eingekehrt sei und das siegreiche Heer entlassen werden müsse. Er solle auch nicht, da er ja abwesend sei, bei den Wahlversammlungen mitberücksichtigt werden,**

da Pompeius diesen Grundsatz auch später nicht durch einen Volksbeschluss abgeändert habe. (Suet. Iul. 28,2; übersetzt nach Martinet)

Pompeius lehnte ein solches Vorgehen zunächst ab, doch im Herbst desselben Jahres plädierte er für ein Ende von Caesars Statthalterschaft nach dem 1. März 50 v. Chr., also nach Ablauf jener Frist, innerhalb derer nach den Vereinbarungen von Luca (beziehungsweise der *lex Pompeia Licinia*) nicht über die Nachfolge Caesars im Senat beraten werden durfte. Da nach der neuen Gesetzeslage auch Beamte früherer Jahre zur Verfügung standen, drohte Caesar nun tatsächlich seine Ablösung bereits zu diesem Datum.

Caesar reagierte prompt. Mit hohen Bestechungssummen gewann er Lucius Aemilius Lepidus Paullus, den designierten Konsul des Jahres 50 v. Chr., sowie Gaius Scribonius Curio, einen bisher dezidierten Gegner des Triumvirats und designierten Volkstribun, für seine Sache. Curio leistete ganze Arbeit und verhinderte durch sein Veto-Recht alle Versuche der Optimaten, Caesar abzuberufen. So verging das Jahr, ohne dass sich eine Lösung abzeichnete.

Auch sonst tat Caesar alles, um Anhänger in und außerhalb Roms zu gewinnen. Zu diesem Zweck konnte er nun eine Ressource einsetzen, die ihm der Krieg in Gallien verschaffte: Geld. Sueton berichtet, worüber Caesar in seinem *Kommentarien über den Gallischen Krieg* kein einziges Wort verliert: «In Gallien raubte er die mit Weihgeschenken gefüllten Tempel und Heiligtümer aus, und des Öfteren zerstörte er Städte eher um der Beute willen als wegen eines Vergehens; daher kam es, dass er Geld im Überfluss hatte.» (Suet. Iul. 54,2)

Mit Geld kann man viel bewegen und Caesar zögerte nicht, in großem Stil überall Geschenke zu verteilen:

Ebenso war er darum bemüht, Könige und Provinzen überall auf der Welt für sich zu gewinnen; so bot er den einen tausend Gefangene als Geschenk an, den anderen schickte er, ohne dazu vom Volk oder Senat ermächtigt zu sein, Hilfstruppen, egal wohin und wie oft sie es wünschten; darüber hinaus ließ er die mächtigsten Städte Italiens, Galliens

und Spaniens, auch die Asiens und Griechenlands mit prächtigen Bauwerken ausstaffieren. (Suet. Iul. 28,1; übersetzt nach Martinet)

Auch in Rom hatte er auf dem Forum öffentliche Bauwerke, etwa die Basilica Iulia, errichtet, um dem neuen Theater des Pompeius etwas entgegenzustellen. Und nun setzte er sein Geld gezielt auch dafür ein, die Eliten Roms auf seine Seite zu ziehen:

Caesar hatte sich aber alle in der näheren Umgebung des Pompeius und auch einen Großteil des Senats durch Gelder, die er zinslos oder gegen geringe Zinsen auslieh, verpflichtet; auch bedachte er Leute aller Stände, die entweder auf seine Einladung hin oder aus eigenem Antrieb den Weg zu ihm gefunden hatten, mit den üppigsten Zuwendungen, ebenso die Freigelassenen und jungen Sklaven von allen, je nachdem, wie wichtig einer für seinen Herrn oder Patron war. Damals half er Angeklagten, Schuldnern oder verschwenderischen jungen Leuten auf einzigartige Weise und äußerst bereitwillig, wenn Verbrechen, Geldmangel oder Verschwendungssucht diese nur so arg drückten, dass er ihnen aus eigener Kraft unter die Arme greifen konnte; zu diesen sagte er unverblümt und unverhohlen, ihnen könne nur noch ein Bürgerkrieg helfen. (Suet. Iul. 27; übersetzt nach Martinet)

Im Grunde tat Caesar genau das, was man früher Crassus vorgeworfen hatte: mit Geld alle an sich zu binden, darunter durchaus viele zwielichtige Gestalten, die im Fall der Fälle – sei es in Straßenkämpfen, sei es in einem Bürgerkrieg – gegen die politischen Gegner eingesetzt werden könnten. In der folgenden Zeit verhärteten sich die Fronten zwischen den Lagern Caesars und des Pompeius immer mehr und diese Entwicklung war umso fataler, als beide, Caesar und Pompeius, über riesige Machtmittel verfügten. Beide unterhielten große Heere, der eine in Spanien, der andere in Gallien, beide verfügten über große Klientelen – in Rom, in Italien und in den Provinzen. Pompeius hatte den Senat hinter sich, Caesar hatte ihn gegen sich, und diese Tatsache brachte Caesar in Zugzwang. Als der Senat ihn immer ultimativer aufforderte, seine Statthalterschaft aufzugeben und sein Heer zu entlassen, sah Caesar schließlich – wie einst Sulla – nur einen Ausweg: den Marsch auf Rom. Im Januar 49 v. Chr. überschritt er mit der 13. Legion den Rubicon (Pisatello), den Grenzfluss zwischen Gallia Cisalpina und Italien. Der Senat erklärte Caesar zum Staatsfeind (*hostis*), und ein neuer blutiger Bürgerkrieg nahm scheinbar unaufhaltsam seinen Lauf.

Die Auseinandersetzung zwischen den beiden Machthabern, die Caesar als eine persönliche zwischen ihm und Pompeius inszenieren wollte, brachte Konflikte zum Ausbruch, die schon lange schwelten, und sollte die römischen Eliten tief spalten. Die einfachen Soldaten dagegen hofften anfangs noch auf Versöhnung – vergeblich. So gab es Überläufer auf beiden Seiten, und der herbste Verlust, den Caesar zu beklagen hatte, war, dass Titus Labienus, sein bester Legat und Stellvertreter in Gallien, gleich zu Beginn der Auseinandersetzung zu Pompeius überging und diesem seine Dienste als Offizier zur Verfügung stellte. Caesar verlor mit ihm nicht nur einen langjährigen Vertrauten – er schickte dem überstürzt Geflohenen sogar noch sein Geld und Gepäck nach –, sondern musste erfahren, dass sich sein früherer Vertrauter zu einem seiner erbittertsten und gefährlichsten Gegner entwickelt hatte.

Caesars unverzüglicher Angriff hatte Pompeius und den Senat überrascht und in Panik versetzt. Begleitet von beiden Konsuln und etwa 200 Senatoren floh Pompeius aus Rom und zog mit einem senatorischen Heer Richtung Brundisium (Brindisi), um von dieser Hafenstadt nach Griechenland überzusetzen. Was nach Flucht aussah, war indessen Strategie: Pompeius betrachtete sich zu Recht als Patron Asiens und baute darauf, in der Osthälfte des Römischen Reiches auf breite Unterstützung zu stoßen – auch von Seiten der ihm verpflichteten Vasallenkönige. Hier würde er auch bessere Bedingungen für weitere Truppenaushebungen vorfinden. Caesar setzte Pompeius nach und führte, fast ohne auf Widerstand zu stoßen, sein Heer von Ravenna aus auf kürzestem Wege die Adriaküste entlang bis nach Brundisium.

In Corfinium allerdings versuchte der Konsular Lucius Domitius

Ahenobarbus – gegen den Wunsch des Pompeius –, die Stadt zu halten, wurde jedoch von Caesar schnell zur Kapitulation gezwungen und anschließend öffentlichkeitswirksam mit seinen Anhängern begnadigt. Caesar hatte sich viele Gedanken darüber gemacht, dass in einem Bürgerkrieg der Sieg wenig bedeutet, wenn man die Gegenseite nicht für sich gewinnt. Sullas Strategie, den politischen Gegner – vom Heerführer bis zum einfachen Soldaten – völlig zu vernichten, war langfristig nicht aufgegangen. Nach seinem Tod setzten seine Feinde den Kampf fort. Caesar hingegen wollte gerade auch die Häupter seiner Gegner auf seine Seite ziehen. So erfand er eine neue politische Waffe: Gnade walten zu lassen und auf diese Weise seinen Feinden nicht nur die Furcht vor ihm zu nehmen, sondern diese auch zu seinen Mitstreitern zu machen. Glücklicherweise ist ein Brief Caesars erhalten, in dem er seine neue Strategie gegenüber zweien seiner Anhänger darlegt:

> Es freut mich aufrichtig, dass ihr mir in eurem Schreiben zu verstehen gebt, wie sehr ihr mit meinen Maßnahmen bei Corfinium einverstanden seid. Gerne will ich euren Rat befolgen, und das umso lieber, weil ich selbst entschlossen war, größte Milde walten zu lassen und mich um eine Versöhnung mit Pompeius zu bemühen. So wollen wir versuchen, ob wir auf diese Weise allgemeine Zustimmung gewinnen und aus dem Sieg dauerhaft Nutzen ziehen können. Alle anderen haben ja infolge ihrer Grausamkeit dem Hass nicht zu entgehen vermocht und ihren Sieg nicht allzu lange aufrechterhalten können, abgesehen allein von Sulla, und den möchte ich nicht nachahmen. Mit Mitleid (*misericordia*) und Großmut (*liberalitas*) wollen wir uns wappnen; das sei unsere neue Art zu siegen (*haec nova sit ratio vincendi*). (Caes. bei Cic. Att. 9,7 C,1; übersetzt nach Kasten)

An dieser neuen Strategie hielt Caesar den gesamten Bürgerkrieg über fest. Seine – später sprichwörtlich gewordene – Milde (*clementia Caesaris*) wurde von manch stolzem *nobilis* bald mehr gefürchtet als die Grausamkeit einer Hinrichtung.

In Brundisium holte er Pompeius ein, dem es jedoch im März

49 v. Chr. dennoch gelang, samt Senatoren und Soldaten über das Meer zu entkommen. Da Caesar über keine Flotte verfügte, gab er die Verfolgung fürs Erste auf, wandte sich wieder nach Norden und zog über Rom – dort plünderte er die Staatskasse – nach Spanien, wo jene Truppenkontingente standen, die Pompeius durch seine Legaten Afranius, Petreius und Varro kommandierte. Schon im August 49 v. Chr. erzwang Caesar bei Ilerda (Lérida) ihre Kapitulation und eroberte auf dem Rückweg auch Massilia (Marseille), das seine Legaten seit Monaten belagerten. Gaius Scribonius Curio, der (ehemalige) bestochene Volkstribun, kämpfte für Caesar zunächst erfolgreich in Sizilien, ließ sich aber dann in der Provinz Africa vom numidischen König Juba I., mit dem sich die dort stationierten Optimaten verbündet hatten, in eine Falle locken. Seine Legionen wurden völlig vernichtet, er selbst wollte lieber sterben als Caesar unter die Augen treten und suchte mit seinen Soldaten den Tod auf dem Schlachtfeld. Africa ging also an die Pompeianer.

Dennoch konnte sich Caesar am Ende des Jahres faktisch als Herr über Spanien, Gallien und Italien samt Sizilien und Sardinien und damit über die Westhälfte des Imperium Romanum betrachten. Im Dezember 49 v. Chr. organisierte er in Rom seine Wahl zum Konsul des Folgejahres. Das ersehnte Amt war endlich erreicht – aber auf welchem Weg und zu welchem Preis!

Währenddessen nutzte Pompeius im Osten die Zeit für Rekrutierungen und den Aufbau einer großen Flotte. Seine zahlreichen Verbindungen in Griechenland und Asien halfen ihm dabei, seine Machtposition auszubauen und sich gegen den bevorstehenden Angriff Caesars zu wappnen. Am Ende des Jahres 49 v. Chr. war Pompeius nun seinerseits faktisch Herr über alle östlichen Provinzen einschließlich Illyricum und Africa, also über die Südosthälfte des Imperium Romanum. Die antike Welt war damit zweigeteilt und lag nun in den Händen zweier übermächtiger Potentaten.

Pompeius beauftragte Marcus Calpurnius Bibulus, Caesars ehemaligen Amtskollegen im Konsulat und Intimfeind, eine Seeblockade einzurichten, die Caesar eine Überquerung der Adria unmöglich machen sollte. Dieser hatte mittlerweile eine Flotte bauen lassen und sich Ende Dezember 49 v. Chr. mit seinen Soldaten in Brundisium eingefunden. Wieder setzte Caesar auf Schnelligkeit und überraschte Bibulus damit, dass er seine Truppen mitten im Winter, in dem die antike Seefahrt normalerweise ruhte, überzusetzen begann, was ihm schließlich trotz einiger Rückschläge auch glückte. Pompeius eilte Caesar mit seinem Heer entgegen, und nach einigen Scharmützeln kam es im Juli 48 v. Chr. bei der griechischen Küstenstadt Dyrrhachium (Durrës im heutigen Albanien) zur ersten großen Auseinandersetzung. Vor kurzem noch Bündnispartner und familiär verbunden, standen sich jetzt die beiden erfahrenen Feldherren als Kontrahenten gegenüber und maßen ihr militärisches Können. Ihre taktischen Manöver ließen den Respekt erkennen, den jeder vor dem anderen hatte: Caesar lag an einer schnellen Entscheidung, Pompeius verhielt sich abwartend. Schließlich gelang es Caesar, obwohl seine Soldaten zahlenmäßig unterlegen waren, das Lager des Pompeius mit einem gewaltigen Belagerungsring zu umgeben. Mühsame Schanzarbeiten waren seine Legionäre gewohnt, und es machte unter ihnen der Witz die Runde, dass sie erst einen Berg umsetzen müssten, ehe sie Caesar kämpfen ließe.

Ein Missgeschick auf Seiten der Caesarianer – ein Kontingent hatte sich in den Belagerungswerken verirrt – führte zu einem erfolgreichen Ausfall der Belagerten. Und ein Missverständnis auf Seiten der Pompeianer – Pompeius entging die Panik im gegnerischen Heer, die er hätte nutzen können – resultierte in dem schwerwiegenden Versäumnis, Caesar eine endgültige Niederlage beizubringen und ihn und seine Legionen zu verfolgen. So konnte sich Caesar ungehindert nach Thessalien zurückziehen und seine Truppen bei Pharsalos (Farsala) neu sammeln.

Dort wartete er auf die Entscheidungsschlacht. Doch Pompeius spielte wieder auf Zeit und wollte Caesar, der vom Nachschub aus Italien abgeschnitten war, isolieren und aushungern, während für ihn die militärische und materielle Unterstützung aus dem Osten mit jedem Tag wuchs. Als aber die ihn begleitenden Senatoren und Berater die Geduld verloren und ihn unter Druck setzten, stellte sich Pompeius wider besseres Wissen Mitte August 48 v. Chr. der Schlacht.

Trotz der zahlenmäßig erdrückenden Übermacht der Pompeianer siegte Caesar vollständig und eroberte auch das gegnerische Feldlager. Pompeius floh vom Schlachtfeld und setzte sich mit wenigen Getreuen nach Osten ab. Da er gute Kontakte zum ptolemäischen Königshaus hatte, segelte er nach Ägypten, wo er allerdings gleich bei seiner Ankunft Ende September 48 v. Chr. von Abgesandten des Kindkönigs Ptolemaios XIII. ermordet wurde. Als Caesar, der Pompeius mit einem kleinen Heer gefolgt war, wenig später Ägypten erreichte, wurde ihm der Kopf des Getöteten präsentiert.

Der ‹Zweikampf der Giganten› war vorerst entschieden. Dennoch dauerte es fast drei weitere Jahre, bis Caesar in mehreren Schlachten die verbliebenen Pompeianer niedergerungen hatte. Am Ende waren seine erbittertsten Feinde tot: Cato, der wie auch Quintus Caecilius Metellus Pius Scipio, der letzte Schwiegervater des Pompeius, Selbstmord begangen hatte, Titus Labienus und Gnaeus Pompeius, der gleichnamige ältere Sohn des Pompeius.

Im März 45 v. Chr. war Caesar Alleinherrscher über das Imperium Romanum. Sein Versuch, durch Amnestie die tiefen Gräben, die der Bürgerkrieg in der römischen Gesellschaft hinterlassen hatte, zu überbrücken, missglückte. Trotz der Begnadigung zahlreicher führender Pompeianer – einer Politik der Versöhnung, die unter dem Schlagwort *clementia Caesaris* («Milde Caesars») bekannt geworden ist – gelang es Caesar nicht, das allgegenwärtige Misstrauen ihm gegenüber zu mildern oder gar zu überwinden. Nur ein Jahr später fiel er, der sich am Ende zum Diktator auf Lebenszeit aufgeworfen hatte, einer Verschwörung zum Opfer, an der auch viele seiner Anhänger beteiligt waren. An den Iden des März 44 v. Chr. wurde der Diktator von zahlreichen Senatoren erdolcht.

Als sich die Wolken des dräuenden Bürgerkriegs, an dessen Ende auch die Totengräber der Republik in ihrem Blut lagen, immer bedrohlicher zusammenzogen, stand Pompeius vor Rom, Caesar aber an der Grenze zu Italien …

Pompeius und Caesar

49 v. Chr.

… kaum ein historisches Ereignis der Antike ist so reichlich, aber auch tendenziös und aus unterschiedlichen Perspektiven überliefert wie der Ausbruch des Bürgerkrieges zwischen Pompeius und Caesar. Ciceros Briefe berichten zum Teil täglich über die fatale Entwicklung und geben aus erster Hand einmalige Einblicke in das Zeitgeschehen und die verzweifelten Überlegungen und Bemühungen des Briefeschreibers, den drohenden Waffengang zu verhindern. Im Rückblick sieht Cicero – anders als zu Beginn des Triumvirats, wo er noch Pompeius verdächtigte, nach der Alleinherrschaft zu streben – vor allem in Caesar den gewaltsamen Usurpator des Staates, dem Pompeius aber durch viel zu viele Fehler und Versäumnisse den Weg bereitet hat. In einem Brief an Atticus lässt Cicero die gesamte Misere des Triumvirats Revue passieren, um die Schuld des Pompeius an Caesars Übermacht anzuprangern:

> Nichts hat unser Pompeius vernünftig angefasst, nichts entschlossen, und ich füge hinzu: alles gegen meinen maßgeblichen Rat. Ich will nicht über die alten Sachen reden, dass er Caesar in den Staat hat hineinwachsen lassen, ihn groß gemacht und bewaffnet hat, indem er für die gewaltsam und gegen alle Vorzeichen eingebrachten Gesetze einstand, ihm Gallia Transalpina verschaffte, sein Schwiegersohn wurde, als Augur die Adoption des Clodius absegnete, eifriger um meine Rückberufung als um die Abwehr meiner Verbannung bemüht war, ihm die Statthalterschaft verlängerte, ihn während seiner Abwesenheit auf jede Weise unterstützte, ja, sich in seinem dritten Konsulat, als er sich schon als Schützer des Staates (*defensor rei publicae*) gebärdete, sogar dafür einsetzte, dass die zehn Volkstribunen das bekannte Gesetz einbrachten, das Caesar die Bewerbung um das Konsulat in Abwesen-

heit gestattete, was er dann selbst noch in einer eigenmächtig eingefügten Zusatzklausel bestätigte, schließlich sich dem Konsul Marcus Marcellus widersetzte, der seine gallische Statthalterschaft mit dem 1. März 50 v. Chr. für beendet erklärte – das will ich alles beiseitelassen ... (Cic. Att. 8,3,3; übersetzt nach Kasten)

In einem einzigen langen Satz skizziert Cicero die entscheidenden Schritte in Caesars Karriere: das gewaltsame Konsulat, dem die Statthalterschaft in Gallien folgte, die Konferenz von Luca, in der diese verlängert wurde, und Caesars Privileg, sich *in absentia* bewerben zu können. Und überall sei Pompeius beteiligt gewesen und habe auf diese Weise erheblich zu Caesars Aufstieg zum übermächtigen Potentaten beigetragen, der nun den Staat angreift.

Pompeius aber hatte selbst vom Triumvirat profitiert, auch wenn er sich am Ende wieder den Optimaten zuwandte; und auch er war übermächtig geworden: Während seines dritten Konsulats war er sogar dreifacher Imperiumsträger – als Konsul innerhalb Roms, als Statthalter von Spanien und als Kurator der Getreideversorgung außerhalb Roms. Damit war Sullas strikte Trennung der Befehlsgewalten in Rom und in den Provinzen aufgehoben. Dass sowohl Caesar als auch Pompeius derartige Positionen hatten erreichen können, bildete die erste Voraussetzung für den Bürgerkrieg: Dass Pompeius, da er nun die ersehnte Anerkennung durch den Senat endlich erhielt, auf Caesar nicht mehr angewiesen war, hat den Bürgerkrieg wahrscheinlicher gemacht, dass aber Caesar, da ihm die eingeforderte Anerkennung vom Senat verwehrt wurde, dem Verlust seines Rangs und Namens entgegensah, hat den Bürgerkrieg letztlich ausgelöst.

Verfolgt man die politische Entwicklung der beiden Vorkriegsjahre, gewinnt man den Eindruck, als sei damals der gesamte Staat in einen unentrinnbaren Strudel geraten, der ihn unaufhaltsam und immer schneller in den Bürgerkrieg hineingerissen hätte. Bemerkenswert ist dabei, dass Pompeius und Caesar – beide auch von Cicero beraten und beschworen – durchaus Bereitschaft für eine friedliche Lösung signalisierten. Doch alle vorgeschlagenen Kompromisse wurden vom harten Kern der Optimaten torpediert. So tickte die Uhr immer schneller, bis in der Nacht vom 10. auf den 11. Januar 49 v. Chr. Caesar mit der Überschreitung des Rubicon dem römischen Staat den Krieg erklärte. (vgl. zur Chronologie der Eskalation im Anhang S. 386–389)

Ciceros Kampf um Frieden

Einer litt an dieser unheilvollen Entwicklung besonders und hoffte selbst nach Caesars Überschreitung des Rubicon noch auf eine Verständigung: Cicero. Dieser war im Dezember 50 v. Chr. von seinem Prokonsulat in Kilikien zurückgekehrt und stand mit beiden Kontrahenten in einem engen und freundschaftlichen Verhältnis. Mit Pompeius traf er sich in dieser Zeit persönlich, mit Caesar wechselte er Briefe. Stets ging es ihm um eine friedliche Lösung des Konfliktes. Darüber zerbrach er sich, wie er Atticus schrieb (Cic. Att. 7,9,4), Tag und Nacht den Kopf. In einem anderen Brief an Atticus spielte er noch am 27. Dezember 50 v. Chr., also fast buchstäblich am Vorabend des Bürgerkrieges, sämtliche Möglichkeiten durch, wie sich der Konflikt entwickeln könnte – darunter auch den tatsächlichen Verlauf der Ereignisse – und stellt die Frage nach dem kleinsten Übel. Das ganze Dilemma, wie mit Caesars Forderungen umzugehen sei, bringt er dann in einem kleinen fiktiven Dialog mit Atticus zum Ausdruck, wobei auch Ansichten des echten Pompeius anklingen, den Cicero kurz zuvor getroffen hatte:

> **Eines dieser Übel müssen wir auf jeden Fall über uns ergehen lassen; es fragt sich nur, welches das Geringste ist. Du wirst sicherlich sagen: Caesar zu veranlassen, sein Heer abzugeben und sich unter dieser Voraussetzung zum Konsul wählen zu lassen. Sollte er sich darauf einlassen, so ließe sich absolut nichts dagegen einwenden, und ich wundere mich, dass er das nicht tut, falls er seinen Anspruch mit seinem Heer in der Hand nicht durchsetzt. Für uns aber wäre – und so denken viele – nichts furchtbarer als er als Konsul. «Aber so ist er mir immer noch**

> **lieber als mit Heer!», wirst du sagen. Sicher! Jedoch gerade das ‹so› hält jemand [gemeint ist Pompeius] für ein großes Unglück, und dagegen gibt es kein Mittel. «Man muss eben nachgeben, wenn Caesar es so will. Warte doch erst einmal ab, wie er sich in seinem zweiten Konsulat benimmt; sein erstes hast du doch auch überstanden!» – «Aber damals», heißt es dann, «war er noch schwach und vermochte doch mehr als der ganze Staat. Was meinst du, wie wird er jetzt sein?» (Cic. Att. 7,9,2 f.; übersetzt nach Kasten)**

Die Schockwellen von Caesars Konsulat wirkten also noch nach zehn Jahren nach, selbst bei Pompeius, dem langjährigen Verbündeten und Nutznießer von Caesars Aktionen als Konsul. Doch Cicero gab nicht auf und kämpfte um den Frieden. Anfang Januar 49 v. Chr. unterbreitete er den ausgewogenen Vorschlag, Caesar solle nur die Provinz Gallia Transalpina abgeben und alle Legionen bis auf zwei, Pompeius aber nach Spanien zu seinem Heer gehen. Als Pompeius nicht einwilligte, verhandelte er mit den Anhängern Caesars erneut und einigte sich mit ihnen, dass Caesar beide gallischen Provinzen abgeben und nur eine Legion behalten sollte – ein Kompromiss, bei dem Caesar dem Senat und Pompeius sehr weit entgegenkam. Für ihn war ausschlaggebend, dass er sich bei dieser Lösung in Abwesenheit bewerben konnte, was ihm auch in Ciceros Augen rechtlich zustand. Außerdem wäre ihm ein Rest an militärischer Rückendeckung erhalten geblieben. Pompeius zeigte sich nun durchaus aufgeschlossen, doch der Konsul Lentulus Crus und Cato vereitelten Ciceros Initiativen und damit jede Aussicht auf Frieden. Cato verbat sich, dass der Staat erpresst werde, Lentulus Crus warf Cicero Feigheit vor. Überall schien sich, wie Cicero Ende Januar 49 v. Chr. seinem Sekretär Tiro anvertraute, eine beängstigende Kriegsbesessenheit breitzumachen:

> **Ich für meine Person habe, seit ich nach Rom zurückgekommen bin, immer nur an die Erhaltung des Friedens gedacht und dementsprechend geredet und gehandelt. Aber eine sonderbare Kriegswut (*mirus furor*) hat nicht nur die Schlechten, sondern auch die, die als ‹die**

Guten› [*boni*, gemeint sind die Optimaten] gelten, befallen: Sie brennen auf den Kampf, während ich laut und vernehmlich erkläre, dass ein Bürgerkrieg das schlimmste aller Übel sei. (Cic. fam. 16,12,2; übersetzt nach Kasten)

Aus diesen Worten spricht der erfahrene Politiker, der in seiner Jugend selbst Zeuge eines blutigen Bürgerkrieges und der grausamen Proskriptionen Sullas geworden war. Damals warnte er in seiner ersten großen Rede die Senatoren vor der Gefahr einer allgemeinen Verrohung: «Denn wenn wir jede Stunde erleben, dass sich etwas Abscheuliches ereignet, verlieren wir [...] allen Sinn für Menschlichkeit (*humanitas*) aus dem Herzen.» (Cic. S. Rosc. 154)

So wurde er auch jetzt nicht müde zu versuchen, den drohenden Bürgerkrieg zu verhindern. Als Caesar mit seinen Soldaten bereits durch Italien zog, bemühte sich Cicero noch einmal um eine Verständigung zwischen den beiden ehemaligen Bündnispartnern. In einem Brief an Caesar bietet er sich als Vermittler an:

Solltest du dich mit dem Gedanken tragen, dich meines Pompeius anzunehmen und ihn mit dir und dem Vaterland zu versöhnen, so findest du niemanden, der für diese Aufgabe geeigneter wäre als ich. Stets bin ich bei ihm und beim Senat für den Frieden eingetreten, sooft ich die Möglichkeit dazu hatte und seit man zu den Waffen gegriffen hat, habe ich mich in keiner Weise am Krieg beteiligt. [...] Ich glaube, es betrifft sowohl deine Glaubwürdigkeit als auch den Staat, dass du mir als Freund des Friedens und als euer beider Freund auch einen möglichst großen Spielraum offenhältst, um euch beide wie auch unsere Bürger miteinander zu versöhnen. (Cic. Att. 9,11 A 2 f.; übersetzt nach Kasten)

Doch auch dieser Versuch war vergeblich, und spätestens als Pompeius nach Griechenland entkommen war, wussten alle, dass nun nicht mehr Worte, sondern Waffen entscheiden würden. Noch Jahre später beklagt Cicero im Rückblick seine Erfolglosigkeit, als er um Frieden gerungen hatte:

> **Was habe ich nicht alles versucht mit Warnungen und Klagen! Zog ich doch einen noch so ungerechten Frieden dem gerechtesten Krieg vor. Mein ganzer Einfluss vermochte nichts. […] So ist es mir ergangen wie dem Seher Amphiaraus auf der Bühne: von Pflichtbewusstsein, dem Gerede der ‹Guten› oder von Scham getrieben, rannte ich**
>
> **«ahnungsvoll und wissend**
> **in das vor Augen liegende Verderben.»**
> **(Cic. fam. 6,6,5 f.; übersetzt nach Kasten)**

Caesar

Anfang 49 v. Chr.

Als am 7. Januar 49 v. Chr. die letzten Verhandlungsversuche mit dem Senat gescheitert, das Veto der beiden für Caesar agierenden Volkstribunen Quintus Cassius Longinus und Marcus Antonius missachtet, sie selbst bedroht und darauf – angeblich verkleidet als Sklaven – aus Rom zu Caesar geflohen waren, vergingen nur drei Tage, bis Caesar den Rubicon überschreiten und damit den Krieg eröffnen sollte. Die Optimaten waren Caesar keinen Schritt entgegengekommen, sondern wollten ein für alle Mal deutlich machen, dass sich der Senat auch mächtigen Militärs nicht beugt – ihnen ging es um das Überleben der freien römischen Republik.

Caesar konnte diese Zurückweisung nicht hinnehmen, wollte er seinen Rang in der römischen Aristokratie behaupten – ihm ging es um das eigene politische Überleben.

Der Würfel soll geworfen sein

In Rom rechnete man jedoch nicht mit einem so raschen Angriff, denn Caesars Legionen standen (bis auf eine) jenseits der Alpen. Doch Caesar, der sich, wie im Winter üblich, in Ravenna, der Hauptstadt der Gallia Cisalpina, aufhielt, setzte mehr auf Überraschung als auf Übermacht. So hielt er seine Angriffspläne geheim, zeigte sich noch am Vorabend des Überfalls auf Italien heiter und entspannt bei einem öffentlichen Bankett, so als ob alles wie immer wäre. Seine Legaten hatte er mit den Soldaten vorausgeschickt, darunter den Volkstribun Marcus Antonius und Asinius Pollio, der später über diesen Bürgerkrieg ein Geschichtswerk schreiben sollte. Caesar selbst verließ Ravenna, um sich zu tarnen, nur von wenigen begleitet und in einem von einer Bäckerei gemieteten Maultiergespann, verirrte sich auch noch in der Dunkelheit, ehe ihm schließlich ein Ortskundiger, der nicht ahnte, wen er vor sich hatte und an welchem historischen Moment er teilhatte, den Weg zum Rubicon wies.

So schnell Caesar reagiert hatte, befielen ihn nun doch Skrupel. Plutarch hat die Stunde seines Zögerns eindringlich beschrieben:

> Als er an den Fluss gelangte (er heißt Rubico), der die Grenze zwischen der Gallischen Provinz diesseits der Alpen und dem eigentlichen Italien bildet, fiel er in ein tiefes Sinnen. Denn die furchtbare Entscheidung trat nun an ihn heran, und ihn schwindelte vor der Größe des Wagnisses. Er ließ den Wagen anhalten und erwog schweigend, in sich gekehrt, noch einmal den Plan, prüfte ihn hin und her, fasste einen Entschluss und verwarf ihn wieder. Lange beriet er dann mit den Freunden in seinem Gefolge – auch Asinius Pollio war unter ihnen – und sann dem Gedanken nach, wie viel Unglück über alle Menschen kommen müsse, wenn er den Fluss überschritte, und wie die Nachwelt wohl über ihn urteilen werde. Schließlich aber schob er in leidenschaftlicher Bewegung die Zweifel beiseite und tat den Schritt in die Zukunft, mit dem Wort, das schon so vielen über die Lippen gekommen ist, die einem ungewissen Schicksal und kühnen Wagnis entgegengingen: «Der Würfel soll geworfen sein.» So überschritt er den Fluss. (Plut. Caes. 32,5–8; übersetzt nach Ziegler)

Da Asinius Pollio, der spätere Historiker, dieses Ereignis selbst miterlebt hatte (und als Quelle für Plutarch gedient hatte), dürfte die Schilderung authentisch und der berühmte Ausspruch historisch sein. Caesar zitierte einen griechischen Halbvers, der vollständig lautete: «Nachdem die Sache beschlossen ist, sei der Würfel geworfen.» (Athenaios 13,559e4) Der Würfel ist also nicht gefallen, sondern noch in der Luft, das Spiel, hier der Krieg mit all seinen Unwägbarkeiten, eröffnet. Nach fast zehn Jahren Krieg in Gallien wusste Caesar nur allzu gut, wie viel im Krieg dem Glück geschuldet ist. In seinen *Kommentarien über den Gallischen Krieg* bekennt er an einer Stelle: «Viel vermag das Glück in allen Dingen und ganz besonders im Krieg.» (Caes. Gall. 6,30,2). Allerdings ist damit nicht gemeint, dass man dem Zufall seinen Lauf lässt. Nach römischen Vorstellungen gehört zu einem guten Feldherrn auch Fortune. Glück in diesem Sinne schmälerte nicht den Ruhm des Siegers, im Gegenteil, es zeichnete ihn als tapferen Feldherrn aus, der wusste, wann es galt, etwas zu wagen. Der zum Sprichwort gewordene Halbvers des Komödiendichters Terenz, «die Tapferen unterstützt das Glück» (*fortes fortuna adiuvat*; Ter. Phorm. 203), bringt diesen Gedanken auf den Punkt. Und Caesar war – wie auch Sulla und Pompeius – von seinem Glück mehr als überzeugt und setzte immer wieder alles auf eine Karte.

Caesar verließ sich natürlich nicht nur passiv auf sein Glück, sondern tat alles, um es zu fördern. So bemühte er sich, die volle Unterstützung seiner Soldaten zu bekommen, indem er ihnen die Gründe für den Krieg erklärte. In seinen *Kommentarien über den Bürgerkrieg* (*Commentarii de bello civili*) rückt er eine lange Rede ein, in der er seiner Legion, mit der er den Rubicon überschritt, das große Unrecht vor Augen führt, das ihm von Seiten des Senats in Rom angetan werde. Er weist darauf hin, dass seine Feinde Neid gegen ihn schürten und ihm seinen Ruhm so sehr missgönnten, dass seinen Volkstribunen Gewalt angedroht und grundlos der Notstand ausgerufen worden sei. Schließlich wendet er sich direkt an die Soldaten: «Er schloss mit der eindringlichen Aufforderung an seine Soldaten, den guten Ruf und das öffentliche Ansehen (*dignitas*) ihres Feldherrn gegen seine Feinde zu verteidigen, ihres Feldherrn, unter dessen Führung sie in neun Jahren dem Wohl des Staates mit größtem Erfolg gedient, eine Unzahl von Siegen erfochten und ganz Gallien und Germanien befriedet hätten.» (Caes. civ. 1,7,7) Caesars Feldherrnrede fiel auf fruchtbaren Boden, und die Soldaten bekundeten mit lautem Beifall ihre Solidarität und zeigten sich bereit, mit ihm gegen Rom zu ziehen. Die emotionale Bindung der Soldaten an ihren langjährigen Feldherrn war stärker als die an das ferne Rom oder die abstrakte Republik. Für sie war *er* der gesellschaftliche Mittelpunkt und obendrein – das hatte spätestens Pompeius' Rückkehr aus dem Osten allen gezeigt – der einzige Garant für ihre spätere Versorgung.

Seine *Kommentarien über den Bürgerkrieg* und damit auch die eben zitierte Rede richteten sich freilich in erster Linie an die Eliten in Rom. Vor allem dort sollte sein Anspruch auf die Wahrung von Rang und Würde zur Kenntnis genommen werden, und er konnte davon ausgehen, dass seine Argumentation bei der römischen Nobilität verstanden wurde. Der Konkurrenzkampf zwischen Caesar und Pompeius galt gewiss der Macht, doch dahinter stand höher noch das aristokratische Ideal der öffentlichen Anerkennung und Ehre – *dignitas.* Sie machte Caesar nun geltend und unter ihrem Banner zog er, da sie ihm verwehrt wurde, gegen Pompeius und gegen Rom.

Caesars Überraschungscoup gelang. Binnen kürzester Zeit hatte er die wichtigsten Städte Nord- und Ostitaliens gewonnen und verfolgte Pompeius bis nach Brundisium. Pompeius hatte sich – zum Ärger Ciceros und anderer Senatoren – entschlossen, Rom zunächst preiszugeben und in die östlichen Provinzen zu gehen, um dort für die Rückeroberung Italiens weitere Truppen auszuheben. Man fühlt sich an Sulla erinnert, der aus dem Osten zurückkehrend gegen Rom marschiert war, und Pompeius, der ehemalige Sullaner, mochte ebenso empfunden haben. Jedenfalls herrschte in Rom Chaos: Wer blieb, galt als Caesarianer, also folgten Pompeius an die 200 Senatoren. Dabei nützte es nur wenig, dass Caesar nach der Einnahme von Corfinium – für viele überraschend – demonstrativ Milde (*clementia*) walten ließ und jeden, der wollte, freundlich bei sich aufnahm.

Cicero, der vermittelnde Freund beider Kriegsherren und Verfechter des Friedens, saß – wieder einmal – zwischen allen Stühlen. Er war bestürzt und zugleich wütend, und zwar sowohl auf Caesar, der Rom angriff, als auch auf Pompeius, der Rom nicht verteidigte. Am 21. Januar, also zehn Tage nach Caesars Überschreitung des Rubicon, schreibt Cicero – aus Rom geflohen – aufgebracht an Atticus. Seine Erregung spiegelt sich in der schroffen und impulsiven Ausdrucksweise. Unvermittelt beginnt er den Brief mit Wortfetzen, ehe er die chaotische Lage beschreibt, in die Caesar Italien gestürzt hat, und sich voller Zorn über den Aggressor auslässt:

> **Ich bitte dich! Was ist das! Oder was passiert da! Ich tappe im Dunkeln! «Cingulum», heißt es, «haben wir noch, Ancona haben wir verloren. Labienus ist von Caesar abgefallen.» – Reden wir eigentlich über einen Imperator des römischen Volkes oder von Hannibal? Dieser elende, wahnsinnige Mensch, der niemals auch nur den Schatten des Guten und Schönen [Cicero verwendet hier das griechische Wort τὸ καλόν] gesehen hat! Und da sagt er noch, er tue das alles nur seiner Ehre (*dignitas*) wegen. Wo ist aber Ehre ohne Anstand (*honestas*)? Ist es anständig, ein Heer zu haben, das einem nicht der Staat gegeben hat? Bürgerstädte zu besetzen, um sich leichter Zugang zum Vaterland zu verschaffen? Schuldenerlass, Rückführung der Verbannten und abertausende andere Verbrechen in Gang zu setzen, «um die größte aller Göttinnen zu erlangen, die Gewaltherrschaft»? (Cic. Att. 7,11,1; übersetzt nach Kasten)**

Caesars eigentliches Ziel sei also, so Cicero, allein die Tyrannei. Das Argument der Ehre lässt er nicht gelten und unterstellt ihm vielmehr – einen Vers des Euripides zitierend – reine Gier nach Macht. Für Cicero zählen jedoch – auch oder gerade in dieser Notlage – Ideale: Die Wendung «Schatten des Guten und Schönen» spielt auf Platons Philosophie an, nach der die himmlischen Ideale auf Erden nur als Abbilder oder gar Schatten existieren. Davon wisse ein Caesar aber nichts.

Doch Ciceros Zorn gilt nicht nur Caesar, sondern auch Pompeius. Der wolle, wie Sulla, im Osten nicht zur Rettung des Staats rüsten, sondern zur Errichtung der eigenen Alleinherrschaft. Daher gehe es *beiden* Kriegsherren, wie er sieben Tage später an Atticus schreibt, nur um ihre eigene Macht und nicht um das Wohl der Bürger:

> Beide streben nur nach der Gewaltherrschaft, und man schaut nicht darauf, dass das Volk glücklich und anständig lebt. Nicht aber weil Pompeius die Hauptstadt nicht hätte schützen können, hat er sie aufgegeben, nicht weil er aus Italien vertrieben wurde, nein, von Anfang an hat er nur den einen Gedanken gehabt, die ganze Welt und alle Meere in Bewegung zu setzen, Barbarenfürsten aufzuwiegeln, wilde Völker in Waffen nach Italien zu führen und riesige Armeen auf die Beine zu stellen. Schon längst läuft es auf ein Regiment in sullanischem Stil hinaus, und viele, die auf seiner Seite stehen, sehnen es herbei.
> Oder meinst Du, sie hätten sich nicht einigen können, ein Abkommen zwischen ihnen sei unmöglich gewesen? Noch heute ist es möglich, aber beide streben nur nach Alleinherrschaft, unser Glück ist ihnen gleichgültig. (Cic. Att. 8,11,2; übersetzt nach Kasten).

Noch immer sah Cicero eine Chance auf Frieden, auch jetzt noch, da Caesar den Rubicon überschritten hatte. Zugleich ahnte er, dass das nur Wunschdenken war.

Cicero musste als Politiker machtlos dem Treiben zusehen, denn Argumente nützten nichts, wo Armeen das Geschehen bestimmten. Als Philosoph aber kamen ihm in diesen Tagen, in denen zwei Machthaber den Staat in den Abgrund stürzten, Gedanken in den Sinn, die er vor kurzem in seiner Schrift *Über den Staat* formuliert hatte:

> Darum sind meine Gedanken ununterbrochen mit der Frage beschäftigt, was es mit dem idealen Staatsmann auf sich hat, dessen Bild ich in meiner Schrift Deiner Meinung nach so treffend gezeichnet habe. Du begreifst also, von welchem Grundsatz sich jeder Staatslenker leiten lassen soll? Im fünften Buch, wenn ich mich nicht irre, spricht Scipio folgendermaßen: «Wie das Ziel des Steuermanns ein richtiger Kurs, des Arztes die Rettung des Kranken, des Feldherrn der Sieg ist, so für den Staatslenker das Glück seines Volkes. Schutz soll es finden in seiner Macht, versehen mit allen Quellen des Wohlstandes, reich an

> **Ruhm, geachtet wegen seiner Tüchtigkeit. Diese unter den Menschen höchste und edelste Aufgabe hat er zu lösen. (Cic. Att. 8,11,1; übersetzt nach Kasten)**

Dass das höchste Ziel eines Staatslenkers das glückliche Leben des Volkes sein sollte, daran habe – so Cicero – weder Caesar noch Pompeius gedacht. Für sie zählte in der Welt des Adels nur der erste Rang, *dignitas,* und nicht, wie in Platons Gedankenwelt, die Ideale. Vom Guten und Schönen, dem *καλόν,* hätten sie eben, wie Cicero meint, nicht einmal einen Schatten gesehen.

Caesar und Pompeius

49–48 v. Chr.

So kam denn, was Cicero nicht verhindern konnte und was Cato und die Konsuln billigend in Kauf nahmen: Die früheren Bündnispartner bekämpften sich und spalteten den Staat in Pompeianer und Caesarianer. Die Optimaten um Cato hielten den Krieg für weniger grausam als die Herrschaft eines der beiden oder eines neu aufgelegten Duumvirats – und zweifellos unterschätzten sie das Ausmaß der kommenden Kämpfe.

Schwiegervater gegen Schwiegersohn

Dass wieder wie zu Sullas Zeiten Römer gegen Römer kämpften, wurde weithin mit Bestürzung aufgenommen, und dass der Bürgerkrieg von zwei Männern geführt wurde, die miteinander verschwägert gewesen waren, stand sinnbildlich dafür, dass der Riss auch mitten durch die Familien der römischen Gesellschaft ging. Die maßlose Gier nach Macht zersprengte den Staat – wieder einmal – von innen. Der Dichter Horaz formulierte später treffend: «Rom stürzt durch die eigene Stärke.» (Hor. epod. 16,2)

Nachdem Caesar in der Schlacht bei Dyrrhachium knapp der völligen Vernichtung entgangen war, weil Pompeius seinen Erfolg nicht zu nutzen wusste, trafen die Kontrahenten bei Pharsalos in Thessalien erneut aufeinander. Der Ausgang der Schlacht war durchaus ungewiss. Das pompeianische Heer war zwar fast doppelt so groß wie das Caesars, dafür aber im Vergleich mit dem der Gegner unerfahren und in Eile aus verschiedenen Legionen zusammengewürfelt. Die Versorgungslage war für Pompeius, der als Patron des Ostens reichlich Nachschub organisieren konnte, komfortabel, während Caesars Soldaten Hunger litten. Daher setzte Caesar auf eine baldige Entscheidungsschlacht, während Pompeius diese möglichst lange hinauszögern und die Caesarianer durch Hinhalten zermürben wollte. Doch Pompeius konnte diese Taktik in seinem Beraterstab und auch bei seinen Soldaten nicht durchsetzen, während Caesar sein Heer samt Offizieren unangefochten und fest im Griff hatte. Pompeius hingegen hatte den beiden Konsuln Rede und Antwort zu stehen, und auch den vielen Senatoren in seinem Gefolge, die sich mit fragwürdigen Kompetenzen einmischten und sich nicht unterordnen mochten. Pompeius konnte ihnen nicht einfach Befehle erteilen. Der Kriegsrat geriet zur Senatsdebatte, was nicht zu seiner Effizienz beitrug. Überdies gaben sich die Anhänger des Pompeius nach ihrem Erfolg in Dyrrhachium der falschen Hoffnung hin, dass ihnen der Sieg sicher sei. Süffisant und gehässig schildert Caesar in seinen *Kommentarien über den Bürgerkrieg*, wie sich die *nobiles* im pompeianischen Lager schon im Vorfeld um Beute, Ämter und Posten zankten und Reden darüber schwangen, wer ihn als Pontifex Maximus beerben sollte (Caes. civ. 3,83).

Am 9. August 48 v. Chr. entschloss sich Pompeius zur Schlacht, und Caesar nahm sie an. Die Schlacht von Pharsalos war schicksalhaft für die beiden Protagonisten und für die gesamte weitere Geschichte Roms, und doch merkt man in den antiken Quellen erstaunlich wenig davon – es fehlt an dramatischen oder erbaulichen Einzelheiten, und wer gespannt auf einen ‹Showdown der Giganten› wartet, wird enttäuscht. Allein Caesars taktisches Geschick und einige Fehler auf pompeianischer Seite entschieden den Tag.

Die beiden Heere formierten sich entlang des Flusses Enipeus, der das Schlachtfeld nach Süden hin begrenzte. Wieder kämpfte Caesar gegen eine erdrückende Übermacht an, aber auf seine kampferprobten Legionäre war Verlass. Pompeius positionierte auf dem rechten, an den Fluss grenzenden Flügel kilikische und spanische Legionen – Letztere hatte der Legat Afranius nach der Niederlage gegen Caesar nach Griechenland geführt. Im Zentrum standen syrische Legionen, die sein Schwiegervater Metellus Scipio kommandierte, und auf dem linken und an die Berge grenzenden Flügel jene zwei Legionen, die Caesar 50 v. Chr. auf Senatsbeschluss an Rom hatte abgegeben müssen, sowie die Reiterei. Dort befand sich auch Pompeius selbst, das Kommando über die Reiter hatte er Titus Labienus übergeben, der einst Caesars wichtigster Legat im Gallischen Krieg gewesen, aber nun zu Pompeius übergelaufen war. Caesar ordnete sein Heer, das durch Truppenaushebungen vor allem aus der Gallia Cisalpina aufgefüllt war, ebenfalls in drei Blöcke, die er je einem Befehlshaber unterstellte; den linken Flügel kommandierte Marcus Antonius. Caesar selbst positionierte sich – Pompeius direkt gegenüber – auf dem rechten Flügel, wo sich auch seine Reiterei befand, die allerdings erheblich kleiner war als die seines Kontrahenten. Daher stellte Caesar einen kleinen Stoßtrupp zusammen, den er hinter seiner Reiterei versteckte und dem er den Auftrag erteilte, die gegnerische Reiterei von der Seite zu attackieren, wenn diese versuchen sollte, Caesars Heer zu umgehen und von hinten anzugreifen. Bei dieser Aufstellung war klar, dass die Entscheidung der Schlacht auf der Bergseite fallen würde, wo die Reitereien einander gegenüberstanden und wo auch Caesar und Pompeius ihre Stellungen bezogen hatten.

Kurz vor Beginn der Schlacht machte Pompeius eine beunruhigende Beobachtung. Während Caesars Legionen ruhig und gefasst auf das Signal zum Kampf warteten, herrschte in den Reihen der Pompeianer aufgrund der fehlenden Routine Nervosität und Aufregung. Pompeius erkannte sogleich die Gefahr, dass durch diese Disziplinlosigkeit die Schlachtreihen auseinandergerissen und die Formationen gesprengt würden. Daher gab er der Frontlinie den Be-

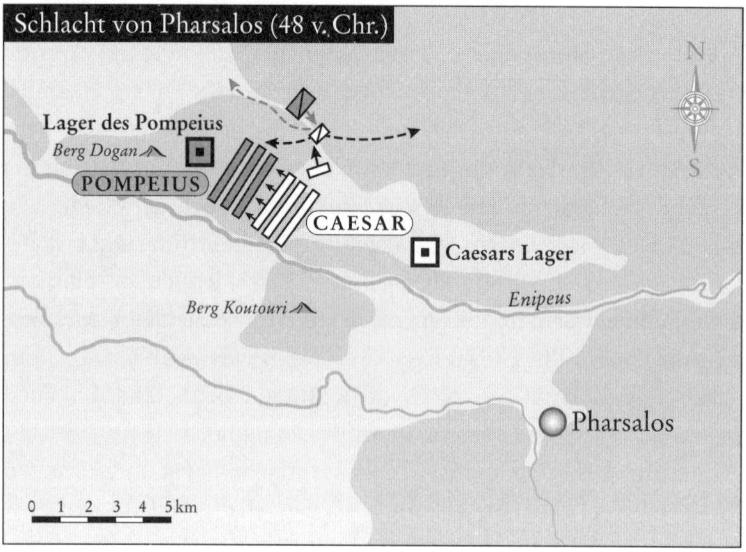

fehl, nicht loszustürmen, wenn zum Kampf geblasen würde, sondern den gegnerischen Angriff in geschlossener Reihe abzuwarten und diesen umso leichter aufzufangen, als die Feinde doppelt so weit wie erwartet laufen müssten und dann ganz außer Atem wären. Diese Strategie ging jedoch nicht auf, denn Caesars erfahrene Soldaten stoppten den Spurt in der Mitte des Schlachtfelds, als sie sahen, dass sich die Feinde nicht rührten, und gingen erst nach einer kurzen Pause zum Sturm über. So begann der Nahkampf.

Caesars kampferprobte Soldaten konnten sich trotz der Überzahl der Pompeianer behaupten, aber die pompeianische Reiterei überrannte, wie es Caesar erwartet hatte, die wesentlich kleinere der Caesarianer und begann, das feindliche Heer an der Flanke zu umgehen. Das war der Moment, in dem Caesar seinem im Verborgenen gehaltenen Stoßtrupp den Befehl zum Angriff gab. Mit langen Lanzen zielten sie in Richtung der Gesichter der Reiter, die diese Art des Kampfes weder kannten noch erwartet hatten, und es gelang ihnen, die gesamte Reiterei, auf die Pompeius vor allem gesetzt hatte, derart in Schrecken zu versetzen, dass sie überstürzt in die angrenzenden

Berge floh. Die Fußsoldaten der Caesarianer nutzten die Situation sofort für sich und konnten auch auf dem linken Flügel die Pompeianer besiegen.

Caesars Plan war aufgegangen: Durch sein geschicktes Manöver wurde die Reiterei, auf die Pompeius seine Hoffnung gesetzt hatte, zersprengt, und damit war die ganze Schlacht entschieden. Sogleich trug der Sieger dafür Sorge, dass seine Soldaten die Besiegten schonten und sie als ihre Mitbürger achteten. Er selbst begnadigte alle, die sich ihm unterwarfen, wie er es auch bisher im Bürgerkrieg gehalten hatte.

Die Schuld am Krieg sah er nach wie vor beim Gegner. Nach Plutarch, der sich auf den Historiker Asinius Pollio beruft, soll er beim Anblick der gefallenen Pompeianer ausgerufen haben: «Das haben sie so gewollt, dazu haben sie mich gezwungen; denn hätte ich mein Heer entlassen, so hätte man mich, Gaius Caesar, wohl gar zum Tode verurteilt, obgleich ich im gewaltigsten aller Kriege [im Gallischen Krieg] Sieger geblieben bin.» (Plut. Caes. 46,1)

Der Bürgerkrieg zwischen Caesar und Pompeius ging in das kollektive Gedächtnis der Römer ein wie der Brudermord des Romulus an Remus. Der Machtkampf zwischen Schwiegervater und Schwiegersohn, der Roms «wehrhafte Kräfte gegen den Leib des Vaterlands kehrte» (Verg. Aen. 6,833), wurde immer wieder auch von Dichtern besungen und beklagt. Lucan widmete diesem Bürgerkrieg ein ganzes Epos, das nach dem Ort der Entscheidungsschlacht benannt ist: *Pharsalia*. Im Proöm skizziert er in knappen Stichworten den Gegenstand seines düsteren Werks:

> **Dem Bürgerkrieg auf den Feldern von Pharsalos, der mehr war als nur Bürgerkrieg, gilt mein Gedicht. Es schildert, wie man Verbrechen freien Lauf gab, wie ein Herrschervolk seine siegreiche Hand gegen das eigene Herz kehrte, wie Verwandte miteinander fochten, wie nach dem Bruch des Despotenbunds [gemeint ist das Triumvirat] mit allen Kräften einer erschütterten Welt gekämpft wurde, um gemeinsame Schuld zu schaffen, wie unter gleichen Legionsadlern Heerbann feindlich auf**

Heerbann stieß und Römerspeer sich drohend gegen Römerspeer erhob. Welch ein Wahnsinn, ihr Bürger, welche so große Willkürherrschaft der Waffen! (Lucan. 1,1–8; übersetzt nach Ehlers)

Die Größe des Krieges, der den Erdkreis ins Unglück stürzte, die Unerhörtheit, dass Verschwägerte im Kampf miteinander lagen, und die Abartigkeit, dass Römer gegen Römer – mit gleichen Waffen und unter gleichen Legionsadlern – kämpften, bringt der Dichter in schweren, hart gefügten Versen zum Ausdruck und erhebt anklagend den Vorwurf des Wahnsinns (*furor*) und der Willkürherrschaft der Waffen (*licentia ferri*).

Pompeius

48 v. Chr.

Pompeius hatte nach der Flucht seiner Reiterei sofort verstanden, dass die Schlacht verloren war. Völlig verstört verließ er das Schlachtfeld «und ging wie benommen, wie einer, der den Verstand verloren hat, ohne daran zu denken, dass er Pompeius Magnus sei, und ohne zu jemandem ein Wort zu sagen, langsamen Schrittes ins Lager zurück» (Plut. Pomp. 72,1) – so schildert Plutarch den Moment, als Pompeius bewusst wurde, dass er nicht nur die Schlacht, sondern auch seine Machtstellung verloren hatte. Der Biograph fährt fort:

In diesem Zustand kam er in sein Zelt und saß wortlos da, bis mit den Fliehenden auch die Verfolger eindrangen. Jetzt erst sagte er das eine Wort nur: ‹Also auch bis ins Lager!›, sonst nichts, stand auf, legte sich eine für die gegenwärtige Lage passende Kleidung an und machte sich aus dem Staub. [...]

Nachdem Pompeius ein kleines Stück aus dem Lager heraus war, ließ er sein Pferd laufen und setzte mit nur ganz wenigen Begleitern, da niemand ihn verfolgte, den Weg in Ruhe fort, ganz in Betrachtungen verloren, wie sie naturgemäß ein Mensch anstellen muss, der 34 Jahre

lang zu siegen und überall Herr zu sein gewohnt war und jetzt im hohen Alter zum ersten Mal Niederlage und Flucht kennenlernte. Er dachte daran, aus wie vielen Kämpfen und Schlachten sein Ruhm und seine Macht emporgewachsen waren, die er nun in einer Stunde verloren hatte, und wie er, der noch vor kurzem von so vielen schweren Waffen, Rossen und Schiffen umschirmt war, jetzt davongehe, so klein und so zu nichts geworden, dass er selbst den ihn suchenden Feinden verborgen blieb. (Plut. Pomp. 72,3–73,2; übersetzt nach Ziegler)

Der nachdenkliche und mit seinem Schicksal hadernde Pompeius, in dessen Inneres Plutarch hier nach der Entscheidungsschlacht von Pharsalos Einblicke gibt, erinnert an den zögernden und mit sich ringenden Caesar, der am Vorabend des Bürgerkriegs am Rubicon stand (vgl. Seite 344 f.). Freilich kann Plutarch natürlich nicht wissen, welche Gedanken Pompeius angesichts seiner Niederlage durch den Kopf gingen, aber er dürfte die Stimmung, in der sich der Verlierer der Schlacht von Pharsalos befand, gut getroffen haben. Tatsache ist jedenfalls, dass Pompeius das geschlagene Heer sich selbst überließ und in aller Stille das Weite suchte. Der erfolgsverwöhnte Pompeius, der in Rom zuletzt der erste Mann im Staat gewesen war, hatte eben diesen Staat, den der Senat ihm anvertraut hatte, vor Caesar nicht retten können. Er hatte nicht nur die Schlacht, sondern auch seinen Rang und seine Macht verloren, und um nicht auch noch sein Leben zu verlieren, blieb ihm – so schien es – nur die Schmach der Flucht.

Mit wenigen Getreuen floh Pompeius in Richtung Larisa und dann entlang des Flusses Peneios, bis er an dessen Mündung zum Ägäischen Meer kam. Dort ließ er sich von einem einfachen Frachtschiff aufnehmen, um nach Lesbos überzusetzen, wo seine Gattin Cornelia Metella auf den Ausgang der Schlacht gewartet hatte. Auf die Nachricht von der Niederlage brach sie, die fünf Jahre zuvor ihren ersten Mann Publius Crassus in der Schlacht bei Carrhae verloren hatte, in Tränen aus. Plutarch legt ihr folgende Worte in den Mund:

> **Was für eine glückliche Frau wäre ich gewesen, wenn ich gestorben wäre, ehe ich hörte, dass Publius Crassus, der Mann meiner Jugend, tot im Land der Parther lag, und wie weise, wenn ich wenigstens nach ihm, wie ich es wollte, freiwillig mein Leben beendet hätte. So aber blieb ich am Leben, um auch Pompeius Magnus Verderben zu bringen. (Plut. Pomp. 74,6; übersetzt nach Ziegler)**

Pompeius mag sich erinnert haben, wie er einst bei seiner Rückkehr aus dem Osten in Mytilene gefeiert wurde. Diesmal jedoch mied er die Inselhauptstadt, obwohl die Einwohner ihn einluden, und schiffte sich nach Kilikien ein. Dort traf er auf einige seiner Truppen, Schiffe und etwa 60 Senatoren, die sich ihm anschlossen. Es entstand eine Debatte unter seinen Freunden, wohin man sich zurückziehen sollte, um ein neues Heer zu sammeln. Pompeius hatte in seiner langen Laufbahn zahlreiche Beziehungen aufgebaut, nach Ägypten, wo er Ptolemaios XII. auf den Thron zurückgeführt, nach Numidien, wo er einst Hiempsal II. in seiner Herrschaft bestätigt hatte, selbst zu den Parthern, mit dessen König Phraates III. er Friedensvereinbarungen getroffen hatte. Mittlerweile regierten in diesen Königreichen die Söhne der vormaligen Herrscher, doch nach antiker Vorstellung wurden politische Freundschaften vererbt, weshalb sich Pompeius insbesondere als Patron des noch minderjährigen Ptolemäerkönigs verstehen konnte. Auch hatte im Vorjahr sein eigener Sohn den Ptolemäerhof aufgesucht und erfolgreich Truppen für den Kampf gegen Caesar angeworben. So entschied man sich für Ägypten.

Vielleicht hätte der Bürgerkrieg einen anderen Ausgang genommen, wenn die Wahl auf Numidien gefallen wäre, wo Juba I., der Sohn des Hiempsal, im Vorjahr Caesars tüchtigen Legaten Curio vernichtend geschlagen hatte und wo Cato und Metellus Scipio, der Schwiegervater des Pompeius, gerade die Überreste des Senatsheeres neu sammelten. Die Entscheidung für Ägypten jedenfalls besiegelte das Schicksal des Pompeius.

Tod auf dem Nachen

So stach Pompeius, begleitet von seiner Frau und seinem nun wieder etwas größeren Gefolge, mit einigen Schiffen in See und gelangte an die Küste Ägyptens. Dort ging er vor Anker und ließ seine Ankunft dem ägyptischen Hof melden. In Ägypten war nach Thronstreitigkeiten mit seiner älteren Schwester Kleopatra VII. soeben der etwa zwölfjährige Ptolemaios XIII. als Alleinherrscher eingesetzt worden und regierte unter der Vormundschaft des Ministers Potheinos. Die zwanzigjährige willensstarke und machtbewusste Kleopatra – es handelt sich um jene berühmte Kleopatra – gab nicht auf und warb im südlichen Syrien ein arabisches Söldnerheer an. So befand sich der junge König in Erwartung eines Krieges samt Flotte und Fußsoldaten gerade in Pelusion im Osten des Nildeltas, und damit durch Zufall eben dort, wo Pompeius anlandete und seinen Boten mit der Bitte um Aufnahme und Unterstützung entsandte. Potheinos berief seine engsten Berater ein, darunter den Feldherrn Achillas und den Rhetoriklehrer und Prinzenerzieher Theodotos von Chios, um zu einer Entscheidung zu kommen, wie mit dem Gesuch des Pompeius zu verfahren sei. Die Lage war heikel, denn nahm man Pompeius auf, hatte man Caesar gegen sich, lehnte man ihn ab, machte man sich Pompeius, den Patron der Ptolemäer, zum Feind. Es war Theodotos, der den hinterhältigen Vorschlag machte, Pompeius in eine Falle zu locken und zu töten. So wäre man des Dilemmas, einen der beiden Machthaber vor den Kopf zu stoßen, enthoben, denn, wie Theodotos süffisant bemerkte: «Tote beißen nicht.» (Plut. Pomp. 77,7)

Der Vorschlag fand Anklang, und Achillas übernahm die Ausführung. Er fuhr Pompeius, der auf seinem Schiff die Rückmeldung erwartete, mit wenigen Begleitern auf einem kleinen Kahn entgegen, um ihn möglichst allein und ohne bewaffnetes Gefolge an Land überzusetzen. Angeblich, so rechtfertigten die ptolemäischen Häscher das einfache Boot, gebe es hier Untiefen und das Meer sei für große Schiffe nicht befahrbar. Pompeius blieb nichts anders übrig, als das

Angebot anzunehmen. Er verabschiedete sich von seiner Frau Cornelia Metella und den anderen und bestieg mit wenigen Gefolgsleuten – darunter auch ein treuer Diener namens Philippus – voller Misstrauen das Boot. Die Situation war angespannt: Draußen auf dem Meer lag die pompeianische Flotte und an den Relings der Schiffe stand die Besatzung, gegenüber am Ufer hatte sich das ptolemäische Heer eingefunden und mit ihm, erkennbar an seinen prächtigen Kleidern, auch der Kindkönig, während Pompeius auf dem Nachen langsam zum Festland hinübergerudert wurde. Es herrschte Windstille, alle Blicke waren auf das Boot gerichtet, und schweigend wartete man darauf, was geschehen würde. Als das Boot den Strand erreicht hatte und Pompeius, um auszusteigen, aufstand, schlugen die Häscher zu und töteten Pompeius unter den Augen aller mit mehreren Schwertstreichen. Cornelia Metella und die Gefolgsleute des Pompeius schrien entsetzt auf, aber angesichts der Übermacht der Ptolemäer zu Wasser und zu Land lichtete man die Anker und floh mit dem aufkommenden Wind auf das offene Meer.

Das Schicksal des Leichnams war unrühmlich, besonders nach antiken Vorstellungen, nach denen der Bestattung große Bedeutung zukam. Plutarch berichtet:

> **Dem Leichnam des Toten schlugen sie den Kopf ab, den Rumpf warfen sie nackt aus dem Boot und ließen ihn liegen, zur Augenweide für solche, die nach so etwas Verlangen haben. Aber Philippus blieb bei ihm, bis die Leute sich an dem Anblick gesättigt hatten. Dann wusch er den Leichnam mit Meerwasser, wickelte ihn in eins seiner Gewänder, und da er sonst nichts hatte, sah er sich am Strand um und fand die Holztrümmer eines kleinen Fischerbootes, zwar alt und morsch, aber doch ausreichend, um für einen nackten und nicht einmal vollständigen Leichnam zur Not einen Scheiterhaufen herzugeben. (Plut. Pomp. 80,2 f.; übersetzt nach Ziegler)**

Der unrühmliche Tod, die armselige Bestattung und das dürftige Grab, das bald ganz von Sand überdeckt war, wurden zu einem Sinnbild für die Zerbrechlichkeit menschlichen Glücks, das die antiken

Historiker gerne aufnahmen, um den tragischen Tod des Pompeius zu deuten. Velleius Paterculus fasst das Leben des großen Feldherrn und Eroberers folgendermaßen zusammen:

> **So endete mit 58 Jahren, am Tag vor seinem Geburtstag, das Leben dieses untadeligen, alle überragenden Mannes: Nach drei Konsulaten, ebenso vielen Triumphen und der Unterwerfung des Erdkreises war er zum höchsten Gipfel des Ruhms gelangt, der nicht mehr zu übersteigen war. Und das Schicksal ließ ihn so ganz und gar im Stich, dass der Mann, dem zuvor die ganze Erde nicht Raum genug für seine Siege bot, nun nicht einmal genug Erde für sein Begräbnis hatte. (Vell. 2,53,3; übersetzt nach Giebel)**

Cassius Dio hingegen hebt auf die Ironie des Schicksals ab, dass Pompeius, der im Seeräuberkrieg als Herrscher über das Mittelmeer gegolten und auch sonst große Flottenverbände befehligt hatte, auf einem kleinen Boot am Strand ermordet wurde:

> **Obgleich er das ganze römische Meer befriedet hatte, fand er in eben dessen Wellen den Tod. Und damit nicht genug: Er, der einstmals, wie es hieß, über tausend Schiffe gebot, wurde getötet in einem kleinen Nachen. (Cass. Dio 42,5,3; übersetzt nach Veh)**

Nur wenige Tage später traf Caesar, der Pompeius gefolgt war, in Alexandria ein. Als man ihm das Haupt des Pompeius überbrachte, soll er sich weinend abgewendet und den Tod seines Bündnispartners beklagt haben. Er bezeichnete ihn als «Mitbürger und Schwiegersohn und zählte alle Dienste auf, die sie sich jemals gegenseitig erwiesen hatten». (Cass. Dio 42,8,1)

Diese Nachricht ist durchaus glaubwürdig, denn Caesar verfolgte im ganzen Bürgerkrieg die Strategie, nach Siegen seine Gegner zu begnadigen. Nur zu gerne hätte er an Pompeius ein weithin sichtbares Beispiel seiner Milde (*clementia*) gegeben. So blieb ihm nur, da er Pompeius nicht das Leben schenken konnte, seine Mörder mit dem Tod zu bestrafen.

Caesar
48–46 v. Chr.

Pompeius war tot, von den Triumvirn nur noch einer am Leben: Caesar. – Caesar war nun der erste Mann im Imperium Romanum, doch seine Machtstellung noch immer nicht ganz gesichert. Die Söhne des Pompeius, dessen Schwiegervater Metellus Scipio, Titus Labienus, einst Caesars bester Legat und Stellvertreter in Gallien, sowie sein Erzfeind Cato, um nur die Wichtigsten zu nennen, führten den Kampf gegen Caesar fort.

Letzte Kämpfe

Doch der mischte sich zunächst zu Gunsten Kleopatras in den ägyptischen Thronstreit ein und löste damit den Alexandrinischen Krieg aus. Caesar siegte und setzte Kleopatra als alleinige Herrscherin von Ägypten ein. Was auch immer die Legenden und die Phantasie späterer Schriftsteller dazu beigetragen haben mögen: Es kam damals zu einer der berühmtesten Liebesaffairen der Weltgeschichte, und Kleopatra gebar 47 v. Chr. dem Imperator einen Sohn, den sie vielsagend Caesarion (kleiner Caesar) nannte.

Da Pompeius nicht mehr unter den Lebenden weilte und Caesar abgelenkt schien, glaubte der König des Bosporanischen Reiches, Pharnakes II., die Gunst der Stunde nutzen zu können, um seinen Herrschaftsbereich auszuweiten, und fiel in römisches Gebiet in Kleinasien ein. Er war ein Sohn jenes Mithridates, der drei Kriege gegen Rom geführt hatte, hatte sich aber auf die Seite der Römer geschlagen und sich von Pompeius den Königstitel bestätigen lassen. Caesar zog also gegen ihn ins Feld und besiegte ihn im August 47 v. Chr. in einem nur fünf Tage dauernden Krieg in der Schlacht bei Zela. Caesar kommentierte seinen raschen Erfolg mit den berühmt gewordenen Worten: «Ich kam, sah und siegte!» (*veni, vidi, vici*; Plut. Caes. 50,3)

Die Pompeianer nutzten die Zeit und sammelten sich in der Provinz Africa um Metellus Scipio, die beiden Söhne des Pompeius und Cato. Am 6. April 46 v. Chr. kam es bei Thapsus zu einer großen Schlacht, in der Caesar den Sieg nur knapp davontrug. Trotz Caesars gewohntem Gebot, die Besiegten zu schonen, machten seine Soldaten diesmal alles nieder, selbst eigene Offiziere, die ihnen entgegentraten. Die Besiegten, darunter viele Senatoren, zogen sich in die Küstenstadt Utica zurück, wo Cato sich um sie kümmerte. Die einen bereiteten die Flucht über das Meer vor, die anderen wollten sich unterwerfen. Als man auch Cato anbot, für ihn bei Caesar um Gnade zu bitten, antwortete er entschieden:

> **Wollte ich durch Caesars Gnade mein Leben retten, so brauchte ich nicht mehr zu tun, als selber zu ihm zu gehen. Aber ich mag dem Tyrannen für seine Missachtung der Gesetze nicht auch noch Dank schuldig sein. Denn er missachtet die Gesetze, wenn er als Herr und Gebieter Menschen begnadigt, über die ihm keine Gewalt zusteht. (Plut. Cat. min. 66,2; übersetzt nach Ziegler)**

Catos Worte sind durch und durch republikanisch. Caesar wird als Mann bezeichnet, der die Gesetze bricht, und wo er Milde zeigt, erweist er sich in Catos Augen erst recht als Tyrann, der nach dem Gesetz überhaupt nicht befugt ist, über das Leben von römischen Bürgern zu befinden. Milde oder Gnade ist eine Herrschertugend, die sich grundsätzlich von oben nach unten richtet und daher nicht in die römische Republik passt.

Nach dem Sieg Caesars bei Thapsus gab Cato die Sache der Optimaten verloren. Er lud seine Freunde, soweit sie in Utica waren, und seinen Sohn zu einem festlichen Abendessen ein. Darf man Plutarch (Plut. Cat. min. 67) glauben, so philosophierte man zu Tisch über das stoische Paradox, dass nur gute Menschen frei seien, alle schlechten aber Sklaven. Cato duldete gegen diesen Satz keinen Widerspruch und verteidigte ihn so heftig und leidenschaftlich, dass die Anwesenden bereits ahnten, dass er seinem Leben ein Ende setzen wollte. In der Nacht soll er zweimal Platons philosophische Schrift *Phaidon* gelesen haben, die vom Tod des Sokrates und von der Unsterblichkeit der Seele handelt. Als er um sein Schwert bat, verweigerte man es ihm zunächst und flehte ihn an, von seinem Vorhaben abzulassen. Doch Cato ließ sich nicht umstimmen und stieß sich das Schwert in den Leib, wie Plutarch berichtet:

> **Alsbald stürzte sein Sohn mit den Freunden herein. Sie fanden ihn in seinem Blut liegen, die Eingeweide hingen ihm größtenteils aus dem Leib, aber er lebte noch und hatte die Augen offen. Alle waren wie gelähmt vor Entsetzen, der Arzt jedoch trat an ihn heran und versuchte, die Eingeweide, die unverletzt geblieben waren, wieder an ihren Ort zu bringen und die Wunde zuzunähen. Da kehrte Cato, der sich ein wenig erholt hatte, das Bewusstsein zurück, er stieß den Arzt von sich, griff mit den Händen in die Wunde, zerriss die Eingeweide und starb. (Plut. Cat. min. 70,8–10; übersetzt nach Ziegler)**

Catos theatralischer Tod belegt eindringlich, dass ein Suizid eines führenden Mannes in einer Situation wie dieser keine Privatangelegenheit war. Vielmehr war er eine Inszenierung, ein Fanal, das über den Tod hinauswirken sollte, eine Fortsetzung der Politik mit anderen Mitteln. Cato war nicht der Einzige, der auf diese Weise seine Abscheu gegen einen Alleinherrscher Caesar zum Ausdruck brachte. Auch Metellus Scipio, der Schwiegervater des Pompeius, nahm sich wenig später auf der Flucht das Leben. Beide wollten unter keinen Umständen ‹Opfer› der *clementia Caesaris* werden.

Als dann Caesar, der ganz erpicht darauf war, auch gegen seinen ärgsten Feind Milde walten zu lassen, vom Selbstmord Catos erfuhr, soll er ausgerufen haben: «Cato, ich gönne dir diesen Tod nicht, denn du hast mir die Gewährung deines Lebens auch nicht gegönnt.» (Plut. Cat. min. 72,2) Er ahnte sicherlich, dass Cato nun unbesiegbarer war denn je.

Mit Cato starb der erbittertste Verfechter der freien Republik –

und diese, wie manche sagen, mit ihm. Für ihn wäre ein Leben unter dem Regiment Caesars undenkbar gewesen. Nach Cassius Dio soll er seinem Sohn auf die Frage, warum er nicht zu Caesar übergehe, geantwortet haben:

> **Ich bin in einer freien Welt, die sich der Redefreiheit erfreute, aufgewachsen und kann mich auf meine alten Tage nicht mehr ändern und auf Sklaverei umlernen. Du hingegen wurdest unter solchen Verhältnissen geboren und großgezogen und musst der Gottheit dienen, die dein Schicksal bestimmt. (Cass. Dio 43,10,5; übersetzt nach Veh)**

Ob hier mit der Gottheit der Zeitgeist gemeint ist oder Caesar, der später vergöttlicht wurde, sei dahingestellt. Jedenfalls wurde Cato später in der Kaiserzeit zum Inbegriff der freien Republik, und so mancher Senator, der mit dem Kaisertum haderte, stellte sich eine Statue Catos in die Vorhalle seiner Villa.

Caesar war nun – oder spätestens nach der Schlacht bei Munda 45 v. Chr., in der er die letzten Pompeianer in Südspanien schlug und in der auch Titus Labienus fiel – faktisch Alleinherrscher über das Imperium Romanum und richtete und regelte nach seiner Rückkehr nach Rom alles nach seinem Gutdünken. Er hatte sich 46 v. Chr. zum Diktator auf zehn Jahre ernennen lassen und Anfang 44 v. Chr. gar zum Diktator auf Lebenszeit (*dictator perpetuo*). Beim Volk war er wie eh und je beliebt, im Senat sorgte er für Zustimmung, indem er diesen erweiterte und viele seiner Gefolgsleute in den Senatorenstand hob. Der prächtige Triumphzug, mit dem er 46 v. Chr. aufgrund seiner Siege in Gallien, in Ägypten, bei Zela und in Africa einen vierfachen Triumph feierte und die aufwändigen Leichenspiele, die er für seine Tochter im selben Jahr nachholte, taten ein Übriges: Das Volk von Rom war begeistert und jubelte ihm zu.

Caesar wusste, dass in einem Bürgerkrieg der Sieg auf dem Schlachtfeld nur den ersten Schritt auf dem Weg zu einer sicheren Machtstellung bedeutete, in einem zweiten musste er seine Feinde, die zugleich Mitbürger waren, für sich gewinnen. Daher setzte er

Abb. 7 · Pilleus (Priestermütze) zwischen zwei Dolchen als Illustration der Ermordung Caesars an den Iden des März (vgl. EID MAR) (Münzbild; 42 v. Chr.)

seine Politik des Verzeihens und Versöhnens fort, begnadigte möglichst viele Pompeianer, um sie auf seine Seite zu ziehen. Hatte Sulla versucht, den politischen Gegner völlig zu vernichten, hatte Pompeius nur ihre Anführer töten lassen, so wollte Caesar gerade an den führenden Männern der Gegenseite seine Milde demonstrieren.

Von dieser Strategie, die allerdings den Hass der *nobiles* gegen Caesars Alleinherrschaft keineswegs besänftigen konnte, profitierten viele – unter anderem auch Marcus Iunius Brutus und Gaius Cassius Longinus, die als Caesars Mörder in die Geschichte eingehen sollten.

Resümee

Alle drei Triumvirn starben eines gewaltsamen Todes: Pompeius und Caesar fielen beide einem Attentat zum Opfer, Crassus kam auf dem Schlachtfeld ums Leben. Misst man ihren Erfolg daran, ob sie ihre Spitzenposition in Politik, Militär und Gesellschaft haben behaupten können, so ist jeder von ihnen gescheitert.

Dennoch ist ihre Lebensleistung – auch im Hinblick auf ihre Konkurrenten in der Nobilität – enorm. Ihre Handlungsmaxime war eine durch und durch aristokratische: «Immer der Erste sein und die anderen überragend» – wie es Homer formuliert hat (Hom. Il. 6,208). Danach haben sie von Anfang an gehandelt, und zwar mit höchstem Erfolg. Das gilt für Crassus, der Sulla in der Schlacht am Collinischen Tor zum Sieg verhalf und der den gefährlichen Sklavenaufstand des Spartacus niederwarf, und erst recht für Pompeius, der als erster Feldherr für Siege auf drei Kontinenten mit je einem Triumph geehrt wurde. Beide hatten auch in der Politik viel bewegt – der eine mit Reformen, der andere mit seinem Geld. Gemeinsam hatten sie 70 v. Chr. das Konsulat bekleidet.

Dennoch war es gerade ihre exzeptionelle Stellung in der Gesellschaft, die sie (in den 60er Jahren vor allem Pompeius) den römischen Eliten verdächtig machten. Das genügte, um die Kontrollmechanismen der römischen Nobilität zu aktivieren, durch die seit Beginn der Republik verhindert worden war, dass im Wettstreit um Ansehen (*dignitas*) und Einfluss (*auctoritas*) die gesamte Macht auf eine Partei oder gar nur auf einen Mann überging. Das bekam zunächst insbesondere Pompeius zu spüren, aber auch Crassus, der trotz seines Vermögens nicht den Platz im Staat bekam, der ihm nach seinem Empfinden zustand. Da Crassus in Pompeius einen Konkurrenten sah, blockierten sich die beiden Schwergewichte der Politik gegenseitig.

Doch dann kam Caesar, der erkannte, dass ihm, dem Jüngsten, der Weg an die Spitze des Staates versperrt sein würde, wenn er sich nicht einem der beiden anschloss. Egal, wen er gewählt hätte – der andere wäre sein Gegner geworden; die wechselseitige Blockade hätte sich bei drei Konkurrenten erst recht fortgesetzt. So kam er auf die Idee, Pompeius und Crassus auszusöhnen und sich mit ihnen zu einem Dreigestirn, dem Triumvirat, zu verbünden. Caesar spannte gleichsam zwei Riesen zusammen, auf deren Schultern er, selbst ein Riese, über alle herausgehoben und unerreichbar nach der Alleinherrschaft greifen konnte – so war sein Plan. Bezeichnenderweise hatten nicht die älteren Konsulare Pompeius und Crassus die Initiative ergriffen, sondern der künftige Konsul Caesar. Mit seinem Vorstoß hatte er «einen politischen Schritt unternommen, der ihm im Augenblick größte Anerkennung und späterhin Macht einbrachte, Pompeius und dem Staat aber den größten Schaden bereitete.» (Plut. Pomp. 47,1) Das Bündnis trug ihm die Statthalterschaft in Gallien ein, die er für einen großen Eroberungskrieg nutzte, um zum mächtigsten Mann Roms zu werden.

Das Dreierbündnis wäre wohl politisch und militärisch unschlagbar geblieben, hätte es Bestand gehabt. Doch das aristokratische Konkurrenzdenken beherrschte auch das Verhältnis der Triumvirn untereinander; so wurde der Zusammenhalt immer brüchiger und zerfiel schließlich: Crassus verlor den Feldzug gegen die Parther und starb fern von Rom. Pompeius erreichte mit dem dritten Konsulat als *consul sine collega* den gewünschten Spitzenplatz innerhalb der Nobilität und brauchte Caesar nicht mehr. Jenem hingegen drohte der Ausschluss aus der Nobilität und damit der völlige Ehr- und Machtverlust. Daher überschritt er den Rubicon. Sein Sieg über Pompeius machte ihn faktisch zum Monarchen. Doch auch in dieser Position überlebte er nicht – die Nobilität opferte ihn, um selbst zu überleben.

War Caesar der Beste von den dreien, weil er die beiden anderen überlebte? Wäre die Geschichte anders verlaufen, wenn Pompeius bei Pharsalos gesiegt hätte? Und warum haben alle drei ihr Ziel nicht erreicht, sich an der Macht zu halten?

Fehler haben sie alle gemacht, und in den Positionen, in denen sie sich befanden, ist so etwas meist tödlich. Crassus wurde bereits von seinen Zeitgenossen vorgeworfen, dass er seinen Feldzug gegen die Parther überstürzt und leichtsinnig unternommen hatte. Doch in seinem militärischen Ehrgeiz, der ihn dazu anstachelte, war er keinen Deut anders als die beiden anderen Triumvirn und Roms Aristokraten überhaupt. Plutarch vergleicht ihn sogar mit Alexander dem Großen und kommt zu dem bemerkenswerten Schluss: «Wer das Unternehmen des Alexanderzuges lobt und das des Crassus tadelt, der beurteilt zu Unrecht den Anfang nach dem Ende.» (Plut. Crass. 37,4) Nach seiner Auffassung muss man die Absicht und nicht den Erfolg beurteilen, weil Erfolg – besonders im Krieg – vom Zufall abhängt. Hätte Crassus gesiegt, wäre ihm der Triumph in Rom sicher gewesen und damit in der Gesellschaft ein ehrenvoller Platz.

Auch Pompeius hat im Bürgerkrieg gegen Caesar – trotz seiner großen Erfahrung als Feldherr – fatale Fehler begangen. Von den ihn begleitenden Senatoren provoziert, ließ er sich zu früh auf eine Entscheidungsschlacht ein. So urteilt Plutarch: «Wenn Pompeius Magnus, dessen Lager die Römer zum Vaterland und dessen Zelt sie zum Senat erklärten [...], sich durch Spötteleien [...] blindlings dazu bringen ließ, die Entscheidung über Reich und Freiheit auf die Karte einer einzigen Feldschlacht zu setzen: Wer kann dies ohne Kritik hingehen lassen?» (Plut. Pomp. 84,4)

Pompeius und Crassus scheiterten militärisch, Caesar jedoch politisch. Seinen großen Gegenspieler überlebte er nicht einmal vier Jahre, obwohl er in Rom in allen Bereichen Reformen durchführte und alles tat, um Senat und Volk – und vor allem seine Feinde im Innern – zu gewinnen. In kürzester Zeit veränderte er in Rom und im Reich die Verhältnisse: Er stockte den Senat von 600 auf 900 Mitglieder auf und erhöhte gleichzeitig die Zahl der Prätoren auf 16 und die der Quästoren auf 40. Dadurch, dass er den Senat vergrößerte, konnte er viele seiner militärischen Weggefährten mit einem Senatssitz belohnen, aber er achtete auch darauf, die alte Nobilität angemessen zu berücksichtigen: Von den neun Konsuln, die Caesar ihr Amt verdankten, waren fünf *nobiles* und vier *homines novi*. Die Gerichtshöfe gab er wieder in die alleinige Hand der Ritter und Senatoren, während der dritte Stand, die Ärartribunen, die Pompeius in seinem zweiten Konsulat zugelassen hatte, ihren Platz wieder räumen mussten. Von zentraler Bedeutung war seine Siedlungspolitik. Um in Rom die Zahl der Proletarier, d. h. der Besitzlosen, zu verringern und damit die Zahl derer, die auf Staatskosten mit Getreide versorgt wurden, betrieb er eine intensive Siedlungspolitik. Im ganzen Römischen Reich wurden für Proletarier, für Freigelassene und Veteranen Kolonien gegründet: in Spanien, in Südfrankreich, in Griechenland, in Kleinasien, in Nordafrika. Auf dem Boden Karthagos entstand die Colonia Iulia Concordia Carthago; damit wurde eine alte Idee des jüngeren Gracchus verwirklicht. Und indem er römische Kolonien im keltisch-germanischen Grenzbereich plante, wollte er die Provinzen gegen Kelteneinfälle aus dem Norden schützen. Für Sicherheit auf den Straßen sorgte er mit einem erneuten Verbot jener Vereine (*collegia*), die Clodius wenige Jahre zuvor wieder zugelassen hatte. Ab Januar 45 v. Chr. trat eine längst überfällig gewordene Kalenderreform in Kraft, deren Resultat über anderthalb Tausend Jahre unverändert gültig bleiben sollte. Neben diesen strukturellen Reformen setzte er eine ausgedehnte Bautätigkeit in Gang, die Rom neuen Glanz verlieh. So baute Caesar unter anderem direkt neben dem Forum Romanum ein neues Forum, das Forum Iulium, das ein eindrucksvoller Tempel der Venus Genetrix dominierte – also jener Göttin, auf die er schon als junger Mann anlässlich der Leichenrede auf seine Tante Iulia die Abstammung seiner Familie zurückgeführt hatte.

Politisch setzte Caesar jedoch weiter auf seine Politik der Versöhnung und begnadigte nach seinem Sieg im Bürgerkrieg viele Anhänger der gegnerischen Partei. Als er sogar für Marcus Claudius Marcellus, der als Konsul des Jahres 51 v. Chr. die vorzeitige Abberufung Caesars aus Gallien besonders brüsk gefordert hatte, die Rückkehr nach Rom billigte, pries ihn Cicero, der in einer Versöhnungspolitik eine letzte Chance für die Republik sah, unter großem Beifall in einer Senatsrede und lobte seine *clementia* (Milde):

> **Und bei dieser Sache [der Begnadigung des Marcellus] oblag dir die Leitung und Ausführung, und ihre Bedeutung lässt sich daran ermessen, dass es deinen Siegeszeichen und Denkmälern beschieden ist, im Laufe der Zeit zu verfallen [...], dass hingegen deine Gerechtigkeit und Milde von Tag zu Tag heller erstrahlen werden. [...] Du hast offenbar den Sieg selbst besiegt, indem du den Besiegten, was schon dein war, zurückgabst. Denn nach dem Recht, das der Sieg gewährt, hätten wir, die Besiegten, allesamt sterben müssen. Doch dein Gnadenurteil (*clementia*) hat uns geschont. (Cic. Marcell. 12,11; übersetzt nach Fuhrmann)**

Das war im September 46 v. Chr. – Anderthalb Jahre später wurde er von 23 Senatoren ermordet. Was hatte Caesar falsch gemacht? Wenn man es in einem Satz fassen will: Er hatte der Nobilität ihre Würde genommen, also jenes nicht verhandelbare Kapital, auf dem alles aristokratische Selbstverständnis beruht. Es war jene *dignitas*, um die er einst selbst gekämpft und deretwegen den Bürgerkrieg geführt hatte. Darum war Cato lieber gestorben, als von Caesars Gnaden weiterzuleben, und darum kostete es Cicero weniger Mühe, Caesar zur Begnadigung des Marcellus zu überreden, als Marcellus, diese anzunehmen. Unter Caesars Herrschaft war der Senat zur Staffage geworden, der nur noch abnicken konnte, was Caesar vorher beschlossen hatte. Oft waren die Senatsbeschlüsse schon vor der Abstimmung ausformuliert. Caesar, der in seinem Konsulat hatte erleben müssen, dass selbst die ausgewogensten Gesetzesvorhaben von den Optimaten blockiert wurden, wollte sich seine umfassenden Reformen nicht in umständlichen Verfahren zerlegen und in kontroversen Debatten zerreden lassen; so machte er wahr, was er bereits im April 49 v. Chr. wütend dem Senat, als dieser nicht mit ihm kooperierte, entgegengeschleudert hatte: «Dann wird eben von mir allein alles seinen Ausgang nehmen!» (Cic. Att. 10,4,9)

Und so handhabte er es dann als *dictator* auch: Er war das alleinige Machtzentrum, von dem aus Stadt und Reich regiert wurden – die Republik war faktisch abgeschafft. Da half es nichts, dass er das gut machte, dass viele seiner Reformen vernünftig waren, dass Frieden in Rom eingekehrt war, dass nicht nur seine Anhänger, sondern auch seine Gegner von Caesars Gunst profitierten. Immer größere Teile der Nobilität stellten die Freiheit über den Frieden und die Würde über das Wohlergehen und töteten den Feind ihres Standes.

Wäre es Pompeius anders ergangen, wäre *er* Sieger in der Schlacht bei Pharsalos geblieben und hätte *er* Caesar überlebt? – Durchaus möglich! Denn Pompeius hatte den Senat – wieder – hinter sich gebracht und war in die aristokratische Gesellschaftsordnung zurückgekehrt. In der Konstruktion des *consul sine collega* (Konsul ohne Kollegen) hatte er im Grunde schon 52 v. Chr. das augusteische Konzept des *primus inter pares* (der Erste unter Gleichen) vorweggenommen. Und in seiner Neuordnung des Ostens hatte er früher noch die Provinzialen davon überzeugt, dass er nicht nur ein Machthaber war, der den Krieg bringt, sondern auch eine neue Form von Frieden: die *Pax Romana*. Vielleicht hätte Pompeius Rom einen weiteren blutigen Bürgerkrieg erspart und statt des iulisch-claudischen Kaiserhauses hätte am Beginn des Prinzipats das pompeianische Kaiserhaus gestanden.

Beide, Caesar und Pompeius, waren Ausnahmeerscheinungen, die erst in der ausgehenden Republik möglich waren. Oder anders gesagt: Sie sind gerade als Ausnahmeerscheinung typische Exponenten ihrer Zeit. Die Erteilung umfassender Befehlsgewalten mit weitreichenden militärischen Befugnissen, der Erwerb mächtiger Klientelgruppen, zu denen Städte, Provinzen, Fürstentümer und ganze Armeen gehörten, der Aufbau riesiger Vermögen und die exzessive Verleihung von Sonderkommandos gaben dem Konkurrenzkampf der Eliten eine Dynamik, die nicht mehr kontrollierbar war. Caesar, Pompeius und auch Crassus konnten nur die neuen Ressourcen am besten für sich nutzen. Ihr Zusammenschluss machte sie mächtiger als den ganzen Staat, das Zerwürfnis zwischen Caesar und Pompeius sprengte den Staat und bereitete den Weg zu einer neuen Ordnung: dem Prinzipat.

Dabei war das Verhältnis der beiden zum Staat durchaus verschieden. Pompeius dachte innerhalb der Kategorien seiner Gesellschaft, Caesar jenseits dieser Kategorien; Pompeius suchte die Anerkennung im System, Caesar stand außerhalb des Systems; Pompeius wurde, als er seinen Platz in der Nobilität gefunden hatte, zum Verteidiger der römischen Republik, Caesar, den die Nobilität ausgestoßen hatte, zu ihrem Angreifer. Pompeius rang um die höchste Anerkennung in einer Gesellschaftsordnung, deren Spielregeln er nie in Frage stellte, Caesar zerstörte die Gesellschaftsordnung, weil sie ihm die höchste Anerkennung versagte. Darin liegt eigentlich ein Paradox: Denn jene *dignitas*, deretwegen Caesar den Rubicon überschritt, existierte nur innerhalb des Referenzrahmens der römischen Aristokratie. Indem Caesar aber diese durch eine Monarchie ersetzte, gab es diesen Rahmen nicht mehr in der Form, wie ihn die freie römische Republik kannte. Es lag im Wesen Caesars, dass ihn diese Konsequenz nicht störte – dafür dachte er zu absolut und dafür war er sich zu sehr selbst genug.

Das Konzept der Position, die er als *dictator perpetuus* innehatte, musste neu geschaffen werden – und eben das ist Caesar nicht gelungen, jedenfalls nicht so, dass ihm die Herstellung des gesellschaftlichen Konsenses geglückt wäre und die Elite Roms seine Spitzenposition akzeptiert hätte. Daher trifft gerade auf Caesar das von modernen Historikern für Rom beobachtete Prinzip des Machterhalts zu: «Wer die Notwendigkeit von Konsens und Akzeptanz ignorierte, verlor in der Regel nicht nur seine Position, sondern auch sein Leben.» (Brandt, 2021, 8)

Gerade diesen Mangel meint der Historiker Christian Meier, wenn er feststellt, dass Caesar «nur Macht in den Verhältnissen» des Staates besaß, nicht aber «Macht über die Verhältnisse». (Meier, 2004, 30) Im Gegensatz zu Augustus gelang es Caesar – bei allen Wohltaten, die er an Adel und Volk verteilte und bei allem Geschick im Regierungsgeschäft – eben nicht, seine Alleinherrschaft so zu inszenieren, dass ihm die Nobilität vertraute und folgte. Ihm, dem nüchternen Machtpolitiker, fehlte es an einem staatlichen Gesamtkonzept, einem identitätsstiftenden Programm, einer Ideologie, die zu seiner Person, seiner Stellung, seinem Staat passte und die die neue Gesellschaftsordnung auf eine Weise legitimierte, dass sie – und mit ihr seine eigene Stellung – Bestand haben konnte. Cicero, nicht nur Staatsmann, sondern auch Staatsphilosoph, hätte sie ihm vielleicht liefern können, doch der blieb bis zu seinem Lebensende ein Verfechter der Republik.

Augustus hingegen, eine Generation später, schuf mit dem Schlagwort des *primus inter pares* ein Konzept für seine Person und Position, die dem Adel seine Würde beließ. Darauf basierte der Erfolg seines Prinzipats, einer neuen staatlichen Ordnung, die die Institutionen der Republik äußerlich bewahrte, zugleich aber einen völligen Wandel der inneren Verhältnisse bedeutete. Freilich wäre Augustus diese Wende nicht gelungen, wenn ihn die Intellektuellen, Literaten und Künstler seiner Zeit bei der Etablierung der neuen Herrschaftsform nicht begleitet und unterstützt hätten. Sie haben mit ihren Gedanken und Werken jene augusteische Ideologie mitgeschaffen, mit der sich nicht nur der Adel und das Volk von Rom, sondern auch die Verlierer des Bürgerkrieges identifizieren konnten – und schließlich auch alle, die im Imperium Romanum lebten. Ohne den Kreis des Maecenas, ohne Vergils neues Epos, ohne die Oden des Horaz wäre vielleicht nie jene geistige Welt entstanden, die das Zeitalter des Augustus – auch wenn es von einem Monarchen beherrscht wurde – als golden erscheinen ließ.

Caesar jedoch sah sich nicht als *primus inter pares*, sondern bewegte sich sonderbar außerhalb des Standes, dem er doch angehörte. Nach seinem Sieg über Pompeius entschied und handelte er im Staat völlig nach eigenem Gutdünken – sein Tatendrang war erstaunlich und seine Effizienz fast schon unheimlich. Doch wie dachte er sich seine künftige Rolle – und die des Erben seiner Macht? Dachte er wirklich an eine dauerhafte Diktatur oder doch an eine neue Form des alten römischen Königtums? War ihm der Makedonenkönig Alexander ein Vorbild oder die ägyptischen Pharaonen? Oder war er in seiner Machtfülle ratlos und ein Gefangener seiner selbstgewählten Alleinstellung? Im Juli 46 v. Chr. kehrte er von seinem Africa-Feldzug zurück nach Rom. Nicht einmal zwei Jahre später – für den Frühling 44 v. Chr. – hatte er einen neuen großen Feldzug geplant: gegen die Parther. War das eine Flucht, wie oft vermutet wurde? Aus Rom, vor der Nobilität, vor den Erwartungen, die man auf ihn richtete, vor Entscheidungen, die den Staat in seinem Kern betrafen? Wir wissen es nicht. –

Was mag ihm wohl durch den Kopf gegangen sein, als er 45 v. Chr., wenige Monate vor dem geplanten Aufbruch in den Orient, seinen fünften Triumph feierte und hoch auf dem Wagen durch die jubelnde Menge zum Kapitol fuhr? – Darüber kann man nur spekulieren …

«Bedenke, dass du ein Mensch bist, bedenke, dass du ein Mensch bist, bedenke …» – Ja, ich weiß, dachte Caesar, und hätte am liebsten dem Staatssklaven, der hinter ihm auf dem Triumphwagen stand und ihm diesen Satz unentwegt ins Ohr flüsterte, den Mund verboten. Aber das gehörte nun einmal zur Zeremonie, und das Volk liebte Zeremonien. Er nickte freundlich nach allen Seiten und genoss dann doch den Staatsakt zu seinen Ehren. Lächelnd musste er sich daran erinnern, wie bitter es vor 15 Jahren für ihn gewesen war, als er seinen Anspruch auf einen Triumph aufgab, um sich als Kandidat für die Konsulwahl bewerben zu können. Damals hatte er sich geschworen, das wusste er noch allzu gut, dass er den verpassten Triumph zweimal und dreimal nachholen werde. Nun hatte er seinen Schwur übertroffen; ihm konnte keiner mehr etwas vorschreiben. Wie gut ließ es sich auch regieren, wenn kein Bibulus den Himmel beobachtete und Unglücksvögel sah, wenn kein Cato mit Dauerreden die Beschlussfassung im Senat torpedierte, wenn kein Konkurrent mehr zu fürchten war, der mit Geld, wie Crassus, oder mit Charisma, wie Pompeius, einem den Spitzenplatz streitig machte. Caesar holte tief Luft, als er daran dachte, dass sie nun alle tot waren. Und mit ihnen die alte Optimatenrepublik mit ihren bornierten Blaublütern! Aber er hatte es schon bei Pharsalos gesagt und wiederholte es nun in Gedanken: «Sie haben es so gewollt!»

Und jetzt war es gut so: seine Machtposition nun unangefochten und sein Reformprogramm reibungslos umgesetzt. Dafür hätte man in alten republikanischen Zeiten Jahrhunderte gebraucht und wäre trotzdem zu keinem Ergebnis gekommen! Mittlerweile war sein Wagen auf dem Forum angekommen und stolz blickte er auf das neueste Bauwerk: seine Basilica Iulia. Was würde er Rom noch an Gebäuden schenken! Auf dem Marsfeld hatte er einen gigantischen Tempel geplant, ein Theater, das sich – wie ein griechisches – an den Tarpeischen Felsen des Mons Capitolinus schmiegen sollte. Der Hafen von Ostia wartete auf einen Ausbau, der dem Großhandel Roms mit der Welt endlich gerecht werden sollte. Ja, ihm schwebte nicht nur Rom vor, sondern das ganze Imperium Romanum stand ihm vor Augen. Wie würde sich etwa ein Kanal durch den Isthmos von Korinth auf die Handelsschifffahrt auswirken? Ideen hatte er genug, und endlich, endlich war er in der Position, diese ohne störende Neider verwirklichen zu können. Unwillkürlich dachte Caesar an Pompeius. Im Grunde hatte er ihn gemocht. Aber das Schicksal hatte es so gefügt, dass Pompeius nun tot im ägyptischen Sand lag und er, Caesar, als Triumphator durch Rom zog – das fünfte Mal, während Pompeius nur dreimal triumphiert hatte! – Doch er war noch nicht fertig: Das Partherreich wartete auf ihn, das Crassus so stümperhaft in Angriff genommen hatte. Caesar schüttelte fast mitleidig den Kopf, als er daran dachte, welch elenden Tod der reiche Crassus mit seinem Sohn im syrischen Sand gefunden hatte. Da war Pompeius ein ganz anderes Kaliber, ähnlich seinem eigenen: Pompeius hatte Asien erobert, Caesar Gallien, beide die maßgeblichen Baumeister des Imperium Romanum – so würde es in die römischen Annalen eingehen. Doch vielleicht würde er, Caesar, den zweiten Alexander doch noch in den Schatten stellen können – und am Ende auch Alexander selbst! Caesar hatte da so seine Gedanken, die er bislang nur im engsten Freundeskreis geäußert hatte: Gesetzt den Fall, dass er die Parther besiegen (und die Feldzeichen der Legionen des Crassus zurückholen) würde, was stünde ihm dann noch an Eroberungen offen? – Er könnte über den Kaukasus und die Krim nördlich des Schwarzen Meeres wieder nach Westen ziehen und auf dem Rückweg, praktisch in einem Aufwasch, das weite Land der Germanen von Osten her erobern. Dann wäre er der Herr des ganzen Erdkreises und hätte zu Ende gebracht, was selbst Alexander der Große nicht hatte vollenden können: Die Welt friedlich unter einer Herrschaft vereinen. – Ideen musste man eben haben, dachte Caesar, und natürlich auch den Mut, sie umzusetzen. Er seufzte. Wer sollte ein solches Imperium zusammenhalten, wenn er, Caesar, nicht mehr unter den Menschen weilte? Caesarion, sein Söhnchen, das ihm Cleopatra geschenkt hatte, oder Octavian, sein Großneffe? Beide noch sehr jung ... Konnte er damit rechnen, dass sie sein Erbe fortsetzten? War seine Macht überhaupt vererbbar? Caesars Blick verfinsterte sich, als seine Gedanken wieder einmal jenem leidigen Thema zustrebten: Wie sollte die Herrschaft nach ihm aussehen? – Er wusste es nicht, und er konnte sich kaum vorstellen, dass es jemanden geben konnte, der in der Lage war, seine Fußstapfen auszufüllen ... «Bedenke, dass du ein Mensch bist, bedenke, dass du ein Mensch bist, bedenke ...» – Ja, er tat seine Pflicht durchaus zuverlässig, der Staatssklave hinter ihm. Wie lästig für einen großen Geist!

So oder so ähnlich könnten die Gedanken gewesen sein, die Caesar im Oktober 45 v. Chr. während seines Triumphs über Spanien durch den Kopf gegangen sind. Was er wirklich vorhatte, wussten nicht einmal seine Zeitgenossen, und nach seinem Tod rankten sich schnell Gerüchte um sein Vermächtnis. Caesar hatte im Gegensatz zu Pompeius das Glück gehabt, mit Octavian, dem späteren Augustus, einen Erben bestimmt zu haben, der sich an der Macht behaupten und eine erfolgreiche Dynastie begründen sollte. Die Frage ist berechtigt: Wäre Caesar auch ohne Augustus so prominent in die Geschichte eingegangen, dass «die Völker, denen die Welt gehört, noch heute mit seinem Namen die höchsten ihrer Monarchen nennen» (Mommsen), nämlich in den Titeln «Kaiser» und «Zar»? War es am Ende nur eine Kombination von Zufällen, dass Caesar *der* Caesar der Geschichte geworden ist? Der Zufall der Zeit, in der er lebte, der Zufall seines Kriegsglücks und der Zufall, einen fähigen Erben gehabt zu haben, der dafür sorgte, dass die Nachwelt Caesars politisches Scheitern fast vergessen hat?

Anhang

Anmerkungen

Zu: Dreifacher Zorn (S. 15–35): *Motto des Kapitels:* Hom., Il. 1,1 – *Fachliteratur:* Meier (1966), Christ (^{4}2000) 231–283 (zu Pompeius), 291–313 (zu Caesar), Baltrusch (2004) 17–26 (zu Pompeius), 39–42 (zu Caesar), Bringmann (2003) 70–76 (Darstellung) und 175–181 (Quellen), Blösel (2015) 155–207 • *Zu Caesar* Gelzer (2008) 23–58 • *Zu Pompeius* Gelzer (2005) 80–122 • *Zu Crassus* Marshall (1976) 5–111, Ward (1977) 5–230 • *Zu Cicero* Gelzer (^{2}2014) 5–122 – *Antike Quellen:* Vell., Plut. Caes., Plut. Pomp., Plut. Crass., Suet. Iul., App. civ., Flor. epit., Cass. Dio. – *Einzelhinweise: Zum Begriff «Optimaten» und «Popularen»* Meier (1965), Burckhardt (1988), Mouritsen (2001), 67–89, Robb (2010) • *Zur ‹Partei› (factio) Caesars* Syme (^{4}1939) 61–75 • *Zum Ausdruck «Sippschaft der Optimaten»* vgl. Ciceros *natio optimatium* (Sest. 95). • *Zur seit Sulla sich abzeichnenden Vorstellung, Rom sei zur Weltmacht bestimmt* Kienast (1999), 335, Schmid (2016) 292 (mit Anm. 40); vgl. Liv. proem.: *princeps terrarum populus*; Verg. Aen. 1, 281 f.: *Romanos rerum dominos gentemque togatam* • *Zum Topos der römischen Gier nach Herrschaft* Zenk (2021), 128–133 (mit Lit. und in Anm. 492 mit weiteren Livius-Stellen: Liv. 1,6: *regni cupido*; Liv. 1,23,7: *cupido imperii*; Liv. 1,17,1: *certamen regni ac cupido*; Liv. 2,7,9: *cupiditas regni*), Schmid (2016) 292 (mit Anm. 35 und weiteren Stellen: Sall. Iug. 6,3: *natura mortalium avida imperi*; Aug. civ. 1,30: *libido dominandi*; Vell. 1,12,5: *invidia imperii*); vgl. ferner Sall. Catil. 10,3: *imperi* […] *cupido*; Cic. off. 3,36,8; Verg. georg. 1,37: *regnandi* […] *cupido*; Liv. 1,6,4: *avitum malum* (vgl. Zenk, 2021, 131); vgl. ferner: Lucan. 1,670: *cum domino pax ista venit*; Liv. proem.: *nec vitia nostra nec remedia pati possumus*; Hor. epod. 16,1 f.: *altera iam teritur bellis civilibus aetas, suis et ipsa Roma viribus ruit*; Tac. ann. 1,1: *qui cuncta discordiis civilibus fessa nomine principis sub imperium accepit* • *Zu den römischen Werten* Thome (2000), Braun/Haltenhoff/Mutschler (2000), Haltenhoff/Heil/Mutschler (2003). • *Zu Ennius* Enn. ann. Frg. 500 Vahlen: *moribus antiquis res stat Romana virisque* (dazu Cic. rep. 5,1: *Quem quidem ille* [sc. *Ennius*] *versum vel brevitate vel veritate tamquam ex oraculo mihi quodam esse effatus videtur.* • *Zu Vergil* Aen. 1,278 f.: *his* [sc. *Romanis*] *ego nec metas rerum nec tempora pono; imperium* *sine fine dedi.* • *Zu Ciceros Vers* überliefert bei Juv. sat. 10,122: *o fortunatam natam me consule Romam!* • *Zu Cato* Gelzer (1963), Bd. 2, 257–285, Fehrle (1983) • *Zur concordia ordinum* Lapyrionok (2008) • *Zum pomerium* Rüpke (1990)

Zu: Auf dem ‹Spielfeld› der Geschichte (S. 36–71): *Motto des Kapitels:* Bourdieu (2015) 38. – Man unterscheidet heute in den Geschichtswissenschaften u. a. folgende Ansätze: den der Politischen Geschichte (auch Ereignis-, Staats- und Personengeschichte), die im Historismus des 19. Jahrhunderts einen besonderen Stellenwert hatte (vgl. Weichlein 2010), den der Strukturgeschichte, die auf die französische Annales-Schule und insbesondere auf Braudel (1949) zurückgeht (vgl. Raphael 2002) und den der Neuen Kulturgeschichte (vgl. Raphael 2003). Vgl. dazu auch die recht hilfreichen Artikel in Wikipedia s. v. – *Einzelhinweise: Zur antiken Biographie* Sonnabend (2003), der zwischen «Faktenbiografie» und «Charakterstudie» unterscheidet (S. 222) und die zunehmende Bedeutung dieser Gattung in der Krise der römischen Republik betont (S. 84–98). • *Zum Luhmannschen Begriff der Prominenzrollen und zum Bourdieuschen Konzept von Habitus und Feld* vgl. die äußerst instruktiven Ausführungen bei Hölkeskamp (2018) 31–41, worauf die vorliegende Darstellung im Wesentlichen beruht (inklusive Literaturhinweise); vgl. dort auch das umfassende Literaturverzeichnis zur antiken Elitenforschung S. 77–101. Vgl. ferner Hölkeskamp (2011). • *Zum Feld* Bourdieu (2001). • *Zum Akzeptanzsystem* Flaig (1992 bzw. ²2019), Brandt (2021), 8–10 • *Zur ritualisierten Selbstinszenierung der Eliten* Flaig (2003) • *Zur Machtbasentheorie* vgl. die grundlegende Studie von French/Raven (1960), die Machtausübung auf die Aspekte Legitimität, Belohnung, Zwang, Identität (Charisma) und Wissen zurückführt. Mann (1986–2001) setzt vier Quellen von Macht an: die ideologische, ökonomische, militärische und politische. Bourdieu (1983, 1985 und 1987) unterscheidet verschiedene «Kapitalsorten», die hier bei der Ausübung von Macht zum Einsatz kommen: das ökonomische, soziale, kulturelle und symbolische Kapital • *Zum Eliasschen Begriff der Machtbalance* Elias (2006), Dreyer (2011); die Bedeutung des Charisma hebt bereits Weber hervor (2010) • *Zum römischen Staat* Broughton (1952, Liste römischer Magistrate), Suerbaum (1961, immer noch grundlegend), Volkmann (1979), Jehne (1995), Kunkel/Wittmann (1995), Bleicken (⁴1995), Meier (1997), Schulz (1997), Mouritsen (2001), Hölkeskamp (2004), besonders 257–277, der auch das angeführte Syme-Zitat zur Bedeutung der Oligarchie kritisiert (S. 259), Rainer (2006). Syme (⁴1939) betont den oligarchischen Charakter der römischen Republik, Millar (1998) dagegen den ‹demokratischen› – man sollte beide Arbeiten nebeneinanderlegen; vgl. zu dieser Diskussion ferner Jehne (1995), bes. 1–9 und 77–128 und Linke (2005) 4–6, der die Integration des Volkes in die «gemeinschaftliche Angelegenheit aller Bürger» (S. 6) betont • *Zur politischen Kultur*

Hölkeskamp (2004/2010) • *Zur republikanischen Gesetzgebung* Walter (2014) • *Zu imperium (Romanum) und imperator* Rosenberg (1916), Suerbaum (1961), Bleicken (1979 und 1979a), Richardson (1991), Bleicken (1993), Girardet (2001), Baltrusch (2004) 29–31, Girardet (2007) 3–10, 425–434 und 461–522 (bes. zum *imperium consulare militiae* und *maius*), Drogula (2007 und 2015), Meyer-Zwiffelhoffer (2009) 11–15, Bernstein (2010), Beck (2011), Vervaet (2014), Blösel (2011 und 2015a), Drogula (2015), Youni (2019), Brandt (2021) 41 (mit Anm. 66), Zenk (2021) 134 ff. Die kaiserliche Macht basierte im Wesentlichen auf dem *imperium consulare* und der *tribunicia potestas* • *Zum mos maiorum und zur nobilitas* Gelzer (²1983), Syme (⁴1939) 16–31, Linke/Stemmler (2000), Scholz (2011), Schauer (²2017) 20–33 • *Zur antiken Geschichtsschreibung* Meister (1990), Hose (1994), Mehl (2003), Walter (2004)

Zu: Die römische Republik zwischen Reform und Ruin (S. 73–120): *Motto des Kapitels:* Hor. epod. 16,2 – *Fachliteratur:* Meier (1966), Brunt (1988), Christ (⁴2000) 117–230, Bringmann (2003) 25–69 und 105–175 (Quellen), Baltrusch (2004) 4–16, Heftner (2006), Blösel (2015) 155–207 (mit hilfreicher Bibliographie), und insbesondere Linke (2005), auf den sich neben Blösel (2015) das vorliegende Kapitel vor allem stützt. – *Antike Quellen:* Sall. Iug., Vell. 2,1–28, Plut. Sull., App. civ. 1,26–500, Flor. epit. 1,36.38 u. 2,1–6.9. – *Einzelhinweise: Zur römischen Gesetzgebung* Bleicken (1975) • *Zu den Gracchen* Stockton (1979) • *Zum Parteienexkurs des Sallust* Bringmann (1974) • *Zur Entwicklung der schriftlichen Abstimmung bei Wahlen* Bleicken (1975) 183 f., Lundgreen (2009; zur Stimmbrücke S. 41) • *Zur Biographie des Marius* Evans (1994), Christ (⁴2000) 151–154 • *Zur Heeresreform des Marius* Christ (⁴2000) 157–164, Blösel (2015) 172 f. • *Zum Begriff «homo novus»* Gelzer (²1983) und Shackleton Bailey (1986), die das Konsulat für diese Bezeichnung voraussetzen, während Brunt (1982) bereits die kurulische Ädilität für ausreichend hält; vgl. auch Mehl (2018); eine ebenso treffende wie kurze Definition für *homines novi* bietet Appian: «so heißt man jene, die durch eigene Verdienste, nicht aber durch Vorfahren zu Ansehen gelangen.» (App. civ. 2,5) • *Zum Bundesgenossenkrieg* Hantos (1983), Mouritsen (1998, mit einer Neuinterpretation des Verhältnisses der Bundesgenossen zu Rom, der ich hier folge), Christ (⁴2000) 179–182 • *Zur italischen Identität in der augusteischen Dichtung (und Verg. georg. 2,136–176)* vgl. Schauer (2012, darin auch zur antirömischen Perspektive des Properz in 1,22) • *Zu Livius Drusus* Christ (⁴2000) 174–179 • *Zu Sulpicius Rufus* Powell (1990), Christ (⁴2000) 186 f. • *Zu Sulla* Christ (2002). *Zu Sullas Marsch auf Rom* Volkmann (1958), Christ (⁴2000) 188–191 • *Zu Sullas Reformen* Hantos (1988), Christ (⁴2000) 217–230, Christ (2002) 122–132 • *Zu den Proskriptionen* Hinard (1985)

Zu: Jugend im Bürgerkrieg (S. 121–162): *Motto des Kapitels:* Cic. S. Rosc. 154 – *Fachliteratur:* Meier (1966) 216–262, Will (1992) 13–16, Christ ([4]2000) 150–230 (zu Sullas Reformen), 231–290 (zu Pompeius' Aufstieg), 291–392 (zu Caesar), Baltrusch (2002), Bringmann (2003) 63–69 und 173 f. (Quellen), Meier (2004) 76–130, Baltrusch (2004) 1–16, Linke (2005) 17–62 (zu den Gracchen), 63–104 (zu Marius und zum Bundesgenossenkrieg), 105–136 (zu Sulla), Blösel (2015) 155–207 • *Zu Caesar* Gelzer (2008) 3–58 • *Zu Pompeius* Gelzer (2005) 35–61 • *Zu Crassus* Marshall (1976) 5–24, Ward (1977) 5–82 • *Zu Cicero* Gelzer ([2]2014) 5–28 – *Antike Quellen:* Vell. 2,29.41.43, Plut. Caes. 1, Plut. Pomp. 1–15, Plut. Crass. 1–7, Plut. Sull. 28–34, Suet. Iul. 1, App. civ. 1,394–500. – *Einzelhinweise: Zum Schlagwort ‹Krise ohne Alternative›* vgl. Meier (1966, und die Diskussion dazu bei Winterling, 2008) • *Zu Sulla* Christ (2002) • *Zu Pompeius Strabo* Gelzer (1942) • *Zu domi nobilis* Cic. Verr. II 4,38; Sall. Catil. 17 • *Zur Hinrichtung des Cn. Domitius Ahenobarbus* Val. Max. 6,2,8; bei Plutarch (Pomp. 12), der Pompeius positiv darstellte, fiel Ahenobarbus im Kampf. • *Zum Triumph* Künzl (1988), Itgenshorst (2005), Hölkeskamp (2023) • *Zu den angeführten Beispielen für den Umgang des Pompeius mit seinen Soldaten* vgl. Plut. Pomp. 10 und 14 • *Zum Melier-Dialog bei Thukydides* Will (2015) 217–227; die bei Thukydides formulierte Position ist in der griechischen Sophistik vertreten worden, z. B. von Thrasymachos, der die Gerechtigkeit als den Vorteil des Stärkeren definierte (Plat. rep. 338c); vgl. auch Cic. Mil. 11: *Silent enim leges inter arma.* • *Zu Caesars Stammbaum* vgl. Gelzer (2008) 287, dem ich folge (auch in Bezug auf die drei Aureliae Cottae). • *Zur Prosopographie der Priester* Rüpke (2007).

Zu: Im Schatten des Großen (S. 163–266): *Motto des Kapitels:* Cass. Dio 36,31,4 – *Fachliteratur:* Meier (1966) 267–306, Will (1992) 16–46, Christ ([7]2000) 231–290, Bringmann (2003) 70–72 (Darstellung) und 175–180 (Quellen), Baltrusch (2004) 20–52, Meier (2004) 131–255, Blösel (2015) 208–223, auf den das vorliegende Kapitel insbesondere rekurriert • *Zu Caesar* Gelzer (2008) 23–58 • *Zu Pompeius* Gelzer (2005) 62–122 • *Zu Crassus* Marshall (1976) 25–90, Ward (1977) 83–192 • *Zu Cicero* Gelzer ([2]2014) 29–122 – *Antike Quellen:* Sall. Catil. 50–54 (Reden Caesars und Catos), Vell. 2,29–43, Plut. Caes. 1–13, Plut. Pomp. 16–46, Plut. Crass. 7–13, Plut. Sull. 36–38 (Sullas Tod), Plut. Cat. min. 22–24 (Catilinarische Verschwörung), Plut. Lucull. 35 f. (Ablösung durch Pompeius in Asien), Suet. Iul. 2–19, App. civ. 1,501–2,32, Flor. epit. 1,40–42 u. 2,8.10–12, Cass. Dio 36,16–37,54. – *Einzelhinweise: Zur Demilitarisierung der römischen Nobilität* Blösel (2011 und 2015a), Hölkeskamp (2011a). • *Zur Ämterlaufbahn des Crassus* Die einzelnen Amtsjahre sind nicht belegt, sondern nur rekonstruiert, wobei Crassus die Prätur wohl 73 v. Chr. innegehabt haben muss. Unklar ist ferner, ob er die fakultative Ädilität überhaupt bekleidet hat. • *Zur Abschaffung der Zensur Sullas* Ob Sulla die Zensur beseitigte oder nur ihren

Einfluss stark einschränkte, ist umstritten. Caesar sollte das Amt später erneut abschaffen und stattdessen selbst als *praefectus morum* eine ähnliche Funktion einnehmen. • *Zu Lepidus* Baltrusch (2004) 20 f.; Sall. hist. 1,10–13 (Rede des Lepidus) • *Zu Sertorius* Baltrusch (2004) 21 f. • *Zum Siegesdenkmal des Pompeius in den Pyrenäen* Gelzer (2005) 58 f. • *Zu Varros Handreichung* Gell. 14,7,1–4: *M. Varro Cn. Pompeio, consuli primum designato, commentarium dedit, quem appellavit ipse εἰσαγωγικόν de officio senatus habendi.* • *Zur corona civica* Gelzer (2008) 19 Anm. 25. • *Zu Caesar und Nikomedes* Osgood (2008), vgl. auch Gelzer (2008) 25, Anm. 7 • *Zum Hortensius-Zitat in Cic. Manil.* 3,52 Gelzer (2008) 72, der es auf die *lex Gabinia* bezieht; allerdings könnte das Zitat auch ein Jahr später in Bezug auf die *lex Manilia* gefallen sein. • *Zu Ciceros Rede De lege Manilia* vgl. auch die prägnante Einleitung bei Fuhrmann ([2]1985) 323–328. • *Zum antiken Konzept des Okeanos* Anzinger (2015) • *Zu den Ehrungen des Pompeius* Gelzer (2008) 104–107. • *Zur geplanten Bewerbung des Pompeius nach seiner Rückkehr aus Asien* Schol. Bob. zu Cic. Sest. 62, nach der Q. Metellus Nepos den Antrag stellt, *ut absens consul Cn. Pompeius fieret.* • *Zu Ciceros Spottnamen für L. Afranius* Es liegt ein Wortspiel mit dem Namen des Vaters Aulus und der Bezeichnung der Flöte vor (vgl. L. Afranius A. f., also *Auli filius*; dieser Spottnamen bei Cic. öfter: Att. 1,16,2. 18,5. 20,5; 2,3,1) • *Zu Ciceros Spottnamen für Pompeius* Sampsigeramos I. war ein syrischer Fürst von Emesa (heute Homs) und stand in Beziehungen zu Pompeius. Weitere Spottnamen: ‹Jerusalemeroberer›, ‹Beduinenscheich› (vgl. Gelzer, 2005, 127).

Zu: Das dreiköpfige Ungeheuer (S. 267–324): *Motto des Kapitels:* Flor. epit. 2,13,11 – *Fachliteratur:* Meier (1966), 267–300, Will (1992) 46–141, Christ ([4]2000) 283–319, Bringmann (2003) 70–76 (Darstellung) und 175–185 (Quellen), Baltrusch (2004) 59–89, Meier (2004) 256–402, Blösel (2015) 224–232 • *Zu Caesar* Gelzer (2008) 58–164 • *Zu Pompeius* Gelzer (2005) 123–166 • *Zu Crassus* Marshall (1976) 91–169, Ward (1977) 193–288, Weggen (2011) 46–94 • *Zu Cicero* Gelzer ([2]2014) 97–204 – *Antike Quellen:* Caes. Gall., Caes. civ., Vell. 2,41–48, Plut. Caes. 13–28, Plut. Pomp. 47–53, Plut. Crass. 14–38, Plut. Cat. min. 31–51 passim, Suet. Iul. 19–27, App. civ. 2,33–67, Flor. epit. 1,44–46 u. 2,13,8–13, Cass. Dio 37,55–40,43. – *Einzelhinweise: Zum Ausdruck Trikaranos* Varro hat den Titel vom griechischen Rhetor Anaximenes übernommen, der in seiner gleichnamigen Schrift die drei Städte Athen, Korinth und Theben meinte. (App. civ. 2,31–34) • *Zum zweiten Triumvirat* Da dieses ein vom Senat eingesetztes Gremium war, trugen Octavian, Antonius und Lepidus den Titel *tres viri rei publicae constituendae* (Drei Männer zur Wiederherstellung des Staates) • *Zur Chronologie der Jahre 63–59 v. Chr.* Will (1992) 62–65 • *Zu den Ackergesetzen* Wichtige Gesetzesvorstöße seit den Gracchen: *lex Sempronia agraria* (133 v. Chr. eingebracht vom Volkstribun Ti. Sempronius Gracchus): Besitz von mehr als 500 *iugera*

Ackerland war verboten und musste gegen Entschädigung veräußert werden; Umsetzung verlief im Sand. – *lex Livia agraria* (91 v. Chr. eingebracht vom Volkstribun M. Livius Drusus). – *leges Corneliae agrariae* (81 v. Chr. eingebracht von Sulla): Verteilung der Güter der Proskribierten an die Veteranen. – *lex Servilia agraria* (63 v. Chr. eingebracht von P. Servilius Rullus): Verteilung des *ager Campanus*; wurde u. a. von Cicero vereitelt. – *lex Flavia agraria* (60 v. Chr. eingebracht vom Volkstribun L. Flavius): wurde nicht angenommen. – *lex Iulia agraria* (59 v. Chr. eingebracht von Caesar): Verteilung der vom *ager publicus* noch zur Verfügung stehenden Güter an 20 000 Bürger. • *Zum Gallischen Krieg* Schauer ([2]2017), Will (1992) 105–114 (Chronologie) • *Zu den Namen der beiden Gallischen Provinzen* Die römische Provinz im Süden von Gallien, die Caesar in seinem Gallischen Krieg nur (*nostra*) *provincia* nennt, hieß in republikanischer Zeit Gallia Transalpina (bzw. Ulterior zur Abgrenzung von der oberitalischen Provinz Gallia cisalpina bzw. citerior), ab Augustus jedoch Gallia Narbonensis • *Zu Servilius Caepio* Es wird diskutiert, ob er eventuell identisch ist mit M. Iunius Brutus (andere Name durch Adaption). • *Zur Anzahl der Legionen Caesars in Gallien* Girardet (2017) 52–61. 136–139 (mit genauer Übersicht über die Rekrutierungen) kommt für Anfang 49 v. Chr. auf 13 Legionen • *Zu der Provinzverteilung in Lucca* Es ist umstritten, ob Pompeius Africa erhalten hat (so Plut. Pomp. 52,3) oder nicht. Spätestens 52 v. Chr. war wohl P. Attius Varus Statthalter (Caes. civ. 1,31,2). Africa hatte jedenfalls für Pompeius› cura annonae eine besondere Bedeutung • *Zur En-bloc-Ratifizierung der leges Iuliae von 59 v. Chr.* Meier (1975); vgl. Cic. prov. 46: *Cum ab illis aliquotiens condicio C. Caesari lata sit, ut easdem res alio modo ferret, qua condicione auspicia requirebant, leges conprobabant.* • *Zur Chronologie der Jahre 59–50 v. Chr.* Will (1992) 142–147

Zu: Zweikampf der Giganten (S. 325–364): *Motto des Kapitels:* Verg. Aen. 6,832 f.– *Fachliteratur:* Meier (1966) 270–306, Will (1992) 142–193, Christ ([4]2000) 378–391, Bringmann (2003) 76 f. (Darstellung) und 185–193 (Quellen), Baltrusch (2004) 84–89 (zu den Jahren 54–50), 90–128 (zum Bürgerkrieg und zu Caesar und Kleopatra VII.), Meier (2004) 402–509, Blösel (2015) 232–248. • *Zu Caesar* Gelzer (2008) 141–231. • *Zu Pompeius* Gelzer (2005) 167–223. • *Zu Cicero* Gelzer ([2]2014) 205–240. – *Antike Quellen:* Caes. civ., Vell. 2,48–55, Plut. Caes. 28–56, Plut. Pomp. 54–80, Plut. Cat. min. 58–73 (Selbstmord in Utica), Suet. Iul. 28–37, App. civ. 2,68–438, Flor. epit. 2,13, Cass. Dio 40,44–43,41. – *Einzelhinweise: Zu Caesars Kriegsbeute* Bringmann (2003) 180–182 • *Zum Ausbruch des Bürgerkrieges* Girardet (2017), Jehne (2017) • *Zu M. Antonius* Er sollte später mit Octavian und Lepidus am zweiten Triumvirat teilnehmen und schließlich bei 31 v. Chr. bei Actium von Octavian besiegt werden. • *Zu Asinius Pollio* Er beschrieb den Bürgerkrieg wohl von 60–42 v. Chr. in 17 Büchern, von denen fast nichts erhalten ist. Aber er war eine wichtige

Quelle für antike Historiker, u. a. für Plutarch. • *Zur Überschreitung des Rubicon und zur Verortung der Rede an die Soldaten* Gelzer (2008) 163 f. (mit Anm. 399). • *Zu Caesars Würfelzitat* Gelzer (2008) 163 f. (mit Anm. 401) • *Zur clementia Caesaris* Dahlmann (1934) • *Zur Chronologie des Bürgerkriegs* Will (1992) 187–193 • *Zum dictator Caesar* Jehne (1987), Will (1992) 194–219

Zu: Resümee (S. 365–375): *Zur Gesamtbewertungen Caesars* Christ ([4]2000) 397–405, Baltrusch (2004) 178–190, Meier (2004) 26–39 • *Zum geplanten Partherkrieg* Malitz (1984) • *Zum geplanten Feldzug gegen die Kelten durch Südrussland* Gelzer (2008) 275 • *Zum Mommsen-Zitat* aus Bd. 3, 1854 ff., 436; vgl. Schauer ([2]2017) 15

Chronologie der Eskalation

(52 bis 11. Januar 49 v. Chr.)

Der ‹Countdown zum Bürgerkrieg› lässt sich im Takt der Ereignisse und Entscheidungen zählen, die Caesar und mit ihm auch den Staat in eine immer ausweglosere Lage brachten. Um kurz die Ausgangslage nochmals zu skizzieren: Caesar hatte sich in seinem Konsulat den Senat zum Feind gemacht und konnte davon ausgehen, dass seine Feinde alles tun würden, um ihn in dem Moment politisch zu vernichten, in dem er seine Befehlsgewalt in seinen Provinzen verlor. Damit hätte er auch seine Immunität und, was schlimmer war, sein Heer verloren. Daher hatte Caesar alles getan, um an sein gallisches Prokonsulat sein zweites Konsulat nahtlos anschließen zu können. Zu diesem Zweck hatte er in Luca die Verlängerung seiner Statthalterschaft auf zehn Jahre vereinbart, da gemäß der *lex Cornelia* erst nach zehn Jahren ein zweites Konsulat erlaubt war. Dort hatte er ferner vereinbart, dass bis zum 1. März 50 v. Chr. eine Beratungssperre über seine Nachfolge einzuhalten sei. Und schließlich hatte er in Ravenna das Privileg vereinbart, sich in Abwesenheit um das Konsulat zu bewerben, da er andernfalls bei einer persönlichen Bewerbung auf dem Forum sein *imperium* verlieren würde. Diese Vereinbarungen wurden im Jahr 55 beziehungsweise 52 v. Chr. zu Gesetzen: der *lex Pompeia Licinia* und dem *plebiscitum de petitione Caesaris*. Pompeius wiederum war der Initiator dieser Gesetze und auch ihr Verteidiger. Solange also das Bündnis mit Pompeius bestand, war Caesar geschützt gewesen. Doch kaum, dass sich Pompeius den Optimaten annäherte, geriet Caesars gesamter Plan ins Wanken. Die politischen Möglichkeiten, sich an der Macht zu halten, schienen ausgeschöpft, die militärischen Optionen gewannen an Bedeutung. Voll und ganz konnte sich Caesar nur auf seine Legionen verlassen. Auf der anderen Seite verfügte aber auch Pompeius in Spanien über Legionen und konnte jederzeit weitere Truppen ausheben. So war die Situation, als Pompeius – im Zenit seiner Macht – sein Konsulat nutzte, um eine caesarfeindliche Gesetzgebung zu beginnen. Dann nahmen die Dinge ihren verhängnisvollen Lauf. Hier ein chronologischer Überblick (vgl. Girardet, 2017, 298–313):

52 v. Chr.

Im Rahmen von an sich sinnvollen Reformen bringt der Konsul Pompeius die *lex Pompeia de provinciis* ein, die für Obermagistrate zwischen dem Amtsjahr in Rom und in der Provinz eine Frist von fünf Jahren festschreibt. – Folge für Caesar: Es stehen genügend Beamte zur Verfügung, die ihn sofort ab dem 1. März 50 v. Chr. ablösen können. Die Sperrklausel greift nicht mehr. Ferner wird die *lex Pompeia de iure magistratuum* beschlossen, die grundsätzlich eine Bewerbung um das Konsulat in Abwesenheit verbietet. – Folge für Caesar: Ein nahtloser Amtswechsel vom Statthalter zum Konsul wird unmöglich, da er für die Bewerbung das Pomerium übertreten müsste und damit seine Immunität verlöre.

Anfang 51 v. Chr.

Caesar reagiert und fordert – auch aus Paritätsgründen, da Pompeius sein spanisches Kommando ebenfalls hat verlängern lassen – eine Verlängerung der Statthalterschaft in Gallien bis Ende 49 v. Chr. Daraufhin erklärt (am 1. März) der amtierende Konsul Marcus Claudius Marcellus – im Hinblick auf Caesars Sieg bei Alesia – den Krieg in Gallien für beendet und fordert die sofortige Abberufung Caesars im April 51 v. Chr. Doch für diesmal lehnt Pompeius diesen Antrag mit Verweis auf die Sperrklausel ab.

29. September 51 v. Chr.

Der Senat beschließt mit Zustimmung des Pompeius, dass Caesar unmittelbar nach dem 1. März 50 v. Chr. abgelöst und seine Nachfolge geregelt werden soll. – Drohende Folgen für Caesar: der Verlust seiner Immunität sowie des Oberbefehls über seine 13 Legionen. Ohne sein Heer im Rücken könnte er weder seine Wahl zum Konsul durchsetzen, noch wäre er im Ernstfall vor Pompeius und dessen Legionen sicher. Caesar reagiert, indem er unter massiver Bestechung den designierten Konsul Aemilius Paullus und den designierten Volkstribun Curio für sich gewinnt.

Dezember 51 v. Chr.

Überlegungen, die beiden Kontrahenten räumlich zu trennen, indem einer von ihnen mit einem Kommando gegen die in Syrien einfallenden Parther beauftragt werden soll, werden gegenstandslos, da Gaius Cassius Longinus, der als Legat unter Crassus gekämpft und überlebt hat, die Parther zurückschlägt.

1. März 50 v. Chr.

Die Beratungssperre läuft ab. – Folge für Caesar: Er wird aufgefordert, sein Heer zu entlassen und die Statthalterschaft aufzugeben. Doch der gekaufte Volkstribun Curio legt gegen alle caesarfeindlichen Beschlüsse des Senats sein Veto ein. Gleichzeitig fordert er, beide Machthaber sollen alle ihre Legionen entlassen. Diesen Vorschlag weist Pompeius zurück, während ihn die Optimaten – unter ihnen auch Cato – begrüßen.

Juni 50 v. Chr.

Es kommt die Forderung auf, dass sowohl Caesar als auch Pompeius je eine Legion für einen neuen Krieg gegen die Parther abgeben sollen. Beide willigen ein, wobei Pompeius eine Legion benennt, die er Caesar drei Jahre zuvor überlassen hat. Gemessen am Status quo verliert Caesar also zwei Legionen und Pompeius keine.

1. Dezember 50 v. Chr.

Curios Antrag, dass beide ihr Heer abgeben sollen, findet im Senat großen Anklang, doch der caesarfeindliche Konsul Gaius Claudius Marcellus, ein Vetter des Konsuls des Vorjahres, bricht die Abstimmung ab. Es kommt zudem das Gerücht auf, dass Caesar bereits mit seinem Heer in Italien eingefallen sei.

4. Dezember 50 v. Chr.

Der Antrag auf einen Notstandsbeschluss scheitert. Stattdessen überreichen der Konsul Marcellus und die beiden designierten caesarfeindlichen Konsuln des folgenden Jahres, Gaius Claudius Marcellus und Lucius Cornelius Lentulus Crus, Pompeius symbolisch ein Schwert, mit dem er den Staat verteidigen soll. Pompeius beginnt mit Truppenaushebungen in Italien.

1. Januar 49 v. Chr.

Caesar bietet an, seine Legionen zu entlassen, wenn Pompeius dies gleichfalls tue. Er erklärt sich außerdem bereit, sich persönlich um das Konsulat zu bewerben. Der Senat lehnt ab und setzt Caesar vielmehr eine Frist, bis zum 1. Juli, also noch vor den Konsulatswahlen, sein Heer zu entlassen.

4. Januar 49 v. Chr.

Caesar ist – dank Ciceros Vermittlung – bereit, seine Legionen bis auf zwei, dann nur noch bis auf eine zu entlassen und nur die Provinz Gallia Transalpina, dann nur noch Illyricum zu beanspruchen; gleichzeitig dürfe auch Pompeius seine Legionen behalten, wenn er Italien verlasse und zu ihnen nach Spanien ginge. Cicero vermittelt, Pompeius wäre einverstanden. Doch Cato und der neue Konsul Lentulus Crus lehnen ab.

7. Januar 49 v. Chr.

Der Senat beschließt – trotz des Vetos der ebenfalls von Caesar gekauften Volkstribunen Quintus Cassius Longinus und Marcus Antonius – den Notstand (*senatus consultum ultimum*). Die caesarfeindlichen Konsuln entziehen Caesar das Recht, sich in Abwesenheit zu bewerben. Den beiden Volkstribunen wird – trotz ihrer Unverletzlichkeit (*sacrosancta potestas*) – Gewalt angedroht, weshalb sie zu Caesar in die Provinz fliehen. Dazu werden namentlich Nachfolger für Caesars drei Provinzen bestimmt und die Aushebung von 130 000 Mann beschlossen.

Die Nacht vom 10. auf den 11. Januar v. Chr.

Caesar überschreitet mit der 13. Legion den Rubicon.

Glossar

Ärartribune (*tribuni aerarii*) nichtsenatorische Beamte, die ab 70 v. Chr. die Gerichtshöfe zu je einem Drittel besetzten.

aerarium die röm. Staatskasse, die sich im Saturntempel auf dem Forum Romanum befand und von bestimmten Quästoren (→ Magistrate) verwaltet wurde.

ager publicus Staatsland, d. h. (größtenteils aus den Gebieten besiegter Feinde) in den röm. Staatsbesitz gelangtes Land, dessen Verteilung an Privatpersonen in der Späten Republik ein zentraler politischer Streitpunkt war.

Apex Kopfbedeckung eines → Flamen sowie der → Pontifices und Salii (Priesterkollegien). Der → Flamen Dialis durfte den Apex in der Öffentlichkeit nicht ablegen.

auctoritas politisch-sozialer Einfluss als Summe aus *dignitas*, der Stellung im → *cursus honorum* und (letztlich auch auf den finanziellen Möglichkeiten basierender) → Klientel.

Beamte, s. Magistrate

Bundesgenossen (*socii*) größtenteils italische (→ Italiker) mit Rom verbündete Gemeinden ohne röm. → Bürgerrecht, die dem röm. Heer Soldaten zu stellen hatten. Im Streben nach dem → Bürgerrecht kam es zwischen 91 und 88 v. Chr. zum sogenannten «Bundesgenossenkrieg» gegen Rom, in dessen Folge die Bundesgenossen das Bürgerrecht erhielten.

Bürgerkrone (*corona civica*) Auszeichnung für die Rettung eines römischen Bürgers.

Bürgerrecht, röm. (*civitas Romana*)	mit bestimmten Privilegien und Pflichten (z. B. Wahlrecht, Befreiung von bestimmten Steuern, Tragen der Toga, Militärdienst) verbundenes Recht, das den Nachkommen freier röm. Bürger zukam, aber auch infolge der Freilassung durch einen Römer oder durch Verleihung erhalten werden konnte.
cura annonae	Versorgung der stadtröm. Bevölkerung (→ *plebs* [*urbana*]) mit Getreide, die in den Händen der Ädile (→ Magistrate) lag.
cursus honorum	die Ämterlaufbahn, die nach bestimmten Regeln stufenweise durchlaufen werden musste, um zum höchsten Amt, dem Konsulat (→ Konsul), aufzusteigen; zuvor waren nach den Gesetzen Sullas der Reihe nach die Ämter des Quästors, des Ädils (fakultativ) und des Prätors (→ Magistrate) zu bekleiden; lange Zeit war auch das Amt des → Volkstribunen in den *cursus honorum* eingebunden.
dignitas	insbes. durch die soziale Herkunft begründeter Rang.
Diktator (*dictator*)	Inhaber des in Krisenzeiten gegen das Prinzip der Kollegialität (→ Magistrate) an einen Einzelnen verliehenen, gesetzlich auf sechs Monate befristeten Amtes der Diktatur, das dem Diktator außerordentliche militärische und politische Vollmachten gewährte.
equites, s. Ritter	
exempla	lehrreiche positive Beispiele zur Nachahmung (*imitatio*) oder negative Beispiele zur Abschreckung, welche die personalistisch geprägte röm. (Geschichts-)Kultur den Römern als Orientierungshilfen empfahl.
factio, s. Partei	
Flamen Dialis	zum Priesterkollegium (s. auch → Pontifices) der Flamines gehörender Priester des Jupiter, der dessen Staatskult versah.

gens	röm. Familienverband, der sich auf einen gemeinsamen Stammvater zurückführte; die Zugehörigkeit zu einer *gens* wurde durch den zweiten Bestandteil des Namens, das *nomen gentile* sichtbar (bei Crassus z. B. Licinius).
Geschworenengerichtshöfe, s. *quaestiones perpetuae*	
homo novus	politischer Emporkömmling, der als Erster aus seiner Familie das Amt des → Konsuls (oder evtl. auch ein anderes hohes Amt) bekleidete; dessen Nachkommen gehörten der → Nobilität an; berühmtestes Beispiel ist Cicero.
imitatio Alexandri	Orientierung politischer Größen an Alexander dem Großen als dem großen griechischen Herrscher und Eroberer.
imperium	das Oberkommando, d. h. die Befehlsgewalt eines hohen röm. → Magistrats, also des → Konsuls, Prätors und → Diktators; der Begriffsgebrauch schloss in der Späten Republik sowohl die zivile als auch besonders die militärische Amtsgewalt dieser → Magistrate ein. Der Träger eines *imperium* wurde öffentlich von → Liktoren begleitet.
imperium extraordinarium	Bezeichnung für ein Sonderkommando, durch das entweder einem → Magistraten oder sogar einem Privatmann (*privatus*) ohne Amt nicht, wie üblich, über das Losverfahren, sondern direkt ein *imperium* (oft in Verbindung mit einer Provinz) zugewiesen wurde.
Italiker	verschiedene italische Völker, zu denen u. a. die → Latiner gehörten.
Klientel (*clientela*)	Bezeichnung für das asymmetrische, aber reziproke Schutz- und Abhängigkeitsverhältnis zwischen einem röm. Bürger (*cliens*) und einem sozial höherstehenden → Patron sowie für die Gesamtheit der Klienten; von den Klienten wurden politische Unterstützung und Ehrerweisungen, z. B. eine morgendliche Begrüßung (*salutatio*), erwartet; im Gegenzug bot der Patron Schutz, u. a. gerichtlichen Beistand.

	Die Bezeichnung wird auch auf den militärischen Bereich übertragen (sog. Heeresklientel) und bezeichnet die enge Anbindung der Soldaten und Veteranen an ihren Feldherrn in Erwartung der Landverteilung nach abgeleistetem Dienst, eine zumal ab Marius und Sulla als problematisch zu wertende Konstellation.
Konsul (*consul*)	oberster regulärer röm. Beamter mit höchster ziviler und militärischer Befehlsgewalt (→ *imperium*), der von den *comitia centuriata* (→ Volksversammlungen) gewählt wurde und nach den Grundsätzen der Kollegialität und Annuität (→ Magistrate) gemeinsam mit seinem Kollegen sein Amt ein Jahr lang versah; nach den jeweils amtierenden Konsuln benannten die Römer das Jahr.
Konsular (*consularis*)	ehemaliger → Konsul; den Konsularen kam besondere politische Autorität zu; der Rang eines Konsulars war die Voraussetzung für das Amt des → Zensors und die Rolle des → *princeps senatus*.
Latiner (*Latini* [*coloni*])	die Einwohner Latiums, einer Region im Westen Mittelitaliens, in der sich Rom zunehmend zum Zentrum entwickelte und sich die lateinische Sprache herausbildete; die Latiner erhielten nach und nach das röm. → Bürgerrecht; der Name leitet sich der Sage nach von Latinus, dem Schwiegervater des Aeneas, ab.
laudatio funebris	Leichenrede, die als vorbiographische Form eine wichtige Quelle zur Geschichte der röm. *gentes* (→ *gens*) darstellt.
Legat (*legatus*)	1. röm. Gesandter in völkerrechtlichen Angelegenheiten; 2. einem Imperiumsinhaber (→ *imperium*) untergeordneter Stellvertreter u. a. mit politischer und militärischer Beratungsfunktion.
Liktor (*lictor*)	Amtsdiener insbes. der → Magistrate mit → *imperium,* die diese begleiteten und als Symbol für deren Amtsgewalt Rutenbündel (*fasces*) trugen.

Magistrate (*magistratus*) Bezeichnung für die Inhaber der im Zuge des → *cursus honorum* zu bekleidenden Ehrenämter: Quästor (v. a. für die Finanzen zuständig), Ädil (u. a. für die Marktaufsicht und die Veranstaltung öffentlicher Spiele verantwortlich), Prätor (für die Gerichtsbarkeit zuständig) und → Konsul; die Magistrate unterlagen den Grundsätzen der Kollegialität, wonach Ämter stets gleichzeitig von mehreren Beamten bekleidet werden sollten, und der Annuität, wonach die Amtsdauer auf ein Jahr begrenzt war, sowie des Iterations- und Kontinuitätsverbotes, das die mehrfache Bekleidung eines Amtes (in Folge) bzw. der direkte Übergang in das nächsthöhere untersagte; für jedes Amt gab es ein Mindestalter. Daneben galten auch die nicht zum *cursus honorum* zu zählenden Ämter des → Diktators und des → Zensors als Magistrate.

mos maiorum «Sitte der Vorfahren», Gesamtheit der bei den Vorfahren verankerten Moralvorstellungen und Gebräuche sowie Institutionen, die v. a. der röm. Oberschicht als Orientierungshilfe zur politischen und ethischen Entscheidungsfindung unter Rückgriff auf → *exempla* dienten.

Nobilität (*nobiles*) der röm. Amtsadel, d. h. die infolge der Ständekämpfe ausgebildete senatorische Führungsschicht, der neben den → Patriziern auch → Plebejer angehörten, deren Vorfahren in den Senat aufgenommen worden waren (→ *homo novus*).

Oberbeamte, s. Magistrate

Optimaten (*optimates*) im Gegensatz zu den → Popularen diejenigen Politiker, die Politik über den Senat zu betreiben versuchten und damit v. a. die herkömmlichen Sitten (→ *mos maiorum*) und die Macht des Senates sowie der → Nobilität aufrechterhalten wollten; durch Cicero als prominenten Fürsprecher ausgebildeter Terminus bzw. entwickelte Programmatik; prominente Optimaten waren z. B. Sulla und Cicero.

ordines, s. Stände

Partei (*factio*) — informeller Zusammenschluss («Klüngel») zur Durchsetzung politischer Interessen; sowohl das erste → Triumvirat als auch etwa die → Optimaten konnten mit dem Begriff *factio* bezeichnet werden, der in der Späten Republik oft negativ konnotiert war.
Parteien waren in Rom weniger von Programmen als von mächtigen Personen geleitet. Daher treffen die Parteienbezeichnungen «Sullaner», «Marianer», «Caesarianer», «Pompeianer» etc. das Wesen einer röm. *factio* recht gut.

pater familias — Oberhaupt der röm. Familie, zu der der gesamte Hausstand zählte, über den er die *patria potestas* ausübte.

patres, s. Senatoren

Patrizier (*patricii*) — die Angehörigen der großen und traditionsreichen röm. → *gentes*, die ihre Vorrechte gegenüber den → Plebejern zwar während der Ständekämpfe weitgehend verloren, aber dann einen wichtigen Teil der → Nobilität bildeten.

Patron (*patronus*) — der Schirmherr einer → Klientel, der dieser finanziellen und rechtlichen Beistand gewährte und im Gegenzug Loyalität erwartete.

Plebejer (*plebeii*) — die nicht zu den patrizischen (→ Patrizier) → *gentes* gehörenden röm. Bürger, die in den Ständekämpfen ihre weitgehende Gleichberechtigung mit den Patriziern durchsetzten; einige plebejische Familien entwickelten sich in der Folge zu einem festen Bestandteil der → Nobilität; als entscheidendes Instrument politischer Einflussnahme rangen die Plebejer den Patriziern das Amt des Volkstribunen ab, das noch in der Späten Römischen Republik den Plebejern vorbehalten war.

plebs (*urbana*) — Gesamtheit der Plebejer (*plebs*) und dann konkret die aus den Kreisen der → Plebejer stammenden unteren stadtröm. Schichten (z. B. Handwerker, Tagelöhner), für welche die staatlich gesteuerte Getreideversorgung große Relevanz besaß.

pomerium — heilige Stadtgrenze Roms, die jedoch nicht mit der (Servianischen) Stadtmauer identisch war und somit nicht das gesamte Stadtgebiet umfasste: Das Marsfeld mit dem Pompeiustheater und das Kapitol lagen außerhalb des *pomerium*. Der Bereich innerhalb des *pomerium* war entmilitarisiert, weshalb es auch die Grenze des militärischen → *imperium* bildete.

pompa funebris — Bestattungsprozession der röm. Oberschicht, bei der die Bilder der Vorfahren (*imagines maiorum*) wie Masken getragen und die → *laudatio funebris* gehalten wurde.

Pontifices, Pontifex (Maximus) — altehrwürdiges Priesterkollegium, dessen Vorsteher der Pontifex Maximus war, beauftragt mit der Aufsicht über die korrekte Ausübung der Kulte und die damit einhergehende Sicherung der Eintracht zwischen Göttern und Menschen (*pax deorum*).

Popularen (*populares*) — im Gegensatz zu den → Optimaten diejenigen Politiker, die Politik über die → Volksversammlungen und die → Volkstribunen zu betreiben versuchten und für die Verbesserung der politischen Einflussmöglichkeiten und der wirtschaftlichen Lage des Volkes eintraten, damit aber gleichzeitig eigene Machtinteressen verfolgten; durch Cicero spezifisch geprägter Terminus; prominenter Popular war z. B. Marius.

princeps senatus — der Meinungsführer im Senat; verkörpert durch den dienstältesten patrizischen → Konsular, der oft zusätzlich ehemaliger → Zensor war.

principatus (Prinzipat) — die von Octavian/Kaiser Augustus nach dem Sieg über seinen Rivalen Marcus Antonius eingerichtete Form der Monarchie in Rom, die nach außen als wiederhergestellte → *res publica* dargestellt wurde; als konstituierendes Ereignis gilt die Verleihung umfassender Vollmachten und des Ehrentitels Augustus an Octavian 27 v. Chr.

Promagistrate	Amtsträger, die durch den Senat für Aufgaben außerhalb Roms mit dem gleichen → *imperium* ausgestattet waren wie die entsprechenden Beamten (→ Magistrate), ohne das Amt formell zu bekleiden; z. B. verwalteten in der Späten Republik ehemalige → Konsuln nach Ablauf ihrer Amtszeit oft als Prokonsuln eine → Provinz.
Provinz (*provincia*)	ein an ein bestimmtes (außeritalisches) Territorium gebundener röm. Amtsbereich, für den ein → Magistrat oder → Promagistrat ein → *imperium* innehatte und als Statthalter fungierte; erste röm. Provinz wurde 241 v. Chr. Sizilien.
publicani, s. Steuerpächter	
quaestiones perpetuae	ständige Geschworenengerichtshöfe, besetzt (ab 70 v. Chr.) mit → Senatoren, → Rittern und → Ärartribunen, u. a. zur Verhandlung über Klagen hinsichtlich der Ausbeutung der Provinzen (Repetundengerichtshof [*quaestio de pecuniis repetundis*]).
res publica	Bezeichnung für den Staat («öffentliche Angelegenheit»), die ursprünglich den röm. Staat in Abgrenzung von der Königsherrschaft (also die «röm. Republik») bezeichnete.
Ritter (*equites*)	Gruppe röm. Bürger, die sich in der Frühzeit durch ihren Dienst in der Reiterei auszeichnete, sich allmählich aber zum zweiten der röm. → Stände verfestigte, der vor allem im Gerichtswesen und in Finanzangelegenheiten (→ *publicani*) Einfluss hatte; Cicero war z. B. von ritterlicher Herkunft.
sakrosankt (*sacrosanctus*)	Bezeichnung des durch Eid zugesicherten Zustandes der Unverletzlichkeit einer Person, die den → Volkstribunen aufgrund des Eides der → Plebejer zukam und ihnen Schutz vor Übergriffen gewährte.

Senat (*senatus*) — eine Art Staatsrat, der die röm. Politik maßgeblich beeinflusste; die Mitgliederzahl, die lange 300 betragen hatte, wurde von Sulla auf 600 erhöht; die Bekleidung eines Amtes (→ Magistrate) des → *cursus honorum* war Voraussetzung für die Mitgliedschaft; der Sitzungsort des Senates (Kurie) wechselte.

secessio plebis — Auszug der → *plebs* auf den Mons Sacer (zum ersten Mal angeblich im Jahr 494 v. Chr.) im Rahmen ihrer Auseinandersetzungen mit den Patriziern (sog. Ständekämpfe).

Senatoren (*senatores*) — die Mitglieder des → Senats, die auch als *patres* (*conscripti*) bezeichnet wurden.

senatus consultum ultimum — der «äußerste Senatsbeschluss», mit dem vom Senat der Notstand erklärt und die höchsten → Magistrate, i. d. R. die → Konsuln, mit dem Schutz der → *res publica* beauftragt wurden.

socii, s. Bundesgenossen

SPQR — Abkürzung für *Senatus Populusque Romanus* (röm. Senat und röm. Volk) und damit Bezeichnung des röm. Staates in seiner Gesamtheit, da der → Senat und die → Volksversammlungen die Träger seiner staatlichen Gewalt waren, und somit beim Abschluss von Staatsverträgen in Gebrauch.

Stände (*ordines*) — teilweise durchlässige Körperschaften der röm. Bürgerschaft mit gleichen Tätigkeiten oder Funktionen; von zentraler Bedeutung waren die Stände der → Senatoren (*ordo senatorius*) und der → Ritter (*ordo equester*), deren Eintracht von Cicero unter dem Begriff *concordia ordinum* als Ziel angestrebt wurde; Zugehörigkeit zu einem Stand war rechtlich in der Republik nicht erblich, i. d. R. aber faktisch.

Die horizontale Ständeordnung der röm. Gesellschaft wird durch die vertikalen Strukturen der Klientelverhältnisse (→ Klientel) gekreuzt, sodass es in Rom nie einen reinen Antagonismus der Stände gab. Überall bildeten sich stände- und gruppenübergreifende Symbiosen, die ein buntes Spektrum an Partikularinteressen vertraten.

Steuerpächter (*publicani*) — Personen, die für den Staat bestimmte Aufgaben, insbes. den Einzug der Steuern in den Provinzen, übernahmen; sie leisteten Vorauszahlungen an die Staatskasse und versuchten dann, die Steuern mit persönlichem Gewinn einzutreiben; an den Gesellschaften der Steuerpächter waren oft → Ritter prominent beteiligt.

tribunus plebis, s. Volkstribun

Triumph — nach festem Ritus organisierter Einzug eines siegreichen Feldherrn nach Rom bis zum Kapitol unter Begleitung der Soldaten und eines Sklaven, der dem Triumphator «Bedenke, dass du ein Mensch bist!» (*hominem te* [*esse*] *memento*) zuflüsterte.

Triumvirat, Triumvirn (*triumviri*) — Zusammenschluss dreier Männer mit dem Ziel der maßgeblichen Beeinflussung der röm. Politik; das erste Triumvirat wurde von Caesar, Pompeius und Crassus als inoffizielle Vereinbarung gebildet, das zweite Triumvirat des Octavian (des späteren Augustus), Antonius und Lepidus erhielt dagegen (zunächst für fünf Jahre) eine gesetzliche Grundlage.

Veteranen (*veterani*) — nach abgeleistetem Heeresdienst entlassene Soldaten; die Veteranenversorgung, d. h. die Zuweisung von Land an die Veteranen, entwickelte sich in der Späten Römischen Republik zum Politikum und Konfliktherd.

Volkstribun (*tribunus plebis*)
zum Schutz der → *plebs* und ihrer Interessen während der Ständekämpfe zwischen → Patriziern und → Plebejern entwickeltes Amt, das in der Späten Römischen Republik jährlich von zehn plebejischen Beamten bekleidet wurde, die u. a. kraft ihres Vetorechtes (Interzession) Einspruch gegen Gesetzesanträge und Senatsbeschlüsse erheben konnten und → sakrosankt waren.

Volksversammlungen
1. Komitien (*comitia*): von den zuständigen → Magistraten einberufene Versammlungen aller wahlberechtigten röm. Bürger zum Beschluss von Gesetzen oder zur Wahl von Magistraten; das Gewicht der Stimme hing insbes. in der einflussreichsten Volksversammlung, den *comitia centuriata*, mittels derer u. a. die → Konsuln gewählt wurden, vom Vermögen (Zensus) ab; daneben gab es die in der Späten Republik vergleichsweise unbedeutenden *comitia curiata* sowie die nach Bezirken (*tribus*) abstimmenden *comitia tributa*; 2. *concilium plebis*: Versammlung der → Plebejer, die sich während der Ständekämpfe mit den → Patriziern herausbildete (in der Forschung umstritten ist, ob in der Späten Republik *concilium plebis* und *comitia tributa* unterschiedliche Institutionen darstellten); 3. *contio* nicht für Beschlüsse, sondern für vorbereitende Debatten abgehaltene Volksversammlung.

Zensor (*censor*)
Inhaber des gemäß dem Prinzip der Kollegialität (→ Magistrate) stets von zwei → Konsularen besetzten Amtes, dessen Aufgabe in der Durchführung der alle fünf Jahre stattfindenden Vermögensschätzung (Zensus) der röm. Bürger bestand und das u. a. auch (bei sittenwidrigem Verhalten) zum Ausschluss von Senatoren aus dem → Senat berechtigte.

Literaturverzeichnis

Allgemeines

Adkins, A. W. H. (1960), Merit and Responsibility. A Study in Greek Values, Oxford

Anzinger, S. (2015), Post Oceanum nihil? Albinovanus Pedo und die Suche nach einer anderen Welt, RhM 158, 326–407

Badian, E. (1962), From the Gracchi to Sulla, Historia 11, 197–245

Baltrusch, E. (2002), Auf dem Weg zum Prinzipat. Die Entwicklung der republikanischen Herrschaftspolitik von Sulla bis Pompeius (88–62 v. Chr.), in: Spielvogel, J. (Hg.), Res publica reperta. Zur Verfassung und Gesellschaft der römischen Republik und des frühen Prinzipats, Festschrift Jochen Bleicken, Stuttgart, 245–262

Beck, H. (2011), Consular Powers and the Roman Constitution: the Case of Imperium Reconsidered, in: Ders. u. a. (Hgg.), Consuls and res publica. Holding High Office in the Roman Republic, Cambridge, 77–96

Bernstein, F. (2010), Das Imperium Romanum – ein ‹Reich›?, Gymnasium 117, 49–66

Bleicken, J. (1975), Lex publica. Gesetz und Recht in der römischen Republik, Berlin

Bleicken, J. (1979), in: Der Kleine Pauly, Bd. 2, München, s. v. imperator, 1377–1381

Bleicken, J. (1979a), in: Der Kleine Pauly, Bd. 2, München, s. v., imperium, 1381–1383

Bleicken, J. (1993), Imperium consulare / proconsulare im Übergang von der Republik zum Prinzipat, in: Ders. (Hg.), Colloquium aus Anlass des 80. Geburtstages von Alfred Heuss, Kallmünz, 117–133

Bleicken, J. ([7]1995), Die Verfassung der römischen Republik. Grundlagen und Entwicklungen, Paderborn u. a.

Blösel, W. (2011), Die Demilitarisierung der römischen Nobilität zwischen Sulla und Caesar, in: Ders./K.-J. Hölkeskamp (Hgg.), Von der militia equestris zur militia urbana. Prominenzrollen und Karrierefelder im antiken Rom, Beiträge zur Tagung an der Universität zu Köln vom 16. bis 18. Mai, Stuttgart, 55–80

Blösel, W. (2015), Die römische Republik. Forum und Expansion, München (2., durchgesehene Aufl. 2021)

Blösel, W. (2015a), Die *imperia extraordinaria* in der römischen Republik. Studien zur Demilitarisierung der Nobilität, Düsseldorf

Bourdieu, P. (1983), Ökonomisches Kapital – Kulturelles Kapital – Soziales Kapital, in: Ders. (2015), Die verborgenen Mechanismen der Macht, hg. M. Steinrücke, Hamburg, 49–79

Bourdieu, P. (1985), Sozialer Raum und «Klassen». Leçon sur la leçon, Frankfurt a. M.

Bourdieu, P. (2001), Das politische Feld. Zur Kritik der politischen Vernunft, Konstanz

Bourdieu, P. (2015), Die verborgenen Mechanismen der Macht, Hamburg.

Brandt, H. (2021), Die Kaiserzeit. Römische Geschichte von Octavian bis Diocletian. 31 v. Chr. – 284 n. Chr., München

Braudel, F. P. (1949), La méditerranée et le monde méditerranéen à l'époque de Philippe II., Paris (dt. Frankfurt a. M. 1990)

Braun, M./Haltenhoff, A./Mutschler, F.-H. (Hgg.) (2000), Moribus antiquis res stat Romana. Römische Werte und römische Literatur im 3. und 2. Jh. v. Chr., München u. a.

Bringmann, K. (1974), Zum Parteienexkurs in Sallusts Bellum Iugurthinum, RhM 117, 95–103

Bringmann, K. (2003), Krise und Ende der römischen Republik (133–42 v. Chr.), Berlin

Broughton, T. R. S. (1952), The Magistrates of the Roman Republic. Volume II, New York (= MRR II)

Brunt, P. A. (1982), Nobilitas and Novitas, JRS 72, 1–17

Brunt, P. A. (1988), The Fall of the Roman Republic and Related Essays, Oxford

Burckhardt, L. A. (1988), Politische Strategien der Optimaten in der späten römischen Republik, Wiesbaden u. a.

Christ, K. (^{4}2000), Krise und Untergang der römischen Republik, Darmstadt (zuerst 1979)

Christ, K. (2002), Sulla. Eine römische Karriere, München

Dahlmann, H. (1934), Clementia Caesaris, nachgedruckt in: Oppermann, H. (Hg.) (1970), Römertum, Darmstadt, 188–202

Dreyer, C. (2011), Machttheorie. Vergleich der machttheoretischen Perspektiven von Norbert Elias, Michel Foucault und Heinrich Popitz, München

Drogula, F. K. (2007), Imperium, potestas, and the pomerium in the Roman Republic, Historia 56, 419–452

Drogula, F. K. (2015), Commanders and Command in the Roman Republic and Early Empire, Chapell Hill

Eck, W./Caballos, A./Fernández, F. (1996), Das senatus consultum de Cn. Pisone patre, München

Elias, N. (2006), Über den Rückzug der Soziologen auf die Gegenwart (I). Gesammelte Schriften, Bd. 15. Frankfurt a. M.

Elster, M. (2020), Die Gesetze der späten römischen Republik. Von den Gracchen bis Sulla (133–80 v. Chr.), Göttingen

Evans, R. J. (1994), Gaius Marius. A Political Biography, Pretoria

Fehrle, R. (1983), Cato Uticensis, Darmstadt

Flaig, E. (1992), Den Kaiser herausfordern. Die Usurpation im Römischen Reich, Frankfurt a. M. (2. deutlich erweiterte Aufl. 2019)

Flaig, E. (2003), Ritualisierte Politik. Zeichen, Gesten, Herrschaft im Alten Rom, Göttingen

Foucault, M. (2005), Analytik der Macht, Frankfurt a. M.

French, J. P. R. Jr./Raven, B. (1960), The Bases of Social Power, in: Cartwright, D./Zander, A. (Hgg.), Group Dynamics, New York, 607–623

Gelzer M. ([2]1983), Die Nobilität der römischen Republik, Stuttgart (zuerst 1912)

Gelzer, M. (1963), Kleine Schriften, 2 Bde., Wiesbaden

Girardet, K. M. (2007), Rom auf dem Weg von der Republik zum Prinzipat, Bonn

Haltenhoff, A./Heil, A./Mutschler, F.-H. (Hgg.) (2003), O tempora, o mores! Römische Werte und römische Literatur in den letzten Jahrzehnten der Republik, München u. a.

Hantos, Th. (1983), Das römische Bundesgenossensystem in Italien, München

Hantos, Th. (1988), Res publica constituta. Die Verfassung des Diktators Sulla, Stuttgart

Heftner, H. (2006), Von den Gracchen bis Sulla. Die römische Republik am Scheideweg 133–78 v. Chr., Regensburg

Hinard, F. (1985), Les proscriptions de la Rome républicaine, Rom

Hölkeskamp, E. und K.-J. (2018), Ethos – Ehre – Exzellenz. Antike Eliten im Vergleich, Göttingen

Hölkeskamp K.-J. (2004), Rekonstruktionen einer Republik. Die politische Kultur des antiken Rom und die Forschung der letzten Jahrzehnte, München

Hölkeskamp, K-J. (2010), Reconstructing the Roman Republic. An Ancient Political Culture and Modern Research, Princeton (überarbeitete, aktualisierte u. erweiterte Übersetzung der Ausgabe von 2004)

Hölkeskamp, K.-J. (2004a), Senatus Populusque Romanus. Die Politische Kultur der Republik – Dimensionen und Deutungen, Stuttgart

Hölkeskamp, K.-J. (2011), ‹Prominenzrollen› und ‹Karrierefelder› – Einleitende Bemerkungen zu Thematik und Begriffen, in: Blösel, W./Hölkeskamp, K.-J.

(Hgg.), Von der militia equestris zur militia urbana. Prominenzrollen und Karrierefelder im antiken Rom, Beiträge zur Tagung an der Universität zu Köln vom 16. bis 18. Mai 2008, Stuttgart, 9–27

Hölkeskamp, K.-J. (2011a), Ergebnisse des DFG-Projekts (2007–2010) «Imperia extraordinaria. Die außerordentlichen Imperien in der römischen Republik» (2007–2010): https://gepris.dfg.de/gepris/projekt/38908897/ergebnisse?context=projekt&task=showDetail&id=38908897&selectedSubTab=2& [aufgerufen 28. 01. 2023]

Hölkeskamp K.-J. (2023), Theater der Macht. Die Inszenierung der Politik in der römischen Republik, München

Hose, M. (1994), Erneuerung der Vergangenheit. Die Historiker im Imperium Romanum von Florus bis Cassius Dio, Stuttgart/Leipzig

Itgenshorst, T. (2005), «Tota illa pompa». Der Triumph in der römischen Republik, Göttingen

Jehne, M. (1993), Geheime Abstimmung und Bindungswesen in der Römischen Republik, HZ 257, 593–613

Jehne, M. (2017), Why the Anti-Caesarians failed. Political Communication on the Eve of the Civil War, in: Rosillo-Lopez, C. (Hg.), Political Communication in the Roman World, Leiden/Boston, 201–227

Jehne, M. (Hg.) (1995), Demokratie in Rom? Die Rolle des Volkes in der Politik der römischen Republik, Stuttgart

Kienast, D. (1999), Augustus. Prinzeps und Monarch, Darmstadt

Kunkel, W./Wittmann, R. (1995), Staatsordnung und Staatspraxis der Römischen Republik, Zweiter Abschnitt: Die Magistratur, München

Künzl, E. (1988), Der römische Triumph. Siegesfeiern im antiken Rom, München

Lapyrionok, R. (2008), Consensus bonorum omnium. Untersuchungen zur politischen Terminologie der späten römischen Republik, Bonn

Linke, B. (2005), Die römische Republik von den Gracchen bis Sulla, Darmstadt

Linke, B./Stemmler, M. (Hgg.) (2000), Mos maiorum. Untersuchungen zu den Formen der Identitätsstiftung und Stabilisierung der römischen Republik, Stuttgart

Lintott, A. (1981), What was the ‹Imperium Romanum›?, G&R 28, 53–67

Luhmann, N. (1986), Ökologische Kommunikation, Opladen

Luhmann, N. (1990), Die Wissenschaft der Gesellschaft. Frankfurt a. M.

Lundgreen, C. (2009), Geheim(nisvoll)e Abstimmung in Rom. Die leges tabellariae und ihre Konsequenzen für die Comitien und die res publica, Historia 58, 36–70

Malitz, J. (1984), Caesars Partherkrieg, Historia 33, 21–59

Mann, M. (1986–2001), The Sources of Social Power, 3 Bde., Cambridge

Mehl, A. (2003), Römische Geschichtsschreibung. Grundlagen und Entwicklungen, Stuttgart

Mehl, A. (2018), The Homo Novus in the Society and Political Culture of Rome, in: Becker, E.-M./Mortensen, J. P. B. (Hgg.), Paul as Homo Novus. Authorial Strategies of Self-Fashioning in Light of a Ciceronian Term, Göttingen, 21–38

Meier, C. (1965), Populares, in: Paulys Real-Encyclopädie der classischen Altertumswissenschaft, Suppl.-Bd. 10, Stuttgart, 549–615

Meier, C. (1966), Res publica amissa. Eine Studie zu Verfassung und Geschichte der späten römischen Republik, Wiesbaden (^{3}1997 Frankfurt a. M. ^{4}Stuttgart 2017)

Meier, Chr. (1975), Das Kompromiss-Angebot an Caesar i. J. 59 v. Chr., ein Beispiel senatorischer ‹Verfassungspolitik›, MH 32.3, 197–208

Meyer-Zwiffelhoffer, E. (2009), Imperium Romanum. Geschichte der römischen Provinzen, München

Millar, F. (1998), The Crowd in Rome in the Late Republic, Ann Arbor

Mommsen, T. (1854 ff.). Römische Geschichte, 3 Bde., Leipzig

Mouritsen, H. (1998), Italian Unification. A Study in Ancient and Modern Historiography, London

Mouritsen, H. (2001), Plebs and Politics in the Late Roman Republic, Cambridge

Powell, J. G. F. (1990), The Tribun Sulpicius, Historia 39, 446–490

Rainer, J. M. (2006), Römisches Staatsrecht. Republik und Prinzipat, Darmstadt

Raphael, L. (2003), Geschichtswissenschaft im Zeitalter der Extreme. Theorien, Methoden, Tendenzen von 1900 bis zur Gegenwart, München

Raphael, L. (Hg.) (2002), Von der Volksgeschichte zur Strukturgeschichte. Die Anfänge der westdeutschen Sozialgeschichte 1945–1968, Leipzig

Richardson, J. S. (1991), Imperium Romanum: Empire and the Language of Power, JRS 81, 1–9

Robb, M. A. (2010), Beyond Populares and Optimates. Political Language in the Late Republic, Stuttgart

Rosenberg, A. (1914), in: Paulys Real-Encyclopädie der classischen Altertumswissenschaft, Bd. 9,1 Stuttgart, s. v. imperator, 1139–1154

Rosenberg, A. (1914), in: Paulys Real-Encyclopädie der classischen Altertumswissenschaft, Bd. 1A,1, Stuttgart, s. v. res publica, 633–674

Rosenberg, A. (1916), in: Paulys Real-Encyclopädie der classischen Altertumswissenschaft, Bd. 9,2, Stuttgart, s. v. imperium, 1201–1211

Rotondi, G. (1912), Leges publicae populi Romani, Mailand (Ndr. 1966 Hildesheim)

Rüpke, J. (1990), Domi militia. Die religiöse Konstruktion des Krieges in Rom, Stuttgart

Rüpke, J. (2007), Römische Priester in der Antike. Ein biographisches Lexikon, Stuttgart

Schauer, M. (2012), Quale et unde genus (Prop. 1,22). Italische Identität in der augusteischen Dichtung, RhM 155, 84–107

Schmid, A. (2016), Die Macht des Schicksals? Zur antiken Vorgeschichte des Reichsapfels, in: Meyer, H./Rau, S./Waldner, K. (Hgg.), SpaceTime of the Imperial, Berlin u. a., 285–301

Scholz, P. (2011), Den Vätern folgen. Sozialisation und Erziehung der römischen Senatsaristokratie, Berlin

Schulz, R. (1997), Herrschaft und Regierung. Roms Regiment in den Provinzen in der Zeit der Republik, Paderborn u. a.

Shackleton Bailey, D. R. (1986), Nobiles and Novi Reconsidered, AJPh 107, 255–260

Sonnabend, H. (2002), Geschichte der antiken Biographie. Von Isokrates bis zur Historia Augusta, Stuttgart

Stockton, D. (1979), The Gracchi, Oxford

Suerbaum, W. (1961), Vom antiken zum frühmittelalterlichen Staatsbegriff. Über Verwendung und Bedeutung von res publica, regnum, imperium und status von Cicero bis Jordanis, Münster

Syme, R. ([4]1939), The Roman Revolution, Oxford (dt. v. F. W. Eschweiler und H. G. Degen, hg. W. Dahlheim, München u. a. 1992)

Thome, G. (2000), Zentrale Wertvorstellungen der Römer, 2 Bde., Bamberg

Vervaet, F. J. (2014), The High Command in the Roman Republic. The Principle of the summum imperium auspiciumque from 509 to 19 BCE, Stuttgart

Volkmann H. (1958), Sullas Marsch auf Rom, München (Ndr. 1969)

Volkmann, H. (1979), in: Der Kleine Pauly, Bd. 4, München, s. v. res publica, 1381–1384

von Ungern-Sternberg, J. ([2]2014). «The Crisis of the Republic», in: Flower, H. (Hg.), The Cambridge Companion to the Roman Republic, Cambridge

Walter, U. (2004), *Memoria* und *res publica*. Zur Geschichtskultur im republikanischen Rom, Frankfurt a. M.

Walter, U. (2014) (Hg.), Gesetzgebung und politische Kultur in der römischen Republik, Heidelberg

Weber, Max (2010), Politik und Gesellschaft. Grundriss der verstehenden Soziologie, Frankfurt a. M. (zuerst 1921)

Weichlein, S. (2010), Politische Geschichte, in: Jordan, S. (Hg.), Lexikon der Geschichtswissenschaft. Hundert Grundbegriffe, Stuttgart, 238–241

Will, W. (2015), Herodot und Thukydides. Die Geburt der Geschichte, München

Winterling, A., (2008), ‹Krise ohne Alternative› im Alten Rom, in: Bernett, M./Nippel, W./Winterling, A. (Hgg.), Christian Meier zur Diskussion. Autorenkolloquium am Zentrum für Interdisziplinäre Forschung in Bielefeld, Stuttgart 2008, 219–239

Youni, M. (2019), Violence et pouvoir sous la Rome républicaine: imperium, tribunicia potestas, patria potestas, DHA 45, 37–64
Zenk, J. (2021), Die Anfänge Roms erzählen. Zur literarischen Technik in der ersten Pentade von Livius' *Ab urbe condita*, Berlin u. a.

Zu Caesar

Anzinger, S. (2023), in: Kipf S./Schauer M. (Hgg.), Fachlexikon zum Latein- und Griechischunterricht, Stuttgart, 125–142
Baltrusch, E. (2004), Caesar und Pompeius, Darmstadt (³2011)
Canfora, L. (2001), Caesar. Der demokratische Diktator. Eine Biographie, München [It. zuerst 1999]
Chrissanthos, S. (2019), The Year of Julius and Caesar. 59 BC and the Transformation of the Roman Republic, Baltimore
Dahlheim, W. (2005), Julius Caesar. Die Ehre des Kriegers und die Not des Staates, Paderborn
Ehrhardt, C. T. H. R. (1995), «Crossing the Rubicon», Antichthon 29, 30–41
Elbern, S. (2008), Caesar. Staatsmann, Feldherr, Schriftsteller, Mainz
Gelzer, M. (2008), Caesar. Der Politiker und Staatsmann, Stuttgart [Neudr. der Ausg. von 1983 mit einer Einf. und einer Auswahlbibliogr. von E. Baltrusch]
Gesche, H. (1976), Caesar, Darmstadt
Girardet, K. M. (2017), Januar 49 v. Chr. Caesars Militärputsch. Vorgeschichte, Rechtslage, politische Aspekte, Bonn
Griffin, M. T. (Hg.) (2009), A Companion to Julius Caesar, Oxford
Jehne, M. (1987), Der Staat des Dictators Caesar, Köln
Jehne, M. (⁵2015), Caesar, München
Meier, C. (2004), Caesar, Berlin [zuerst 1982]
Osgood, J. (2008), Caesar and Nicomedes, CQ 58, 687–691
Rasmussen, D. (Hg.) (1967), Caesar, Darmstadt
Schauer, M. (²2017), Der Gallische Krieg. Geschichte und Täuschung in Caesars Meisterwerk, München (¹2016)
Strasburger, H. (1938), Caesars Eintritt in die Geschichte, München
Taylor, L. R. (1951), On the Chronology of Caesar's First Consulship, AJPh 72, 254–268
Will, W. (1992), Julius Caesar. Eine Bilanz, Stuttgart
Will, W. (2009), Caesar, Darmstadt

Zu Pompeius

Baltrusch, E. (2004), Caesar und Pompeius, Darmstadt
Christ, K. (2004), Pompeius. Der Feldherr Roms. Eine Biographie, München
Gelzer, M. (1942), Cn. Pompeius Strabo und der Aufstieg seines Sohnes Magnus, Berlin
Gelzer, M. (2005), Pompeius. Lebensbild eines Römers, München [Neudr. der Ausg. von 1984 mit einem Forschungsüberblick und einer Ergänzungsbibliogr. von E. Herrmann-Otto]
Girardet, K. M. (2001), Imperia und provinciae des Pompeius von 83/82 bis 48 v. Chr., Chiron 31, 153–209
Greenhalgh, P. (1981), Pompey. The Republican Prince, London
Gruen, E. S. (1969), Pompey, the Roman Aristocracy, and the Conference of Luca, Historia 18, 71–108
Miltner, F. (1952), in: Paulys Real-Encyclopädie der classischen Altertumswissenschaft, Bd. 21,2, Stuttgart, s. v. Cn. Pompeius Magnus, 2061–2211
Seager, R. (^{2}2002), Pompey the Great. A Political Biography, Oxford
Southern, P. (2002), Pompey the Great, Stroud

Zu Crassus

Gelzer, M. (1927), in: Paulys Real-Encyclopädie der classischen Altertumswissenschaft, Bd. 13,1, Stuttgart, s. v. M. Licinius Crassus Dives, 295–331
Marshall, B. A. (1976), Crassus. A Political Biography, Amsterdam
Ward, A. M. (1977), Marcus Crassus and the late Roman Republic, Columbia/London
Weggen, K. (2011), Der lange Schatten von Carrhae. Studien zu M. Licinius Crassus, Hamburg

Zu Cicero

Bringmann, K. (2010), Cicero, Darmstadt
Bringmann, K./Leonhardt, J. (1997), in: Der Neue Pauly, Enzyklopädie der Antike, Bd. 2, 1191–1202
Fuhrmann, M. (2011), Cicero und die römische Republik. Eine Biographie, München.
Gelzer, M. (1939), in: Paulys Real-Encyclopädie der classischen Altertumswissenschaft, Bd. 13,1, Stuttgart, s. v. M. Tullius Cicero (als Politiker), 827–1091
Gelzer, M. (2014), Cicero. Ein biographischer Versuch, Stuttgart [2., erw. Aufl.

mit einer forschungsgeschichtl. Einl. und einer Ergänzungsbibliogr. von W. Riess]
Giebel, M. (2013), Marcus Tullius Cicero, Reinbek
Grimal, P. (1988), Cicero. Philosoph, Politiker, Rhetor, München
Schuller, W. (2013), Cicero oder Der letzte Kampf um die Republik. Eine Biographie, München
Stroh, W. (2008), Cicero. Redner, Staatsmann, Philosoph, München

Deutsche Textausgaben antiker Quellenautoren

Die Übersetzungen wurden aus folgenden Ausgaben entnommen (bzw. auf deren Basis erstellt) und an die neue Rechtschreibung angepasst. Nur für die umfangreicheren und eingerückten Zitate sind Übersetzungen auch an zitierter Stelle vermerkt.

Blank-Sangmeister, M. (1991), Valerius Maximus, Denkwürdige Taten und Worte, Stuttgart
Burkard, T. (2010), Sallust, Werke, Darmstadt
Ehlers, W. (^{2}1978), Lucanus, Der Bürgerkrieg, München
Fuhrmann, M. (1993), Cicero, Rede für L. Murena, in: Cicero, Die politischen Reden, Bd. 1, München, 504–609
Fuhrmann, M. (^{2}1985a), Cicero, Rede über den Oberbefehl des Cn. Pompeius, in: Cicero, Sämtliche Reden, Bd. 1, Zürich/Stuttgart, 323–361
Fuhrmann, M. (1993), Cicero, Rede für M. Marcellus, in: Cicero, Prozessreden, Bd. 2, Zürich/Düsseldorf, 648–677
Fuhrmann, M. (1993), Cicero, Rede über die konsularischen Provinzen, in: Cicero, Die politischen Reden, Bd. 2, München 1993, 453–503
Fuhrmann, M. (1997), Cicero, De domo sua, in: Cicero, Prozessreden, Bd. 2, Zürich/Düsseldorf, 6–177
Fuhrmann, M. (2013), Cicero, Philippische Reden, Berlin
Giebel, M. (1989), Velleius Paterculus, Römische Geschichte, Stuttgart
Kasten, H. (^{3}1980), Cicero, Atticus-Briefe, München
Kasten, H. (^{6}2004), Cicero, An seine Freunde, Düsseldorf/Zürich
Martinet, H. (^{2}2000), Sueton, Die Kaiserviten. Berühmte Männer, Düsseldorf/Zürich
Nickel, R. (^{3}2004), Cicero, Über die Gesetze. Stoische Paradoxien, Düsseldorf
Radt, S. (2004), Strabon, Geographika, Bd. 3: Bücher IX–XIII, Göttingen
Sontheimer, W. (1967), Cicero, Über den Staat, Stuttgart
Veh, O. (1984–1987), Cassius Dio, Römische Geschichte, 5 Bände, Zürich/München
Veh, O. (1989), Appian, Römische Geschichte, Zweiter Teil: Die Bürgerkriege, Stuttgart

Vretska, H. (1984), Tacitus, Historien, Stuttgart

Weißenberger, M. (2017), Thukydides, Peloponnesischer Krieg, Berlin/Boston

Ziegler, K. (1945–1965), Plutarch, Grosse Griechen und Römer, 6 Bände, Zürich/Stuttgart

Namenregister

Stellenindex

Zeittafel

Zeitangabe v. Chr.

146	Zerstörung Karthagos (und Korinths)
133	Volkstribunat des Ti. Gracchus
133–121	Reformbewegung der Gracchen
123	Volkstribunat des C. Gracchus
114	Geburt des Crassus
111–105	Krieg gegen Jugurtha
107	erster Konsulat des Marius
106	Geburt des Pompeius
105	Sieg der Kimbern und Teutonen bei Arausio
102/101	Marius besiegt die Kimbern und Teutonen bei Aquae Sextiae und Vercellae
100	Geburt Caesars
91–88	Bundesgenossenkrieg
88	‹Vesper von Ephesos›; Sullas erster Marsch auf Rom
vor 87	Eheschließung des Crassus mit Tertulla
86	Tod des Marius
84	Caesar wohl zum Flamen Dialis gekürt
83	Sullas zweiter Marsch auf Rom
83/82	Bürgerkrieg zwischen Sulla und den Marianern; Schlacht am Collinischen Tor (82)
82	Trennung des Pompeius von seiner ersten Frau Antistia; Eheschließung mit Aemilia
82/81	Sullanische Proskriptionen
82–79	Sullanische Reformen
80/79	Eheschließung des Pompeius mit seiner dritten Frau Mucia Tertia (Trennung 62)

79	Sulla tritt als Diktator zurück und wird Privatmann (gest. 78 v. Chr.)
77–72	Pompeius kämpft gegen Sertorius
77–73	Crassus durchläuft die Ämter der Quästur, Ädilität und Prätur
73–71	Sklavenaufstand unter Führung des Spartacus (72: Oberbefehl im Sklavenkrieg für Crassus; Niederschlagung mit Pompeius)
73–63	Krieg gegen Mithridates (Lucullus, Pompeius [ab 66 durch die *lex Manilia*])
70	Konsulat des Pompeius und des Crassus
69	Caesar ist Quästor in Hispania Ulterior
bis 68	erste Ehe Caesars mit Cornelia
67	Pompeius erhält Oberbefehl zur Bekämpfung der Piraten (*lex Gabinia*)
67–62	zweite Ehe Caesars mit Pompeia
66–61	Pompeius in Asien
65	Crassus ist Zensor; Caesar ist Ädil
63	Konsulat Ciceros und Aufdeckung der Catilinarischen Verschwörung
ab 63	Caesar ist Pontifex Maximus
62	Caesar ist Prätor
62/61	Crassus in Griechenland
61/60	Caesar in Hispania Ulterior
60	Dezember: Übereinkunft über 1. Triumvirat (Caesar, Pompeius, Crassus)
59	Konsulat Caesars; Eheschließung des Pompeius mit Caesars Tochter Iulia; Eheschließung Caesars mit seiner dritten Frau Calpurnia
58/57	Exil Ciceros
58–50	Prokonsulat Caesars in den beiden Gallien (Cisalpina und Transalpina) und Illyrien (*lex Vatinia* 59 v. Chr. bzw. *lex Pompeia Licinia* 55 v. Chr.)
57–52	*cura annonae* des Pompeius
56	‹Konferenz von Luca› (Treffen der Triumvirn)
55	zweites gemeinsames Konsulat von Crassus und Pompeius; Pompeius erhält als Provinzen die beiden spanischen Provinzen (Hispania Ulterior und Citerior), Crassus Syria (*lex Trebonia*); Caesars drei Provinzen werden verlängert (*lex Pompeia Licinia*)
54	Tod Iulias; Beginn des Prokonsulats von Crassus in Syrien
53	Tod des Crassus bei Carrhae

52	drittes Konsulat des Pompeius (*sine collega*); Eheschließung des Pompeius mit seiner fünften Frau Cornelia Metella
49	Überschreitung des Rubikon (10./11. Januar) und Ausbruch des Bürgerkriegs zwischen Caesar und Pompeius; Caesar wird *dictator*
48	Schlacht bei Dyrrhachium; Schlacht bei Pharsalos; Ermordung des Pompeius
47	Sieg Caesars über Pharnakes II.
46	Schlacht bei Thapsos; Selbstmord Catos d. J.
45	Schlacht bei Munda
44	Ermordung Caesars (*dictator perpetuo*)
31	Schlacht bei Actium mit Sieg über Kleopatra
27	Octavian wird Augustus; Beginn des Prinzipats

Abbildungsnachweis

Vignetten

Pompeius: https://tl.wikipedia.org/wiki/Pompeyo#/media/Talaksan:Pompejus_modified.png
Caesar: Eric Vandeville/akg-images
Crassus: https://roman-empire.net/people/crassus/

Abbildungen

Abb. 1: bpk/The Trustees of the British Museum
Abb. 2: File:Portrait of a flamen, Louvre museum, Paris, Ma431.jpg – Wikimedia Commons
Abb. 3: bpk/RMN – Grand Palais/Hervé Lewandowski
Abb. 4: http://numismatics.org/collection/1937.158.298, © American Numismatic Society, mit freundlicher Genehmigung
Abb. 5: DEA/G. Dagli Orti/De Agostini via Getty Images
Abb. 6: https://ikmk.smb.museum/Object?id=1820218. Münzkabinett der Staatlichen Museen, Berlin, 18202018. Aufnahmen durch Dirk Sonnenwald
Abb. 7: bpk/Münzkabinett, SMB/Reinhard Saczewski

Karten

Vorsatz, S. 352: © Peter Palm, Berlin

Die Antike bei C.H.Beck – Eine Auswahl

Armin Eich

Die Söhne des Mars

Eine Geschichte des Krieges von der Steinzeit bis zum Ende der Antike

2015. 281 Seiten mit 25 Abbildungen. Leinen

Kyle Harper

Fatum

Das Klima und der Untergang des Römischen Reiches

Aus dem Englischen von Anna Leube und Wolf Heinrich Leube

3. Auflage. 2022. 567 Seiten mit 42 Abbildungen, 9 Tabellen und 26 Karten. Leinen

Ralf von den Hoff, Wilfried Stroh, Martin Zimmermann

Divus Augustus

Der erste römische Kaiser und seine Welt

2014. 341 Seiten mit 74 überwiegend farbigen Abbildungen, zwei Plänen und einer Karte. Gebunden

Markus Schauer

Der Gallische Krieg

Geschichte und Täuschung in Caesars Meisterwerk

2., durchgesehene Auflage. 2017.
271 Seiten mit 4 Abbildungen und 1 Karte. Leinen

Sarmaten
Bastarnen
Donau
Taurisker
DAKER-
REICH
Daker
ILLYRICUM
BOSPORANISCH
REICH
Skordisker
Geten
Donau
SCHWARZES ME
Sinope
Thraker
BITHYNIA
ET
PONTUS
64
ADRIA
Heraclea
PO
42
Dyrrhachium
Byzantium
MACEDONIA
Philippi
Zela
67, 47
Brundisium
Thessalonike
Ancyra
Tarent
Apollonia
GALATIEN
48
Maza
Pergamum
KAPPADO
Pharsalus
ASIA
31
Actium
ÄGÄIS
Athenae
Ephesus
Korinth
Milet
An
IONISCHES
MEER
Sparta
CILICIA
LYKIEN
102/74
SY
Rhodos
CYPRUS
58
CRETA
66
Tyros
MITTELMEER
PALÄSTI
Jerusalem
Ptolemais
Cyrene
Pelusion
CYRENAICA
74
48–47, 30
Alexandria
Nil
NA
ÄGYPTEN
30